GRUNDZÜGE DER NEUEREN SKANDINAVISCHEN LITERATUREN

Herausgegeben von

FRITZ PAUL

Mit Beiträgen von

ALKEN BRUNS, WOLFGANG BUTT, WILHELM FRIESE
BERNHARD GLIENKE, GERT KREUTZER
OTTO OBERHOLZER und FRITZ PAUL

WISSENSCHAFTLICHE BUCHGESELLSCHAFT
DARMSTADT

CIP-Kurztitelaufnahme der Deutschen Bibliothek

Grundzüge der neueren skandinavischen Literaturen / hrsg. von Fritz Paul. Mit Beitr. von Alken Bruns ... – Darmstadt: Wissenschaftliche Buchgesellschaft, 1982.
(Grundzüge; Bd. 41)
ISBN 3-534-08047-5
NE: Paul, Fritz [Hrsg.]; Bruns, Alken [Mitverf.]; GT

2345

Bestellnummer 08047-5

Satz: Roddert Fotosatz, Mainz
Druck und Einband: Wissenschaftliche Buchgesellschaft, Darmstadt
Printed in Germany
Schrift: Compugraphic Garamond, 9/11

ISSN 533-344X
ISBN 3-534-08047-5

INHALT

VORWORT

Die vorliegende Geschichte der neueren skandinavischen Literaturen wendet sich, der Konzeption der „Grundzüge" folgend, nicht in erster Linie an Fachleute, sondern an Interessenten aus allen Bereichen. Auf sehr begrenztem Raum wird hier die Entwicklung von vier Literaturen über einen Zeitraum von nahezu 500 Jahren verfolgt, ein Unternehmen, für das die Literaturwissenschaftler der einzelnen Nationalphilologien allein jeweils für ihre Literatur viele Bände benötigten.

Autoren und Herausgeber hoffen jedoch, daß trotz dieser oft schwierigen und nicht immer unproblematischen Konzentrierung und Vereinfachung des Stoffs die Wissenschaftlichkeit des Unternehmens nicht über Gebühr gelitten hat.

Als vor genau fünfzig Jahren die letzte vollständige Geschichte der neueren skandinavischen Literaturen in deutscher Sprache erschien, zeichnete noch ein einziger Autor für das gesamte Werk verantwortlich (Hilma Borelius: Die nordischen Literaturen, 1931). Wenn an der vorliegenden Darstellung sieben Autoren mitgewirkt haben, so spiegelt sich darin nicht nur die Entwicklung der deutschsprachigen Skandinavistik, sondern auch der fortschreitende Prozeß der wissenschaftlichen Diversifizierung und Spezialisierung wider. Man mag dies bedauern. Einheitlichkeit und Gesamtschau, die bewundernswürdigen, aber nicht immer unproblematischen Traditionen älterer Literaturgeschichtsschreibung, wird man in diesem Band daher nicht erwarten können, da Spezialisten über ihre Spezialgebiete mit ihren Methoden und ihrer eigenen Akzentsetzung geschrieben haben. Der bisweilen abschätzig bedachte „Wissenschaftspluralismus" mag jedoch gerade bei dieser Konstellation positiv und erfrischend wirken.

Für die tatkräftige Mithilfe bei der nicht immer ganz einfachen Koordinationsarbeit, insbesondere der Einrichtung der Auswahlbibliographie sei an dieser Stelle Dr. Bernd Kretschmer, M.A. (Bochum), für Korrektur- und bibliographische Überprüfungsarbeiten Frau Dr. Karin Pulmer (Göttingen) und für die Miterstellung des Personenregisters Klaus Fischer und Eva Koch (Göttingen) gedankt.

Göttingen, im Juli 1981 — Der Herausgeber

BIBLIOGRAPHISCHER HINWEIS

Alle Werktitel sind zunächst in der Originalsprache angeführt. Es folgt in Klammern das Jahr der Erstausgabe (bei großen zeitlichen Differenzen zwischen Abfassung und Publikation auch das Entstehungsjahr), sowie der deutsche Titel. Liegt das Werk nicht in deutscher Übersetzung vor, wurde der Titel so wortgetreu wie möglich ins Deutsche übersetzt. In den anderen Fällen wurden Titel und Jahr der (womöglich ersten) deutschen Übersetzung angegeben, soweit diese zu ermitteln waren.

Beispiel: H. C. Andersen: *Kun en Spillemand* [Originaltitel] (1837 [Jahr der Erstausgabe]; Nur ein Geiger [deutscher Übersetzungstitel] 1838 [erste deutsche Ausgabe]).

VON DER REFORMATION ZUM BAROCK

Von WILHELM FRIESE

Renaissance und Humanismus, von Italien ausgehend, in den west- und mitteleuropäischen Ländern aufgenommen und weitergebildet, erreichen über die niederdeutschen Länder mit zeitlicher Verzögerung auch Skandinavien. Während die Renaissance als geistige Bewegung viel zuwenig in die Tiefe dringt und nur ein geringes Echo erzielt, findet der Humanismus mit seinen philologisch-literarischen Bestrebungen eine breitere Aufnahme, und auch die Sprache der Humanisten, das Lateinische, wird die bevorzugte Sprache der Gebildeten in den Ländern des Nordens. Vor allem bewirkt der Humanismus aber mit seinem Interesse für die römische Geschichte und die antiken Historiographen eine neue Geschichtsforschung und -schreibung.

Etwa um das Jahr 1520 erreicht der Humanismus die skandinavischen Länder, nur wenige Jahre später jene religiöse Bewegung, die für ein Jahrhundert die Kultur dieser Länder fast ausschließlich bestimmen wird: die Reformation. Der Reformwille des späten Mittelalters und das Denken des Humanismus, insbesondere Erasmus von Rotterdams Forderung „Zurück zu den Quellen" führen in Deutschland zum Durchbruch der Reformation, bald darauf findet sie auch in den nordischen Ländern ihre Anhänger. Die Reformation aber ist nicht nur eine religiöse Bewegung, mindestens ebensosehr, wenn nicht noch mehr, ist sie ein politischer Vorgang; denn während die weltlichen Machthaber in Dänemark und Schweden die Reformation in den 20er und 30er Jahren des 16. Jahrhunderts politisch durchsetzen, vollzieht sich die religiöse Entwicklung erheblich langsamer.

1523 zerbricht mit der Wahl Frederiks I. in Dänemark und Gustav Vasas in Schweden die „Kalmarer Union" der nordischen Königreiche; nüchtern politische und finanzielle Erwägungen führen beide Könige auf die Bahn der Reformation. In Schweden dauert es bis 1544, ehe der Reichstag zu Västerås beschließt, „von der Lehre, die jetzt entstanden ist, nicht abzugehen". Damit ist die Reformation in Schweden und Finnland — Teil des Reiches — offiziell anerkannt. In kürzerer Zeit setzt sich die Reformation in Dänemark durch, wo, wie in Schweden, eine Stabilisierung des Staates nur durch die Beschlagnahme des Kirchengutes zu erreichen ist. Bereits 1527 erhalten die Anhänger der neuen Lehre die Gleichberechtigung mit den Katholiken; unter Christian III. wird die Lehre Luthers die alleinige Staatsreligion und der König, wie die *Ordinatio Ecclesiastica* (1537; dän. 1539) festlegt, das Haupt der Kirche.

In Norwegen (1537) und Island (1538) werden die Beschlüsse des dänischen Reichstages übernommen, in beiden Ländern wird so die Reformation durch den Machtspruch des dänischen Königs eingeführt. Während Norwegen sowohl politisch wie kulturell durch die Einführung der Reformation völlig von Kopenhagen abhängig wird, da durch die Übernahme der Bibel und des Kirchenlieds in dänischer Sprache das Land auch seine sprachliche Eigenständigkeit verliert, bleibt Island dieses Schicksal erspart. Gewiß verliert das Land nun endgültig seine politische Unabhängigkeit, nachdem die Seele des Widerstands, Bischof Jón Arason, zusammen mit zwei seiner Söhne 1550 enthauptet wird, aber es behält seine Sprache und bewahrt die Kontinuität seiner Literatur.

Die Literaturgeschichte des 16. Jahrhunderts ist zum größten Teil eine Geschichte der Reformation. Steht in den ersten Jahren der Reformation die Literatur gänzlich im Zeichen der Auseinandersetzung zwischen den Anhängern des neuen und alten Glaubens, ist die für den Tag geschriebene, aktuelle Kampf- und Kontroversliteratur weithin vorherrschend, so gilt es, nachdem die Reformation kirchenpolitisch gesichert ist, den neuen Glauben in Lehre, Gottesdienst und Leben durchzusetzen. Religiöse Unterweisungs- und Gebrauchsschriften erscheinen in nicht geringer Zahl, die bedeutendsten Leistungen jedoch, die das Jahrhundert überdauern, sind die Bibelübersetzung und das Kirchenlied.

Neben der im Zeichen der Reformation stehenden gibt es auch andere Literatur, doch hat sie keine allzu große Bedeutung. Die durch den Humanismus geprägte Literatur, deren Entwicklung durch die unruhigen Jahre der Durchsetzung der Reformation unterbrochen wird, vermag sich erst in der zweiten Hälfte des 16. Jahrhunderts wieder stärker bemerkbar zu machen; ist sie anfangs von einem bibelhumanistischen und reformkatholischen Geist getragen, so wird sie im ausgehenden Jahrhundert durch die „Humanitas Christiana" Philipp Melanchthons, des Schöpfers der evangelischen Lateinschule und Universität, bestimmt. Ihr Bildungsziel, ein im christlichen Sinn verklärtes und vollendetes Menschentum der Antike, fördert auch das Kommunikationsmittel der gelehrten Welt des 16. Jahrhunderts, die lateinische Sprache; und so besteht neben der Literatur in den skandinavischen Sprachen eine neulateinische Literatur, die, soweit die Autoren Dänen, Schweden, Norweger oder Isländer sind, ebenfalls zur dänischen, schwedischen, norwegischen oder isländischen Literatur dieses Zeitalters rechnet.

Von großer Bedeutung für die literarische Produktion ist die Erfindung des Buchdrucks; denn dieser ist nicht nur ein ganz entscheidendes Mittel zur Verbreitung der neuen Ideen, er übt auch notwendigerweise einen starken Einfluß auf die Sprachform aus. Freilich stehen die Dinge bei weitem nicht so gut wie in den mittel- oder westeuropäischen Ländern; viele Arbeiten müssen mit Hilfe deutscher Buchdrukker oder im Ausland gedruckt werden, da in den Ländern des Nordens im 16. Jahrhundert zumeist nur eine Druckerei vorhanden ist.

Bibel- und patriotischer Humanismus

An den beiden Universitäten — Uppsala (gegr. 1477) und Kopenhagen (gegr. 1479) — und den Schulen Skandinaviens ist in den zwei ersten Jahrzehnten des 16. Jahrhunderts nur wenig vom Humanismus zu verspüren, allzu sehr herrscht an ihnen noch der Geist spätmittelalterlicher Scholastik. Doch findet nach der Jahrhundertwende jene von der Florentiner Akademie des Marsilius Ficinus und Pico della Mirandola ausgehende und bis zu Lefèvre d'Etaples , Thomas More und in Erasmus ihren Höhepunkt erreichende geistig-religiöse Strömung, wie Bücherverzeichnisse, die sogenannten „Slesvigliste“ und „Malmøliste“ belegen, auch im Norden ihre Anhänger. Der Bibelhumanismus gibt wie in den Niederlanden — aus dem Heimatland des Erasmus kommt der Ausdruck — mit seinem zwischen den beiden großen Konfessionen stehenden Charakter auch in Skandinavien beiden Glaubensrichtungen wichtige Impulse, wie Leben und Werk der Dänen Christiern Pedersen und Poul Helgesen, von denen der eine zur lutherischen Lehre übertritt und der andere seiner Kirche die Treue hält, bezeugen. Schweden kennt keine vergleichbaren Persönlichkeiten, doch geht der Bibelhumanismus auch dort nicht gänzlich spurlos vorüber.

Ganz im Geist der Christiana Erasmiana wirkt in Dänemark POUL HELGESEN oder PAULUS HELIE (ca. 1485 — ca. 1535). Unter seinen vielen Arbeiten finden sich Übersetzungen des von ihm bewunderten niederländischen Gelehrten, und es ist kennzeichnend für ihn, daß er nicht nur in einer Bearbeitung eines Textes von Erasmus, *Een kort Vndervisning til een christelig Foreening oc Forligilse* (1534; Eine kurze Unterweisung für eine christliche Vereinigung und einen Vergleich), die streitenden Religionsparteien zur Einheit ermahnt, sondern daß er mit nahezu den gleichen Worten wie Erasmus davon spricht, der „heiligen apostolischen Kirche“ die Treue zu bewahren. Eine weit weniger auf Ausgleich bedachte Persönlichkeit zeigt freilich die *Skiby-Krønike* (Skiby-Chronik), so nach dem Ort des erst 1650 gefundenen Manuskripts genannt, in der Paulus Helie ein parteiisch gefärbtes Bild der religiösen Auseinandersetzung seiner Zeit in lateinischer Sprache zeichnet. Von seinen Zeitgenossen mit dem wenig schmeichelhaften Namen „Poul Vendekåbe“ (Paul Wendemantel) belegt, weil er sich sowohl wider die lutherische Lehre wie auch gegen die konservativen Kräfte der katholischen Kirche wandte, hält er wie Thomas More oder Erasmus bei aller Kritik an der Autorität der Kirche fest, denn sie allein ist ihm Garant der Aufrechterhaltung der Ordnung und der wahren Gottesfurcht.

Zum Luthertum wechselte CHRISTIERN PEDERSEN (ca. 1480—1554) über, doch ist sein Bruch mit der katholischen Kirche kaum existenziell motiviert; denn seine Arbeiten nach dem Übertritt zur neuen Lehre zeigen denselben bibelhumanistischen Geist wie zuvor, und ein aggressiver Ton geht ihnen völlig ab. Während eines mehrjährigen Aufenthalts in Paris veröffentlicht Pedersen nicht nur ein lateinisch-dänisches Wörterbuch (1510), schreibt nicht nur mit dem beigefügten Gedicht *Ad Lectores* das erste Stück dänischer neulateinischer Poesie, sondern gibt auch die durch Lefèvre d'Etaples beeinflußten *Alle Epistler oc Evangelia som læsis alle Søndage* (1515; Alle Episteln und Evangelien, die an den Sonntagen gelesen werden) heraus, und mit diesem Buch, allgemein unter dem Namen „Jærtegnspostil“ (Wunderpostille) bekannt, will er dem einfachen Gläubigen die biblischen Texte „in rechtem Dänisch“ vorstellen und erklären. In den Pariser Jahren gibt Pedersen auch Saxos zwischen 1185 und 1222 geschriebene *Gesta*

Danorum unter dem Titel *Danorum regum heroumque historiae* (1514) heraus, um die Einwohner in „Italien, Spanien, Gallien und Germanien“ mit der dänischen Geschichte bekannt zu machen; eine dänische Übersetzung wird erst über ein halbes Jahrhundert später erscheinen (→ 7).

Der Geschichte seines Landes gilt Chr. Pedersens Interesse auch in späteren Jahren. Von seinen dänisch geschriebenen Arbeiten wird der Titelheld der auf einen mittelalterlichen französischen Roman zurückgehenden *Kong Olger Danskis Krønike* (1534; Chronik König Holgers, des Dänen) für Jahrhunderte lebendig bleiben; denn der edle, unbesiegbare und in die Ahnenreihe der dänischen Könige aufgenommene Holger Danske ist eine unsterbliche Figur. Pedersen gebührt nicht allein das Verdienst, das gelehrte Europa mit der dänischen Geschichte vertraut gemacht zu haben, er verhilft auch der humanistischen Bewegung zum Durchbruch in seinem Vaterland und verleiht der dänischen Prosa eine der lateinischen Eloquentia nachgebildete Geschmeidigkeit und Eleganz.

Mit dem Humanismus kommen einzelne Persönlichkeiten Schwedens im 15. und in den ersten Jahrzehnten des 16. Jahrhunderts in Berührung; doch bezeichnenderweise wird Erasmus' *Institutio principis christiani* (1516) von PEDER MÅNSSON (Petrus Magni; gest. 1543) während eines mehrjährigen Aufenthalts im Haus der Birgittiner in Rom übersetzt. In Italien erscheint dann auch jenes Werk, von dem J. Nordström meint, daß „ keine andere von einem Schweden geschriebene Arbeit solch tiefe Spuren im Leben der schwedischen Nation hinterlassen hat ... wie dieses Werk des landesflüchtigen Primas der schwedischen Kirche“.

JOHANNES MAGNUS (1488—1544), seit 1523 Erzbischof von Uppsala, muß drei Jahre später das Land für immer verlassen, und in den Jahren der Emigration schreibt er die *Historia de omnibus Gothorum Sveonumque regibus* (1554), von der 1620 eine schwedische Übersetzung herauskommt. Viele Jahre beansprucht die Fertigstellung des Werkes Johannes Magnus', und wie alle humanistischen Geschichtsschreiber weist er in einer ausführlichen Vorrede auf seine antiken Vorbilder hin; als Quellen nennt er neben heimatlichen mittelalterlichen Chroniken auch Saxo, Jordanes und Albert Krantz. Er stellt in dem 24 Bücher umfassenden Werk eine Verbindung zwischen der Neubesiedlung der Erde nach der Sintflut und den Göten her; der erste Vater und König der Göten ist Magog, der Sohn Japhets, gewesen, und die Geschichte dieses Stammes, seine abenteuerlich-kriegerischen Unternehmen füllen viele Seiten. Jordanes' Geschichte der Goten wird von Johannes Magnus mit einer Vielzahl von Fakten und Geschichten vom Aufbruch König Beriks und der Einverleibung großer Teile der Ostseeküste in das götische Reich angefüllt, er erzählt von der Eroberung Skytiens, den Ruhmestaten in Asien und von den Zügen der Ost- und Westgoten. Dieses Bild der Vorfahren, der patriotische Kult der schwedischen Ehre, Tapferkeit und Tatkraft wird dem Land im 17. Jahrhundert seine Vorstellung von sich selbst und seiner Stellung unter den Völkern und seiner Rolle in der Geschichte liefern. Im „Götizismus" erfährt die schwedische Großmachtpolitik ihre geistig-geschichtliche Grundlegung: Gustav II. Adolf tritt bei seiner Krönung 1611 als König Berik auf, und Christina (→ 28), seine Nachfolgerin auf dem Thron, wird bei einem der prachtvollen Barockfeste als Zierde der Amazonen — auch sie gehören nach Johannes Magnus zu den Göten — begrüßt.

Johannes Magnus' Nachfolger im Bischofsamt ist sein Bruder OLAUS MAGNUS (1490—1557); dieser veranlaßt nicht nur zehn Jahre nach des Bruders Tod die Herausgabe des Werkes, er veröffentlicht selbst eine geographische Karte über den Norden, die *Carta Marina* (1539), und eine *Historia de gentibus septentrionalibus* (1555). Diese ethnographisch-naturhistorische Darstellung, die mit vielen Holzschnitten ausgestattet ist, soll, wie er im Vorwort ausdrücklich schreibt, der gelehrten Welt Europas ein Bild seiner Heimat, die nur wenige kennen, vermitteln; und so beschreibt er die verschiedenen Landesteile und die Tierwelt, gibt Einblicke in das Leben der Menschen, deren Alltag und Feste, Sitten und Gewohnheiten; mit besonderer Vorliebe aber erzählt er von dem rauhen Klima, den harten Lebensbedingungen und dem einfachen Leben seiner tüchtigen Landsleute.

Erklärtes Ziel des um die Jahrhundertmitte errichteten Amtes eines königlichen Historiographen in Dänemark ist die Fertigstellung einer Geschichte Dänemarks in lateinischer Sprache, die das Land in der europäischen Geschichtsforschung zu repräsentieren vermochte, zugleich aber ist das Amt eine Reaktion auf die schwedische Geschichtsdarstellung des Johannes Magnus; denn der erste Inhaber des Amtes, HANS SVANING (1503—1584), führt in seiner Arbeit *Refutatio calumnarium cuisdam Joannis Magni* (1561) den Nachweis, daß dem dänischen König der Beiname „König der Goten" rechtens zukommt.

Die Aufgabe Svanings und seiner Amtsnachfolger im ausgehenden 16. und frühen 17. Jahrhundert ist es, Material für eine Geschichte Dänemarks zusammenzutragen; ein erstes Resultat sind die neun Bände einer gegen Ende des Jahrhunderts von ARILD HUITFELDT (1546—1609) veröffentlichten dänischen Geschichte, die ein halbes Jahrhundert später nochmals unter dem Titel *Danmarckis Rigis Krønicke* (1652; Chronik des dänischen Reiches) in zwei umfangreichen Foliobänden herausgegeben wird. Letzten Endes erweisen sich aber alle Bemühungen der königlichen Historiographen als vergeblich; denn nicht eines ihrer Unternehmen erlangt eine solche Bedeutung wie die Werke der Brüder Magnus. Doch bilden die ehrgeizigen und hochfliegenden Pläne der humanistischen Gelehrten, ihre Stoffsammlungen und Untersuchungen den Grundstein für die topographischen Arbeiten, die Runenforschung und das Studium der altisländischen Handschriften im 17. Jahrhundert.

Einige Früchte der Sammlertätigkeit sollen in der dänischen Literatur über Jahrhunderte hinaus Folgen zeitigen. So bringt der unmittelbare Nachfolger Svanings, ANDERS SØRENSEN VEDEL (1542—1616), nicht nur mit *Den Danske Krønicke* (1575; Die dänische Chronik) Saxos *Gesta Danorum* (→ 5) in einer muttersprachlichen Version heraus, er trägt auch viele Folkeviser (Volksballaden) zusammen und veröffentlicht mit *It Hundrede udvalde danske viser* (1591; Einhundert ausgewählte dänische Lieder) eine Art historisch-poetisches Lesebuch. Einem anderen begabten Autor, CLAUS CHRISTOFFERSEN LYSCHANDER (1558—1624), der von der lateinischen zur muttersprachlichen Dichtung in Knittelversen übergeht, verschafft das Amt des Historiographen, das er nur für zwei Jahre innehat (1616—1618), Gelegenheit, eine ganze Reihe historischer Reimchroniken zu schreiben, u.a. *Den grønlandske Chronica* (1608; Die grönländische Chronik), deren Strophenform der Norweger Petter Dass (→ 35) gegen

Ende des Jahrhunderts für sein topographisches Gedicht über Nordnorwegen — *Nordlands Trompet* — übernehmen wird.

Durch den Humanismus inspirierte Geschichtsdarstellungen finden wir in Norwegen erst eine Generation nach Einführung der Reformation. Ein spätes Zeugnis des Bibelhumanismus mag die von einem unbekannten Schreiber im letzten Drittel des Jahrhunderts verfaßte *Hamarkrøniken* (gedr. 1774; Die Hamar-Chronik) sein, die ein wenig wehmütig von dem einstigen Leben auf dem mittelalterlichen Bischofssitz im Ostland und — im Schlußkapitel — vom Abschied des letzten katholischen Bischofs von der heimatlichen Erde berichtet.

Historiographische und topographische Werke entstehen in Bergen, dem literarischen Zentrum über die Jahrhundertmitte hinaus, Stavanger und Oslo, das im ausgehenden Jahrhundert der Handelsstadt an der Westküste den Rang abläuft. Vielfach regen die dänischen Lehnsherren und Bischöfe zum Schreiben an, und in Bergen kommen aufgrund der Gegensätze zwischen den Bewohnern der Stadt und den Hanseaten stark lokale und patriotische Interessen ins Spiel. Eine Beschreibung der norwegischen Geschichte von den Anfängen bis in das Jahr 1263 bietet MATTIS STØRSSØN (ca. 1500—1569) in seiner gekürzten und recht trockenen Wiedergabe von Snorri Sturlusons Königssagas *Den norske Krønike* (1594; Die norwegische Chronik), auf die in der Folgezeit aber nicht wenige norwegische und dänische Historiographen zurückgreifen werden. Einer von ihnen ist ABSALON PEDERSSØN BEYER (1528—1575), der für sein gegen Ende der 60er Jahre geschriebenes Werk *Om Norgis Rige* (Auszüge 1781; Über das norwegische Reich) aber außerdem Arbeiten skandinavischer und europäischer Humanisten herbeizieht. Von Ereignissen im Bergen seiner Zeit, u.a. von Aufführungen humanistischer Schuldramen, berichtet er lebendig in seinem Tagebuch, *Bergens Kapitelsbog* (Das Buch vom Kapitel Bergen) genannt; die Notizen vermitteln einen Eindruck von den Menschen seiner Umgebung, vom Wunderglauben, von Warnzeichen und Hexen — Absalons Witwe wird 1590 als Hexe verbrannt —, Trinkgelagen, Schlägereien und Feuersbrünsten.

In Stavanger und Umgebung setzt sich die Reformation erst zur Mitte der zweiten Hälfte des Jahrhunderts durch. Einer der wortgewaltigsten und tüchtigsten Reformatoren ist PEDER CLAUSSØN FRIIS (1545—1614), der neben seiner geistlichen Tätigkeit auch noch die Zeit findet, Abhandlungen *Om Diur, Fiske, Fugle, og Træer udi Norrige* (1599; Über Tiere, Fische, Vögel und Bäume in Norwegen) und *Norrigis Bescriffuelse* (1632; Beschreibung Norwegens) zu schreiben. Ein Jahr nach der geographischen Beschreibung des Landes gibt der Däne Ole Worm (→ 21) in Kopenhagen auch noch P. Cl. Friis' Übersetzung von *Snorre Sturlesons Norske Kongers Chronica* (1633; Sn. Sturlusons Chronik der norwegischen Könige) heraus: doch erst die revidierte Ausgabe von 1757 ist es, die für die norwegische Literatur und Politik bis in das frühe 19. Jahrhundert eine unerschöpfliche Quelle für die nationale Selbstfindung abgeben soll.

Zum Kreis der Osloer Gelehrten, der besonders enge Verbindungen zu dänischen und norddeutschen Humanisten hat, zählt HALVARD GUNNARSSØN (gest. 1608), der mit *Chronicon regum Norvegiae* (1606), das weithin auf Mattis Størssøns Arbeit fußt, erstmals den Gebildeten Europas eine Geschichte der norwegischen Könige vorstellt. Ein isländisches Beispiel historisch-topographischer Literatur, ODDUR EINARSSONS (1559—1630) im Jahre 1589 geschriebenes Werk *Qualiscunque descriptio Islandiae*, wird erst im 20. Jahrhundert entdeckt.

Literatur im Zeichen der Reformation

Die 20er bis 40er Jahre im 16. Jahrhundert, die eigentlichen Jahre der Durchsetzung der Reformation, sind in Dänemark und Schweden durch Streit- und polemisch-satirische Schriften gekennzeichnet. HANS TAUSEN (1494—1561), nach Poul Helgesens *Skiby-Krønike* (→ 4) „Bannerträger aller Lutheraner" in Dänemark, veröffentlicht seine ersten eng Luther folgenden Schriften in Viborg, dem frühen Zentrum der neuen Lehre, und in ihnen wie auch in den nach der Berufung nach Kopenhagen erscheinenden Arbeiten bemüht er sich stets, in einer auch für den theologischen Laien verständlichen Sprache zu schreiben. Als nach Veröffentlichung des über die gottesdienstlichen und übrigen Neuerungen berichtenden *Malmøbogs* (1530; Malmö-Buch) Poul Helgesen in einer verlorengegangenen

Schrift von den „neuen Messe-Mördern“ spricht, gibt Hans Tausen ihm eine leidenschaftliche Antwort; und dieser Disput zwischen den Verteidigern des alten und neuen Glaubens sollte sich in den folgenden Jahren noch häufiger wiederholen.

Neben diesen wenig selbständigen Arbeiten, deren Inhalt und Schlagkraft Luthers Schriften entlehnt sind, wird Hans Tausen auch die gegen 1530 verfaßte Satire *Visen om Løgn og Sandhed* (1547; Das Lied von Lüge und Wahrheit) zugeschrieben, in der das aus dem Spätmittelalter bekannte Motiv von der überall verstoßenen Wahrheit auf die aktuelle religiöse Situation angewendet wird. Andere Satiren dieser Zeit gehen zumeist auf mittelalterliche deutsche Dichtungen zurück, die in der dänischen Bearbeitung erst ihre ausgesprochen reformatorische Tendenz erhalten. Im paarweis gereimten Knittel handelt so *Dialogus* (1533) von dem vergeblichen Bemühen, den sterbenden Patienten, die Messe, noch zu retten, und der Bauer Adser läßt in dem um 1530 verfaßten *Peder Smid oc Atzer Bonde* (1559; Peter Schmied und Adser Bauer) nach einem längeren Streitgespräch von seiner beabsichtigten Wallfahrt ab.

Für die Reimerzählung *Broder Russes Historie* (1555; Geschichte des Bruders Rausch) sind Thema und Stoff dem Niederdeutschen entnommen, und der dramatisch gereimte *Dødedansen* (1550er Jahre; Der Totentanz) greift auf die lange mittelalterliche Tradition des Totentanzmotivs zurück, das auf dem Umweg über zwei Lübecker Bücher nach Dänemark gelangt ist.

Weniger um Verteidigung als um Unterweisung in der neuen Lehre geht es PEDER PALLADIUS (1503—1560), Bischof von Kopenhagen und führender Theologe der Zeit, in seinen Katechismuserläuterungen und Predigtensammlungen; er vermittelt aber der Nachwelt auch ein eindrucksvolles und anschauliches Bild von den kirchlichen Zuständen jener Jahre in dem etwa 1543/44 abgeschlossenen *En Visitaz Bog* (erhalten in einer Abschrift des frühen 17. Jahrhunderts; Ein Visitationsbuch), das in schlichter, kaum durch die humanistisch-rhetorische Schule beeinflußter Sprache vom Leben der Menschen und Gemeinden auf Seeland berichtet.

Von den kirchlichen Verhältnissen in Norwegen erzählen JENS NILSSØNS (1538—1600) *Visitatsbøger og Reiseoptegnelser* (Visitationsbücher und Reiseaufzeichnungen); andere Arbeiten des späteren Bischofs von Oslo, so eine Predigtensammlung, sind als Hilfsmittel für die Geistlichen gedacht. Eine mehr unterhaltsame Bibelunterweisung bieten die Fragen und Antworten in *Gudelige Spørsmaals Bog* (1602; Buch göttlicher Fragen) von Halvard Gunnarssøn (→ 9), ein Buch, das noch im 18. Jahrhundert zu Holbergs Zeiten unter dem Namen „Prestepine" (Priesterpein) allgemein bekannt ist.

In Schweden ist OLAUS PETRI (ca. 1493—1552) die Stimme der Reformation. Engagiert verteidigt er die neue Lehre, schreibt mehrere Schriften — ganz im Sinne Luthers — über aktuelle religiöse Fragen, so über die Ehe und die Gebote der römischen Kirche, veröffentlicht Handbücher für die Gottesdienstordnung, u.a. *Then svenska mässan, som hon nå holles i Stockholm* (1531; Die schwedische Messe, wie sie nun in Stockholm gehalten wird). Klar, nüchtern und schmucklos ist seine Sprache, und dies gilt auch für *Een swensk Cröneka* (1535?; Eine schwedische Chronik, 1793), eine bis in das Jahr 1520 reichende Darstellung der schwedischen Geschichte, und die *Domarereglerna* (Richterregeln), Arbeiten, die erst Jahrhunderte später gedruckt wurden, die aber beide von jenem ethischen Pathos erfüllt sind, das in all seinen Werken anzutreffen ist.

Neben den konfessionellen Streit- und den in den neuen Glauben unterweisenden Schriften erscheinen in den ausgehenden 20er und in den 30er Jahren die ersten gedruckten Liedsammlungen. Da aber nur wenige Gesangbuchexemplare aus dieser Zeit erhalten sind, ist es nicht ganz einfach, die Anfänge des evangelischen Kirchenliedes in Schweden und Dänemark zu rekonstruieren.

Das älteste erhaltene schwedische Gesangbuch nach den fragmentarischen *Någre gudhelige wijsor* (ca. 1530; Einige göttliche Lieder) ist *Swenske songer eller wisor* (1536; Schwedische Gesänge oder Lieder), das in den folgenden Jahrzehnten immer wieder neu aufgelegt wird. Angaben zu den Liedverfassern finden sich in den Büchern nicht, und wenn zehn Lieder der Sammlung von 1530 Olaus Petri zugeschrieben werden, so gibt es doch für diese Annahme keinen sicheren Beweis. Wie umstritten auch die Frage sein mag, ob er Lieder von Martin Luther bearbeitet hat oder ob er durch sie zu einigen Liedern inspiriert wurde, so läßt sich doch sowohl für die ihm zugeschriebenen wie für die von anderen Autoren übertragenen Lieder sagen, daß sie das lehrhaft-unterweisende Element stärker als ihre deutschen Vorlagen betonen. Literarische Ambitionen stehen nicht hinter den Übersetzungen, die den Großteil des schwedischen Liedschatzes im 16. Jahrhundert ausmachen; im wesentlichen geht es den Autoren um eine möglichst vollständige und genaue Wiedergabe des reformatorischen Inhalts.

Weniger gilt dies für die gegen Ende des Jahrhunderts in Greifswald erscheinende Sammlung von Kirchen- und Schulgesängen *Piae Cantiones* (1582), die mehr durch die Welt des katholischen Mittelalters als durch die Reformation geprägt sind, und der Herausgeber, der Finne THEODORICUS PETRI RUTHA, wird bei seiner Liedauswahl gewiß mehr von humanistisch-pädagogischen Interessen als von den liturgischen Bedürfnissen der Gemeinde geleitet.

Wie das schwedische geht auch das dänische Kirchenlied fast durchweg auf Übersetzungen deutscher reformatorischer Lieder zurück; besonders gilt dies für die ersten 1528 und 1529 in Malmö herausgegebenen Sammlungen von KLAUS MORTENSEN, die leider verlorengegangen sind, und für Hans Tausens (→ 9) *En ny Psalmebog* (1544; Ein neues Kirchenliederbuch), weniger indessen für HANS THOMISSØNS (1532—1573) die Lieder systematisch nach dem Kirchenjahr ordnenden *Den danske Psalmebog* (1569; Das dänische Kirchenliederbuch). Enthält sein Buch auch eine nicht geringe Zahl dänischer Originallieder, so stammt doch keines von einem poetisch begabten Autor. Dichterische Qualität gewinnt das Kirchenlied erst mit HANS CHRISTENSEN STHENS (ca. 1540—1611) Texten in *En liden Haandbog* (1578; Ein kleines Handbuch) und *En liden Vandrebog* (1588 oder 1589; Ein kleines Wanderbuch). An die Folkevise (Volksballade) und das deutsche Liebeslied des Mittelalters anknüpfend, wird das von Sthen weniger für die Gemeinde als für die Hausandacht gedachte Kirchenlied zum geistlichen Lied, und auch sein Bemühen um den silbenzählenden Vers bei der Übersetzung eines Lobwasserschen Psalms bedeutet einen wichtigen Schritt auf dem Weg zur metrischen Reform des 17. Jahrhunderts.

Die ersten isländischen Kirchenlieder, recht schwerfällige Übersetzungen aus dem Deutschen und Dänischen, werden in den 50er Jahren gedruckt, doch GUÐBRANDUR ÞORLÁKSSON (1542—1627) erst bringt mit *Ein ný Psálma Bók* (1589; Ein neues Kirchenliederbuch) ein eigentliches Gesangbuch heraus, in dem freilich noch immer die Übersetzungen überwiegen. Nicht für den Gottesdienst allein waren die Lieder gedacht, sie und ebenfalls die Lieder in *Ein ný Vísnabók* (1622; Ein neues Liederbuch) sollten, wie Guðbrandur ausdrücklich im Vorwort vermerkt, an die Stelle der weitverbreiteten und äußerst beliebten „eitlen Gesänge, der rímur und Liebeslieder" treten.

Eine so bedeutsame Rolle das Kirchenlied auch in der Reformationszeit spielt, die sprachlich und literarisch weitaus größten Anstrengungen der Zeit gelten der Umsetzung von Gottes Wort in die Nationalsprachen, d.h. der Bibelübersetzung. Eine dänische Version des Neuen Testaments erscheint im Auftrag des landesflüchtigen Christian II. vor Ausbruch der Reformation im Jahr 1524 in Leipzig; wiederum im Ausland, in Antwerpen, wird CHRISTIERN PEDERSENS (→ 4) *Det ny Testamente* (1529; Das Neue Testament) gedruckt, und auf ihm soll dann auch die Hauptlast der Arbeit an der Gesamtbibel ruhen. Sein Manuskript liegt 1543 vor, doch mehrere Gründe verzögern um einige Jahre den Druck der *Biblia. Det er den gantske Hellige Scrifft, vdsat paa Danske* (1550; Biblia. Das ist die ganze Heilige Schrift, dänisch). Für den Druck der 3000 Exemplare für die Gemeinden in Dänemark und Norwegen wird der Lübecker Ludwig Dietz nach Kopenhagen geholt, und dieser übernimmt die Typen und Illustrationen seiner niederdeutschen Bibel von 1534 für die dänische Ausgabe, die „Christian III.s Bibel", deren Text indessen sehr eng der Wittenbergausgabe von 1545 folgt. Wenn auch auf dem Titelblatt die Namen der Übersetzer nicht genannt werden, so lassen doch die Klarheit der Prosa, die innere Spannung und der Rhythmus der Sätze erkennen, daß wesentliche Teile der Arbeit aus der Feder Chr. Pedersens stammen.

In Dänemark wird 1540 auch *Hid nya Testament* (Das neue Testament), das erste isländisch gedruckte Buch überhaupt, hergestellt. Auf diese Arbeit von ODDUR GOTTSKÁLKSSON (1500— 1556) greift dann der gelehrte Humanist und eigentliche Reformator des Landes, GUÐBRANDUR ÞORLÁKSSON (1542—1627), der für ein halbes Jahrhundert Bischof von Hólar ist, bei seiner Gesamtübertragung der

Bibel zurück. Trotz mancher Vorarbeiten aber bleibt ihm noch viel zu tun, ehe die *Biblia. Þad er/ øll Heilög Ritning/ vtlögd a Norraenu* (1584; Biblia. Das ist die ganze Heilige Schrift, nordisch) in 500 Exemplaren herauskommen kann. Natürlich vermag die Übersetzung die dänischen und deutschen Vorbilder nicht zu verleugnen, doch wird dank dieses Werkes auf Island nicht — wie in Norwegen und auf den Faröern — Dänisch als Kirchensprache eingeführt; Gottes Wort wird in der Sprache des Landes verkündet und gelesen.

Die erste schwedische Übersetzung des Neuen Testaments steht unter der Leitung von LAURENTIUS ANDREAE (ca. 1482—1552), einem der engsten Mitarbeiter und Ratgeber — bis er des Hochverrats angeklagt wird — Gustav Vasas. *Thet Nyia Testamente på Swensko* (1526; Das Neue Testament, schwedisch) beruht weitgehend auf Arbeiten reformkatholischer Autoren, und erst durch die Schlußredaktion von Laurentius Andreae und Olaus Petri (→ 11) erhält die Übersetzung ihre evangelische Tendenz. Eine überarbeitete Fassung geht dann in die *Biblia, thet är, all then helgha scrifft på Swensko* (1541; Biblia. Das ist die ganze Heilige Schrift, schwedisch) ein, an der mehrere Autoren mitwirken, doch zeichnet LAURENTIUS PETRI (1531—1573), erster evangelischer Erzbischof des Landes, für die wesentlichen sprachlichen Prinzipien verantwortlich. Wenn auch die deutsche Vorlage, wie bei allen Bibelübersetzungen des Nordens, ihre Spuren hinterläßt, so geben doch die kraftvolle, feierlich-würdige Sprache, gesucht altertümliche Formen, die konsequente Orthographie und das einheitliche Flexionssystem dem Werk, der Gustav-Vasa-Bibel, eine überragende Bedeutung für die Entwicklung der schwedischen Schriftsprache.

Mit seinen Hinweisen auf die Eignung der beiden biblischen Bücher Judith und Tobias zur dramatischen Gestaltung gibt Martin Luther eine gewichtige Anregung für das Drama der Reformationszeit; denn das Grundelement der dramatischen Arbeiten dieses Zeitalters ist die evangelisch-reformatorische Glaubenshaltung und die christliche Moral. Durch das Schuldrama — die Akteure sind die Schüler der Lateinschulen — aber werden auch die Ideen des Humanismus und durch den Rückgriff auf das antike Drama der Sinn für den dramatischen Aufbau gefördert. Ein beträchtlicher Teil der Aufführungen wird durch die meist vom südlichen Nachbarn übernommenen neulateinischen Stücke bestritten, doch sehr bald werden die bekanntesten Dramen auch in muttersprachlichen Bearbeitungen aufgeführt. In Dänemark bringt PEDER HEGELUND (1542—1614) im Jahr 1578 eine Comicotragoedia *Susanna* in Knittelversen nach dem gleichnamigen Stück von Sixt Birk heraus, während HIERNONYMUS JUSTESEN RANCH (1539—1607) in *Kong Salomons Hylding* (1585; König Salomons Huldigung) und in dem wahrscheinlich 1599 aufgeführten Stück *Samsons Fængsel* (Simsons Gefangenschaft) auf das Alte Testament und in der Komödie *Karrig Niding* (Knauser Neiding) auf Plautus' *Aulularia* zurückgreift.

Von den erwähnten Dramen sind einige in der aus der Zeit um 1600 stammenden Randers-Handschrift überliefert, in der wir auch die möglicherweise von PEDER THØGERSEN (1577—1634) geschriebene und mit ihren allegorischen Figuren an die mittelalterlichen Moralitäten erinnernde *Comedia de Mundo et Paupere* und eine dänische Bearbeitung der *Tobiæ Comoedia* finden.

Der Empfehlung Martin Luthers in der Vorrede zum Buch Tobias, daß sich diese Erzählung für christliche Eheleute als ein Beispiel wahrer Gottesfurcht und Glaubenszuversicht gut eigne, folgt auch die Olaus Petri (→ 11) zugeschriebene schwedische *Tobie Comedia* (1550). Wie im Nachbarland werden auch in Schweden in der zweiten Hälfte des 16. Jahrhunderts gern biblische Stoffe in Knittelversen dramatisch gestaltet, so z.B. die Geschichte von der Erschaffung der Welt, von König David oder vom Knaben Jesus im Tempel. Seine Blütezeit aber erlebt das Schuldrama erst in der ersten Hälfte des 17. Jahrhunderts, als neben antiken Dramatikern und lateinischen Stücken deutscher Humanisten — am beliebtesten war Nicodemus Frischlin, der bedeutendste Komödiendichter der Reformationszeit — die Dramen von JOHANNES MESSENIUS (ca. 1597—1636) zur Aufführung gelangen. Von den „alten, herrlichen und wundersamen Geschichten seines Vaterlandes", die Messenius, eine fesselnde und zugleich umstrittene Gestalt, in mittelalterlichen Liedern und Chroniken, bei Saxo und den Brüdern Magnus findet, plant er fünfzig Stücke zu schreiben. Vollendet werden nur wenige davon, darunter *Disa* (Auff. 1611), *Signill* (Auff. 1612), *Swanhuita* (Auff. 1613) und *Blanckmäreta*

Auff. 1614), in denen Gestalten der ältesten schwedischen Geschichte agieren, deren „götische Tugend und Ehre" die patriotische Gesinnung der Spieler und Zuschauer fördern und stärken soll. Gleich Messenius benutzt auch JOHANNIS PRYTZ (gest. 1655) den silbenzählenden Vers für seine geschichtlichen Dramen, so in *Olov Skottkonung* (Auff. 1620; Olof Skottkönig), das an der Wende vom Heiden- zum Christentum spielt, und in der an den Befreier des Reiches und den die Reformation einführenden König erinnernden *En lustig Comedia om ... Gustaf den första* (Auff. 1621; Eine lustige Komödie von ... Gustaf I.).

Einen sehr beliebten Stoff des Humanistendramas, das Gleichnis vom verlorenen Sohn, bearbeitet SAMUEL PETRI BRASCK (1613–1668) in *Filius prodigus, eller en comedia om den förlorade sonen* (1645; Filius prodigus, oder eine Komödie über den verlorenen Sohn), und ihm geht es gewiß wie Guilelmus Gnaphaeus in seiner Komödie *Acolastus* (1529), auf die er sich stützt, mehr um den erzieherischen Gedanken als um die religiöse Problematik. Noch stärker tritt das pädagogische Element in Erscheinung in JACOB CHRONANDERS (gest. 1694) Schauspiel *Surge* (1647), in dem die zwischen Diligentia und Negligentia wählen müssende Hauptperson – ähnlich wie die Titelfigur in Georg Stiernhielms Versepos *Hercules* (1. Fassung 1648; → 26) – sich für den Weg der Tugend und Arbeit entscheidet. In *Bele-Snack* (1649; Freier Rede), das wie *Surge* um den silbenzählenden Vers ringt und ebenfalls in Åbo, wo sich seit 1640 eine Akademie und seit 1642 die erste Druckerei Finnlandschwedens befindet, gedruckt wird, geht es Chronander um die im lutherischen Sinn christliche Ehe. Noch bis gegen Ende des 17. Jahrhunderts soll das humanistische Drama in Finnlandschweden weiterleben, denn für diesen Teil des schwedischen Reiches gilt noch weit mehr als für das Stammland, daß die literarischen Strömungen Europas sich erst mit einer gewissen zeitlichen Verzögerung durchsetzen. Diese Phasenverschiebung wird auch durch den von den Autoren benutzten Vers belegt; während Brasck in Linköping und Chronander in Åbo noch den silbenzählenden Vers verwenden, finden sich in Stockholm in den 40er Jahren bereits nicht wenige Beispiele des akzentuierenden Verses.

Neben humanistischen und reformatorischen Schriften und Büchern fördert die Buchdruckerkunst auch die Verbreitung unterhaltender Literatur, die im 16. und 17. Jahrhundert von der adligen und bürgerlichen Oberschicht gelesen wird. In Dänemark und Schweden finden seit der Ausbreitung der Reformation und der humanistischen Ideen auch die Volksbücher, in denen sich christlich-moralische Belehrung mit dem Bedürfnis nach Unterhaltung verbindet, bereitwillige Aufnahme. Das Bekenntnis zum lutherischen Glauben und die moralisch-didaktische Glosse machen die Volksbücher für das 16. und 17. Jahrhundert erst tragbar und erfolgreich.

Im Vorwort zur dänischen Reinke-de-Vos-Übersetzung, die der Übersetzer, HERMAN WEIGERE, dem Reformationskönig Christian III. widmet, begründet er sein Unternehmen mit der Bemerkung, daß es außer der Bibel und einigen Postillen nur wenige Bücher in dänischer Sprache gebe, und dann fährt er fort: „Nun ist es jedoch nicht möglich, daß Euer Gnaden stets und unaufhörlich in der Heiligen Schrift lesen, sondern haben auch gelegentlich das Bedürfnis, Sinn und Verstand Ihrer Königlichen Majestät an Historien und anderen höfischen und weltlichen Büchern zu vergnügen, die nicht gegen Gott und sein Heiliges Wort sind.“ Diese Worte könnten aller unterhaltenden Literatur dieser Zeit voranstehen.

Nach deutschen, vielfach niederdeutschen Vorlagen werden die Volksbücher im 16. Jahrhundert ins Dänische und mit einer erheblichen Phasenverschiebung im 17. Jahrhundert ins Schwedische übertragen. Die Bücher erzählen von Judas, Pilatus und anderen biblischen Gestalten, von dem ewig wandernden Ahasverus, von dem seine Seele verkaufenden Faust, von Eulenspiegels Streichen und dem Schelm Marcolfus. Gedruckt werden aber auch die mittelalterlichen Liebesgeschichten von Tristan und Isolde und Flor und Blancheflor oder die erbauliche Erzählung aus Boccaccios *Decamerone* von der tugendsamen *Griseldis* (dän. 1528), die in Schweden unter dem Titel *Grisilla* (1622) fast ein Jahrhundert später erscheint.

Die ersten größeren Bücher der unterhaltenden Literatur in Dänemark und Schweden sind die Übersetzungen der Verserzählungen von Reineke Fuchs. Das dänische *En Ræffue Bog* (1555; Ein Fuchs-Buch) behält den Knittelvers der niederdeutschen Vorlage bei, SIGFRIED ARON FORSIUS (ca. 1550—1614) hingegen, der schwedische Übersetzer, geht in seinem *Reyncke Foß* (1621) nicht nur zum silbenzählenden Vers über, er bemüht sich auch bereits, den Wortakzent genauer zu beachten. Die Versreform des frühen 17. Jahrhunderts kündet sich auch in der unterhaltenden Literatur an.

Neulateinische Dichtung

Das 16. Jahrhundert steht ganz im Zeichen der Reformation, die es unter Anwendung von staatlicher Gewalt und mit Hilfe des Wortes durchzusetzen gilt; jedoch ist das gedruckte Wort dieses Zeitalters noch stark dem Mittelalter zugewendet. Doch gibt es im Norden neben der nationalsprachlichen Literatur in der Reformationszeit und dem folgenden Jahrhundert auch eine neulateinische Dichtung. Aus der beträchtlichen Zahl skandinavischer neulateinischer Poeten, von denen einige bereits in anderem Zusammenhang erwähnt wurden, können in dieser Darstellung — zum Teil durch die kaum über erste Anfänge hinausgelangte Forschung auf diesem Gebiet bedingt — nur wenige exemplarisch vorgestellt werden.

Der erste neulateinische Verse schreibende Hofpoet Stockholms ist HENRICUS MOLLERUS (1528—1567), ein gebürtiger Hesse, doch gilt das in Wittenberg gedruckte Heldenepos *Strategema gothici exercitus adversus Darium* (1559) von LAURENTIUS PETRI GOTHUS (ca. 1530—1579), eine erste Frucht von Johannes Magnus' Geschichte der Göten (→ 5), als das älteste Gedicht der neulateinischen Poesie Schwedens. Ein *Epithalamion* (1585) in Hexametern anläßlich der Hochzeit Johans III. schreibt ERICUS JACOBI SKINNERUS (gest. 1597), und in diesem Versmaß rühmt auch LARS FORNELIUS (1606—1675), der Autor der *Poetica tripartita* (1643), der ersten zum großen Teil auf J. C. Scaligers *Poetices libri septem* (1561) beruhenden Poetik des Landes, in *Gustavus sagotogatus* (1631) die Heldentaten des Kriegerkönigs, der Alexander und Hannibal gleich seine Feinde in den Staub geworfen hat.

Die neulateinische Dichtung Dänemarks im 16. Jahrhundert wird von dem Riesenwerk des ERASMUS MICHAELIS LAETUS (1526—1582) beherrscht. Von seinen vielen Arbeiten seien nur erwähnt *Bucolica* (1560), die nach Vergils Muster die idyllische Natur seiner Heimat preist — und kein Geringerer als Melanchthon stimmt in einem einleitenden Brief in das Lob ein —, und die über 16000 Verse zählende Dichtung *Res Danicae* (1573), die die Geschichte des dänischen Reiches von der Sintflut bis in die Gegenwart nacherzählt. Der berühmte Astronom TYCHO BRAHE (1546—1601) schreibt eine Elegie *Ad Daniam* (1597), als er sein Vaterland verlassen muß; bereits Jahre zuvor hatte er eine *Elegia in Uraniam*, die er der wissenschaftlichen Abhandlung *De nova stella* (1573) beifügte, und den Ovids *Heroides* nachgebildeten fingierten Liebesbrief *Urania Titani* geschrieben.

Im 17. Jahrhundert erlebt die Gelegenheitsdichtung eine wahre Blütezeit; die dänischen Poeten, unter ihnen BERTEL KNUDSEN AQUILONIUS (1588—1650) und HENRIK HARDER (1642—1683), finden zu einem immer mehr verfeinerten und überladenen Stil. Weniger gilt dies für die Mitglieder des Osloer Humanisten-Kreises (→ 9), von denen Halvard Gunnarssøn (→ 9) in *Akrostichis de Inauguratione Christiani Quarti* (1606) den dänischen König als Daphnis apostrophiert und durch die Stände des Landes huldigen läßt, oder für die Gelegenheitsverse der Isländer ARNGRÍMUR JÓNSSON INN LÆRÐI (gest. 1648) und JÓN VÍDALÍN (→ 38).

Immer offensichtlicher wird im Lauf der Jahre die Diskrepanz zwischen der vom hohen Kunstbewußtsein getragenen, sehr stilisierten und durchgebildeten neulateinischen Dichtung und der im Knittelvers oder im frühen 17. Jahrhunderts im silbenzählenden Vers geschriebenen nationalsprachlichen Dichtung. So vollzieht sich in der ersten Hälfte des 17. Jahrhunderts ein folgenreicher Prozeß: die nationalsprachlichen Literaturen übernehmen die Regeln und Stilelemente der neulateinischen Poetik und Poesie.

Die Reformation verleiht der Literatur im 16. Jahrhundert eine unverwechselbare geistige Physiognomie. Als sich jedoch die religiöse und politische Situation in der ersten Hälfte des 17. Jahrhunderts mit dem Triumph der lutherischen Orthodoxie — *Lutherus triumphans* lautet der Titel einer Schrift von 1617 — und nach der Jahrhundertmitte mit der Einführung des Absolutismus stabilisiert, ist die vorrangige Aufgabe der Literatur nicht länger Kampf oder Unterweisung wie im Jahrhundert zuvor, mehr und mehr wendet sich die Aufmerksamkeit der Dichter dem Wort und der poetischen Form zu. Keiner formuliert es treffender als Georg Stiernhielm (→ 26), wenn er einmal schreibt: „Ubi nulla forma, ibi nullum verum ESSE."

Skandinavische Literaturgeschichten sprechen übereinstimmend von der Reformationszeit als einer Epoche, der sie die „Spätrenaissance" oder den „Frühbarock" (Kj. Heggelund, 1974), den „Humanismus" (St. Lindroth, 1967) oder den „Renaissancehumanismus" (Friis, 1975) — M. von Platen bringt „humanistischer Barock" (1954) ins Gespräch — folgen lassen, ehe sie für die zweite Hälfte des 17. Jahrhunderts den Barock ansetzen. Die schwedische Literaturwissenschaft hält gern an der aus der Geschichtsschreibung übernommenen „Stormaktstid" (Großmachtzeit) fest, die die Jahre von 1611 bzw. 1630 bis 1718 oder auch zwischen 1658 und 1732 (E. N. Tigerstedt) umspannt. In dieser Darstellung bilden in etwa die Jahre zwischen 1620 und 1720 das Zeitalter des Barocks, das sich wiederum in drei Phasen — Frühbarock (1620—1660), Hochbarock (1660—1700) und Spätbarock (1700—1720) — untergliedert. Es versteht sich von selbst, daß die Jahreszahlen nichts anderes als ungefähre Richtwerte sind.

Im Barockzeitalter weist die feudal-hierarchische Ständepyramide dem Menschen seinen Platz in der Weltordnung zu. Mikro- und Makrokosmos sind vom christlichen Ordogedanken erfüllt, und alle menschliche Erfahrung und wissenschaftliche Erkenntnis bestätigen Gott als Schöpfer und Herrn der Welt: „Pulchra sunt, quae videntur; pulcheriora, quae sciuntur; longe pulcherrima, quae ignorantur" — diese Worte des dänischen Naturforschers und Mediziners NIELS STENSEN (1638—1686), der als katholischer Bischof stirbt, entsprechen der Auffassung aller Gelehrten und Forscher in diesem Jahrhundert; denn mögen auch die humanistischen, neuplatonischen, mystischen, pansophischen und libertinistischen Ideen, die sie zum Teil vertreten, nicht mit dem Dogma der Kirche übereinstimmen, so zentriert doch all ihr Denken im geoffenbarten Gott der Bibel.

Das biblische Weltbild liegt ebenfalls der Geschichtsforschung zugrunde, wenn auch Rang und Bedeutung der eigenen nationalen Vergangenheit stets besonders herausgestellt werden. So beweist der Däne OLE WORM (1588–1654) mit seinen Runen- und Sagastudien den Vorrang der „dönsk tunga" (dänische Sprache) vor der Sprache des benachbarten Königreiches, die Schweden JOHANNES BUREUS (1568–1652) und OLOF VERELIUS (1618–1682) hingegen sehen die ursprünglichere in der „Lingua Gothica", und OLOF RUDBECK (1630–1702) verlegt dann sogar — dies ist der Höhepunkt des „Götizismus" (→ 5f.) — in einem mehrbändigen Werk *Atland eller Manhem* (1679–1702); Atland oder Manhem: Atlantis oder Schweden) die Wiege der Menschheit und den Beginn aller Kultur nach Schweden.

Das Weltbild des Menschen wird durch die lutherische Orthodoxie bestimmt: Ein jedes und ein jeder haben ihren Platz in der göttlichen Ordnung. Da die Dichtung ebenfalls ein Teil der Welt ist, gehört zur Ordnung der Welt auch die Ordnung der Worte. Die Poeten ersetzen deshalb den Knittelvers, in dem die Zahl der unbetonten Silben zwischen den Hebungen willkürlich wechseln konnte, und den syllabischen Vers, der mit seiner mechanischen Silbenzählung das Gepräge einer ungebundenen Regellosigkeit trug, durch die strenge Ordnung des alternierenden Verses.

Die Poetik entnimmt die Lehre von den Tropen und Figuren der antiken und neulateinischen Rhetorik; von den unmittelbar von den südlichen Nachbarn übernommenen Versarten wird der Alexandriner der am häufigsten gebrauchte Vers. Eingang finden in seinem Geleit das Klingdikt (Sonett), das Echo- und Figurengedicht, die Överskrift (Überschrift), aber auch eine Vielzahl anderer kunstvoller Vers- und Strophenformen. Die beliebteste lyrische Gattung ist das Lied in Form des Kirchen- oder Gesellschaftsliedes, doch gibt es auch vielfältige Beispiele der Gelegenheits- und galanten Dichtung. Breit angelegte epische Werke stellen dem Leser religiöse und weltliche Stoffe vor Augen, und das Drama kennt neben Tragödie und Komödie das höfische Festspiel, das Gesamtkunstwerk.

Die Mehrzahl der Themen und Motive entnimmt die Dichtung dem reichhaltigen Repertoire der Topoi, das die Literaturen Europas von der Antike bis ins 17. Jahrhundert weitergegeben haben, und dabei bringt es der meditierend-deiktische Charakter großer Teile der Dichtung mit sich, daß die Themen Virtus, Mors oder Vanitas mundi immer wieder behandelt werden. Keine wesentliche Rolle spielt die Erlebnisdichtung (wenn es diese natürlich auch gibt), da sich die Dichter den durch literarische Traditionen überlieferten Gesetzen der Gattung in einem solchen Maß verpflichtet wissen, daß jedes persönliche Erlebnis in dem logozentrischen Formgefüge der Dichtung aufgehoben wird.

Die hierarchische, ständische Denkweise der Zeit hat wichtige Konsequenzen für die Dichtung; denn sie muß der Forderung nach einem standesgemäßen Stil entsprechen. So gibt es einen hohen, der Repräsentation des Hofes gemäßen Stil, einen niederen, dessen sich Bauern und niedere Standespersonen in Komödien bedienen, und einen mittleren vor allem in der Gelegenheitsdichtung des bürgerlichen Standes gepflegten Stil.

Gemeinsam aber ist der Dichtung der weithin rhetorisch-repräsentative Charakter; sie dient und ist — selbst in den kritischen Äußerungen — Ausdruck der Weltordnung dieses Zeitalters. Zwischen den einzelnen Phasen und Generationen des Barocks, zwischen Anders Arrebo und Elias E. Naur in Dänemark oder zwischen Lars Wivallius und Johan Runius in Schweden mag es Unterschiede geben, aber es sind Unterschiede in der Intensität, der Formbelastung und Steigerung innerhalb dieser Epoche.

Frühbarock

Von den 20er bis in die 50er Jahre reicht die erste Phase des Barocks. In diesen Jahrzehnten machen sich die Dichter von den überlieferten Versformen frei und übertragen — alle sind sie durch die Schule der neulateinischen Poetik gegangen — die Regeln und Gesetze antiker und neulateinischer Poesie in ihre Nationalsprache. Von den Niederländern und Deutschen übernehmen sie den alternierenden Vers, doch erst viele Jahre nach Einführung der Rhythmologia Nova werden metrische Arbeiten und Prosodien, in Dänemark von Hans Mik-

KELSEN RAVN (1649) oder SØREN POULSEN GOTLAENDER JUDICHÆR (1671) und in Schweden von ANDREAS ARVIDI (1651), in gedruckter Form vorliegen. Durch Übersetzungen und Nachdichtungen machen die Dichter ihre Landsleute mit der europäischen Literatur vertraut; sie möchten aber auch den Nachweis erbringen, daß die dänische bzw. schwedische Sprache und Literatur den Vergleich mit fremden Literaturen nicht zu scheuen braucht; denn „Siælands Gaas" (Seelands Gans) vermag sich, wie es in einem Gedicht Anders Bordings heißt, ebenso hoch wie die von der Amstel oder vom Rhein schwingen, und die schwedische Sprache, die „ärlige, gamle obefleckade götamatrona" (die ehrliche, alte unbefleckte Götenmatrone) überragt, so Georg Stiernhielm 1643, die anderen Sprachen um ein Vielfaches.

Der erste dänische Dichter, der sich um die neue Dichtkunst bemüht, ist ANDERS CHRISTENSEN ARREBO (1587—1637). Nach einigen im Knittelvers gehaltenen Gedichten veröffentlicht er den *Kong Davids Psalter* (1623; Der Psalter König Davids), in dem das neue metrische Grundprinzip weitgehend durchgeführt ist; in einer nur vier Jahre später erfolgenden zweiten Auflage braucht er nicht mehr viel zu überarbeiten und glätten. In den 30er Jahren schreibt Arrebo das geistliche Epos *Hexaëmeron* (1661), und dabei dienen ihm Guillaume Du Bartas' *La première semaine* (1578), Tobias Hübners *Erste Woche* (1631) und Zacharias Heins' niederländische Übertragung (1628) als Vorlagen, von denen er jedoch bei der Arbeit immer mehr Abstand gewinnt. Für die Vorrede an den Schöpfer benutzt er das heroische Versmaß der lateinischen Dichtung, den Hexameter, doch gegen Ende des ersten Schöpfungstages wechselt er zum Alexandriner über. Wesentlicher ist aber, daß Arrebo sich von dem kalvinistisch geprägten Gottesbild Du Bartas' distanziert; bei ihm wird der Schöpfer zu einem gütigen, barmherzigen und persönlich nahen Gott, den er als „Gärtner", „Fischmeister" oder „Schulmeister" apostrophiert. Die Eigenständigkeit der Dichtung kommt besonders durch die lebendigen und anschaulichen Beschreibungen der norwegischen Natur und Tierwelt, die er aus eigener Anschauung kennt, zur Geltung.

Arrebo findet mit dem Hexameter in der dänischen Dichtung keinen Nachfolger; eindeutig setzt sich der Alexandriner durch, der erstmals in BERTEL BERTELSEN WICHMANNS (1617—1665) *Neßbyholm eller Sindsens Rolighed* (1644), einer auf dänische Verhältnisse übertragenen Nachdichtung von Opitzens *Zlatna, oder von der Ruhe deß Gemüthes,* gedruckt vorliegt. Seit Mitte der 40er Jahre tritt SØREN TERKELSEN (gest. ca. 1657) als fleißiger und unermüdlicher Übersetzer niederländischer — besonders von Cats' — und deutscher Dichtungen auf. Erzielt er mit den ersten 12 Büchern von d'Urfés Schäferroman *Astrée,* die er nach der deutschen Fassung überträgt, nur ein mäßiges Echo, so werden die Lieder in den drei Bänden des *Astree Siunge-Choer* (1648—54; Astreee Sing-Chor), denen Texte von Johann Rist, Gabriel Voigtländer, Martin Opitz, Simon Dach, Georg Greflinger und anderen deutschen Poeten zugrunde liegen, ungemein bekannt und beliebt.

Eines der von Terkelsen übertragenen Lieder, Rists *Daphnis gieng für wenig Tagen,* dient auch ANDERS BORDING (1619—1677) als Vorlage für sein *Daphnis gick for nogle dage* (1645), und nicht nur mit dieser im Vergleich zu Terkelsens Übersetzung gelungeneren Bearbeitung unterstreicht Bording, daß er sich mehr und mehr von den ausländischen Modellen freimacht. Natürlich bedient er sich in seiner Gelegenheitsdichtung, den Schäferliedern und Bittgedichten, der zeitüblichen Muster und Schablonen, doch gewinnt die dänische Sprache beständig an Ausdrucksfähigkeit und Eleganz. In den Jahren um die Jahrhundertmitte schreibt er eine beträchtliche Anzahl Gelegenheitsverse, bis er schließlich, nach wiederholten Bitten an den König, beauftragt wird, eine Zeitung, *Den Danske Mercurius* (Der dänische Merkur), herauszugeben. Elf Jahre lang, von 1666 bis 1677, unterrichtet er in rund 15000 Alexandrinern vom Geschehen am Kopenhagener Hof und in der Welt. Bording preist und verteidigt das absolutistische Regime Dänemarks, die kluge und dem Lande dienende Politik des Königs, dessen stete Sorge der Wohlfahrt seiner Untertanen gilt. Der König ist nicht nur die lebenspendende Kraft und Sonne des Reiches, er ist auch der Garant des Friedens und — wenn es denn sein muß gegen das Ränkespiel der Feinde — im Krieg unbesiegbar.

Von den deutschsprachigen Poeten dieser Zeit in Dänemark, unter anderem ZACHARIAS LUND (1608—1667) und PAUL TSCHERNING (1627—1666), ist für die dänische Dichtung HANS WILLUMSEN LAU-

REMBERG, auch JOHANN LAUREMBERG (1590—1658) genannt, der 1623 als Professor an die Ritterakademie Sorø berufen wird, erwähnenswert. Er verfaßt nicht nur zwei Schauspiele für höfische Festlichkeiten, zu denen wahrscheinlich Heinrich Schütz die Musik beisteuert, sondern veranlaßt auch eine dänische Fassung *Fire Skjæmtedigte* (1652) seiner niederdeutschen *Veer Schertz Gedichte*, von der wir noch immer nicht den Übersetzer kennen. Laurembergs in Alexandrinern abgefaßtes satirisches Alamode-Gedicht zeigt noch gelegentlich Knittelverse; dieses überlieferte Versmaß ist in der ersten Hälfte des Jahrhunderts ebenso wie der syllabische Vers anzutreffen, wenn sie auch beide für die Dichtung in dieser Epoche bedeutungslos bleiben.

Verwendet Arrebo (→ 23) den Knittel nur noch in seinen frühen Gedichten, so geht in Schweden LARS WIVALLIUS (1605—1669), der noch ganz in der Psalm- und Kirchenliedtradition des ausgehenden 16. Jahrhunderts steht, zum syllabischen Vers über. Häufig sind für Wivallius persönliche Erlebnisse der Anlaß zum Schreiben von Versen; ihn treibt es durch Polen, durch das von Kriegswirren heimgesuchte Deutschland und durch Dänemark, manch ein Abenteuer hat er zu bestehen, oft entgeht er nur knapp dem Tod, schließlich muß er auch noch eine mehrjährige Festungshaft im hohen Norden seiner Heimat verbringen, ehe es ruhiger in seinem Leben wird. Immer wieder schreibt er Bitt- oder Klageverse in deutscher, dänischer oder schwedischer Sprache, und so läßt er sein 1632 aus dem Stockholmer Gefängnis an den Reichsrat adressiertes Gedicht mit den Worten beginnen: „Ach libertas, tu ädla tingh, / sääll är then tigh kan niutha" (Ach libertas, du edle Sache, / Selig ist der, der dich genießen kann). Das Thema und die reiche Bildsprache des vielstrophigen Gedichts sind der antiken und mittelalterlichen Poesie verpflichtet, und dies gilt für die Motive und Metaphern vieler seiner Lieder, in denen die Launenhaftigkeit Fortunas ebenso besungen wird wie die „Eitelkeit der Welt" oder — ein Lieblingsmotiv europäischer Barockdichtung — „das Leben — ein Traum": „som rök mitt liv, ja som en dröm/ måst ynkelig försvinna" (wie ein Rauch mein Leben, ja wie ein Traum/ muß erbärmlich verschwinden). In der *Klage-Wijsa, Öfwer thenna Torra och kalla Wåhr* (1642; Klagelied, über diesen trockenen und kalten Frühling) und anderen späteren Gedichten kehrt Wivallius aber wieder zu der mehr einfachen Diktion des Kirchen- und geistlichen Liedes zurück. Gewiß versucht er sich gelegentlich im Alexandriner, so in *Sweriges Rijkes Ringmwr* (1637; Ringmauer des schwedischen Reiches), doch herrscht eine unüberhörbare Spannung zwischen dem sechshebigen und dem silbenzählenden Vers.

Endgültig setzt sich der alternierende Vers in den 40er Jahren in Schweden durch; als erster behauptet ANDREAS SPARRMAN in *Sundhetzens speghel* (1642; Spiegel der Gesundheit) das neue metrische Prinzip, das er höchstwahrscheinlich in Holland kennengelernt hat. Den Alexandriner und andere Versarten verwendet GEORG STIERNHIELM (1598 — 1672) nach frühen lateinischen Gedichten in einigen Gelegenheitsgedichten und Texten zu festlichen Balletaufführungen am Stockholmer Hof. Von zwei Gedichten anläßlich Königin Christinas Geburtstag in den Jahren 1643 und 1644 stützt sich das erste in wesentlichen Partien stark auf Opitzens *Geburt-Gedichte*, doch das zweite, *Heroisch Jubel-Sang* (Heroischer Jubelgesang), ist eine selbständige Arbeit. Die Texte zu den Ballettaufführungen in den Jahren von 1649 bis 1651, die Christina als Friedensfürstin und „Pallas Athene des Nordens" preisen, beweisen, daß Stiernhielm die neuen Versarten virtuos beherrscht. Wahrscheinlich stammt auch das erste schwedische Sonett, das Klingdikt *Emblema Authoris* (1644), in dem der Dichter ein allseits bekanntes Motiv der Humanisten als sein Lebensideal vorstellt, von Stiernhielm.

Auf ein weit verbreitetes und häufig bearbeitetes Thema der Humanisten Europas, das schon in Xenophons *Memorabilia* zu findende Motiv Herkules am Scheideweg, greift Stiernhielm in seinem poetischen Hauptwerk *Hercules* (1658; Herkules am Scheideweg oder der Sieg der Tugend, 1793) zurück, von dem bereits 1648 eine kürzere, von der endgültigen Fassung sich zum Teil nicht unwesentlich unterscheidende Version vorlag. In diesem Carmen heroicum zeichnet der Dichter ein zeitnahes Bild schwedischen Lebens, und Herkules, die antike Sagengestalt, in der die Humanisten die Stärke des Menschen erfuhren, ist bei ihm ein adliger schwedischer Jüngling, der zwischen Frau Lusta (Lust) und Frau Dygd (Tugend) zu wählen hat. *Hercules* ist ein moralisches Lehrgedicht für den durch den Krieg verrohten schwedischen Adel, und in Frau Lustas Töchtern Lättja (Müßiggang),

Flättja (Leichtsinn), Kättja (Geilheit) und ihrem Sohn Ruus (Rausch) hält der Dichter ihm ein Spiegelbild vor, ein Bild zu Selbstbesinnung und Einkehr. Gewiß verspricht Frau Dygds Weg „unablässige Arbeit und Mühe", doch an seinem Ende steht „saligheetz hallar" (die Halle der Seligkeit).

Hercules ist aber mehr als nur ein Lehrgedicht mit zeitkritischen Betrachtungen, es vermittelt auch Stiernhielms in seinen philosophischen Schriften ausführlich entwickeltes Weltbild, in dem sich wie bei vielen Humanisten christliches und stoisches Gedankengut harmonisch vereinigen. Die Tugend, der rechte Gebrauch der Vernunft und die Ergebung in Gottes Willen lassen den Menschen sich selbst finden, doch stärker als der Mensch erweist sich der Tod: „Döden sielfwer är *Intet,* och gör all ting til *Als-Intet* ... Hwar blifwer all wår Lust? när Kropp och Siäl äre skilde. / I thet mörke ewiga Tysta!" (Der Tod selbst ist *Nichts,* und macht alles zum *Nichts.* / ... Wo bleibt all unsere Lust? Wenn Körper und Seele getrennt sind. / In dem dunklen, ewigen Schweigen!). Dieser Gedanke, der im letzten Vers der Fassung von 1658 nochmals wiederholt wird: „Döden är yttersta målet, i dy wij samkas, och ändas" (Der Tod ist das letzte Ziel, dort kommen wir zusammen und dort enden wir), geht zurück auf eines der emblematischen Bilder (Mors ultima linea rerum est) aus den unter den humanistisch Gebildeten weitverbreiteten *Q. Horatii Flacci Emblemata* (1607) des Niederländers Otho van Veen, und nicht nur diese Verse schöpfen aus dem großen Reservoir der zeitgenössischen Emblematik.

Die humanistische Tradition bestimmt auch Stiernhielms Wahl des klassischen Verses des antiken Heldengedichts, des Hexameters, den er in die schwedische Dichtung einführt, und der um 1660 von einem Poeten — oder war Stiernhielm auch der Verfasser? — gleichfalls in *Bröllopz Beswärs Ihugkommelse* (Der Hochzeitsbeschwerden Erinnerung) benutzt wird: eine realistische Beschreibung einer Hochzeit mit grotesk-satirischen Zügen, die mit erbaulichen Sätzen über die wahre lutherische Ehe endet. Stiernhielms sprachlicher Purismus in *Hercules* und seine Vorliebe für altschwedische Ausdrücke machen dies Gedicht aber auch zu einem bedeutsamen Werk des götischen Sprachpatriotismus.

Georg Stiernhielm, der sich auf vielen Gebieten der Wissenschaft versucht und von dessen Arbeiten manche fragmentarisch bleibt, sollte in der von Königin Christina (1626—1689) geplanten Akademie, für die in ihrem Auftrag Descartes Statuten ausgearbeitet hatte, den Platz des schwedischen Philosophen einnehmen; doch die Kultur des Stockholmer Hofes wird nicht nur durch die aus dem Ausland geholten Gelehrten, von denen Descartes der berühmteste ist, getragen. Die wenigen Jahre der Regentschaft Christinas bilden einen glanzvollen und strahlenden Höhepunkt dieses Zeitalters; eine Vielzahl kostspieliger und prunkvoller Festlichkeiten erlebt der Hof mit Ballettaufführungen, „upptåg" (eine Art Trionfo) und „Wirtschaften", an denen sich Christina und die höfische Gesellschaft ausgiebig beteiligen. In dieser Welt findet auch die galante Liebeslyrik eine Heimstatt, Hirten- und Schäferlieder werden geschrieben, so die dreißig Jahre später gedruckten Lieder der Sammlung *Fyratijo Små Wijsor* (1682; 40 kleine Lieder) von SKOGEKÄR BERGBO, ein Pseudonym, hinter dem sich wahrscheinlich GUSTAF ROSENHANE (1619—1684) verbirgt. Skogekär Bergbo hat die Lieder sicher auch — im Titel wird es angedeutet — zur Übung in der schwedischen Sprache verfaßt; denn er war, wie die eindringlichen und beschwörenden Verse in *Thet Swenska Språketz Klagemål* (1658; Die Klage der schwedischen Sprache) bezeugen, ein eifriger Verfechter der Würde seiner Muttersprache. Um die Jahrhundertmitte schreibt er auch den Sonetten-Zyklus *Wenerid* (1680; Wenerid), mit dem er, trotz aller in ihm vermuteten Subjektivität, die petrarkistische Liebesdichtung, diese weitverbreitete „Maskenform der europäischen Liebessprache" (H. Pyritz) des Zeitalters, in die schwedische Literatur einführt.

Hochbarock

Der Übergang vom Früh- zum Hochbarock vollzieht sich in den 60er Jahren des 17. Jahrhunderts. Wenngleich Anders Bording (→ 24) und Georg Stiernhielm (→ 26) noch poetische Arbeiten in diesen Jahren schreiben, so trennt doch die meisten der in der zweiten Hälfte des Jahrhunderts auftretenden Dichter eine Generation von den Poeten des Frühbarocks. Entscheidender aber ist, daß sich diese um dreißig Jahre jüngeren Dichter die Erkenntnisse ihrer Vorgänger zunutze machen und mit den neuen Form- und Stilmitteln geschickter und eleganter umzugehen verstehen. Waren Jambus und Trochäus, nach Judichærs *Prosodia Danica* (1671) „ligesom Moder / oc Kilde / til de andre" (gleichsam Mutter und Quelle für die anderen), die metrischen Grundeinheiten des größten Teil der Dichtung in der ersten Phase des Barocks gewesen, so finden sich nun immer häufiger die meist Melodien unterlegten dreisilbigen Versfüße, da diese den Vers abwechslungsreicher und lebendiger gestalten. Vielfältiger werden auch die Strophenformen, neben dem Sonett finden sich „Bild-rim" (Figurengedicht), die Ottave und sieben- und mehrzeilige Strophen. Die „smycke-ord" (schmückende Wörter) und „prunkord" (Prunkwörter) breiten sich immer mehr aus, von den Tropen werden vordringlich die besonders effektvollen und von den rhetorischen Figuren die verfeinert-raffinierten und kunstvoll-spielerischen verwendet und bevorzugt.

In den 60er Jahren, während ihrer Studentenzeit in Uppsala, haben SAMUEL COLUMBUS (1642—1679) und URBAN HIÄRNE (1641—1724) wahrscheinlich einer Art Schäfer-Orden zugehört; denn aus dieser Zeit sind eine Anzahl Gesellschafts-, besonders Schäferlieder von den beiden Poeten überliefert. Urban Hiärnes derb-realistische Lieder, die auf Georg Greflinger, Kaspar Stieler und den jungen Paul Fleming verweisen, haben nur wenig mit der ätherisch-subtilen Sprache der galanten und höfischen Liebeslyrik gemeinsam. Wie gut er sich jedoch in den Forderungen der zeitgenössischen Poetik auskennt, demonstrieren der zwischen 1666 und 1668 geschriebene Schäferroman *Stratonice* mit autobiographischen Zügen und die in kurzer Frist angefertigte und vor dem jungen Karl XI. aufgeführte Tragödie *Rosimunda* (Auff. 1665), die sich recht eng an das gleichnamige lateinische Drama des Holländers Jacob van Zevecote anschließt, doch lockert Hiärne das blutrünstige Schauerstück durch einige dem englischen Drama entlehnte derb-lustige Zwischenszenen auf.

Einer der studentischen Akteure in Hiärnes Stück ist SAMUEL COLUMBUS, ein späterer Mitarbeiter und Freund Stiernhielms, über den er auch einiges Interessante in seiner anekdotenreichen Prosaarbeit *Mål-Roo eller Roo-Mål* (Tischgespräche oder ergötzliche Reden) zu erzählen weiß, und dessen Carmen heroicum (→26) er unter dem

Titel *Spel om Herculis Wägewal* (Auff. 1669; Spiel von Hercules' Wegwahl) in Uppsala zur Aufführung bringt. Gewichtiger als sein dem Buch Genesis folgendes Epos *Den bibliske Werlden* (1674; Die biblische Welt) ist die im gleichen Jahr erscheinende Liedsammlung *Odae Sveticae*, in denen Columbus „någre Werlds-Betrachtelser" (einige Weltbetrachtungen), so der Untertitel, über die Unbeständigkeit der Welt und die Gewißheit des Todes — ganz geläufige Themen der Zeit — anstellt.

Eine Unmenge Gelegenheitsgedichte, Hochzeits- und Todescarmina verfaßt LASSE LUCIDOR, eigentlich LARS JOHANSSON (1638—1674), dessen weltliche und geistliche Lieder nach seinem Tod in der Sammlung *Helicons Blomster* (1688; Helicons Blumen) herausgegeben werden. Für seine nicht nur in schwedischer Sprache geschriebenen Lieder „von Venus Spiel und Bacchus reeben Safft" benutzt er gern allgemein bekannte und beliebte Melodien, doch läßt sich ein melancholischer Ton in den mit „der Unglückliche", „Celindo der Betrübte" und anderen Pseudonymen unterzeichneten Versen nicht überhören. Noch stärker wird dieser in den geistlichen Liedern, die von der Gewißheit der Erlösung wissen, die aber auch von der Angst des Sünders erfüllt sind — *O Evighet! din längd mig fast förskräcker* hebt die Nachdichtung von Johann Rists „O Ewigkeit du Donnerwort" an — und den Menschen vor dem ewigen Tod warnen, am beeindruckendsten in *It Samtaal emellan Döden och en säker Menniskia* (Ein Gespräch zwischen dem Tod und einem sicheren Menschen), in dem Lucidor an die Totentanzbilder und den *Dialogus mortis cum homine* des Mittelalters anknüpft.

Die schwedische Schäferdichtung erlebt ihren Höhepunkt in GUNNO EURELIUS DAHLSTIERNAS (1661—1709) Nachdichtung von Guarinis *Pastor fido*, für die er neben dem Original insbesondere Christian Hofmann von Hofmannswaldaus deutsche Fassung zu Rate zieht, doch zeigt *Den Trogna Heerden* (1696; Der getreue Hirt) mehr derb-rustikale Züge als die Vorlagen, und nicht zu Unrecht hat man die Dichtung „eine Pastorale in Holzschuhen" genannt (C. Fehrman). Sein 268 Ottaverime-Strophen umfassendes Todescarmen *Kunga Skald* (1698; Königsgedicht), in dem Svea und die Repräsentanten der vier Reichsstände ihrer tiefen und schmerzerfüllten Trauer über den verstorbenen Karl XI. Ausdruck verleihen, wird zu einer Manifestation des absolutistischen Königtums und schwedischer Größe. Wohl keine Worte drücken den Stolz des Patrioten überzeugender aus als das folgende Terzett aus einem die Dichtung beschließenden Sonett:

Gif Gud dit hjärta; gif Konungenom din Troo:
Gif Gud din Siäl; och gif din Kung Gods, Lijf och Bloo:
Gif Gud och Kung hwar sitt; Sij så får Fanen inte!
(Gib Gott dein Herz, dem König deine Treue,
Gib Gott deine Seele, deinem König gib Gut, Leben und Blut;
Gib Gott und dem König, jedem das Seine; siehe so bekommt der Teufel nichts!)

Weniger kunstvoll gebaut, doch dafür um so publikumswirksamer sollte sich die *Giöta Kiämpa-Wisa/Om Kåningen å Herr Pädar* (1701; Götische Ballade vom König und Herrn Peter) erweisen; denn das die vierzeilige Volksliedstrophe mit Kehrreim benutzende Lied, das vom Triumph Karls XII. über den Zaren bei Narva erzählt, bestimmt für lange Zeit das in Schweden kultivierte Bild vom „Heldenkönig".

Das bedeutendste und auch umfangreichste geistliche Epos der Zeit, *Guds Werk och Hwila* (1685; Gottes Werk und Ruhe), stammt von HAQUIN SPEGEL (1645—1714), einem Repräsentanten — der einstige Hofprediger stirbt als Erzbischof — der Orthodoxie und Großmachtzeit Schwedens. Hauptquelle seiner Dichtung ist ihm Arrebos Schöpfungsepos *Hexaëmeron* (→ 23), dessen mittlere Stilhöhe aber kunstvolleren Figuren und Tropen Platz machen muß, auch tritt an die Stelle von Arrebos gütigem und menschennahem Gott der allmächtige und ferne, oft der zürnende und strafende Gott des Alten Testamentes, dessen Gericht der sündige Mensch in Angst und Bangen entgegensieht.

Haquin Spegel ist auch Verfasser einer beträchtlichen Zahl von Psalmennachdichtungen und Kirchenliedern — einige sind Übertragungen von Johann Rist und Paul Gerhardt —, von denen nicht wenige in *Then Swenske Psalmboken* (1695; Das schwedische Kirchenliederbuch) aufgenommen werden, das JESPER SVEDBERG (1653—1735) im Auftrag des Königs zusammenstellt und herausgibt. Eifrig achten die Hüter der Orthodoxie darauf, daß weder spätmittelalterliches noch pietistisches Liedgut aufgenommen wird, und so sind die Lieder — Überarbeitungen der Reformationszeit, Übersetzungen und zeitgenössische Neuschöpfungen — erfüllt von lutherischer Glaubenssicherheit, sie vermitteln aber auch ein getreues Bild von der ständischen Ordnung und den Sitten und Unsitten dieses Zeitalters.

Wenige Jahre vor *Then Swenska Psalmboken* erscheint mit *Vinterparten* (1689; Winterhalbjahr) der erste Teil des für alle Gemeinden im dänischen Königreich — also auch in Norwegen und auf den Faröern — gültigen Gesangbuches. Nach dem Namen des hauptverantwortlichen Mitarbeiters, THOMAS KINGO (1634—1703), wird die zehn Jahre später herauskommende Gesamtausgabe von *Den forordnede ny Kirke-Salme-Bog* (1699; Das verordnete neue Kirchenliederbuch) allgemein unter der Bezeichnung „Kingos Salmebog" (Kingos Liederbuch) bekannt. Dies nicht zu Unrecht; denn von den für das Kirchenjahr vorgesehenen Liedern stammen allein 86 von Kingo, ein großer Teil aus Hans Thomissøns Gesangbuch von 1569 (→ 12), andere von zeitgenössischen Autoren.

Für die Redaktion des Gesangbuches hatte der König schon den geeignetsten Mann gefunden; denn Thomas Kingo hatte Jahre zuvor bereits mit den zwei Bänden seines *Aandelige Siunge-Koor* (1674/1681; Geistlicher Sing-Chor) einen erfolgreichen Versuch unternommen, den Gläubigen und die Gemeinde die „wahre Gottesfurcht" mit Hilfe des Gesanges zu lehren, indem er seine Verse bekannten und beliebten Melodien weltlicher, insbesondere Schäferlieder unterlegt. Der erste Band enthält ein Morgen- und Abendlied für jeden Tag der Woche, einen Bußpsalm aus dem Alten Testament und knappe, die Gedanken nochmals zusammenfassende „suk" (Seufzer). „Suk" finden wir auch im zweiten Band, der zwanzig Lieder für wichtige Stationen des christlichen Lebens enthält, von denen jedoch keines so überzeugend die Glaubensgewißheit zum Ausdruck bringt wie die antithetisch gesetzten Strophen von „Far, Verden, far vel, / Jeg keedis nu længer at være din Træl" (Leb', Welt, lebe wohl, / ich bin es satt, noch länger dein Sklave zu sein), die der „Forfængelighed" (Eitelkeit) der Welt die Seligkeit des Jenseits gegenüberstellen.

Die geistlichen Lieder sind nur ein — wenn auch der die Jahrhunderte überdauernde — Teil der Dichtung Kingos. Im Laufe eines

Lebens, das den Sohn eines Seidenwebers schließlich als Bischof von Fünen und im Adelsstand sieht, schreibt er eine Vielzahl weltlicher Dichtungen; Gelegenheitsverse, Schäferlieder, Festspieltexte, breit angelegte Alexandrinerepen. Eines seiner ersten Gedichte ist ein im Stil Bordings, d.h. im mittleren Stil gehaltenes Poema comica-heroicum *Sæbye-Gaards Koe-Klage* (1665; Säbyhofs Kuh-Klage); typische Beispiele der Schäferpoesie sind *Chrysillis, du mit Verdens Guld* (1665/68; Chrysillis, du mein Gold der Welt) und *Candida* (1694; Candida), wenngleich sich in ihnen persönliche Erlebnisse des Dichters widerspiegeln. Huldigungsverse an die Mitglieder der königlichen Familie und andere hohe Standespersonen verfaßt er ebenso wie Versepen über Dänemarks Vergangenheit und Gegenwart, es fehlt auch nicht an aus der neulateinischen Dichtung übernommenen topographischen Beschreibungen, sei es von der weit-berühmten „Hovet-Fæstning Kroneborg" (1672; Haupt-Festung Kronborg) oder von der Insel Samsø (1675); all dies in einem wortgewaltigen und rhetorischen Fortissimo.

Folge einer persönlichen Fehde zwischen den beiden Geistlichen Thomas Kingo und JACOB WORM (1642 — ca. 1692) sind bitter-satirische Verse, in denen die beiden Kontrahenten einander nichts schenken. Als Worm aber anonym Gedichte und Prosastücke kursieren läßt, in denen die Korruption in Kirche und Staat angeprangert werden, als er hohe Beamte und sogar den Lebenswandel des Königs zur Zielscheibe seines Spotts macht, wird dieser unbequeme Kritiker, dessen Arbeiten zu seinen Lebzeiten alle ungedruckt bleiben, mundtot gemacht; er wird zum Tode verurteilt, begnadigt und 1681 nach Ostindien verbannt. Nicht völlig auszuschließen ist, wie E. Sønderholm (1978) zu bedenken gibt, daß Jacob Worm auch der Autor einer gegen Ende der 70er Jahre entstandenen und kritisch gegenüber dem neuen Adel eingestellten *Grevens og Friherrens Komedie* (Komödie vom Grafen und Freiherrn) ist, die im allgemeinen in der dänischen Literaturgeschichte MOGENS SKEEL (1640—1694) zugeschrieben wird.

Kritische Äußerungen zu Mißständen der Zeit werden nicht gedruckt; ungedruckt bleiben aber auch die Erinnerungen von LEONORA CHRISTINA ULFELDT (1621—1698), einer Tochter Christians IV., die sie für ihre Kinder unter dem Titel *Jammers Minde* (1869; Denkwürdigkeiten der Gräfin L. Chr. 1871; wörtl. Elendsgedenken) niederschreibt. Als ein Opfer des politischen Ränkespiels ihres Mannes muß sie über zwanzig Jahre Haft im „Blauen Turm" zu Kopenhagen verbringen. Von ihrem Gefängnisdasein erzählt sie in ungeschminkten Worten, zeichnet die Menschen ihrer Umgebung realistisch, läßt den Leser aber auch an ihren inneren Kämpfen — sie ist eine stolze und gläubige Frau — teilnehmen.

Ein gern gelesener und geschätzter Poet der Zeit ist IENS STEEN SEHESTED (1635—1698), der dänische, deutsche und niederländische Verse schreibt, Gelegenheits-, moralisch-satirische Gedichte und ein Loblied zu *Det herlige og priisværdige Landskab Fyens Berømmelse* (1671; Preis der herrlichen und lobwürdigen Landschaft Fünen). Stilistisch weitaus eleganter ist die um 1690 verfaßte komisch-satirische Verserzählung *Don Pedro* (1724) von PHILEDOR, ein Pseudonym für POVL PEDERSEN (ca. 1650/60—1700/10), in der nach einer Novelle von Paul Scarron die burlesken Liebesabenteuer des Titelhelden in Alexandrinern beschrieben werden.

Die geistliche Epik kulminiert in ELIAS ESKILDSEN NAURS (1650—1728) *Golgotha paa Parnasso* (1689; Golgatha auf dem Parnass), das in fünf Akten und Alexandrinern die Leidensgeschichte Christi darstellt. Überladen mit Metaphern, Vergleichen, Zusammensetzungen und Anrufen, bringen die Verse aber auch realistisch-drastische Ausdrücke und Bilder, die dem Sünder ins Gewissen reden sollen. Auch in seinen Kirchenliedern scheut sich Naur keinesfalls, gelegentlich einmal derb und grob zu werden. Ganz anders die geistlichen Gesänge der Norwegerin DOROTHE ENGELBRETTSDATTER (1634— 1716). In ihren Liedern in *Sjælens Sang-Offer* (1678; Gesangopfer der Seele), besonders aber in *Taare-Offer* (1683; Tränen-Opfer) ergießen sich häufig Ströme von Tränen, und gern sucht sie ihren Trost im irdischen Jammertal an der Seite der Büßerin Maria Magdalena zu den Füßen des Heilands.

„Mod Verdens Ende" (am Ende der Welt) lebt, wie er einmal an seine Dichterkollegin Dorothe Engelbrettsdatter in Versen schreibt, PETTER DASS (1647—1707), Pastor einer weitgestreckten Gemeinde im hohen Norden Norwegens, zugleich Fischer und Bauer wie die Menschen seiner Umgebung, deren gestrenger Seelenhirt er ist. Für sie schreibt er Lieder „udi rim“ (in Reimen), ihnen möchte er „Guds Bud ved Sang udsige“ (Gottes Botschaft im Gesang verkünden), wie es in *D. Morten Luthers lille Katekismus, forfattet i bekvemme Sange* (1715; M. Luthers kleiner Katechismus, verfaßt in bequemen Liedern) heißt. Auf gleiche Weise erklärt er ihnen die Evangelientexte aller Sonntage des Kirchenjahres in *Alle Evangelia Sangviis forfattet* (1723; Alle Evangelien in Liedern) oder bringt ihnen die alttestamentlichen Erzählungen in *Aandelig Tidsfordriv eller Bibelske Vise-Bog* (1761; Geistlicher Zeitvertreib oder Biblisches Liederbuch) in schlichten und für den einfachen Gläubigen verständlichen Worten nahe.

Wie die geistlichen Lieder halten sich auch die zahlreichen Gelegenheitsdichtungen, unter anderem auf die Stadt Bergen, an die mittlere Stilhöhe, die Petter Dass bei seinem, wie er glaubte, unerreichbaren Vorbild Anders Bording (→24) bewunderte; Metaphern und Anaphern kennen seine Verse, doch gegen das allzu Kunstvolle schützt sie des Dichters plastisch-drastische Ausdrucksweise. In noch viel stärkerem Maß gilt dies für *Den Nordske Dale-Viise* (1683; Das norwegische Tallied), vor allem aber für die zwischen 1670 und 1700 entstandene *Nordlands Trompet* (1739; Die Trompete des Nordlandes, 1897). Mit dieser topographischen Beschreibung des Nordlandes — der Landschaft und Natur, der Tierwelt und dem Dasein der Menschen — steht Petter Dass in der humanistischen Tradition, doch zeigt der anapästische Vers, in dem die Dichtung geschrieben ist, den Poeten ganz auf der Höhe der Zeit, wenn ihn auch die rauhe Wirklichkeit der täglichen Erfahrungen davor bewahrt, die zügellosen Übersteigerungen des Hochbarocks zu übernehmen.

Spätbarock

Die Reaktion auf die stilistischen Auswüchse des Hochbarocks erfolgt in den ersten zwei Jahrzehnten des 18. Jahrhunderts. Beeinflußt durch den französischen Klassizismus, rechnet in Dänemark TØGER REENBERG (1656—1742) in *Forsamling paa Parnasso* (1700; Versammlung auf dem Parnaß) mit nicht wenigen Dichtern seines Landes nach Anders Arrebo ab, und in *Ars Poetica* (1701), bereits der Titel verweist auf Boileaus *L'art poétique* (1674), erläutert er die neuen poetischen

Theorien. In Schweden schreibt SAMUEL TRIEWALD (1688–1743) ganz im Geist Boileaus *Om dem, som inbilla sig vara Poëter* (1708; Über die, die sich einbilden, Poeten zu sein) und eine *Satyre emot wåra dumme Poeter* (1720; Satire gegen unsere dummen Poeten); wie sein dänischer Dichterkollege lehnt er den Wortprunk, das Hyperbolische und die mythologischen Umschreibungen ab und fordert eine natürlichere Art der Darstellung.

Es bleibt nicht bei diesen direkten Angriffen auf die Exzesse des Stils, immer mehr findet auch das Subjektive Eingang in die Dichtung. Das Ich – „Jag fruchtar döden ei; och hatar icke lifwet" (Ich fürchte den Tod nicht; und hasse nicht das Leben) – meldet sich in den sensiblen Versen JACOB FRESES (1690–1729) über seine langjährige Krankheit zu Wort und in der „empfintlighet" manch eines Gedichts von SOPHIA ELISABETH BRENNER (1659–1730), deren Stockholmer Heim ein Treffpunkt für bürgerliche Poeten ist. Zu ihren Gästen zählt auch JOHAN RUNIUS (1679–1713), in dessen Gedichten die höfische Welt und ihre galante Liebeslyrik ausgespielt haben; seine Gelegenheitsverse sind meist an bürgerliche Adressaten gerichtet, und der Eitelkeit der großen und feinen Welt bietet er in *Öfwer Werldenes Fåfängligheter* (1711; Über die Eitelkeiten der Welt) ein trotziges Ade.

Isländische Literatur im 17. Jahrhundert

Ausläufer der europäischen Barockdichtung erreichen selbst das geographisch fern, um das Wort des Norwegers Petter Dass (→ 34) aufzugreifen, „am Ende der Welt" gelegene Island, wenn auch das Echo nicht allzu stark ist. Ein großartiges Zeugnis der einen wesentlichen Teil der Literatur dieses Zeitalters ausmachenden geistlichen Dichtung sind die *Passíusálmar* (1666; Die Passionspsalmen des isländ. Dichters H. P. ..., 1974) von HALLGRÍMUR PÉTURSSON (1614–1674). In dieser Dichtung, die bis in unsere Tage immer wieder aufgelegt worden ist und die zu den klassischen Werken der isländischen Literatur zählt, stellt der Dichter in fünfzig Gesängen den Leidensweg Christi von Gethsemane bis zur Grablegung dar. Hauptquelle ist ihm eine isländische Übersetzung von Martin Möllers *Soliloquia de Passione*

Jesu Christi (1587), und wie in dieser Erbauungsschrift werden auch Hallgrímurs Lieder inhaltlich stark durch die mittelalterliche Mystik des Hl. Augustinus und Bernhards geprägt.

Das rein didaktisch-religiöse Anliegen seines Vorhabens betont der Dichter, der seit dem 30. Lebensjahr das Pastorenamt versieht, in seinen die Gesänge einleitenden Versen:

Vpp vpp mijn sal og allt mitt gied,
vpp mitt hiarta og romur med,
hugur og tunga hialpa til,
herranz pijnu eg minnast vil. ——

O Iesu gief þinn anda mier,
allt so verde til dyrdar þier
vppteiknad sungid sagt og tied,
sijdann þess adrir niote med.

(Auf auf meine Seele und all mein Sinn,
auf mein Herz und meine Stimme,
Gedanken und Zunge helft dabei,
des Herren Leid will ich gedenken. ——

O Jesus, gib mir deinen Geist,
damit alles dir zum Ruhm auf-
gezeichnet, gesungen, gesagt werde,
auf daß andere davon Nutzen haben.)

Die erste Zeile erinnert an Paul Gerhardts „Auf, auf mein Herz mit Freuden", und neben dieser exclamatio finden sich noch weitere in der europäischen Barockdichtung vorkommende rhetorische Figuren, doch aufs Ganze gesehen, steht Hallgrímur Péturssons Dichtung mehr in der literarischen Tradition Islands.

Außer den durch persönliche leidvolle Erfahrungen geprägten Passionsliedern, in deren Betrachtung der fromme Christ sich seiner Schwächen und Sünden bewußt werden soll, schreibt Hallgrímur eine große Anzahl Gelegenheitsverse, Trink- und Schnupftabaklieder, aber auch über die Unbeständigkeit des menschlichen Daseins — ein beliebtes Thema des Barocks — und *Um daudanz ovissan tijma* (Über des Todes ungewisse Zeit), ein Lied, das mit dem häufig gebrauchten Bild aus dem 90. Psalm beginnt:

Allt eins og blomstrid eina
vppvex a sliettri grund
fagurt med friofgun hreina
fyrst vm dags morgunstund
s snóggu augabragde
afskorid verdur fliott, /
lit og blód nidur lagde,
lijf mannlegt endar skiott.

(Wie die Blume erblüht/ auf ebener Erde/ schön, voller Fruchtbarkeit/ früh am Morgen des Tages/ in kurzem Augenblick/ rasch abgeschnitten wird/ Farbe und Saft verlor,/ das menschliche Leben endet schnell.)

Metaphern, Hyperbeln und Wortspiele finden sich auch in vielen Gesellschafts- und Liebesliedern des humanistisch gebildeten STEFÁN ÓLAFSSON (ca. 1620—1688), aus dessen Feder einige Übersetzungen lateinischer Dichtungen stammen und dem die Nachdichtung eines deutschen bzw. dänischen Schäferliedes zugeschrieben wird. Wie so mancher europäische Zeitgenosse ereifert sich JÓN VÍDALÍN (1666—1720) in wortgewaltigen Predigten über das Alamodewesen. Er weiß um die Schwächen seiner Landsleute und geißelt deren Laster; das Evangelium von der Hochzeit zu Kana gibt ihm so Gelegenheit, über die unsittlichen Verhältnisse im Liebes- und Eheleben zu wettern. Doch so lebensnah sich seine in der *Hús-Postilla* (1718/20; Hauspostille) zusammengestellten Predigten auch geben mögen, so folgen sie weithin dem Muster der zeitgenössischen lutherischen Predigtliteratur.

Ungedruckt im 17. wie schon im 16. Jahrhundert bleiben durchweg die „rímur" (Reime), jene typisch isländische Gattung episch-dramatischer Lyrik, deren Stoffe der einheimischen mittelalterlichen Literatur, abenteuerlichen Erzählungen und persönlichen Erlebnissen entstammen. Mag auch die poetische Qualität dieser meist anonym überlieferten und auf der Grundlage der Skaldendichtung und kontinentaler Einflüsse entstandenen versifizierten Erzählungen sehr unterschiedlich sein, so halten sie doch das Bewußtsein nationaler Eigenständigkeit im isländischen Volk der Bauern und Fischer wach und tragen nicht wenig dazu bei, die Kontinuität der Sprache und Literatur aufrechtzuerhalten.

AUFKLÄRUNG, KLASSIZISMUS, VORROMANTIK

Von OTTO OBERHOLZER

Dänische Literatur

Die Geschichte des 18. Jahrhunderts nahm in Dänemark/Norwegen und in Schweden einen ganz verschiedenen Verlauf.

Kennzeichnend für die Entwicklung in Dänemark ist das Bestreben um die Konsolidierung der absolutistischen Staatsform und den Ausbau des Gesamtstaats, dieses komplizierten Gebildes, für das die zu ihm gehörenden Herzogtümer Schleswig und Holstein später, im Zeitalter der Nationalstaatsidee, so schicksalhafte Bedeutung erlangen sollten. Der Keim dafür wurde in der ersten Hälfte des 18. Jahrhunderts gelegt. Schon Frederik IV. (1699—1730), der Dänemark geschickt durch die Wirren des Nordischen Krieges steuerte und sich nach dem Erwerb der Gottorfer Teile Schleswigs als einer seiner Nutznießer betrachten konnte, untermauerte seine Stellung, indem er den Adel beiseite schob und in die Beamtenschaft, das Rückgrat der weitverzweigten, mächtigen Bürokratie, bevorzugt Bürgerliche und Deutsche berief. Durch die Unterstützung des norwegischen Pfarrers Hans Egede, der 1721 zu einer Missionsreise nach Grönland aufbrach, gelang die Integration eines neuen, für Handel und Fischfang wichtigen Gebietes in den Gesamtstaat.

Noch unter Frederiks IV. Herrschaft begann der Pietismus von Halle und Jena aus in Dänemark einzudringen. Die ersten aktiven Zentren bildeten sich in Nordschleswig (Tønder, Løgumkloster, Gegend von Ribe) von 1717/18 an. 1727 übersiedelte einer seiner überzeugtesten Vorkämpfer, Enevold Ewald (Vater Johannes Ewalds → 51), als Waisenhauspfarrer nach Kopenhagen. Die von hier aus weiter um sich greifende Bewegung erhielt mächtigen Auftrieb, als im Herbst 1728 ein Großfeuer fast die Hälfte der Stadt Kopenhagen in Schutt und Asche legte.

König Christian VI. (1730—46) förderte den Pietismus. Die religiöse Büßerstimmung führte zu der „Sabbatsforordning" (1730): Der Kirchenbesuch wurde für obligatorisch erklärt, öffentliche Lustbarkeiten an Sonntagen verboten, das Theater schloß seine Pforten. Das gesellschaftliche Leben stagnierte, der Kopenhagener Hof galt als erklärt langweilig. Dies änderte sich erst, nachdem der populäre, kunstfreundliche Frederik V. (1746—66) an die Macht gekommen war.

Die königliche Zentralgewalt begünstigte die Entwicklung der Hauptstadt — in der eine großangelegte Wiederaufbauarbeit in Gang gesetzt wurde — und vernachlässigte die Provinz. Erwerbsleben, Handel und Industrie blühten, der Warenfluß von und nach den überseeischen Besitzungen warf reichen Gewinn ab. Aber wie ein roter Faden zieht sich durch das 18. Jahrhundert das Bemühen um eine Stärkung der für Dänemark so wichtigen Landwirtschaft. Schon um 1702 wurde zwar die Leibeigenschaft abgeschafft, aber die drohende Landflucht und die Sorge um eine Schwächung des dringend benötigten Reservoirs für die Milizen führten zu Verordnungen, die die Freiheiten praktisch wieder aufhoben. So wurde 1733 das berüchtigte „Stavnsbånd" erlassen, das die Bauern an die Scholle band, d. h., sie mußten auf dem Hof, wo sie aufgewachsen waren, bleiben und nach geleistetem Kriegsdienst dorthin zurückkehren. Aufgrund dieses Gesetzes konnten die Gutsherren die Bauern in weitgehender Abhängigkeit halten. Die großen Landreformen, die Dänemark zu einem der fortschrittlichsten Länder Europas werden ließen, erfolgten erst in den 80er Jahren. Erst 1788 wurde das „Stavnsbånd" aufgehoben.

Große politische Erschütterungen blieben den Dänen für den Rest des Jahrhunderts erspart, wenn man von der Struensee-Affäre absieht. Der deutsche Einfluß kulminierte unter Staatsminister J. E. Bernstorff (1751—70). Unterdessen hatte Christian VII. den Thron bestiegen (1766—1808). Der aus Altona herbeigerufene Leibarzt des geisteskranken Königs, J. F. Struensee, gewann so starken Einfluß auf den König und die junge Königin , mit der er ein Verhältnis einging, daß er alsbald diktatorische Vollmachten besaß. Er stürzte 1770 Bernstorff und führte eine Reihe unüberlegter Reformen durch. Dies brachte das Faß zum Überlaufen. Struensee wurde verhaftet und hingerichtet, seine Reformen zum Teil rückgängig gemacht, der deutsche Einfluß stark zurückgedrängt. Treibende Kraft bei den Redanisierungsbestrebungen in Verwaltung und Armee war der allmächtige Minister Ove Höegh-Guldberg. Er wurde gestürzt, nachdem im Staatsstreich 1784 einige einflußreiche Persönlichkeiten den Kronprinzen, den späteren Frederik VI., an die Spitze einer Regierung mit Ernst Schimmelmann als Finanzminister und A. P. Bernstorff, einem Neffen des älteren Bernstorff, als Prinzipalminister und Direktor der deutschen Kanzlei stellten.

Die überragende Gestalt am Eingang der neuern skandinavischen Literatur ist LUDVIG HOLBERG (1684—1754). — Holberg, von Geburt Norweger, wuchs in Bergen auf, bezog im Juli 1702 die Universität Kopenhagen, durchreiste Holland, England, Deutschland, Frankreich, Italien und wurde 1717 Professor in Kopenhagen. Sein wacher Geist ließ ihn erkennen, was für neue Ideen sich auf dem Kontinent und vor allem in England ankündigten: naturrechtliches, empirisches, konstitutionelles Denken gegenüber erstarrtem Formalismus und modisch höfischem Absolutismus.

Holbergs literarisches Schaffen, das neben juristischen, historischen, philosophischen Schriften den kleineren Teil seines Gesamtwerks ausmacht, ist zeitzugewandt, weltoffen, steht unter dem Einfluß der Antike und scheint doch ohne England, Frankreich, Italien nicht denkbar. Es umfaßt die verschiedensten Gebiete: komisches Epos, satirisches Gedicht, Komödie, Autobiographie, Fabel, Epigramm, den utopischen Roman.

Die Abhängigkeit der ersten Schriften Holbergs von Grotius, Thomasius, Samuel Pufendorf u.a. trug ihm von dem dänischen Historiker Andreas Hojer den Vorwurf des Plagiats ein. Holberg wollte ihm in Versen und „im polemischen Stil" antworten — und entdeckte mit 34 Jahren seine dichterische Begabung. Er schrieb einige satirische Gedichte, *Skiemte-Digte* (1722; Scherzgedichte), und dann das komische Alexandrinerepos *Peder Paars* (1719/20, noch vor den Satiren erschienen; dt. 1750). — Peder Paars, Held und Titelgestalt des Epos, von Beruf Krämer, wohnhaft in Kalundborg, möchte mitten im Winter mit seinem Schreiber und Knappen Per Ruus seine Geliebte Dorothea in Aarhus besuchen, erleidet vor der Insel Anholt Schiffbruch, wo er bei den Inselbewohnern seltsame Abenteuer besteht, gewinnt die Gunst der Tochter des Inselvogts, Nille, und kann sich ihrer Zudringlichkeit nur durch Flucht entziehen, verirrt sich nach Skagen, fällt Werbern in die Hände und gelangt erst nach weiteren Abenteuern ans Ziel. — Man denkt sogleich an bestimmte Vorbilder: für Peder Paars und seinen Gefährten Per Ruus an Don Quichote und Sancho Pansa, in bezug auf den Handlungsablauf an die *Odyssee* bzw. die *Aeneis* sowie an das burleske, als Parodie auf das Heldenepos gedichtete französische Epos *Le Virgile travesti* (1648) von Paul Scarron. Indessen ist nicht die Parodie Holbergs eigentliches Anliegen, sondern die Satire. Denn die muntere Handlung dient ihm nur als Vorwand, um das zeitgenössische Dänemark zu verspotten: Willkürherrschaft der absolutistischen Beamten, Käuflichkeit und Bestechlichkeit von

Behörden und Geistlichen, Unkenntnis des Rechts, Leichtgläubigkeit der Bevölkerung auf dem Lande sowie die Verhältnisse an der Kopenhagener Universität. Auch für die Universitätssatire folgte Holberg einem berühmten Vorbild, Boileaus *Le lutrin* (1674). Wissenschaftliche Kleinkrämerei und Konkurrenzneid unter den Professoren sollten sich in dem in eine Bücherschlacht ausartenden Streit über eine belanglose Frage widerspiegeln.

Auch der spektakuläre Übergang Holbergs zum Theater geschah auf Grund eines äußeren Anstoßes. Gewiß war er innerlich auf das Komödienschreiben vorbereitet, nachdem er in Paris Molière sowie Gherardis *Théâtre italien* und in Italien selbst die Commedia dell'arte kennengelernt hatte. Es waren vornehme Kreise der Hauptstadt, die dafür eintraten, endlich ein eigenes dänisches Theater einzurichten. Der Plan wurde mit „Den danske Skueplads" (Dänische Schaubühne) an der Lille Grønnegade (in der Nähe von Kongens Nytorv) verwirklicht. Das Theater wurde am 23. September 1722 mit Molières *L'avare* (in dänischer Übersetzung) eröffnet, und schon am 25. September folgte die Uraufführung der ersten originalen dänischen Komödie, Holbergs *Den politiske Kandstøber* (1723; Der politische Kannegießer 1742 u.ö.). Holberg wurde von einem wahren Schaffensrausch ergriffen, er hat dies selbst seinen „poetischen Raptus" genannt. In der Zeit von 1722 bis 1731 (Erscheinungsjahr der 5bändigen Ausgabe von Holbergs *Den danske Skueplads*) sind 26 Komödien entstanden. Dazu kamen später noch sechs Stücke, die sog. Alterskomödien. Man pflegt folgende Komödiengruppen zu unterscheiden:

1. Die Charakterkomödien, die unmittelbar die Tradition Molières fortsetzen. Sie schildern von der Norm, der vernünftigen Mitte, der recta ratio abweichende Gestalten. Meistens wird schon im Titel auf das Gebrechen oder Laster hingewiesen, das angeprangert werden soll. Dazu gehören *Der politische Kannegießer,* der solche Verbreitung gefunden hat, daß der Titel zur Bezeichnung einer bestimmten Spezies Mensch — Stammtischpolitiker, politischer Schwätzer — geworden ist und als Berufsbezeichnung überhaupt nicht mehr verwendet werden kann; der modisch französelndes Gebaren annehmende *Jean de France* (1723; dt. 1741); der miles gloriosus *Jacob von Tybøe* (1725; dt.

1741); der eingebildete junge Akademiker Rasmus Berg, der sich jetzt *Erasmus Montanus* (1731; dt. 1744) nennt; die launische, unberechenbare Frau *Den Vægelsindede* (1723; Die Wankelmütige 1744); *Den Stundesløse (1731;* Der Geschäftige 1743), den Holberg in seinen *Memoiren* (→ 47) beschreibt als „vir in nihilo agendo occupatissimus" (der im höchsten Maße beschäftigte, aber nichts ausrichtende Mann).

2. Die Intrigenkomödien, die auf die italienische Maskenkomödie zurückgehen, z.B. *Henrich og Pernille* (1731; H. und P. 1744), *De Usynlige* (1731; Die Unsichtbare 1744), *Hexerie eller Blind Alarm* (1731; Hexerei oder Der blinde Lärm 1744).
3. Präsentationskomödien mit Milieustudien in deutlich sozialkritischer Absicht, wie *Barselstuen* (1724; Die Wochenstube 1742).
4. Unter den Parodiekomödien, die sich gleicherweise gegen die deutsche Haupt- und Staatsaktion wie gegen die französische Tragödie richten, ist *Ulysses von Ithacia* (1725; dt. 1745) am bekanntesten geworden. Darin bringt Holberg das Kunststück fertig, die gesamte *Ilias* samt der *Odyssee* in ein fünfaktiges Drama zu pressen und dazu noch in der ausgelassensten Weise über dänische Mißstände zu spotten.
5. Als Ideenkomödien faßt man gern die späten Komödien zusammen wie *Republiqven eller Det gemeene Beste* (1754; Die Republik oder das allgemeine Beste 1755) oder *Philosophus udi egen Indbilding* (1754; Der Philosoph aus eigener Einbildung 1755).

Die wohl bekannteste Komödie Holbergs, *Der politische Kannegießer,* spielt in Hamburg, aber gemeint sind natürlich Kopenhagener Verhältnisse. Im Mittelpunkt steht der Zinngießer Hermann von Bremen, der aus populärwissenschaftlichem Schrifttum etwas von den „politica" mitbekommen hat und nunmehr mit einer Schar Gleichgesinnter, die sich im „collegium politicum" zusammengeschlossen haben, über innen- und außenpolitische Fragen schwadroniert. Darüber vernachlässigt er seinen Beruf, was wiederum seiner Frau Geske gar nicht paßt. Hermann von Bremen ist entschlossen, seine Tochter Engelke nur einem in den politischen Dingen bewanderten Bewerber zur Frau zu geben. Geschickt hat Holberg die Liebesgeschichte mit der satirischen Handlung verknüpft. Der brave Handwerksmeister Antonius nämlich, der um die Hand Engelkes anhält und vom Vater abgewiesen wird, repräsentiert sozusagen die vernünftige Mitte. Im III. Akt wird die Intrige in Gang gesetzt, indem Hermann von Bremen von einigen jungen Adligen zum Bürgermeister erklärt wird. Er trägt sofort ein würdiges Gebaren zur Schau, und Geske veranstaltet im IV. Akt ein überaus komisches Kaffeekränzchen, das voll ist von satirischen Seitenhieben auf die Alamodeallüren der unteren Schichten. Als aber Hermann Regierungsgeschäfte besorgen soll, ist er seiner Aufgabe nicht gewachsen, gerät in höchste Bedrängnis und will sich aus Verzweiflung aufhängen (V. Akt). Es ist dann ausgerechnet Antonius, der ihn im letzten Augenblick, bevor die Komödie in die Tragödie umkippt, vom Stricke löst und über die wahren Zusammenhänge aufklärt. Hermann aber ist fürs erste von seiner Politisiererei geheilt, will wieder seinem ehrbaren Beruf nachgehen und gibt auch dem Antonius seine Tochter zur Frau. Es können nicht — meint Holberg — in so überstürzter Weise aus Bürgern Politiker werden.

Er hat persönlich Erfahrungen in dieser Beziehung gesammelt, er hat Beispiele auf seinen Reisen gefunden, er beruft sich auf literarische Vorbilder, wie Saint-Evremonds Komödie *Sir Politick Would-Be* (1662), und er hat das Problem mehrmals aufgegriffen und variiert. So wird man öfter den vorwitzigen „Projektemachern" begegnen, die mit ihren Neuerungen Unruhe in das Gemeinwesen bringen und sich deswegen — einer antiken Tradition zufolge — mit dem Strick um den Hals auf dem Markt aufstellen müssen und alsogleich stranguliert werden, wenn ihr Vorschlag auf Änderung der Gesetze verworfen wird. Hier erweist sich Holberg als entschiedener Anhänger der politischen Ideen der Aufklärung, und zwar in der spezifischen Form des englischen Empirismus, wie ihn Hobbes und Locke ausgebildet haben. Staatliche Dinge müssen sich organisch entwickeln, Holberg bekämpft voreilige Reformen.

Holbergs berühmteste Komödie neben dem *Politischen Kannegießer* ist *Jeppe paa Bjerget* (1722; Der verwandelte Bauer, wörtl. Jeppe vom Berge 1744). Sie weicht in manchem von dem traditionellen Muster ab, ist eine ganz aus der dänischen Geisteswelt herausgewachsene Dichtung und steht doch in einer großen europäischen Motivtradition. Die Geschichte vom träumenden Bauern bezog Holberg aus Bidermanns *Utopia* (1644). Sie ist orientalischen Ursprungs und tauchte u.a. bei Ludovicus Vives, bei Shakespeare und bei Christian Weise auf. Eine besondere Entwicklung erhielt das Motiv bekanntlich bei Calderón und seinen Nachfahren in der österreichischen Literatur.

Was Holberg aus dem vorgegebenen Stoff gemacht hat, ist in der Tat erstaunlich. Einziges Thema der Komödie ist die Selbstoffenbarung der Titelgestalt als historischer, als nationaler und als allgemeinmenschlicher Typus. Es ist durchaus nicht das Anliegen des Stückes — im Gegensatz zu den anderen Charakterkomödien —, Jeppe in den Punkten, in denen er von der recta ratio abweicht, zu heilen oder zu bessern. Er ist und bleibt ein Säufer, und er ist und bleibt ein Pantoffelheld.

Es kann kein Zufall sein, daß die Monologe in diesem Stück eine besondere Rolle spielen. Jeppe enthüllt im I. Akt sein jämmerliches Dasein unter der Knute seines Weibes Nille, derentwegen er zum Säufer geworden ist. Als er im Bett des Barons aufwacht, wehrt er sich gegen die ihm zugedachte Rolle (II. Akt). Schließlich nimmt er die Rolle an und wird zu einer Fuchtel der Gerechtigkeit gegenüber den Leuten, die ihn in seinem wirklichen Leben unterdrücken und zum Hahnrei machen (III. Akt). Seine tyrannischen Anwandlungen bringen ihm die fingierte Verurteilung zum Galgen. In einem ergreifenden Monolog nimmt er Abschied von Weib, Kindern und Tieren (V. Akt). Als er wieder aufwacht und nun zum Leben begnadigt wird, obendrein noch vier Reichstaler erhält, die er gleich wieder ins Wirtshaus trägt, ist die Verwirrung endgültig, und die letzten Monologe, nachdem alle Illusionen weggeblasen sind, spiegeln seine Ratlosigkeit.

Als *historischer* Typus ist Jeppe der auf Gedeih und Verderb dem Gutsherrn und seinen Verwaltern ausgelieferte Fronbauer. Die Willkür, mit der man seine Hilflosigkeit ausnützt, ist ja himmelschreiend. Der Angriff auf die soziale Lage des Bauern ist jedoch nicht Holbergs einziges Anliegen. Er wollte in dem gemütvollen, gütigen und doch überaus witzigen Jeppe einen *nationalen* Typus nachzeichnen; wie er selbst in den *Memoiren* sagt: „. . . einen seeländischen Bauern in Sprache, Gebärden und Benehmen". Doch in das Stück ist noch eine andere, gleichsam vertikale Struktur gelegt, die Jeppe in einer umfassend *menschlichen* Bedeutung zeigt. Es kann kaum Zufall sein, daß der Plagegeist im Haus Nille heißt und der Gutsherr Nilus, und daß die Karbatsche Nilles „Meister Erich" genannt wird, der Lakai des Gutsherrn aber auch Erich heißt. Erich (Eirikr) bedeutet in der älteren Mythologie Weltherrscher, später Teufel. So betrachtet ist Jeppe ein Gleichnis für das Ausgeliefertsein des Menschen, der den ihn bedrängenden Mächten die Kraft seines Gemüts, seines Humors, seiner Lebensfreude, seiner Liebe zur Kreatur entgegenzusetzen sucht. Es sind, wie der dänische Literarhistoriker Jens Kruuse einmal gesagt hat, archetypische Erfahrungen, die in dieses Stück eingegangen sind.

1727 zog sich Holberg vom Theater zurück, 1728 mußte dieses seine Pforten schließen. Holberg wurde von seinem „historischen Raptus" ergriffen und verfaßte im folgenden Jahrzehnt seine bedeutenden geschichtlichen Werke. Mitten in der theaterlosen Zeit entstand der sein literarisches Werk der zweiten Schaffensperiode krönende utopische Roman *Nicolai Klimii iter subterraneum* (1741; Nicolai Klims unterirdische Reise 1741). Vierfach war er gegen die Zensur getarnt. Er erschien anonym, als das Werk eines fingierten Herausgebers, in lateinischer Sprache und im Ausland, nämlich in Leipzig. Wie im *Peder Paars* werden die Ereignisse in die Vergangenheit verlegt — eine weitere Schutzmaßnahme! Ein junger Bergenser, Niels Klim, möchte eine Höhle oberhalb der Stadt Bergen erforschen, stürzt durch die Höhle in die Tiefe und gerät in eine unterirdische Welt. Nach zehn Jahren fällt er durch eben diese Höhle auf die Erde zurück. Ein gelehrter Bürger Bergens, Abelin, gibt seine Geschichte heraus.

Die unterirdische Wanderung führt Niels Klim zuerst in das Land Potu (Anagramm von „Utop"ie; Kap. 2—8), das von denkenden und redenden Bäumen bewohnt wird. Unverkennbar ist dies der utopische Teil des Werkes, denn Verfassung, Religion, Schulen und Sitten der Potuaner entsprechen den Idealvorstellungen des Aufklärers Holberg: Es gibt kein erbliches Herrschertum, die Frauen sind an der Regierung beteiligt, die Bauern haben eine sehr hohe Stellung im Gemeinwesen, alles im Staat wird sorgfältig durchdacht und organisch entwickelt, Projektemacher sind verpönt. Die Potuaner sind Deisten, verachten aber metaphysisches Spekulieren. An den Bemerkungen des Klim, der immer wieder Vergleiche zur „oberen" Welt zieht, läßt sich die belehrende Absicht Holbergs erkennen. Auf einer Entdeckungsreise durch den unterirdischen Planeten Nazar lernen wir zahlreiche Völkerschaften kennen, die zum Teil die utopische Intention variieren, zum Teil satirisch gemeint sind, d.h. ins Groteske und Absurde abgleitende Lebensformen aufweisen. Schließlich landet Klim bei einem wilden Volksstamm, den Quamiten (Kap. 12—15), die ihn wegen seiner Kenntnisse aufs höchste verehren und zum Kaiser ausrufen. Klim lehrt sie Pferde züchten, Schießpulver fabrizieren und eine Armee aufstellen. Alsbald erfaßt Klim ein Machtrausch, er wird zum Alleinherrscher und Tyrannen, der sich durch Mord und brutale Gewalt an der Macht halten will. Aber er hat sich Feinde geschaffen, er wird gestürzt und muß fliehen.

Mit der Geschichte vom Aufstieg und Fall des Niels Klim stößt Holberg überraschend in neue Dimensionen vor. Gibt der erste Teil eine positive Utopie, so der zweite Teil eine Art negativer Utopie. Klim hat den Weg der Vernunft verlassen, er hat den common sense, die Bestimmung des Menschen als eines Wesens, das dem „allgemeinen Besten" dienen soll, verraten. So faßt er selbst die Erkenntnis zusammen, „daß alle Sterblichen aus meinem Beispiel lernen möchten, wie ein veränderliches Ding es um der Menschen Glücke sei und wie so kurze Zeit eine harte und gewaltsame Regierung dauern könne".

Eindrucksvoll wird Holbergs Werk abgerundet durch die Alterskomödien, die Fabeln, die moralischen Gedanken und Epigramme sowie die Episteln. Unter ihnen nehmen einen besonderen Rang die *Tres epistolae* (lat. 1727—43; dt. 1745) ein, die sog. *Lebensbriefe*, Holbergs Memoiren.

Die überragende Stellung Holbergs in der dänischen Geistesgeschichte des 18. Jahrhunderts verdeckt gern den Blick auf das gleichzeitige und unmittelbar nachfolgende literarische Geschehen. Die am stärksten auf das Volk wirkende Bewegung war der Pietismus, der eine Blüte der geistlichen Dichtung einleitete. Unter den im südlichen Jütland die pietistische Bewegung begründenden Brüdern Brorson ragt HANS ADOLPH BRORSON (1694—1764) hervor, der nach seiner Berufung nach Tønder 1729 aus Propst J. H. Schraders *Vollständigem Gesangbuch* zu übersetzen und selbst Kirchenlieder zu schreiben begann, die zu den kunstreichsten der Gattung in Dänemark gehören.

Sein Hauptwerk *Troens rare Klenodie* (1739; Seltenes Kleinod des Glaubens) enthält über 80 eigene Lieder. Auch nachdem er Propst zu Ribe und 1741 Bischof geworden war, schrieb er Gedichte und Kirchenlieder von großer Virtuosität. Sie kamen postum unter dem Titel *Svane-Sang* (1765; Schwanengesang) heraus. Der Kopenhagener Pietismus fand seinen bedeutendsten Vertreter in dem vielseitigen ERIK PONTOPPIDAN (1698—1764), Hofpastor 1735, später Professor der Theologie und Prokanzler der Universität. Er gab auf Weisung des Königs *Den nye Psalme-Bog* (1740; Das neue Kirchenliederbuch) heraus.

Um die Jahrhundertmitte begann sich Dänemark den neuen Strömungen auf dem Kontinent voll zu öffnen. Eine maßgebliche Rolle spielte dabei die Ritterakademie zu Sorø. Sie war 1747 auf Betreiben Holbergs wiedereröffnet worden und sollte den jungen Adel auf die Beamtenlaufbahn und den diplomatischen Dienst vorbereiten. Besonderes Gewicht wurde auf Jura, Politica, Geschichte, aber auch auf Mathematik, Physik, Reiten und Fechten gelegt.

Richtungweisend für die Aufklärung wurden die philosophischen Schriften F. C. EILSCHOWS (1725—50), damals eine der großen Hoffnungen des dänischen Geisteslebens. Er führte Leibniz und Wolff in Dänemark ein und befürwortete das Dänische als Unterrichtssprache, wie es dann in Sorø auch praktiziert wurde. Zu den am frühesten nach Sorø Berufenen gehörten der Norweger JENS KRAFT (1720—65), Philosoph und Mathematiker, und der Deutschdäne JOHANN ELIAS SCHLEGEL (1719—49). Ihnen folgten 1751 der Jurist JENS SCHIELDERUP SNEEDORFF (1724—64), der, von Montesquieu beeinflußt, die Schrift *Om den borgerlige Regering* (1757; Über die bürgerliche Regierung 1780) herausbrachte, und der Pädagoge JOHANN BERNHARD BASEDOW (1723—90), 1753—61 Professor der Moralphilosophie und des Deutschen in Sorø, der spätere Gründer des Philanthropinum zu Dessau, dessen pädagogische Ideen die dänischen Schulreformen 1775 und 1814 beeinflußten und noch bei Grundtvig (→ 94) weiterleben. In Sorø wirkte schließlich auch OVE GULDBERG (1731—1808) mit den für die rationalistische, deistische Religionsauffassung zentralen Werken *Den naturlige Theologie* (1765; Die natürliche Theologie) und *Den aabenbarede Theologie* (1773; Die geoffenbarte Theologie).

Maßgebend beteiligt bei der Verbreitung der neuen Ideen waren die neuaufkommenden Zeitungen und Zeitschriften, wie *Den Danske Spectator* (1744—45) des JØRGEN RIIS (1717 — 49), J. E. SCHLEGELS *Der Fremde* (1745—46, dt.), die von E. H. BERLING seit 1749 herausgegebene Zeitung *Københavnske danske Post-Tidender*, die in der noch heute bestehenden *Berlingske Tidende* aufging, später JOHANN ANDREAS CRAMERS *Der Nordische Aufseher* (1758—61, dt.), Sneedorffs *Den patriotiske Tilskuer* (1761—63) und HEINRICH WILHELM GERSTENBERGS *Briefe über Merkwürdigkeiten der Literatur* (1766—70; sog. Schleswiger Briefe, dt.). — Ebenso bedeutsam war die Gründung wissenschaftlicher Gesellschaften: „Videnskabernes Selskab" 1742, dann „Gesellschaft für die Förderung der schönen und nützlichen Wissenschaften", 1759, die 1761—83 eine Reihe von Bänden *Versuche in den schönen und nützlichen Wissenschaften* herausbrachte.

Die Durchsetzung der Beamtenschaft mit Deutschen bis in die höchsten Staatsämter schritt unter Frederik V. (1746—66) weiter voran. Seine einflußreichsten Berater wurden der Mecklenburger Adlige A. G. Moltke (1710—92) und der hannoveranische Adlige J. H. E. Bernstorff (1712—72). Bernstorff war es, der 1750/51 die Berufung Klopstocks nach Kopenhagen betrieb. Er hatte die ersten Gesänge des *Messias* in den *Bremer Beiträgen* kennengelernt und begrüßte in Klopstock den großen religiösen Dichter und Schüler Miltons. Nur der Dichtkunst sollte Klopstock leben, keinerlei Pflichten lasteten auf ihm. Die Berufung weiterer Schriftsteller war vorgesehen. Als einer der ersten leistete Johann Andreas Cramer (1723—88) einer Einladung nach Kopenhagen Folge. Er wirkte 1753—70 in Kopenhagen, seit 1765 als Professor der Theologie an der Universität. Er war zeitweise der Mittelpunkt des Klopstock-Kreises und gab 1758—61, wie schon erwähnt, die Wochenschrift *Der Nordische Aufseher* heraus, die so etwas wie das Sprachrohr der Regierung Bernstorff wurde und einen starken Einfluß auf das geistige Leben Dänemarks gewann. Darin findet sich eine Reihe Beiträge von Klopstock, u.a. eine Verteidigung der Agrarreform Bernstorffs.

Die neuere Geschichtswissenschaft erhielt wichtige Impulse von dem Genfer Historiker PAUL HENRI MALLET (1730—1807), der 1752—60 als Professor des Französischen an der Universität Kopenhagen wirkte. Er verfaßte eine *Histoire de Dannemarc* (3 Bde., 1758—77) und vermittelte in den *Monumens de la mythologie et de la poésie des Celtes et particulièrement des anciens Scandinaves* (1756) erstmals dem gebildeten Publikum auf dem Kontinent einen reichen Schatz an Kenntnissen in der altnordischen Überlieferung. Die breit sich entfaltende Geschichtswissenschaft brachte so bedeutende Werke hervor wie OVE GULDBERGS *Verdens Historie* (1768—72; Weltgeschichte) und P. F. SUHMS *Historie af Danmark* (14 Bde., 1782—1828; Geschichte Dänemarks, dt. teilweise 1803/04).

Der große Durchbruch zur nordischen Dichtung, der für die Rezeption in Deutschland so wichtig wurde, geschah 1766. Den direkten Anstoß gab — außer Mallet — H. W. Gerstenberg, der in den schon erwähnten *Schleswiger Briefen* Gesetze der eddischen und skaldischen Dichtkunst mitteilte und einige Übersetzungen dänischer Kæmpeviser (Heldengedichte, altdän. Balladen des 13./14. Jh.) gab, darunter *Elverhøj* (Elfenhöh), sowie im *Gedicht eines Skalden* altnordische mythologische Vorstellungen und Gestalten — allerdings seltsam verbrämt mit keltisch-ossianischen Elementen — verarbeitete. Dies veranlaßte Klopstock, in einigen seiner Oden die griechische Mythologie durch die nordische zu ersetzen. Am augenfälligsten geschah dies in der Ode *An die Freunde*, in der neuen Fassung *Wingolf*. Gerstenbergs Vorstoß, Klopstocks bemerkenswerter Versuch der Adaption der nordischen Mythologie in deutscher Dichtung, dänische Gelehrte wie Resenius, der Engländer Hickes und Börners *Kämpadater* (1737) inspirierten Herder zu seinen vielbeachteten, starke Wirkungen auslösenden Übersetzungen altnordischer Dichtungen und altdänischer Balladen in den *Volksliedern*.

Die enge Verflechtung der jungen deutschen Dichtergeneration (Göttinger Hainbund, Matthias Claudius, Herder, Goethe) mit Klopstock und seinem Kreis, der seinerseits beispielgebend auf viele jüngere dänische und norwegische Schriftsteller wirkte, hatte zur Folge, daß starke Anregungen von Süden aus nach Norden gingen, während gleichzeitig eine Nord-Süd-Strahlung einsetzte, die mit der neuentdeckten reichen Literatur des germanischen Nordens an das Gefühl gemeinsamer Herkunft und Geschichte appellierte und bis weit über die Romantik hinaus anhielt. Der vielschichtige Vorgang kann hier nur angedeutet werden, aber es ist ganz offenbar, daß das von der Aufklärung sich abhebende neue Poesie-Verständnis von Süden und Westen in den Norden vordrang. Die zentralen Anstöße kamen von Montesquieu, Rousseau, Ossian und der älteren englischen Literatur, von Milton, Pope, Thomson, Young. Im Süden und Westen wurde das neue Menschenbild geprägt, worin Selbstwert, Natur, Gefühl, Phantasie vorherrschten, das nach dem Heroischen und Genialen strebte und das die geschichtliche Tiefe des Volkstums entdeckte. Dies alles bildete den Erwartungshorizont, der in Deutschland die Rezeption der altnordischen und bald auch der neueren skandinavischen Literatur (Oehlenschläger, Tegnér, Geijer z. B.) lenkte. Der Norden aber gab dafür reichen Stoff an den Süden weiter: die Edda, die Sagas, die Balladen als Offenbarungen der Ursprünglichkeit, einen ungeahnten Schatz an Motiven und überdies einprägsame, sprachadäquate Formelemente wie Stabreim und freie Rhythmik.

Hier ist nun auf die Wirkungen Klopstocks in Dänemark hinzuweisen: was von ihm aufgenommen wurde und wie einige der größten unter den Dänen und Norwegern über ihn hinausschritten.

Mit JOHANNES EWALD (1743—81) erreicht die dänische Literatur der zweiten Hälfte des 18. Jahrhunderts einen Höhepunkt. Ewald, Sohn des pietistischen Pfarrers Enevold Ewald († 1754), begann 1758 das Studium der Theologie in Kopenhagen. Im Hause des Kaufmanns Huulegaard, der 1759 Ewalds Mutter heiratete, lernte der 15jährige die Nichte seines Stiefvaters, Arendse Huulegaard, kennen. Die betrübliche Aussicht, das geliebte Mädchen erst nach bestandenem Examen mit 25 Jahren an den Traualtar führen zu können, verleitete den schwärmerisch veranlagten Jungen zu einem folgenschweren Entschluß: er wollte sich im Krieg durch Heldentaten auszeichnen. Er fuhr 1759 — mitten im Siebenjährigen Krieg — nach Hamburg, meldete sich bei den Preußen, desertierte zu den Oesterreichern und kehrte nach anderthalb Jahren schwer krank von Prag nach Kopenhagen zurück. Sein Jugendtraum ging nicht in Erfüllung. Arendse heiratete 1764 einen anderen Mann.

Dies war ein auslösendes Ereignis, das ihn zur Dichtung trieb. Die „Gesellschaft zur Förderung der schönen und nützlichen Wissenschaften“ nahm zwar seine Prosadichtung *Lykkens Tempel* (1764; Der Tempel des Glücks) an, wies aber das einaktige Drama *Adamiade* zurück. Darauf warf sich Ewald für zwei Jahre auf das Studium der Literatur. Anerkennung errang er sich durch seine Trauergedichte auf den Tod Frederiks V. 1766, in deren Diktion der Einfluß Klopstocks, als dessen Schüler sich Ewald bezeichnet hat, unüberhörbar ist. Der frühe Ruhm hatte nicht die erwünschte günstige Wirkung, vielmehr verfiel Ewald einem unsteten Bohème-Leben, wobei sein von den Kriegsabenteuern herstammendes Gichtleiden die Trunksucht förderte. Wohltuend war die Unterbringung in dem idyllischen Rungstedlund durch seinen Vormund, den mit der Mutter befreundeten Theologen J. C. Schønheyder. Hier verlebte Ewald 1773—75 zwei glückliche Jahre.

Nun erschienen in rascher Folge die Werke, die Ewalds literarische Stellung begründeten, das umgearbeitete 5aktige Drama *Adam og Ewa* (1769; Der Fall des ersten Menschen 1772), von dem Klopstock begeistert war und das ihm die Gunst des Ministers Bernstorff eintrug; das Trauerspiel *Rolf Krage* (1770; dt. 1772), das den Übergang von der religiösen zur patriotischen Dichtung markiert. Einen Stoff aus der nordischen Mythologie behandelt auch das heroische Singspiel *Balders Død* (1773; Balders Tod 1780). Ein Motiv aus der jüngsten dänischen Vergangenheit gestaltet das Singspiel *Fiskerne* (1779; Die Fischer 1780): Fischer aus Hornbaek retten unter Einsatz ihres Lebens einen in Not geratenen Schiffbrüchigen und werden dafür von einem reichen Landsmann mit einer Rente bedacht. Nicht nur die Verherrlichung einer großen Tat, sondern auch der Lobgesang auf einfache Menschen aus dem Volk war Ewalds Anliegen.

Ewalds größte Bedeutung liegt wohl in seiner Lyrik. Das Gedicht *Da jeg var syg* (1771; Als ich krank war) in 52 paarweise gereimten Jambenzeilen bringt zum Ausdruck, wie Leiden und Resignation das Gefühl des Selbsts wecken und den Drang, sich in der Dichtung zu verwirklichen, hervorrufen:

Velkommen Gift, som raser i mit Bryst! (...) du gavst mig Mig igien./ Som Skaberen kun henter Fryd af sig,/ Og uden andres Hielp er lykkelig; / Saa skal jeg ære Ham — og føle Mig.

(Willkommen, Gift, das in meiner Brust rast (...) du gabst mir MICH zurück./ Wie der Schöpfer Wonne aus sich selbst schöpft / und ohne anderer Hilfe glücklich ist,/ so will ich ihn ehren — und MICH fühlen.)

In dem mächtigen Gedicht *Haab og Erindring* (1772; Hoffnung und Erinnerung), das in einer Apotheose auf die Freundschaft, den rasch erfaßten Augenblick der Begegnung zweier Menschen mündet, ergeht sich der lyrische Strom (Z. 1 — 48) zunächst in Variationen der Erkenntnis, daß der Augenblick der Erfüllung nicht festzuhalten ist; von da greift das Ich aus und gewinnt die Dimension der Zeit als Möglichkeit der Selbstverwirklichung: Erinnerung/Vergangenheit, Hoffnung/uneingelöste Zukunft. Die Sprache als Medium dichterischer Selbstverwirklichung indessen ist — auf sich allein gestellt — nicht imstande, diesen Schatz zu heben. Auch da sind es nur Augenblicke, die festgehalten werden können, ist es nie das Ganze. Etwas „Faustisches" — im Sinne Goethes (*Urfaust* 1772—75) — vibriert in diesen ungeheuer bewegten und eindringlichen Versreihen.

Die Lustspiele — *Harlequin Patriot* (1772) und *Pebersvendene* (1773; Die Hagestolzen 1782) — werden wegen ihrer Anspielungen auf Struensee in neuester Zeit wieder stärker beachtet, wie auch die Prosaschriften. Neben *Herr Panthakaks Fortelling* (ed. 1805; Die Erzählung des Herrn P.) und *De Fremmede* (ed. 1805; Die Fremden), beide erst aus dem Nachlaß durch Rahbek herausgegeben, ist besonders die wahrscheinlich 1774 in Rungstedlund begonnene autobiographische Erzählung *Levnet og Meeninger* (1804—08; Leben und Ansichten) in den Vordergrund des Interesses gerückt. Wie schon der Titel erkennen läßt, ist eine Abhängigkeit von Sterne (*The Life and Opinions for Tristram Shandy Gentleman)* anzunehmen. Das auf verschiedenen Zeitebenen ablaufende Geschehen ist dabei nicht die Hauptsache, wesentlich sind die schonungslose Selbstentblößung und die Reflexionen über psychologische und soziale Probleme. Wir werden im I. Kapitel nach Hamburg geführt, wohin der 15jährige Johannes E. mit seinem Bruder Matthias ausgerissen ist (1759). Johannes, fest entschlossen, in die preußische Armee einzutreten, trennt sich von seinem Bruder und tritt die Reise elbaufwärts an. Zu dem Reisebericht kehrt er erst am Schluß zurück, der von der Ankunft in Magdeburg erzählt und damit abbricht. Dazwischen werden wir in die Schulzeit bei Rektor Licht in Schleswig (1756) zurückversetzt, in die Jahre der ersten zögernden Liebe zum andern Geschlecht, und der Bericht gipfelt in der ihn wie ein Blitz treffenden Begegnung mit Arendse (1758). Am eigenartigsten berührt der kurze Abschnitt über einen Besuch Arendses in Rungstedlund um 1772. Er erfährt dabei, wie sehr ihn Arendse geliebt, was für eine Wirkung die Flucht aus Kopenhagen auf sie gehabt hat und daß sie selbst in ihrer Ehe unglücklich ist. Der tiefe Schmerz über das selbstverschuldete Verhängnis, der den Blick in die Abgründe des menschlichen Herzens öffnet, vibriert in dieser Prosa, die man nicht zu Unrecht mit *Werther* verglichen hat. Aber die erschütternde Klage über das zerbrochene Glück bildet nicht den Abschluß des Werkes. Es klingt aus in Digressionen, über den Menschen, seine Liebe, die Eigenschaften, die sein Dasein im Gleichgewicht halten.

Mit JENS BAGGESEN (1754 — 1826) schreiten wir über die Zeit der Empfindsamkeit schon hinaus und gelangen in den Bereich der Vorromantik und des 19. Jahrhunderts. Der Aufstieg des in bescheidensten Verhältnissen in Korsør geborenen Jens Baggesen war rasch und steil. Schon 1785 erschienen, vielbeachtet, ein erstrangiges Formtalent verratend, die *Comiske Fortællinger* (Komische Erzählungen 1792), gereimte Verserzählungen in geschliffener Sprache, mit denen er Wieland und dem eben erst verstorbenen Norweger J. H. Wessel nacheiferte. In den Familien Schimmelmann, Reventlow, Stolberg sowie in dem Prinzen Frederik Christian von Augustenborg gewann er einflußreiche Gönner. Freundschaft verband ihn mit dem norwegischen Dichter Christen Pram, dessen Frau er in den frühen Gedichten unter dem Namen „Seline“ huldigte. Die Verstimmung über seine das Nationalgefühl vieler Dänen verletzende Oper *Holger Danske* (1789) veranlaßte ihn zu einer großen Reise, die ihn über Lübeck – Hamburg – Bad Pyrmont – Frankfurt – Basel nach Bern führte. In Bern begegnete er Sophie von Haller, einer Enkelin des berühmten Naturwissenschaftlers Albrecht von Haller, die er am 5. März 1790 heiratete. Nach der Rückkehr begann er mit dem Studium Kants und nannte sich aus Verehrung für den Philosophen fortan Jens Immanuel B. 1791 gab er seine bisherigen Dichtungen unter dem Titel *Ungdomsarbejder* (Jugendarbeiten) heraus.

Das wichtigste Werk unter den frühen Schriften Baggesens ist zweifellos die Beschreibung der großen Reise. Sie gedieh bis zur Ankunft in Basel und kam 1792/93 unter dem Titel *Labyrinten* heraus (Das Labyrinth, dt. von C. F. Cramer in dessen Sammelwerk *Menschliches Leben*, 1793 — 95). Die Fortsetzung unter dem Titel *Digtervandringer* (Dichterwanderungen) mit den Schilderungen des Besuchs auf der Petersinsel im Bielersee (wo Rousseau gewohnt hatte), der Reisen nach

Paris und Savoyen und der Wanderungen durch die Schweiz wurde erst postum 1830/31 auf Grund hinterlassener Aufzeichnungen und Briefe von den Söhnen Baggesens herausgegeben.

Das *Labyrinth* ist eine „Sentimental Journey“, die bewußt dem Vorbild Sternes folgt und Gedankengut Rousseaus, Herders und Goethes aufnimmt. Das Daseinsgefühl des empfindsamen Dichters spricht schon aus der im Text auftauchenden Maxime: „Studiere auf deiner Reise vornehmlich dich selbst und die Menschen; genieße und folge der Natur; und laß dein Herz dich überall leiten, wo die Vernunft den Weg nicht weiß!“ Zugleich verkündigt er, der über die nationalen Grenzen und die Sprachgrenzen hinausschreiten wollte, der sich von der Französischen Revolution begeistern ließ, pathetisch die Gedanken der Freiheit, der Gleichheit, der Toleranz.

Die Reisebeschreibung läßt eine bewußt gestaltende Hand erkennen. Sie zerfällt in zwei Teile. In beiden Teilen läuft die Schilderung von Landschaften, Menschen, Ereignissen auf einen Erzählhöhepunkt zu. Wenn der Erzähler einen erhöhten Standort erklimmt, ist dies symbolisch zu verstehen: Er ist über den Alltag hinausgehoben und empfindet ein intensiveres Daseinsgefühl. Am Ende des ersten Teils ist es der Hermannsberg bei Pyrmont, der dieses Erlebnis vermittelt, am Ende des zweiten Teils das Straßburger Münster. Ein wahrer Höhenrausch überfällt ihn auf der höchsten Spitze des Münsters, das Ich-Gefühl ist ins Unermeßliche gesteigert, er fühlt sich eins mit Gott.

Während einer weiteren Reise durch Europa 1793/94 unternahm Baggesen in Begleitung von drei jungen Frauen jene denkwürdige Fußwanderung ins schweizerische Hochgebirge, ins Jungfraumassiv, die den Anstoß zu einer der eigenartigsten Dichtungen der damaligen deutschen Literatur gab, zu dem Epos *Parthenaïs oder Die Alpenreise* (begonnen 1795, erschienen 1803; eine dänische Übersetzung, von Flemming Dahl, kam erst 1965 heraus). Die drei Begleiterinnen waren seine Frau Sophie, Charlotte Wieland, Tochter Chr. M. Wielands, und eine gemeinsame Freundin Gritli Gruber. Im Mai 1797 verlor Baggesen seine Frau; sie erlag auf der Reise nach Süden in Kiel einer Lungenentzündung, ihren Mann in völliger Verzweiflung zurücklassend.

Mit *Parthenaïs* beginnt Baggesens Schaffensperiode als deutschsprachiger Dichter. Die Alpenwelt des Berner Oberlandes ist bevölkert von griechischen Göttergestalten. In diese Welt dringt der junge Nordfrank mit drei Mädchen vor:

> Singe, homerische Muse, die jungfrauheilige Wandrung
> Dreier Schwestern hinauf zum Gebirg in der Mitte des Hochlands,
> Kypris Uranias Sitz, seitdem, geflüchtet aus Hellas,
> Griechische Götter bewohnen den Kranz helvetischer Alphöhn (...)
> Flüstr' uns leise zugleich die Gefahr des kühnen Begleiters,
> Der allein mit den Holden herumschwamm, auf- und abstieg,
> Dennoch Urania treu, sich selbst besiegend, der Führung
> Proben bestand und das heilige Ziel erreichte der Wallfahrt.
>
> (nach der letzten Fassung, ed. 1836)

Die drei Schwestern sind Cynthia, Dafne und Myris. Nordfrank wird von heftiger Liebe zu Myris, der jüngsten der Schwestern, erfaßt. Er überwindet seine Leidenschaft, dem hohen Gebot der Sitte gehorchend. Doch Myris wird nach glücklich überstandenen Prüfungen die Seine. An dem Werk, das wegen des seltsamen Kontrastes zwischen behäbig bäuerlicher Welt und antik mythologischem Götterreich der skurrilen Elemente nicht entbehrt, fallen die verblüffende Exaktheit der Schilderung, der Sinn für folkloristische Züge und die meisterhafte Beherrschung der deutschen Sprache auf.

Die spätere Entwicklung führte Baggesen mehr und mehr in den Umkreis der deutschen Geistesgeschichte. Er setzte sich im *Vollendeten Faust* (Erstdruck 1836) mit den Goethe-Epigonen und in den Sonetten-Parodien *Der Karfunkel oder Klingklingel-Almanach* (1809) mit den Romantikern auseinander. Er verwickelte sich aber auch in einen langwierigen Streit mit Oehlenschläger (→ 93). An bedeutenden Werken der späteren Zeit sind zu nennen das epische Fragment *Oceania* (1808) über James Cooks Weltumseglung und das humoristische Epos *Adam und Eva* (1826) sowie das Gedicht *Gjengangeren og han selv eller Baggesen over Baggesen* (1807; Der Wiedergänger und er selbst oder B. über B.). In diesem langen Gedicht, das die tiefe Gespaltenheit des so modern anmutenden Geistes offenbart, führt ein ernster, tiefer, schöpferischer Dichter, der eigentliche Baggesen, sein „Ichselbst", Zwiesprache mit dem bisherigen, oft satirisch verspielten, oft frivolen, oft sentimentalen Autor. Damit ist programmatisch jene Wendung zum religiösen Dichter und philosophischen Grübler angekündigt, die den späteren Baggesen von etwa 1810 an kennzeichnet und ihn über Kant hinausschreiten läßt, ja ihn mit seinen existentiellen Fragestellungen in die Nähe Kierkegaards (→ 111) rückt. Die (deutsch verfaßten) philosophischen Schriften sind allerdings erst 1858/63 unter dem Titel *Philosophischer Nachlaß* herausgekommen, als Kierkegaard schon tot war und längst zu wirken begonnen hatte. Bald ist Baggesen seiner Zeit vorausgeeilt, bald ist er von ihr überholt worden. Das war sein Schicksal als ein Geist, der zwischen den Epochen angesiedelt war — Empfindsamkeit, Sturm und Drang, Romantik, kritischem 19. Jahrhundert — und an allen teilhatte.

Norwegische Literatur

Wenn auch die norwegische Nationalliteratur im engern Sinn erst mit dem 19. Jahrhundert einsetzt, gibt es natürlich spezifisch norwegische Traditionen schon zur Zeit des Gesamtstaats. Das 18. Jahrhundert ist dadurch gekennzeichnet, daß gerade die neuen Ideen der Aufklärung, u.a. Montesquieu, dem Unabhängigkeitsdrang starken Auftrieb verleihen. Doch gilt es zu beachten, daß sich die norwegische Literatur zunächst in enger Anlehnung an die dänische Literatur entfaltet, und zwar überwiegend in Dänemark selber. Das markanteste Beispiel dafür ist Holberg, der von Geburt Norweger ist, aber immer zur dänischen Literatur gezählt wird, außer von den Norwegern selbst.

Nicht anders als in Dänemark galt es, das neue Gedankengut zu verarbeiten und sich gleichzeitig von fremdem kulturellem Übergewicht zu befreien. Dies betraf vor allem die überaus starke Stellung des Deutschen. Sprach man in den 50er und 60er Jahren noch von einer „Odenflut" in der Gefolgschaft Klopstocks, so schien doch sonst der deutsche Einfluß schwächer als der französische und englische. Der Prozeß der Selbstwerdung spielte sich weniger in der Auseinandersetzung mit Klopstock und dem Sturm und Drang ab als in der Auseinandersetzung mit französischem Klassizismus und englischer Empfindsamkeit.

Peter Christopher Stenersen (1723–76), seit 1738 in Dänemark ansässig, verfocht in einer Schrift 1752 den reimlosen Vers und die Odenform im Sinne Klopstocks. In einem berühmt gewordenen Gedicht *Ode til Brudgom og Brud* (1754; Ode an Bräutigam und Braut), das die Strophenform (d.h. das metrische Schema) mit Klopstocks *Die Braut* (1749) gemeinsam hat, brach er mit der herkömmlichen Rokokostaffage bei Hochzeitsgedichten und huldigte der Macht des Gefühls und der Tugend. Er hat sich später vom Vorbild Klopstocks gelöst und Landschaftsschilderungen in der Art von Popes *Pastorals* und *Windsor Forest* gedichtet.

Starke Wirkung übte Klopstock, wie Leopold Magon nachgewiesen hat, auch auf Christian Braunmann Tullin (1728–65) aus, der aber doch mehr dem Gedankengedicht im Sinne etwa Albrecht von Hallers zuneigte. Das gilt schon für sein Hochzeitsgedicht *En Maji-Dag* (1758; Der Maitag, übers. von Cramer im *Nordischen Aufseher*), an dem sogar Lessing Gefallen fand. Magon spricht von „Antithese zwischen dem elenden Stadtleben und dem herrlichen Dasein in der Natur, die damals (...) offenbar ganz neu und überraschend gewirkt hat". In der folgenden Zeit gewann der Kulturpessimismus Tullins noch unmittelbareren Ausdruck in dem Gedicht *Pris-Skriftet om Søfarten, dens Oprindelse og Virkninger* (1761; Preisschrift über die Seefahrt, ihre Entstehung und ihre Wirkungen). Ein vertieftes Naturgefühl rief die Begegnung mit Youngs *Night Thoughts* hervor, erkennbar in dem das Theodizeeproblem abwandelnden Gedicht *Om Skabningens Ypperlighed...* (1763; Die Schönheit der Schöpfung in Absicht auf die Ordnung und den Zusammenhang der Geschöpfe 1765).

Angeregt durch die neuerschlossene altnordische Literatur sowie durch Klopstock und seinen Kreis, aber doch in wachsender Opposition gegen das kulturelle Übergewicht der Deutschen, entwickelte sich bei den Norwegern ein immer stärkeres Nationalgefühl. 1760 hatte sich in Trondheim „Det Trondhjemske lærde Selskab" gebildet, die 1767 in „Det Kongelige Norske Videnskabers Selbskab" aufging. 1772 wurde in Kopenhagen „Det Norske Litteraire Selskab" gegründet. 1751–65 lebte der Däne P. F. Suhm (→ 50) in Trondheim. Er war an diesen Gründungen entscheidend beteiligt. Den umgekehrten Weg ging der Historiker Gerhard Schøning (1722–80), der 1765

Trondheim verließ und eine Berufung nach Sorø annahm. Der Nidarosdom wurde für ihn ein Symbol der Eigenständigkeit Norwegens. In seinem Hauptwerk *Norges Riiges Historie* (3 Bde., 1771—81; Geschichte des norwegischen Reiches) trat auch er für den freien germanischen Bauern, den Odalbauer, ein (→ 131). Ihm tat es HANS BULL (1739—83) mit seinem Gedicht *Landmandens Lyksalighed* (1771; Glückseligkeit des Landmanns) gleich. Die Gebirge, die Norwegen von dem flachen Dänemark unterscheiden, wurden zum Inbegriff des Freiheitsstrebens.

Zur Regierungszeit Christians VI. hielten die Theater ihre Tore geschlossen, sie bekamen keine Unterstützung. Das änderte sich schlagartig mit Frederik V. (→ 40). Auf dem Repertoire standen indessen vor allem französische und italienische Stücke, unter den Dänen fand zunächst nur Holberg Gnade. Aber der Geschmack hatte sich unter dem Einfluß des Pietismus und der neuen englischen Literatur gewandelt. Die comédie larmoyante mit ausgefeiltem Dialog und rührseligen Stoffen kam in Mode. Das Zeitalter der Empfindsamkeit kündigte sich an mit den Stücken der Dänin CHARLOTTE DOROTHEA BIEHL (1731—88), den ersten dänisch geschriebenen Komödien nach Holberg, doch spielten auf dem Theater die Norweger zunehmend die maßgebende Rolle. Es begann mit NIELS KROG BREDAL (1732—78), der um des Theaters willen sein Amt als Bürgermeister von Trondheim verlassen hatte und 1756 die Oper *Gram og Signe* (mit der Musik von Sarti) auf die Bühne brachte. Bemerkenswert ist, daß er schon so früh einen nordischen Stoff aufgriff.

Der Beginn der 70er Jahre, der schon das große geschichtliche Werk von Schøning gebracht hatte, wurde für die Norweger in Dänemark zum Höhe- und Wendepunkt. Zur überragenden Gestalt schwang sich JOHAN NORDAHL BRUN (1745—1816) auf. Er verfaßte das Trauerspiel in französischem Stil *Zarine* (1772), und im gleichen Jahr entstand das erste norwegische Sagadrama, *Einer Tambeskielver.* Es behandelt einen nordischen Stoff in der Form der französischen Tragödie. Das Stück war so national gefärbt, daß es in Kopenhagen überhaupt nicht aufgeführt werden konnte, sondern erst 1793 in Bergen. Im Herbst 1772 kehrte Brun in die Heimat zurück, 1803 wurde er Bischof in Bergen. Er war auch ein bedeutender Lyriker und Dichter von Kirchenliedern: *Evangeliske Sange* (1786; Evangelische Lieder),

Mindre Digte (1791; Kleinere Gedichte). Auch der für alle neuen Strömungen offene, besonders als Kritiker hervorgetretene CLAUS FASTING (1746—91) hat neben Oden und Epigrammen eine klassizistische Tragödie verfaßt, *Hermione* (1772). Als „erster norwegischer Literaturkritiker" (E. Beyer) arbeitete er an *Kritisk Journal* und *Kritisk Tilskuer* mit und gab 1778—81 in Bergen *Provinzialblade* heraus.

Brun an die Seite zu stellen ist nur noch der geniale JOHAN HERMAN WESSEL (1742—85). An Ausstrahlung hat er Brun überflügelt, er ist der einzige der ganzen Generation, der in die Weltliteratur eingegangen ist. Die Übersiedlung nach Kopenhagen wurde ihm allerdings zum Verhängnis. Er war der Typus des ewigen Studenten, im bürgerlichen Sinn eine verkrachte Existenz. Er hielt sich als Informator und Übersetzer mühsam über Wasser, aber er war ein geschätzter Gesellschafter, geistreich, vielseitig interessiert und vielfache Anregungen weitergebend. Auch er war ein Anhänger des französischen Klassizismus und geriet gleichzeitig unter englischen Einfluß. Sein bekanntestes, bis heute auf den Bühnen erscheinendes Werk ist jedoch eine Parodie auf das klassizistische Drama, und wahrscheinlich besonders auf dessen norwegische Epigonen (Brun, Fasting), die Komödie *Kierlighed uden Strømper* (1772, mit der Musik von Scalabrini; Der Bräutigam ohne Strümpfe 1827). Sie ist streng nach den Regeln des klassizistischen Dramas gebaut (5 Personen, 3 Einheiten, Alexandrinervers). Der komische Effekt entsteht aus dem Widerspruch zwischen der pathetischen Form und dem nichtigen Inhalt. Der lächerliche Anlaß der Handlung, in deren Verlauf es zur Selbstentleibung sämtlicher Gestalten kommt, ist das Fehlen der seidenen Strümpfe bei der Hochzeit der beiden Hauptgestalten aus dem bürgerlichen Milieu.— Wessel ist übrigens auch ein Meister des Epigramms und der Verserzählung: *Komiske Fortællinger* (1775 f.; Komische Erzählungen).

Schwedische Literatur

Das schwedische 18. Jahrhundert ist eine Zeit der Gärung, eine Zeit tiefgreifender politisch-ökonomischer Umwälzungen, eine Zeit weitreichender kultureller Ereignisse, die das Bild Schwedens bis ins 19. und 20. Jahrhundert geprägt haben.

An seinem Anfang steht die faszinierende Gestalt Karls XII. Schweden befindet sich in der Endphase des Nordischen Krieges, der den Zusammenbruch der Großmachtstellung Schwedens zur Folge hatte. Gegen Ende des Jahrhunderts überstrahlt Gustaf III. das politische und geistige Leben. Die Literatur ist so stark mit der historischen Entwicklung verknüpft oder von ihr so abhängig, daß man bis heute für die literarischen Epochen historische Begriffe verwendet: „Großmachtzeit" (→ 20), „Freiheitszeit" (1718—72), „Gustavianische Zeit" (1772—92). Die Verfassungsreformen 1719/23 brachten eine weitgehende Eindämmung der absolutistischen Macht des Königs. Bis 1720 herrschte Ulrika Eleonora, die Schwester Karls XII., danach ihr Gemahl Fredrik I. aus dem Haus Hessen-Kassel (1720—51). Ihm folgte wieder das Haus Holstein-Gottorp mit Adolf Fredrik (1751—71) und Gustaf III. (1772—92).

Der Hochadel begann sich in den 30er Jahren zu einer Oppositionsbewegung zusammenzuschließen und nannte sich Partei der Hüte (hattpartiet). Ihre Gegner, die Verfechter konstitutioneller Reformen, hießen Partei der Mützen (mösspartiet). 1739 ging die gesamte Regierungsgewalt an die Hüte. Verschiedene Mißerfolge, an denen auch Adolf Fredriks Gemahlin Lovisa Ulrika, eine Schwester Friedrichs des Großen, beteiligt war, brachten 1765/66 die Mützen wieder an die Regierung, die nun auch den Bürgern, Handwerkern und Bauern stärkeren Einfluß im Reichstag verschafften. Mit dem Staatsstreich Gustafs III. gewannen jedoch erneut die Hüte die Oberhand, der König bekam wesentlich mehr Befugnisse. Der Parlamentarismus hatte einen Rückschlag erlitten. Die Verfassungskämpfe der schwedischen Freiheitszeit sind spannend und lehrreich zugleich: blutige Revolutionen sind dem Land erspart geblieben.

Über alle Gegensätze hinweg waren in der Freiheitszeit neue staatspolitische Ziele erkennbar: an die Stelle nationaler Ehre und expansiven Großmachtstrebens trat ein pragmatischer Realismus, trat der „Utilitarismus" nach englischem Vorbild. Empirisches Denken, Naturwissenschaften, Staatswissenschaften nahmen einen ungeahnten Aufschwung.

Die Schulreform 1724 und eine Reihe von Vorstößen in den nächsten Jahrzehnten suchten den neuen Geist in den Schulen zu verbreiten. 1746 forderte Löwenhjelm vermehrtes Studium der „historia naturalis", und im selben Jahr ermahnte E. Eklund in seiner „Erziehungslehre" die Jugend, vor allem die ökonomischen Wissenschaften zu pflegen. Die Universitäten, die den Neuerungen zunächst zurückhaltend gegenüberstanden, sollten nicht mehr nur Geistliche ausbilden, sondern Beamte. An der zielbewußten Neueinrichtung von Professuren erkennt man den gewandelten Geist. 1730 war Anders

Celsius Professor der Astronomie geworden, 1740 Nils Rosén Professor der Botanik, 1741 der 34jährige Carl von Linné (→ 65) Professor der Medizin. 1742 vertauschten Rosén und Linné ihre Professuren. 1750 kam nach mancherlei Intrigen eine Professur für Experimentalphysik zustande. Sie wurde mit einem der berühmtesten Gelehrten der Zeit besetzt: S. Klingenstierna.

Die politischen Aspekte der Freiheitszeit spiegeln sich am deutlichsten in der Presse. Der Buchdrucker Peter Momma begründete 1745 *Stockholms Weckoblad* (Stockholms Wochenblatt), die Hüte bekamen das Blatt *En ärlig swensk* (Ein aufrichtiger Schwede), in dem ein Herr Honestus, vermutlich das Sprachrohr des anonymen Herausgebers, auf die Frage nach dem „rechten Begriff der Freiheit" antwortet: „Die schwedischen Untertanen sind frei von allem Zwang, außer was ihnen die Gesetze des Reiches auferlegen. Diese Gesetze geben sie sich selbst... Die schwedische Freiheit widersetzt sich der uneingeschränkten Gewalt eines Königs." Von 1756 an erschienen *Riksdagstidningar* (Zeitungen des Reichstags), wodurch man Verhandlungen des Reichstags offenzulegen begann. 1761 kam das Wochenblatt *En fri swänsk* (Ein freier Schwede) hinzu, worin die konstitutionelle Staatsform deutlich ausgesprochen wird: „Jeder freie Schwede wird als Mitglied der gesetzgebenden Macht angesehen, entweder selbst oder durch einen Bevollmächtigten." Mommas Sohn Vilhelm lancierte 1767/68 das Blatt *Dagligt Allehanda* (Tägliches Allerlei), modern in Aufmachung und Vertrieb: feuilletonistische Beiträge und Straßenverkauf.

Einige große Gelehrte wie Swedenborg und Benzelius hielten sich eigene Zeitschriften. 1745—73 publizierte L. Salvius die Zeitschrift *Lärda tidningar* (Gelehrte Zeitungen), die Wissenschaftsakademie (Vetenskapsakademin, gegr. 1739) gab seit 1741 ihre *Handlingar* (Verhandlungen, Acta) mit vier Heften pro Jahr heraus.

Die Entwicklung der Presse hing eng zusammen mit dem Kampf gegen die Zensur. Die Fortschrittlichen betrachteten das Recht auf freie Meinungsäußerung als „ein Essentiale der Freiheit". Der 1759 aus Göttingen nach Schweden zurückgekehrte Petter Forsskål verfocht leidenschaftlich in einer (mit Druckverbot belegten) Abhandlung *De libertate civili* die „uneingeschränkte Freiheit des Schreibens". 1766 wurde schließlich „Tryckfrihetsförordningen" durchgesetzt, also „Verordnung betreffend Schreib- und Druckfreiheit". Gustaf III. hob sie 1772 wieder auf, 1809 trat sie erneut in Kraft.

Bedeutende Gelehrte , die eine Erneuerung der philosophischen und wissenschaftlichen Traditionen anstrebten, prägten entscheidend die Entwicklung. ERIK BENZELIUS (1675—1743), der Typus des Polyhistors, förderte den Ausbau der Carolina rediviva, der berühmten Universitätsbibliothek zu Uppsala. Daß die Philosophie aus ihrer untergeordneten Rolle als ancilla fidei, Magd des Glaubens, d.h. der orthodoxen lutherischen Dogmatik, befreit wurde, war ein Verdienst von ANDREAS RYDELIUS (1671—1738), einem Anhänger Descartes'. Seine Antrittsvorlesung in Lund 1710 ist eine Art aufklärerische Programmschrift: *De laconismo philosophico.* Sie richtete sich gegen die Schwerverständlichkeit der herkömmlichen Philosophie. Er trat auch dafür ein, daß die Vorlesungen schwedisch gehalten wurden, um sie weiteren Kreisen zugänglich zu machen.

Die faszinierendste Persönlichkeit der frühen Aufklärung ist CHRISTOPHER POLHEM (1661—1751), Universalgelehrter mit besonderen Interessen für naturwissenschaftlich-technische Belange. Er entwickelte eine Maschine zur Erzförderung und stand den Gruben zu Falun vor, arbeitete Pläne für eine Kanalverbindung zwischen Ostsee und Nordsee aus (heutiger Götakanal) und entwarf das Schleusenwerk bei Slussen (am Übergang von der Stockholmer Altstadt nach Södermalm). Er grübelte wie Leibniz über eine Universalsprache nach und vertrat wie Rousseau eine auf den Naturgegebenheiten aufbauende Erziehung. Mit seinen Gedanken über das Wesen der Geister — wohl auf Leibniz' Monadenlehre zurückgehend — weist er auf Swedenborg (→ 69) voraus, der in einer von ihm gegründeten Manufaktur einige Zeit tätig war. Polhem hat seine Anschauungen nicht in einem System zusammengefaßt, nur wenige Schriften sind veröffentlicht. — Der Name CELSIUS, bekannt in der Wissenschaftsgeschichte als Erfinder des Thermometers mit der Gradeinteilung zwischen Gefrier- und Siedepunkt des Wassers, steht für eine ganze Gelehrtendynastie. Sieben Gelehrte dieses Namens sind im 17. und 18. Jahrhundert führend in den verschiedensten Wissenschaften hervorgetreten. Der Schöpfer des 100°-Thermometers war ANDERS CELSIUS (1701—44), wie sein Vater Nils Celsius Professor der Astronomie in Uppsala. Die Schrift *Observationer om twänne beständiga grader på en thermometer* (Beobachtungen über zwei beständige Grade auf dem Thermometer) erschien 1742 in den *Handlingar* der Wissenschaftsakademie.

Die dreißig letzten Jahre der Großmachtzeit sind literarisch eine Übergangszeit. Die heranbrechende Krise war der Entfaltung der Literatur und Künste wenig zuträglich. Es gab nicht viel, was bescheidenes Mittelmaß überragte. Man hat die Epoche des ausklingenden Barocks und des mehr und mehr sich ausbreitenden Pietismus die „Periode der Pastoren" genannt. Der nationale Zusammenbruch förderte und begünstigte eine auf die Bedürfnisse der breiten Schichten zugeschnittene Erweckungs- und Erbauungsliteratur: Kirchenlied,

Postille, religiöses Traktat. Und soweit Kunstdichtung überhaupt entstand, war es Gelegenheitsdichtung; übrigens sehr oft deutsch, wie neuere Untersuchungen an den Tag gebracht haben.

Begründer der modernen Prosa, die neuere schwedische Literatur einleitend, wurde OLOF VON DALIN (1708—63). Er wurde 1727 Informator bei dem Freiherrn von Rålamb. Er gehörte der Opposition gegen Arvid Horn an, die sich einige Jahre später zur Partei der Hüte zusammenschloß. Obwohl sich Dalin in jungen Jahren den Ruf einer glänzenden Begabung verschafft hatte, ahnte zunächst niemand, daß er der Verfasser der 1732 erstmals erscheinenden Wochenschrift *Then Swänska Argus* (Der schwedische Argus) war, die eine epochemachende Bedeutung erlangen sollte. Dalin nahm sich den englischen *Spectator* und den *Tatler* zum Vorbild, viele Gedanken stammten von John Locke, Swift, Voltaire, Boileau, Fénelon. Die Zeitschrift erschien bis 1734 jeden Mittwoch, jede Nummer wurde mit Spannung und in gewissen Kreisen mit Unbehagen erwartet, denn der anonyme Verfasser verriet intime Kenntnisse der Verhältnisse im Hochadel und am Hof.

Der *Argus* sollte „auf eine angenehme und lustige Weise" Wissen vermitteln, nicht trockene Sittenlehre. Dalin hatte es darauf angelegt, die Zensur zum Narren zu halten. Als Herausgeber läßt er fingierte Gestalten auftreten, die sich schon durch ihre Namen, wie Ehrenmenüet, Patriot, Gyllenbalance, als Idealfiguren der utilitaristischen Freiheitszeit präsentieren. Sie gewannen aber kein Eigenleben, im 28. Heft schickt sie der Verfasser auf eine Reise, um sich ihrer zu entledigen. Man hat verschiedene Gruppen von Artikeln unterschieden:

1. moralische Artikel gegen alle möglichen menschlichen Schwächen: Unehrlichkeit, Eigennutz, Heuchelei, Leichtsinn, Hochmut, Tadelsucht, Pedanterie; 2. erzählende Artikel, in denen Dalins Eigenarten am besten zur Geltung kommen: sprachliche Meisterschaft, die Neigung zu Parodie. So geschickt differenziert Dalin die Sprechweise seiner Gestalten, daß Schück sie ein „Phonogramm der Konversation der niederen Stockholmer Bevölkerung" genannt hat. — Selbst fordert Dalin vom Schriftsteller: verständliche, alltägliche Ausdrucksweise (gegen salbungsvollen Predigtstil), kurze Sätze (gegen die Gewundenheit der Kanzleisprache), klare Begriffe (gegen Latinismen der Gebildeten und französelndes Alamode). Bemerkenswert ist

schließlich das an mehreren Stellen hervortretende Bekenntnis zur Freiheit im Sinn einer konstitutionellen Verfassung. So gibt „Swen der Freie" in Heft 31 seinem Glauben Ausdruck: „. . . daß alle Sterblichen gleich frei und gleich souverän geboren werden, und wenn ein Mensch einem anderen Menschen die Hoheit und Macht verleiht, über ihn zu herrschen, so tut er es, damit derselbe seine Wohlfahrt befördern solle."

Für das 1737 in Stockholm neueingerichtete Theater schrieb Dalin eine Komödie im Stil Molières, *Den afwundsjuke* (Der Eifersüchtige), und eine Tragödie nach dem Vorbild Racines, die den französischen Klassizismus in Schweden etablierte, *Brynilda.* Unter den späteren Werken ragt das Epos *Swenska Friheten* (1742; Die schwedische Freiheit) in gereimten Alexandrinern hervor. Es war als Grabgedicht für die am 24. November 1741 verstorbene Königin Ulrika Eleonora entstanden. Ihr erzählt die Göttin der Freiheit im ersten Gesang die schwedische Geschichte bis zum Stockholmer Blutbad, im zweiten Gesang bis zum Tod Karls XII., im dritten Gesang bis Fredrik I. Aber jetzt bedrohen Zwietracht, Ehrgeiz, Hochmut den Frieden. Und im vierten Gesang verkündet die Göttin das politische Programm der utilitaristischen Freiheitszeit. — Das Werk galt lange Zeit als eine Art schwedisches Nationalepos. Eine nüchternere Gegenwart zieht ihm das satirische Prosagleichnis *Sagan om hästen* (1740; Die Sage vom Pferd) vor. Das Pferd mit Namen Grolle allegorisiert Schweden, und in ironischer Erzählweise wird geschildert, wie es dem Pferd unter den verschiedenen Königen ergangen ist.

In der folgenden Zeit stieg Dalin zum Informator des Kronprinzen, zum Reichshistoriographen und schließlich zum Hofkanzler auf. Mit seinen späteren Causerien und Parodien ist er einer der Wegbereiter der genialen parodistischen Liedkunst Bellmans (→74) geworden.

Nicht nur in der Wissenschaftsgeschichte spielt CARL VON LINNÉ (1707—78) eine hervorragende Rolle, auch die Literaturgeschichte hat sich mehr und mehr für ihn interessiert. Mit seiner einzigartigen Beobachtungsgabe und der Fähigkeit, die Wahrnehmungen zu ordnen und auch zu artikulieren, repräsentiert Linné einen ganz bestimmten Typus in der schwedischen Geistesgeschichte. Als der Sohn eines einfachen Landgeistlichen aus Småland 1728 von Lund nach Uppsala kam, war er auf dem Gebiet der Botanik schon so weit vorgedrungen, daß ihn die Fakultät mit der Abhaltung von Vorlesungen betraute. 1732 wurde er aufgefordert, eine Fußwanderung nach Lappland zu unternehmen. Kulturgeschichtlich kommt ihr etwa dieselbe Bedeutung zu wie Hallers Alpenreise 1728 (Das Gedicht *Die Alpen* erschien 1732). In der Reisebeschreibung *Iter lapponicum* (1732; Lappländische Reise 1964) erwies sich Linné nicht nur als ausgezeichneter Beobachter, sondern auch als Sprachkünstler. O. Levertin charakterisiert das in lateinisch-schwedischer Mischprosa geschriebene Werk mit folgenden Worten: „Der *Iter* ist ein Meisterwerk an Frische und Genialität, in seiner lyrischen Ursprünglichkeit und malerischen Kraft ist es einzigdastehend in seiner Zeit."

Schon vor Antritt der Reise war Linné die Entdeckung geglückt, die ihn zu einer überragenden wissenschaftlichen Autorität seiner Zeit werden ließ. In dem Bemühen, die Flora von Uppsala zu katalogisieren, entwickelte er das System der Pflanzenbestimmung nach den Geschlechtsmerkmalen. Er wandte es erstmals konsequent an in der *Flora lapponica* 1735. Das grundlegende theoretische Werk wurde sein *Systema naturae* (1735; dt. 1740), dem 1751 *Philosophia botanica* (dt. 1787) und 1753 *Species plantarum* folgten. Sein System der binären Nomenklatur versuchte er auch auf die Zoologie zu übertragen. So einfach und schlagend war die Entdeckung des *Methodus sexualis* (1737), daß Linné später sagte, es sei nichts anderes gewesen, „als den Klöppel in die Glocke zu hängen".

Linné hat weitere Reiseberichte hinterlassen, nämlich von der Reise nach Dalarna und Norwegen, *Dala-Resan* (1734, ed. 1953), nach Öland und Gotland, *Öländska och Gothländska Resa* (1745; Reise nach Ö. und G. 1774), nach Västergötland, *Wästgöta-Resa* (1747) und die Reise durch Schonen, *Skånska Resa* (1751). Die späteren Berichte, besonders die nach seiner Ernennung zum Professor an der Universität Uppsala herausgegebenen, sind zum Teil von Mitarbeitern verfaßt oder nach Diktat niedergeschrieben und nachträglich redigiert.

Linnés Weltbild wurzelt in einer ungebrochenen Religiosität und der festen Überzeugung, daß alles in der Welt weise, vernünftig und gerecht eingerichtet sei. Der Gedanke einer göttlichen Ordnung, die das All durchwaltet, leitet ihn bei dem großangelegten Versuch,

System in eine chaotische Vielfalt der Naturerscheinungen zu bringen, und liegt auch seinen Reden und Ansprachen zugrunde; und man begegnet ihm in der autobiographischen Schrift *Egenhändiga anteckningar om sig sjelf* (1823; Eigenhändige Aufzeichnungen über sich selbst 1826). Linné hat versucht, das Phänomen des Bösen in der „besten aller Welten" zu erklären. Es hat ihn zeit seines Lebens beschäftigt, er glaubte an die „Nemesis divina". Seit 1747 sammelte er Beispiele für das Walten einer ausgleichenden Gerechtigkeit, und die letzten Aufzeichnungen in dem Konvolut *Nemesis divina* stammen aus dem Jahre 1775. Das Konvolut blieb lange verschollen, es tauchte erst 1845 wieder auf und wurde vollständig und mit Kommentaren 1968 (dt. 1981) publiziert. Auf Betrachtungen über das Wesen der Nemesis divina mit Zitaten aus der klassischen Literatur, Bibelstellen, lateinischen und schwedischen Kommentaren folgen an die 200 Beispiele aus Geschichte und Gegenwart, die die Nemesislehre bestätigen sollen.

Linnés Nachwirkungen waren bedeutend. Über eine lange Zeit hin zieht sich die Auseinandersetzung Goethes mit Linné. Sie spiegelt sich in brieflichen Äußerungen, in der *Metamorphose der Pflanzen,* in der *Geschichte botanischer Studien,* wobei Goethe besonders die Präformations- oder Prolepsislehre interessierte, die auf der Überzeugung beruht, daß in jedem Keim schon das ganze Wesen einer Erscheinung vorweggenommen, „antizipiert" oder „präformiert" sei. In dem Brief an Zelter vom 7. November 1816 hat Goethe den tiefen Eindruck, den Linné auf ihn gemacht hat, geschildert: „Diese Tage habe ich wieder Linné gelesen und bin über diesen außerordentlichen Mann erschrocken . . . Außer Shakespeare und Spinoza wüßte ich nicht, daß irgendein Abgeschiedener eine solche Wirkung auf mich getan . . ."

Auf den ersten Blick läßt sich kaum ein größerer Gegensatz zu Linné denken als der Theosoph und Geisterseher EMANUEL SWEDENBORG (1688—1772), und doch sind sie beide Söhne desselben Zeitalters und desselben Volkes, und typisch für ihre Zeit und ihr Volk. Swedenborg stammte aus streng pietistischem Milieu. Sein Vater Jesper Svedberg (→ 31) war Bischof von Skara und verfaßte Kirchenlieder. Swedenborgs Studienzeit fiel in die beginnende Aufklärung, und früher oder später mußte das seltsam altertümliche, mystische

Weltbild, das er von seinem Elternhaus mitbrachte, in Konflikt mit den neuen Anschauungen des englischen Empirismus und des französischen Skeptizismus geraten. Er entfaltete zunächst eine vielseitige Tätigkeit als Naturwissenschaftler, die er dem utilitaristischen Zeitgeist gemäß in die Praxis umsetzen wollte. Seine 1734 gesammelt erscheinenden *Opera philosophica et mineralia* spiegeln das fast krampfhafte Bemühen um eine rein materialistische, mechanistische Welterklärung. Längere Zeit blieb er daraufhin stumm, ein Umschwung bereitete sich vor. H. Schück faßt es in die vereinfachende, aber treffende Formel: „Bisher hatte Swedenborg alles Geistige materialisiert; neue Einsichten trieben ihn dazu, alles Materielle zu vergeistigen." Den Umschwung markieren die Forschungen auf dem Gebiet der Hirnanatomie. Sein Ziel war kein geringeres, als die Seele an einer bestimmten Stelle des Körpers lokalisieren zu können.

Der Übergang vom mechanistischen Weltbild zu einem mystisch-theosophischen läßt sich zeitlich genau bestimmen. Mitte August 1736 wurde Swedenborg in Amsterdam von einer Vision heimgesucht, die sich ihm als intensives Licht mitteilte und ihn auf den rechten Weg zur Gotteserkenntnis wies. Die Rückkehr zu Jugendeindrücken mystisch-religiöser Prägung wurde gestützt durch alchemistische und medizinische Studien, die Swedenborg in Berührung mit der Naturspekulation der Renaissance und in die Nähe neuplatonischer und kabbalistischer Gedankengänge brachten.

Swedenborg war kein Empiriker, sondern ein spekulativer Geist. Dennoch bleibt der Ansatzpunkt der nach 1736 sich ausbildenden Weltschau geometrisch-mechanistisch. Er denkt sich das All ausgehend von einem „unendlich Nichtigen", einem janusartigen punctum, dessen eine Seite Gott, dessen andere Seite der Natur zugewendet sei. Dieses Urpartikel ist, ähnlich Leibniz' Monade, beseelt und dynamisch. Swedenborg führt das dualistische Prinzip konsequent durch und gelangt zu einer an Platon sich anlehnenden Lehre von Urbild und Abbild, die man „Korrespondenzlehre" genannt hat: Jedem materiellen Sein entspricht ein geistiges Sein. 1744/45 gab Swedenborg das dreibändige Sammelwerk *Regnum animale* heraus (Bde. IV—VII erschienen postum 1848/49).

Zu Ostern 1744, mitten in einer schweren Depression, wurde Swedenborg, das „Mechanikerhirn" (M. Lamm), von einer Christusvision heimgesucht, die aus dem Forscher und Wissenschaftler den Religionsgründer werden ließ. In einer zweiten Vision 1745 trug ihm Christus auf, den Menschen den geistigen Gehalt der Bibel zu erklären. Der „Geisterseher", der mit den Abgeschiedenen in Verbindung treten konnte, war erstanden. Die Grundzüge seiner Religion, die auf einer neuartigen Auslegung der heiligen Bücher beruhte, und seine jenseitigen Erfahrungen stellte er in den Büchern dar: *De cultu et amore Dei* (1745), *Arcana coelestia* (8 Bde., 1749—56; Himmlische Geheimnisse 1842—70), *Vera christiana religio* (1771; Die wahre christliche Religion 1873) und *Diarium spirituale* (entstanden 1747—63; hrsg. postum in 7 Bdn. 1843—46). In ihnen übertrug Swedenborg die Korrespondenzlehre auf die Bibel: jedem Bibelwort, das eine Begebenheit beschreibt, „korrespondiert" ein geistiger Begriff, und dadurch erhält man eine ganz neue Deutung. Swedenborg leugnete die Trinität, und Gott hat die Welt nicht aus nichts erschaffen, sondern aus sich selbst. Himmel und Hölle sind nach der Schöpfung entstanden. In der Hölle führt der Lasterhafte sein lasterhaftes Dasein weiter, im Himmel obliegt der Tugendhafte lustvoller Arbeit. Zwischen ihnen liegt das Reich der Geister, mit dem der Seher Swedenborg in Verbindung treten kann und das er bis in alle Details zu schildern vermag.

Swedenborgs Anschauungen sind an sich nicht neu. Er ist ein genialer Eklektiker. Neu und typisch für die Zeit, in der er lebt, und vielleicht auch für das Land, dem er entstammt, ist die Verbindung von zügellos schweifender Phantastik und kühlem Rationalismus. Selbst hat Swedenborg die Organisation der von ihm verkündeten „neuen Kirche", der Kirche des Neuen Jerusalem (*De Nova Hierosolyma*, 1758; dt. 1939) nicht mehr erlebt. Doch bildeten sich im Laufe der Zeit eine Anzahl Swedenborggemeinden in der Alten und Neuen Welt. Obwohl Kant in der gegen Swedenborg gerichteten Schrift *Träume eines Geistersehers* (1766) die Grenzen der Erkenntnis noch vor den kritischen Hauptwerken markiert und Swedenborgs Visionen in das Reich der Fabel verwiesen hatte, war ihm ein bedeutendes literarisches Nachleben beschieden. Der junge Goethe kannte die *Arcana coelestia*, und Spuren Swedenborgs sind im *Faust* nachgewiesen worden; Herder befaßte sich mit Swedenborg, Jung-Stilling, die Romantiker, vor allem Schelling. In Frankreich sind Nachwirkungen

u. a. bei Gérard de Nerval, Balzac (*Séraphita*, 1833/35), Baudelaire und Valéry, in der angelsächsischen Literatur bei William Blake, Ralph Waldo Emerson, H. und W. James, W. B. Yeats zu erkennen. In Schweden reichen die Einflüsse von Almqvist über Strindberg (während und nach der Infernokrise (→ 211) bis Vilhelm Ekelund und Lars Gyllensten (→ 335).

Unter den Dichtern der schwedischen Freiheitszeit gebührt ein besonderer Rang HEDVIG CHARLOTTA NORDENFLYCHT (1718–63). Ihre Dichtung ist aus dem Leben hervorgewachsen und ohne dieses nicht zu verstehen. Sie verlor mit 19 Jahren ihren Verlobten Johan Tideman, mit 23 Jahren schloß sie die Ehe mit dem pietistischen Geistlichen Jacob Fabricius. „Wenn je die Vorsehung an einer Ehe teilgehabt hat, so ganz gewiß an der meinen", so schreibt sie, und fährt fort: „Aber ach! Meine Glückseligkeit war ebenso kurz, wie sie groß gewesen war." Sieben Monate nach der Hochzeit starb Fabricius. Das Leben dieser Frau war zerstört. 1743 erschien ihre erste Gedichtsammlung *Den sörjande Turtur-Dufwan* (Die trauernde Turteltaube). Die anonym herausgegebenen Gedichte „von einer Hirtin im Norden" lassen an die gleichzeitigen *Night Thoughts* von Young denken, sie gehören zu den frühesten Zeugnissen, „die den Durchbruch des Gefühls inmitten des Zeitalters der Aufklärung ankündigen" (J. Kruse). Dies war Erlebnisdichtung, dies war ein neuer Subjektivismus, und es war eine Frau, die sich entschieden zu ihrem Selbst durchrang. Sie empfand ihre Dichtung als Berufung, man hat sie die erste Berufsschriftstellerin der schwedischen Literatur genannt. Obwohl noch im Kleid des Rokoko einherkommend, sind ihre Gedichte liedhaft, von geschmeidiger Rhythmik, originell in den motivischen Strukturen. Sie mußte „von der Feder" leben, sie gab ein Taschenbuch heraus, *Qwinligt tankespel* (4 Folgen, 1744–50; Weibliches Gedankenspiel), und gründete in Stockholm einen Salon, in dem sich die bedeutendsten Geister versammelten, unter ihnen auch Creutz und Gyllenborg, und wo man für Rousseau schwärmte. Noch eine unglückliche Liebe suchte die Vielgeprüfte heim: die Beziehung der 43jährigen Frau zu dem 26jährigen Johan Fischerström endete in einer menschlichen Enttäuschung. Ein Selbstmordversuch trug ihr eine tödliche Krankheit ein. Ihr Schicksal umschrieb sie in ihrem letzten Brief mit den französischen Worten: «... trop de sensibilité, trop de délicatesse, trop de châleurs dans mes réflexions.»

Ein getreuer Gefolgsmann Frau Nordenflychts war GUSTAF FREDRIK GYLLENBORG (1731–1808). Er gewann schon anfangs der 50er Jahre Zutritt zu ihrem Salon, wo er sich für Rousseau begeistern ließ. Er sekundierte ihr im Kampf um die Rechte der Frau, und er wurde zum sentimentalen Naturschwärmer. In den beiden Gedichten *Menniskjans nöjen* und *Menniskjans elände* (1762; Die Freuden des Menschen, Das Elend des Menschen) schildert er den glücklichen Menschen in seinem natürlichen Zustand und den unglücklichen Menschen der Kultur. Das bedeutende Alexandrinergedicht *Verldsföraktaren* (1762; Der Weltverächter) gibt in rousseauschem Geist die kulturpessimistischen Stimmungen der Zeit wieder. Es stellt der scharf satirisch gezeichneten Hofgesellschaft, die er als Informator des Kronprinzen und Hofkavalier genau kennengelernt hatte, das Ideal eines auf Arbeit und kräftigem Bauerntum aufbauenden Staatswesens entgegen. Damit greift er auf Stiernhielm (→ 26) zurück und weist auf die Nationalromantik voraus (Geijer, → 131). Gyllenborg hat einen kulturhistorisch aufschlußreichen Lebensbericht verfaßt, der jedoch erst 1802 erschien: *Mitt lefverne* (Mein Lebenswandel). Wichtig ist er vor allem, weil er ein lebendiges, ungeschminktes Bild jenes Stockholm gibt, das bald danach durch Bellman (→ 73) unsterblich geworden ist. Gyllenborg schloß sein dichterisches Werk ab, als Frau Nordenflycht starb und sein vertrauter Freund Creutz Schweden verließ.

GUSTAF PHILIP CREUTZ (1731–85), in Finnland geboren und aufgewachsen, wie Gyllenborg adliger Abstammung, 1751 – im selben Jahr wie Gyllenborg – in Frau Nordenflychts Salon aufgenommen, Kenner der antiken Literatur, vor allem Vergils und Theokrits, ist der namhafteste Rokokodichter der schwedischen Literatur. In den Gedichten begegnen die Gestalten, Formen und Motive des anakreontischen Genres. Aber rousseausche Naturliebe, Sinn für die Schönheiten der Landschaft durchbrechen die stilisierte Rokokowelt und verleihen den Werken von Creutz einen Hauch von Realismus und den Ausdruck echten Gefühls, besonders in dem kurzen Alexandrinerepos *Atis och Camilla* (1761; A. und C.). Die Liebesgeschichte zwischen der Dianapriesterin Camilla und dem Jäger Atis endet dank dem Eingreifen der Götter in der Idylle, aber die pessimistischen Untertöne sind unüberhörbar, jederzeit könnte sie eine tragische Wendung nehmen. Stellenweise schlägt die Empfindsamkeit in Rührseligkeit um. — 1763 wurde Creutz schwedischer Gesandter in Madrid, 1765 in Paris; er setzte sich in diesem Amt als Kulturvermittler zwischen Schweden und Frankreich ein, aber verstummte als Dichter.

Die Verfassung der Freiheitszeit, ihrer Konzeption nach eine der fortschrittlichsten der Zeit, war bankrott gegangen. Cliquenwirtschaft und Korruption beherrschten das Land, Finanzkrisen brachten es an den Rand des Ruins, die Inflation wucherte. Die 60er Jahre des 18. Jahrhunderts gelten als eine der dunkelsten Perioden der neuern schwedischen Geschichte. Der Einfluß royalistischer Kreise verstärkte sich. Eine Umwälzung im Sinne des aufgeklärten Absolutismus wurde von dem Kronprinzen durchgeführt, der 1772 als Gustaf III. den Thron bestieg. Er erweiterte die königlichen Machtbefugnisse, brachte Ordnung in die Finanzen. Bedeutende Reformen wurden durchgeführt, ein Toleranzedikt erlassen, die Folter abgeschafft. 1789 wurde das Reformwerk durch den Privilegien-Ausgleich gekrönt, der allen Ständen Zutritt zu den staatlichen Ämtern verschaffte. Außenpolitisch orientierte sich Gustaf III. an Frankreich und damit gegen Rußland. Die Unzufriedenheit des von den Reformen empfindlich getroffenen alten Adels und der unglückliche Krieg 1788 gegen Rußland führten zu der Verschwörung, der Gustaf III. schließlich zum Opfer fiel. 1792 wurde er bei einer Maskerade im Opernhaus ermordet.

Sammelplatz der literarischen Avantgarde und der maßgebenden Kulturpersönlichkeiten waren die für das schwedische Geistesleben des 18. Jh. so typischen Ordensgesellschaften. Zu den wichtigsten gehörten die 1730 nach Schweden gelangenden „Freimaurer", die in der Gustavianischen Zeit ihren Höhepunkt erreichten. Liberalere Statuten und lockere Geselligkeit trotz strengen Zeremoniells kennzeichneten den „Tankebyggarorden" (Orden der Gedankenbauer, gegr. 1753), der 1753—55 die Bände *Våra försök* (Unsere Versuche) herausgab und dem u.a. Frau Nordenflycht, Gyllenborg und Creutz angehörten, und den Orden „Utile dulci" (gegr. 1766), der Dalins Andenken gewidmet war und das Motto des *Argus* (→ 64) zum Namen gewählt hatte. Er zählte 1770 schon 150 Mitglieder, in den 60er Jahren über 500. Eines seiner prominentesten Mitglieder war Kellgren. „Utile dulci" gab von 1769—81 vier Sammelbände *Vitterhetsnöjen*

(Vergnügungen der schönen Literatur) heraus. Alle diese Gesellschaften jedoch überstrahlte die 1786 vom König gestiftete Schwedische Akademie, „Svenska akademien".

Bedeutsam war das Mäzenatentum Gustafs III. für das schwedische Theaterleben. Erst 1737 bekam Stockholm seine eigene Bühne: „Svenska skådeplatsen". Molière, Régnard, Holberg hatten bisher das Theater beherrscht. Im Oktober 1737 wurde das neue Theater mit einem schwedischen Lustspiel eingeweiht: *Swenska sprätthöken* (gedruckt 1740; Der schwedische Modenarr) von dem Diplomaten und Politiker CARL GYLLENBORG (1679—1746), einem Onkel G. F. Gyllenborgs. Auch Dalin leistete, wie schon erwähnt, mit einer Komödie einen Beitrag zum neuen Theater (→65). Erst in neuerer Zeit wurden einige Komödien von REINHOLD GUSTAF MODÉE (1698—1752) wiederentdeckt, darunter die erfolgreiche *Fru Rangsjuk* (1738, gedr. 1741; Frau Rangsüchtig). — 1754 eröffnete Lovisa Ulrika das Schloßtheater Drottningholm. Es brannte 1762 nieder und wurde 1766 wiederaufgebaut, so wie man es heute kennt. Es blieb nach dem Tod Adolf Fredriks einige Jahre geschlossen. 1777 wurde es durch Gustaf III. wiedereröffnet und war lange Zeit ein Zentrum der dramatischen Bemühungen des Königs. Die eigenen Gründungen Gustafs III. haben bis heute Bestand gehabt. 1773 entstand die schwedische Oper, 1782 erhielt sie am Gustav-Adolfs-Platz ihr eigenes Haus, Operahuset. Den größten Triumph feierte sie anläßlich der Uraufführung der Oper *Gustaf Wasa* (1786), deren Libretto Gustaf III. mit Kellgren gemeinsam verfaßt hatte. 1788 kam dazu das Kgl. Dramatische Theater, das heutige Dramaten.

Der überragende dichterische Genius der ausklingenden Freiheitszeit und der Gustavianischen Zeit ist CARL MICHAEL BELLMAN (1740—95). Stammvater der schwedischen Bellman war ein um 1650 aus Bremen nach Stockholm eingewanderter deutscher Schneider. Im Namen Johann Arndt B., Carl Michaels Vater, gab man die pietistische Ausrichtung der Familie zu erkennen, die Mutter war eine Pastorentochter. Die früh zutage tretende poetische Begabung machte zwar den jungen Bellman zum beliebten Gesellschafter, schien aber einer geregelten Beamtenkarriere abträglich. In den Finanzkrach 1762 wurde auch der 22jährige hochverschuldete Bellman, wegen seiner Gutmütigkeit zu oft als Bürge angerufen, hineingerissen. Um nicht in den Schuldturm zu gelangen, floh er nach Norwegen. Es war seine erste und einzige Auslandsreise. Nach der Begnadigung und Rückkehr reifte er zum Dichter, indes er sich als kleiner Beamter mühsam über Wasser hielt.

Er begann mit halb komischen, halb ernsten Gedichten über die Ungunst der Zeit. Noch finden sich Versatzstücke des Rokoko, aber in zweifacher Hinsicht ist ein neuer Klang zu vernehmen: Die Gedichte erwuchsen aus erlebten Situationen und sind voll drastischer Realistik, und unverkennbar ist der Hang zur Parodie. Auffällig ist schließlich die stark akzentuierende Sprechweise. Die wechselnde Zeilenlänge in vielen Stücken läßt den genialen Improvisator vorausahnen.

Mitte der 60er Jahre begannen die Bibelparodien und die Ordensparodien. 1766 stiftete Bellman den Bacchusorden, eine komisch-parodistische Imitation der zahlreichen, meist nur noch einem äußerlichen Zeremonienritual ergebenen Ordensgesellschaften. Sein einziges Mitglied: Bellman. Er spielte selbst die Rollen der Ritter und Kommandeure des Ordens, zelebrierte singend im Freundeskreis die Aufnahme von Mitgliedern, Beförderungen, Trauerfeiern. Alle Gestalten waren gezeichnet nach Personen, die wirklich existiert hatten. Es handelte sich um verkommene Subjekte und gesunkene Bürger, die aus familiärem oder geschäftlichem Unglück zu bekannten Säufern geworden waren, so z.B. Brauereibesitzer Meisner. Da er kaum anders als betrunken angetroffen wurde, ernannte ihn Bellman gleich zum Kommandeur und verlieh ihm als Baron von Bierheim ein Adelsprädikat samt Wappen: Blaue Nase im roten Feld. Einige der Parodien sind zu kleinen Opernszenen oder Singspielen ausgewachsen, die ihrerseits den Opernstil parodistisch imitierten. Die Bacchuslieder fanden rasch Verbreitung und machten ihren Verfasser zur populärsten Dichtergestalt der 60er und 70er Jahre in Schweden. Die an verschiedenen Orten erschienenen, teils in Einzeldrucken verbreiteten und teils auch in die Fredman-Bände eingegangenen Stücke kamen später kommentiert unter den Titeln *Bacchi Orden* (1932; Skrifter IV) und *Bacchi Tempel* (1935; Skrifter V) heraus.

Ungefähr gleichzeitig kündigte sich etwas Neues an. Es war die Welt Fredmans und Ulla Winblads, überliefert in zwei Sammlungen, die als Bellmans Hauptwerk gelten: *Fredmans Epistlar* (1790; 82 Gedichte, von 1768 bis Ende der 80er Jahre, in der überwiegenden Zahl aber zwischen 1771 und 1777 entstanden; Fredmans Episteln 1909); *Fredmans Sånger* (1791; 64 Gedichte, deren Entstehung sich von den frühen 60er Jahren gleichmässig über 27 Jahre bis zur Erstausgabe erstreckt; Fredmans Lieder; dt. versch. Lieder in Auswahlbänden).

Im Gegensatz zu dem oft derb-satirischen *Bacchi Orden* sind die *Epistlar* und *Sånger* nuancierter, reicher an Untertönen und wärmer, ihre Gestalten erscheinen in poetischer Verklärung, die Musik ist raffinierter mit dem Text verwoben. Auch die Gestalten der Fredmanwelt, zum Teil ja noch aus dem Bacchusorden übernommen, sind Repräsentanten der dem Untergang geweihten Freiheitszeit und haben ihre Vorbilder in der Wirklichkeit. Die Titelgestalt Fredman war Hofuhrmacher und Vorsteher der Gilde, verfiel aber nach einer unseligen Ehe der Trunksucht und starb 1767 in tiefstem Elend. Das Lied *Fredmans begrafning* (1767, sång 26; F.s Begräbnis) ist das erste Gedicht, in dem die Gestalt auftaucht. In der berühmten *Epistel* 27 werden Fredmans „Letzte Gedanken" geschildert:

Gubben är gammal, urverket dras,
    Visaren visar, timman ilar.
Döden sitt timglas har stält vid mit glas,
    Kring buteljen strött sina pilar.
Törstig jag skådar min Stjerna och Sol.
Vandringsman hör nu min Basfiol.
(V:cello) — — Movitz, din tjenare hvilar.

Klaraste sköte, ljufliga barm!
    Sorgligt de blommors lif föröddes,
Som gaf min far, til min sveda och harm,
    Vällust i den säng där jag föddes.
Men båda sofva. Gutår i förtret!
Sjung Movitz, sjung om hur ögat gret
(V:cello) — — Vid de Cypresser som ströddes.

Raglande skugga, brusiger min,
    Skapad at Bacchus gå til handa;
Bläddriger tunga af bränvin och vin.

Känn der far min, känn där hans anda.
Fröja och Bacchus gaf kring den et sken.
Movitz lät bland mina fäders ben
(V:cello) — — Detta mit stoft få sig blanda.

(Alt ist der greis, sein uhrwerk läuft ab,
Zeiger rast vorwärts ohne weile.
Neben dem glas zeigt der tod mir mein grab,
Um die flasche streut er die pfeile.
Sonne und Stern noch dem durstigen blinkt:
Wandersmann, hör wie die geige klingt;
(V:cello) — — Movitz, dein diener hat eile.

Lieblicher busen, reizender schoß,
Blühender leib, nun todes beute.
Ach, du mein vater, welch trauriges los
Ward ihr, die dich einstmals erfreute.
Beide nun ruhen im tode vereint,
Sing, Movitz, sing, wenn das aug auch weint.
(V:cello) — — Dort wo zypressen man streute.

Schwankender schatten, zechlust im blick,
Schwörend auf Bacchi frohe fahnen;
Zunge von branntewein schwammig und dick:
Das, mein vater, sind deine manen.
Freia und Bacchus umschwebten ihn licht,
Movitz, so bette mich still auch und schlicht
(V:cello) — — Dann in der gruft meiner ahnen.)

(Übersetzung F. Niedner 1909, zit. nach dem Auswahlband *Der Lieb zu gefallen,* hrsg. von H. C. Artmann 1976. — „Sonne" und „Stern" in Zeile 5 sind zwei Stockholmer Wirtshäuser.)

Ulla Winblad, Nymphe und Priesterin in Bacchi Tempel, hieß in Wirklichkeit Maria Christina Kjellström, war zweimal verheiratet und galt als ziemlich liederliche Person. Verschiedene Frauengestalten vereinigten sich in ihr zu einem Idealbild der Liebe und Daseinsbejahung. Sie ist Venus und Astrild in einem: vollkommene Schönheit und hinreißender Eros. Vorbilder gibt es ebenso für Vater Berg, Mollberg, Movitz, Jergen Puckel usw. Dieses Suchen nach Vorbildern hat natürlich seinen ganz bestimmten Sinn. Es erklärt den in die Augen springenden Realismus der Gestalten Bellmans, die Schärfe der Details, das impressionistische Festhalten von Situationen und Gesten, von Farben und Figuren. Alles wirkt spontan erlebt und geschaut, auch wenn wir wissen, daß der Dichter um die beste Form oft gerungen und an den Gedichten gefeilt hat. Natürlich kann man die Stücke als Wortkunstwerke genießen und wird ihnen unzählige Reize abgewinnen. Aber Bellman hat sie selbst mit — eigener oder sorgfältig aus fremden Werken ausgewählter und arrangierter — Musik versehen, und er hat sie selbst zur Laute vorgetragen, so daß mit den rhythmisch-melodischen und schaupielerischen Elementen zusammen kleine „Gesamtkunstwerke" entstanden, deren adäquate Wiedergabe heute fast unmöglich scheint.

Die *Epistlar* schließen unmittelbar an die bibelparodistischen Versuche an. „Epistel" bezieht sich auf die Paulusbriefe. Travestierend werden die biblischen Gestalten in Bellmans Welt versetzt, wodurch die komischen Effekte entstehen. In viele der Stücke sind satirische Anspielungen auf die Zeit verwoben. Die Genrebezeichnungen deuten darauf hin, daß sich Bellman der künstlerischen Tradition voll bewußt war: „Rezitativ", „Elegie", „Pastorale", „Sololoquium". Die *Sånger* greifen mit den neun bibelparodistischen Stücken Nr. 35—43 (1765—67) und vierzehn Ordensparodien (zwischen 1765 und 1770) noch einmal auf frühere Fredmandichtungen zurück. Im übrigen ist der Anteil der späteren reifen Fredmanlieder größer als in den *Epistlar.*

Durch persönliche Gunst König Gustafs III. erhielt Bellman 1775 eine Beamtenstelle an der staatlichen Nummernlotterie, die so dotiert war, daß er sich einen Stellvertreter leisten und ganz seiner Dichtung leben konnte. Die Huldigungsgedichte an den König und an das Königshaus füllen einen ganzen Band der Gesamtausgabe. 1772 rief er ihm zu:

Gud och Kung, är Folkets röst, är Svenska Folkets röst / (...) Europa beundrar en så ädel Monark, / Så kunglig, så vitter och i dygden så stark.

(Gott und König sind Volkes Stimme, sind des schwedischen Volkes Stimme / (...) Europa bewundert einen so edlen Monarchen, / so königlich, so klug und tugendstark.)

1777 richtete der neuaufgegangene Stern am schwedischen Dichterhimmel, J. H. Kellgren, einen Angriff gegen Bellman, der ihn fast völlig verstummen ließ. Doch Kellgren bedauerte seinen Schritt, und er war es, der sich für eine Rehabilitierung Bellmans einsetzte, die ersten großen Editionen 1790/91 veranlaßte und in einem berühmt gewordenen Vorwort zu den *Epistlar* eine kongeniale Würdigung Bellmans gab. Nach dem Tod Gustafs III. verblaßte der Stern Bellmans schnell, und er geriet in Vergessenheit. 1794 war er so verarmt, daß er in Schuldhaft ins Schloßgefängnis kam. Dort begann er einen Lebensbericht, eines der wenigen Prosadokumente von seiner Hand: *Lefvernesbeskrivning*. Er datierte das unschätzbare Dokument spöttisch: „Kongl. Slottet den 8 Maji 1794." Eine Bellmanrenaissance setzte erst in der späteren Romantik ein.

Unter den Dichtern der Gustavianischen Zeit ragt hervor: JOHAN HENRIC KELLGREN (1751—95), eine gebildete, glänzende Persönlichkeit von Dalins oder Stiernhielms Format. Er war Anhänger der Franzosen, Voltaires, der Enzyklopädisten, ein Aufklärer im konsequentesten Sinn des Wortes. Er lehnte Gott und die Unsterblichkeit ab, bekämpfte die konventionelle Moral. Als entschiedener Feind des Christentums und erklärter Sensualist kam er 1777 aus Åbo, wo er als Dozent der römischen Literatur gewirkt hatte, nach Stockholm. Nach kurzer Zeit als Informator hielt er seinen Einzug am Hof und wurde vom König, der damals von einem fanatischen Theatereifer besessen war, in seine persönlichen Dienste genommen. Aber das Versifizieren für den König — das bedeutendste gemeinsame Werk war die lyrische Tragödie *Gustaf Wasa* 1786 (→ 73) — wurde ihm zuwider, und er versuchte sich seiner Verpflichtungen zu entledigen. Diese wurde er los, als er begeistert dem Ausbruch der Französischen Revolution zujubelte.

Der Durchbruch gelang Kellgren mit dem satirischen Gedicht *Mina löjen* (1778; Was ich belächle), einer Art Programmgedicht, in dem er Vernunft und Geschmack preist und sich über alles Verdrehte, Verlogene, Provinzielle lustig macht: von Ehren überhäufte Höflinge; Pfarrer, die Armut predigen und selbst sich auf jede Weise bereichern; die Gelehrten mit ihren „Fragen ohne Wert und sinnlosen Antworten, ihrer Raserei, alles erklären zu wollen"; die Poetaster und Skribenten.

Und er preist in *Sinnenas förening* (1778; Vereinigung der Sinne) unbefangene Offenheit gegenüber der Welt.

Kellgren wirkte zuerst als Kritiker, dann als Herausgeber an der Zeitung *Stockholms Posten.* Darin sind eine Reihe Gedichte Kellgrens zum erstenmal erschienen. In die frühen 80er Jahre fällt der heftige Streit mit Thorild, dessen pathetische Art Kellgrens Poetik zuwiderlief. In den späten 80er Jahren geht der Kampf in zwei Richtungen weiter, gegen mystisch-okkulte Strömungen und gegen das absolutistische Königtum. Gegen geheime Ordensgesellschaften und ihren Zeremonienkult, gegen Magnetiseure, Somnambulisten und Swedenborgianer führte er Vernunft, den gesunden Menschenverstand ins Feld. Er gründete 1787 den fiktiven Orden „Pro sensu communi". Das erklärte Ordensziel war es, die Ehre der Vernunft wiederherzustellen; besonders gefeiert wurde der 29. August, der Geburtstag John Lockes. In *Stockholms Posten* Nr. 1/1787 veröffentlichte Kellgren die Ordensthesen. Darin heißt es u.a.: „Das Zeitalter, in dem wir leben, dürfte kommenden Geschlechtern ein Rätsel sein. Nie sah man das Licht der Wahrheit einen allgemeinen und reineren Tag verbreiten, nie Leichtgläubigkeit und Aberglauben, Vorurteile und Irrtümer die Menschen in eine tiefere Erniedrigung bringen." Das bedeutendste poetische Werk dieser Jahre ist das am 1. September 1787 der Gesellschaft eingereichte, in *Stockholms Posten* gedruckte, mit ausführlichen Erläuterungen versehene Gedicht *Man äger ej snille för det man är galen* (Man besitzt nicht Genie, weil man verrückt ist). Die satirischen Angriffe werden fortgesetzt in Gedichten wie *Dumboms lefverne* (1791; Lebensgeschichte des Dummkopfs) und *Ljusets fiender* (1792; Feinde des Lichts).

Wir haben Kellgren als Aufklärer, als unentwegten Kämpfer für Freiheit und Humanität, als Verfechter einer skeptischen, materialistischen Weltanschauung charakterisiert. Ausgerechnet dieser streitbare Geist setzte ein sichtbares Zeichen, das eine veränderte Stimmung ankündigte, und war an dem Umschwung maßgebend beteiligt, den die Schweden „Vorromantik" nennen, der den Rationalismus ablöste und zur Romantik überleitete. Mit 36 Jahren, um 1787, überfiel den abgebrühten gustavianischen Höfling, der die Liebe nie anders als im weltmännischen Umgang mit Mätressen kennengelernt hatte, eine tiefe Leidenschaft zu einer jungen Adligen. Sie war verheiratet, und ihr

Mann war ausgerechnet Swedenborgianer. Das Glück, die erwartungsfrohe Hoffnung währte nur kurze Zeit, und an dem Brief, der Hedda Falcks Absage enthielt, ist Kellgren seelisch zerbrochen. 1795 ist Kellgren an Schwindsucht gestorben, im selben Jahr wie Bellman.

Zeichen der inneren Wandlung wurde das Gedicht *Den nya skapelsen* (1790; Die neue Schöpfung 1869), geschätzt als eines der schönsten Gedichte der schwedischen Literatur. Strophe 1—5 lauten:

Du, som af Skönhet och Behagen
En ren och himmelsk urbild ger!
Jag såg dig – och från denna dagen
Jag endast dig i verlden ser.

Död låg Naturen för mit öga,
Djupt låg hon för min känsla död —
Kom så en flägt ifrån det höga,
Och ljus och lif i verlden böd.

Och ljuset kom, och lifvet tändes,
En själ i stela massan flöt;
Alt tog et anletsdrag som kändes,
En röst som til mit hjerta bröt.

Kring rymden nya Himlar sträcktes,
Och Jorden nya skrudar drog,
Och Bildningen och Snillet väcktes,
Och Skönheten stod up och log.

Då fann min själ sig Himlaburen,
Sig sprungen af en Gudastam,
Och såg de under i Naturen,
Som aldrig Visheten förnam.

(Die Du aus anmuthsreichem Grunde
Ein Urbild bist, so himmlisch rein,
Ich sah Dich und von dieser Stunde
Seh in der Welt ich Dich allein!

Todt war dem Aug' der Welt Gewimmel
Und mein Gefühl begriff es nicht,
da kamst Du, wie ein Strahl vom Himmel,
Und überall nun ward mir Licht.

Ja Licht, zu Flammen hell entzündet,
Im todten Stoff schlug nun mein Herz,
Mein Aug' ein holdes Antlitz findet
Und meinem Ohr klang Lust und Scherz.

Seh' Neues rings im Weltenraume
Und diese Erd' schmückt neue Pracht,
Der Geist erwacht aus dumpfem Traume,
Die Schönheit regte sich und lacht.

Da hat der Heimat Spur gefunden
Die Seele auf der Himmelsflur,
Sie sah, was Nacht sonst hielt umwunden,
Die hehren Wunder der Natur.)

(Übersetzung E. Lobedanz)

Die 80er und 90er Jahre sind eine Übergangszeit, und schwedische Dichter von der Bedeutung Bellmans und der Ausstrahlungskraft Kellgrens trifft man erst wieder im neuen Jahrhundert. Gustaf IV. Adolf bekundete wenig musische Interessen, die innen- und außenpolitischen Spannungen wirkten sich auf das geistige Leben aus. Die Gestalten, die im folgenden vorzuführen sind, stehen alle im Bann Kellgrens, wandeln in seinen Spuren oder setzen sich mit ihm auseinander. Und sie alle führen aus dem Gustavianischen Klassizismus in die Vorromantik — Emotionalismus, Empfindsamkeit —, und der bedeutendste aus dem Kreis, F. M. Franzén, leitet schon die Romantik ein.

Alte, vornehme Herrenhofkultur verkörpert JOHAN GABRIEL OXENSTIERNA (1750—1817), Kenner der lateinischen Literatur, in formaler Hinsicht Klassizist, von Gustaf III. zum Dichten verpflichtet. Aber er war gleichzeitig empfindsam, gab sich der Macht der Gefühle hin und neigte zu Mystik und Okkultismus. Seine weit ausladenden, bald malenden, bald schwärmerischen Naturgedichte finden sich in den Sammlungen *Dagens stunder* (1785, Erstausgabe 1805; Stunden des Tages) und *Skördarne* (1796; Die Ernten). In neuerer Zeit greift man eher zu seinen Tagebüchern als den Gedichten: *Ljuva ungdomstid* (französisch 1766/68; in schwedischer Übersetzung 1965; dt. Holde Jugendzeit) und die wegen ihrer Schilderungen aus der Bellmanzeit geschätzten *Dagboksanteckningar 1769—71* (ed. 1881; Tagebuchaufzeichnungen).

Zum Kreis um Kellgren zählt die Dichterin ANNA MARIA LENNGREN (1754—1817). Sie war in armem herrnhutischem Heim aufgewachsen und lenkte schon in jungen Jahren mit satirischen Versen die Aufmerksamkeit auf sich. Sie verheiratete sich 1780 mit Carl Peter Lenngren, der mit Kellgren *Stockholms Posten* herausgab, und wurde regelmäßige Mitarbeiterin dieses Organs. Sie führte eine glückliche Ehe, behielt ihre bürgerlich moralische Grundeinstellung bei und machte auch nie viel Aufhebens von ihren poetischen Fähigkeiten. Überschwang der Gefühle war ihr fremd. Aber sie verfügte über eine feine Beobachtungsgabe und Sinn für das Burleske. Auch wo sie spottet und parodiert, bleibt sie liebenswürdig. Sie galt als „Meisterin in begrenztem Umkreis", in Epigramm, Satire und Idylle. Gedruckt wurden zu ihren Lebzeiten nur die Gedichte in *Stockholms Posten,* und zwar anonym; der beträchtliche Nachlaß erschien erst 1819 unter dem Titel *Skaldeförsök* (Dichterische Versuche). Als bekannteste Stücke verdienen hervorgehoben zu werden das Versgedicht *Biographie* (1795), die Adelssatire *Portraiterne* (1796) und die beiderseits spöttischen Schilderungen des Besuchs einer Gräfin bei dem unterwürfigen Pastorenehepaar, *Grefvinnans besök* (1803).

Als Mitarbeiter von *Stockholms Posten* begann seine literarische Karriere auch CARL GUSTAF AF LEOPOLD (1756—1829), eine der vielseitigsten und schillerndsten Persönlichkeiten Schwedens im Übergang vom 18. zum 19. Jahrhundert. Er hatte in Greifswald disputiert, war Bibliothekar in Stralsund, kam 1786 nach Stockholm und wurde im selben Jahr in Svenska Akademien aufgenommen. Er gewann die Gunst des Königs und wurde sein Sekretär. Leopold war Anhänger Voltaires, später auch Rousseaus, und blieb ein entschiedener Vertreter der Aufklärungsphilosophie. Er huldigte gemäßigt liberalen Anschauungen und befolgte die Politik des „goldenen Mittelweges" (aurea mediocritas). Er setzte mit den Tragödien *Oden* (1790) und *Virginia* (1802), wenn auch nicht besonders erfolgreich, die klassizistische Tradition auf dem Theater fort. Einige der zentralen Gedankengedichte — „philosophische Essays in Versen" hat man sie genannt — erschienen in der neugegründeten Tageszeitung *Extra Posten* (1792—95). Mit den Gedichten, mit Kritiken, satirischen Angriffen und essayistischen Schriften erwarb sich Leopold die Autorität als maßgebender Geschmacksrichter in der Nachfolge Kellgrens. Als Gegner der Romantik und der Götischen Bewegung verwickelte er sich in heftige literarische Fehden, doch gewann er die Freundschaft Tegnérs, der ihn den „lorbeerbekränzten Veteran im Dienste des guten Geschmacks“ nannte.

Zwei schwedische Autoren vertreten den Sturm und Drang im engern Sinn: Thorild und Lidner. — Der frühverwaiste THOMAS THORILD (1759—1808) sah sich all den verwirrenden Einflüssen der Zeit ausgesetzt, nahm in jungen Jahren Ossian, Young, Rousseau, Klopstock, Goethe — besonders den *Werther* — in sich auf. Eine faustische Unruhe beherrschte ihn, aus ihm sprechen Freiheitspathos und der Geniegedanke. Er fand schließlich bei Spinoza einen Halt. Thorild war ein passionierter Briefschreiber. Sein Pantheismus bricht durch in der folgenden Briefstelle: „O ewige Natur! Wie wenige, die in das Innerste und Allerheiligste deines Tempels eindringen und die Fülle der all-lebendigen Gottheit kosten!“ Oder sein ebenso zeittypischer Patriotismus: „Ach, Aorist! Du hättest hier sein, mein Entzücken miterleben sollen, wie ich am ersten Abend die Sonne niedergehen sah hier in Glysisvall, wo ich wie Ossian die Schatten der Helden umherwandeln sah.“ — Berühmt geworden war Thorild mit dem Hexametergedicht *Passionerna* (1781; Die Leidenschaften), das durch Kellgren abgelehnt wurde, der darin den Schwulst und Bombast nach deutschen und englischen Vorbildern wahrnahm und ihm das französische Stilideal entgegenhielt. Der Streit zog sich über ein Jahrzehnt hin. Nach dem Tod Gustafs III. stellte sich Thorild, der sich schon in den 80er Jahren politisch betätigt hatte, indem er für die Aufhebung der Zensur, die Entlassung des Staatsrats und Einrichtung eines Tribunals für Reformen und Aufklärung eintrat, entschieden auf die Seite und an die Spitze der revolutionären Elemente. Er forderte die Aufhebung aller Standesprivilegien. Daraufhin wurde er verhaftet und für vier Jahre des Landes verwiesen. Er reiste nach Deutschland und erhielt 1795 eine Bibliothekarenstelle an der schwedischen Universität Greifswald. Von Greifswald aus griff er an der Seite Herders in den Kampf gegen Kant ein.

Vertrat Thorild den kraftmeierischen Sturm und Drang, so ist BENGT LIDNER (1757—93) der stärkste Repräsentant der Empfindsamkeit. Der frühverwaiste, in einem herrnhutischen Heim aufgewachsene Lidner stand im Banne Ossians, Klopstocks und besonders wiederum *Werthers.* Seine gefühlvolle, weiche Gemütsart und die Neigung zu Schwärmerei machten ihn für die sentimentale Zeitströmung besonders anfällig. Dazu trug auch die Deutschlandreise bei, die ihm ein reicher Gönner ermöglichte: Greifswald (1776—78), Rügen, Stralsund. Schon in jungen Jahren hatte Lidner Gedichte veröffentlicht, die durch sprachliche Schönheit auffielen. 1779 erschienen seine *Fabler* (Fabeln). Dann begann auch er Operntexte für das Theater Gustafs III. zu schreiben. Der König schickte ihn 1780 auf eine weitere Auslandsreise. Er sollte sich zum Dramatiker ausbilden. Er besuchte Göttingen, den Sitz des Hainbunds. Den dichterischen Durchbruch brachte die Verserzählung *Romeo och Juliette,* und dann folgten dramatische Werke, so die Tragödie *Erik XIV.* (1782; Erstaufführung 1800) und die Oper *Medea* (1784). Am stärksten ist Lidner in den Gedichten. Dem Geschmack der Zeit kamen das während des Erdbebens von Messina spielende Gedicht *Grevinnan Spastaras död* (1783; Gräfin Spastaras Tod) und das Strafgericht über die Zeit *Yttersta Domen* (1788; Das letzte Gericht) entgegen.

Als Dichter, der zu größten Hoffnungen berechtigte, begrüßte Kellgren den Finnlandschweden FRANS MICHAEL FRANZÉN (1772—1847). Franzén, Schüler des finnischen Patrioten H. G. Porthan, wurde schon mit 20 Jahren Dozent in Åbo, 1798 Professor. Der Durchbruch gelang ihm 1793 mit Gedichten, die in *Stockholms Posten* erschienen, z.B. *Menniskans anlete* (Das Antlitz des Menschen), *Till Selma* (An S.), *Det nya Eden* (1795; Das neue Eden). Die französische Geisteswelt lag ihm nicht, er war stärker als seine Zeitgenossen von der Philosophie des deutschen Idealismus geprägt. In seinen frühen Gedichten finden sich platonische Gedankengänge und Elemente der Frühromantik. Aber auch englische Einflüsse läßt er erkennen, etwa in den Selmaliedern, die an Ossian anklingen. Franzén verblüfft durch seine Geschmeidigkeit und Vielseitigkeit, er trifft den Balladenton ebenso sicher wie den Volksliedton oder die Eigenart des Trinkliedes. Daneben schrieb er, dem herrschenden akademischen Stil sich anpassend, klassizistische Lehrgedichte. In seiner Ode *Sången öfver grefve Gustaf Philip Creutz* (1797; Gesang über Graf Creutz) versuchte er die beiden miteinander rivalisierenden geistigen Welten zu vereinigen, klassische Antike und nordisches Altertum, Ideen Tegnérs vorwegnehmend. Creutz war nach seiner Meinung der erste, der den Grazien eine Heimstatt im Norden bereitet hatte. Er befreite die Ode auf Wunsch der Schwedischen Akademie (Leopold) von romantischen Elementen und errang den großen Preis. Der Reichtum seines Schaffens spiegelt sich in der Sammlung *Skaldestycken* (1810; Gedichte). Um 1810/11 übersiedelte er nach Schweden, wo er Pfarrer und später Bischof (in Härnösand) wurde. Er begann nun auch Kirchenlieder zu schreiben, die ihn in Verbindung mit dem großen Erneuerer des schwedischen Kirchenliedes und Herausgeber von *Svenska psalmboken* (1819) JOHAN OLOF WALLIN (→ 125) brachten. Aufschlußreich sind Franzéns autobiographische Aufzeichnungen 1772—1824 *Till min biografi* (ed. 1945). Franzén, noch im Klassizismus wurzelnd, nahm alle Strömungen der nachfolgenden Zeit in sich auf, stand der frühromantischen Geisteswelt nahe und hat den Boden für den Durchbruch der Romantik in Schweden und in Finnland (Runeberg) vorbereiten geholfen.

ROMANTIK UND POETISCHER REALISMUS

Von FRITZ PAUL

Einleitung

Im Jahre 1924 erregte der angelsächsische Ideenhistoriker A. O. Lovejoy großes Aufsehen mit der These, es gebe keinen allgemeinen Begriff von „Romantik"; Romantik sei füglich als Epochenbezeichnung nicht tauglich. Tatsächlich stellt sich nicht nur die „europäische Romantik" als disparates, völlig uneinheitliches Vielerlei nationaler „Romantiken" dar; auch diese zerfallen in zahlreiche Bewegungen, Schulen und Einzelperioden, die in ihren Benennungen zwar relativ eindeutig sind (z.B. Universalromantik, Nationalromantik, Romantismus), deren Zuordnung zu literarhistorischen Phänomenen sich aber als genauso schwierig und sperrig erweist wie der Romantikbegriff überhaupt. Die Unzulänglichkeit des Terminus Romantik rührt vor allem daher, so E. Behler, „daß es sich bei ihm um eine von Gegnern geprägte, bewußt zu eng gewählte Bezeichnung handelt, in der alle Merkmale des Extravaganten, Ungezügelten, bloß Phantastischen nachklingen" und in dem „ein Gegensatz zum Klassischen suggeriert" wird, „der für die Vertreter dieser Richtung einfach nicht bestand". (E. B.: Kritische Gedanken zum Begriff der europäischen Romantik. In: Die europäische Romantik. Frankfurt 1972. S. 36.) Die Vielfalt der Erscheinungsformen des Romantischen auch in Skandinavien sowie die unterschiedlichen historischen Ausprägungen in den einzelnen Ländern lassen es daher nicht zu, von einer „skandinavischen Romantik" zu sprechen, sondern nur von der „Romantik in Skandinavien", darstellbar als jeweils besondere Strömungen und Entwicklungen in Dänemark, Schweden, Norwegen und Island. Der Zusammenhang dieser Romantiken untereinander ist daher nicht so sehr an den spärlichen, aber immerhin vorhandenen innerskandinavischen

Querverbindungen abzulesen, als vielmehr an der gemeinsamen Wurzel der europäischen, insbesondere der deutschen Entwicklung.

In diesem Sinne mag man auch die bisweilen als Symbol für eine einheitlich skandinavische Romantik verstandene Dichterkrönung Oehlenschlägers durch Tegnér im Dom von Lund auffassen, die 1829, recht verspätet, zu einer Zeit erfolgte, als, in Dänemark vor allem, bereits der poetische Realismus Fuß gefaßt hatte, der mit den als romantisme bezeichneten Einflüssen der französischen und englischen Romantik bald eine unauflösliche Symbiose einging und die Entwicklung der Romantik fortsetzte.

Auch der Realismus in Skandinavien läßt sich nicht als Einheit oder zusammenhängendes Ganzes darstellen, selbst wenn, u.a. durch politische Entwicklungen, wie etwa die Bewegung des Skandinavismus, Signale für eine solche mehr intendierte als tatsächlich existente Einheit gesetzt wurden.

Romantik und Realismus werden daher als ineinander verschränkte, den Zeitraum von 1800 bis 1870 jedoch deutlich begrenzende Epochen dargestellt, und zwar jeweils in ihren nationalen (dänischen, schwedischen, norwegischen) Erscheinungsformen. Dies bedeutet keine Separierung oder Isolierung. Querverweise werden gleichwohl Verbindungslinien zwischen den einzelnen Literaturen, Bewegungen und Strömungen aufzeigen.

Dänische Literatur

Der Beginn der dänischen Romantik fällt wie der Beginn der deutschen in die Zeit der Napoleonischen Kriege. Trotz dänischer Neutralität wurde die Reede von Kopenhagen 1801 und schließlich 1807 die Hauptstadt selbst von den Engländern bombardiert. Dem Verlust der Flotte folgte ökonomische Verelendung und 1813 der Staatsbankrott. 1814 ging Norwegen an Schweden verloren.

Trotz dieser ungünstigen politischen Entwicklung, die nicht zuletzt durch den aufgeklärt-absolutistisch regierenden Kronprinzen und späteren König Frederik VI. (1808–39) mitverursacht wurde, trotz der Verschärfung der Zensur seit 1799 erlebte das Land nach 1800 eine lang andauernde kulturelle Blüte, die später als das Goldene Zeitalter (Guldalderen) der dänischen Kunst und Poesie apostrophiert und bisweilen auch überbewertet wurde.

Die Romantik gab zwar das Signal für diesen Epochenbeginn. Im Gegensatz zur deutschen Entwicklung aber war diese Romantik von Anfang an bürgerlicher, weniger extravagant, weniger intellektuell bestimmt und weniger elitär. Sie war vielmehr eingebettet in die traditionelle, spezifisch dänische nationale Kultur, die zentralistische Hofkultur, Bürgerkultur und volkstümliche Kultur zugleich war und ihre Legitimation aus dem relativ ungebrochenen geschichtlichen Bewußtsein der einheitlichen Nation schöpfte. Dieses Geschichtsbewußtsein, das im Königshaus sein Symbol hatte, ermöglichte und begründete auch eine ebenfalls spezifisch dänische Synthese von aufklärerischen, empfindsamen, idyllischen, klassischen und romantischen Traditionen, die die dänische Romantik von der deutschen deutlich unterscheidet.

In keinem anderen europäischen Land wurden freilich die Ideen der deutschen Frühromantik so zeitig aufgenommen wie in Dänemark, dank der Vermittlung durch den norwegisch-dänischen Naturforscher und Naturphilosophen HENRICH STEFFENS (1773—1845). Steffens hatte während eines Studienaufenthalts in Deutschland von 1796—1802 — er studierte Mineralogie und Bergbau — persönliche Kontakte mit den maßgeblichen Vertretern der Jenaer Romantik, u.a. den Brüdern August Wilhelm und Friedrich Schlegel, Ludwig Tieck und Novalis, aufgenommen und dort Theorie und Praxis dieser „Schule", zugleich aber in der Begegnung mit Goethe und Schiller die Weimarer Klassik rezipiert, deren Schillersche Ausprägung er freilich entschieden ablehnte. Nicht nur durch seine berufliche Ausrichtung, sondern vor allem durch die Lektüre von Schellings Frühschriften und den engen Kontakt mit Schelling selbst, dessen erster Schüler er war, erhielt Steffens' romantische Ästhetik eine stark naturphilosophische Akzentuierung, die bei seiner Vermittlung in Dänemark nicht ohne Bedeutung blieb.

Zurückgekehrt nach Dänemark, wurde Steffens durch zwei von der Öffentlichkeit als Provokation angesehene Vorlesungszyklen 1802/03 an der Kopenhagener Universität zum entscheidenden Initiatior für den Stil- und Epochenwandel. Steffens, ein eitler, exzentrischer „Feuerkopf" von nahezu unerhörter rhetorischer Begabung, versammelte unter seinen Zuhörern die geistige Elite der späteren Jahrzehnte, u.a. die Brüder J. P. und O. H. Mynster, die ihm schon aus dem Kreis um den Schriftsteller und Literaturprofessor Knud Lyne Rahbek (1760—1830) und dessen geistvoller Frau Karen Margarete, gen. Kamma, bekannt waren, die Brüder A. S. und H. C. Ørsted, die sich bereits Ende der 90er Jahre mit der „neuen" Richtung des deutschen Idealismus vertraut gemacht hatten und später als Jurist und Politiker bzw. Physiker mehr als nur nationale Berühmtheit erlangten, sowie den jungen Grundtvig, der laut eigener Bekundung noch wenig von den Vorlesungen verstand.

Der erste Vorlesungszyklus ist unter dem Titel *Indledning til philosophiske Forelæsninger* (1803; Einleitung zu philosophischen Vorlesungen) erhalten und bietet in der gedruckten Form eine kurzgefaßte Theorie der romantischen Universalpoesie aus dem Blickwinkel der Naturphilosophie. Naturwissenschaft, Geschichte und Poesie sind die einheitstiftenden Komponenten eines universellen Ordnungsprozesses. Natur wird dabei, ganz im Sinne Schellings, als wirkender Geist aufgefaßt. Geschichte und Natur bieten in ihren Gestalten den Betrachtern mystische Chiffren, die sich nur in der Poesie dem Menschen gänzlich mitteilen.

Unter den Zuhörern befand sich auch der junge Dichter ADAM OEHLENSCHLÄGER (1779—1850), der freilich nicht mehr von der neuen Lehre überzeugt werden mußte. In dem zur Legende gewordenen sechzehnstündigen Literaturgespräch im Sommer 1802 hatte der eloquente Steffens den ästhetisch und poetologisch noch unsicheren Oehlenschläger für die romantische Universalpoesie gewonnen und damit das goldene Zeitalter der dänischen Poesie (Guldalderen) eröffnet.

Oehlenschläger beantwortete diese „Berufung" unmittelbar mit dem in wenigen Stunden niedergeschriebenen, berühmt gewordenen visionären Programmgedicht *Guldhornene* (Die Goldhörner), das einerseits die von Steffens vermittelte Ideenwelt der deutschen Frühromantik widerspiegelt, andererseits den wortmächtigen Dichter der neuen Epoche ankündigt. Nicht zufällig wird in diesem Gedicht mit einem „nordischen“ Thema die (verlorene) Einheit von Natur, Geschichte und Kunst demonstrativ wiederhergestellt. Geschichte und Mythologie des Nordischen Altertums, Oehlenschläger nicht unvertraut, wie eine frühere Preisschrift und die noch ossianischer Empfindsamkeit zuzurechnende Erzählung *Erik og Roller* (Erik und Roller) beweisen, ersetzen, analog zur Mittelalter-Sehnsucht der deutschen Romantik, den Kult der klassischen Antike. Symbol für die einstmals vorhandene Universalität sind die beiden berühmten, mehr als tausend Jahre alten Goldhörner von Gallehus, die, 1639 und 1734 wiedergefunden, eben im Jahre 1802 aus der Kunstkammer in Kopenhagen gestohlen worden waren. Nicht durch Vorzeitforschung, die den Blick nur verwirrt, sondern durch Evokation des mythischen goldenen Zeitalters in der Poesie kann ein Abglanz desselben von den Göttern wiedererlangt werden:

I gamle gamle	(Ihr alten alten
hensvundne Dage!	entschwundnen Tage!
da det straalte i Norden	als es strahlte im Norden,
da Himlen var paa Jorden,	als der Himmel war auf Erden,
giv et Glimt tilbage.	gebt einen Schimmer zurück!)

„Mit den Göttern beginnt alle Geschichte. Hinter aller Geschichte liegt Mythologie.“ Diese von Steffens formulierte romantische Geschichtsauffassung wird hier erstmals in Poesie übergeführt und im Bild der von der Gottheit wieder entrückten Goldhörner metaphorisiert.

Das Gedicht erschien im Dezember 1802 (mit der Jahreszahl 1803) in einem Sammelband mit dem Titel *Digte af Adam Øhlenslæger* (Gedichte von ...; die deutsche Schreibweise seines Namens wählte der Dichter erst später). Dieses meist unter dem Titel *Digte 1803* apostrophierte epochemachende Werk verweist in der ungewöhnlichen Antiquadrucktype ebenso wie im dreiteiligen Aufbau auf ein Vorbild aus der deutschen Romantik, die *Gedichte* von August Wilhelm Schlegel (1800). Im Sinne universalromantischer Poesie sind in diesem Sammelband alle Gattungen als „Gedichte“ zur Einheit geworden. Während das neben *Guldhornene* herausragendste lyrisch-epische Werk, die Romanze *Hakon Jarls Død* (Hakon Jarls Tod) das Thema des nordischen Altertums variiert, werden in der im besten Sinne volkstümlichen Komödie *Sanct Hansaften-Spil* (St. Johannes-Abend-Spiel 1853) romantische Ironie und romantische Universalpoesie geistvoll miteinander verschränkt, Intellekt und Gefühl, die antagonistischen Prinzipien der Universalromantik miteinander verbunden, wie es Oehlenschläger später nie mehr gelungen ist. Der Schauplatz, der Kopenhagener Tiergarten am Mittsommerabend, öffnet sich zur kleinen Weltbühne: im Geiste von Shakespeares *Sommernachtstraum* exponiert der Dichter ein satirisch-poetisches Nachtstück, mit lustigem Jahrmarktstreiben ebenso wie mit tiefem Naturgefühl, das in der eingelegten Marionettenkomödie, im „Spiel im Spiel", die Bewußtheit dieser dualistischen Ästhetik zeigt: Volkstümlichkeit und hohe Intellektualität, Bindung im Endlichen und Verweisung auf das Unendliche.

In den zwei weiteren romantischen Sammelwerken *Poetiske Skrifter* (2 Bde. 1805; Poetische Schriften) und *Nordiske Digte* (1807; Nordische Gedichte) zeigt sich Oehlenschlägers sprachliche und gedankliche Verselbständigung als Romantiker und seine allmähliche Hinwendung zu klassischen Formen und Themen. In *Poetiske Skrifter* wird bereits sein zunehmendes Streben nach Harmonie und Einheit deutlich. Die exzentrisch-phantastischen, die nächtlich-dämonischen Seiten der deutschen Romantik, die in *Sanct Hansaften-Spil* durchaus angerührt waren, werden nun ebenso wie der „katholisierende" Mittelalterkult der deutschen Romantik als ungesund verworfen und durch ein Sehen und Fühlen ersetzt, das man oft in seiner Innigkeit und „Kindlichkeit", in seinem unmittelbaren Humor, als besonders „dänisch" empfunden hat. Der Unterschied zwischen deutscher und dänischer Romantik zeigt sich aber auch in der Fortführung der aufklärerischen und idyllischen Traditionen des 18. Jahrhunderts in der gesamten dänischen Romantik.

Bereits das den ersten Band von *Poetiske Skrifter* einleitende „Singspiel" *Freyas Altar* (Freyas Altar 1822) zeigt den unnachahmlich humoristischen Ton. Bedeutender sind jedoch die beiden Gedichtzyklen *Langelands-Reise* (Die Reise auf Langeland) und *Jesu Christi gientagne Liv i den aarlige Natur* (Das Evangelium des Jahres 1817, wörtl. Jesu Christi wiederholtes Leben in der jährlichen Natur). Während im ersten Zyklus Geschichte, Natur und Poesie in zukunftsweisenden metrisch experimentellen Formen noch einmal zur Einheit geführt werden, wird im zweiten in der Nachfolge von Novalis' *Geistlichen Liedern* (1802) die sinnbildhafte Epiphanie des Göttlichen in der Natur durch die Christusgestalt verdeutlicht.

Die Prosaerzählung *Vaulundurs Saga* (Waulundur 1830) und das Lustspiel *Aladdin* (dt. 1808) bilden den bewußt symbolischen Kontrast des zweiten Bandes. Der dunklen nordischen Mythe, die noch einmal die Nachtseiten der Romantik evoziert, stellt Oehlenschläger in *Aladdin* eine bunte südliche Märchenwelt gegenüber und schafft damit sein eigentliches magnum opus und zugleich ein Hauptwerk der dänischen Nationalbühne.

Obwohl stofflich dem gleichnamigen Märchen aus *Tausendundeine Nacht* in großen Zügen folgend, gelingt es Oehlenschläger mit diesem Drama, angeregt durch Tiecks *Kaiser Octavianus* (1804), die optimistischen Züge romantischen Denkens und Fühlens in verwirrender Fülle auszubreiten und kunstvoll zu verschränken. Das „Wunderbare", dem Märchen als Gattung wie der Romantik als Epoche so wesenseigen, wird durch die Vermischung der Gattungen ebenso wie durch die Auflösung von Komik und Tragik formal durchgeführt und im Symbol von Lampe und Ring versinnbildlicht. In der Hauptfigur Aladdin wird nicht romantische Zerrissenheit, sondern Einheit des Charakters, Harmoniedenken und am Ende Vollendung der Persönlichkeit im Sinne einer klassischen Entwicklung aufgezeigt.

Im Sammelband *Nordiske Digte* 1807 ist Oehlenschlägers allmähliche Distanzierung von der Romantik deutscher Prägung bereits vollzogen. Auf einer mehrjährigen Studienreise durch Deutschland und Frankreich, die persönliche Kontakte mit Fichte, Tieck, den Brüdern Schlegel und Goethe brachte, hatte sich Oehlenschläger nach und nach von der durch Steffens beeinflußten universal-romantischen Weltschau gelöst, ein Vorgang, der in dem deutsch geschriebenen Epos *Der irrende Ritter* reflektiert wird.

Die Hauptwerke in *Nordiske Digte* sind daher mehr der Weimarer Klassik als der Romantik verpflichtet, trotz ihrer „nordischen" Stoffwahl. Im humoristischen Epos *Thors Reise til Jothunheim* (Thors Reise nach Jothunheim) will Oehlenschläger, seiner Vorrede zufolge, das homerische Epos in eine spezifisch nordische Form umwandeln; das „mythologische Trauerspiel" *Baldur hin Gode* (Baldur der Gute 1839) ist nach dem Vorbild griechischer Tragödien konzipiert, wobei freilich die mythische Auffassung des Schicksals einzelner als kollektives Menschheitsschicksal durchaus romantische Züge trägt. *Hakon Jarl hin Rige* (Hakon Jarl 1809) schließlich, eine Tragödie in Schillerschem Geist, ist nicht nur Oehlenschlägers erstes großes historisches Drama, sondern markiert auch durch die Wahl des „nationalen" Stoffes den Beginn der im Norden so überaus facettenreichen und bis hin zu den Frühwerken Ibsens und Bjørnsons (→ 172) so wirkungsmächtigen Nationalromantik. Mit diesem Stück hatte Oehlenschläger weitgehend sein Genre, die Tragödie, gefunden, das er in den fohlgenden Jahrzehnten, fest bestallt als Professor der Ästhetik, vielfach variierte, wobei neben *Palnatoke* (1807, gedr. 1809; dt. 1819) und *Axel og Valborg* (1807—08, gedr. 1810; Axel und Walburg 1810) vor allem der deutsch geschriebene *Correggio* (1809, gedr. dän. 1811; dt. 1816) als erstes Künstlerdrama des 19. Jahrhunderts erwähnenswert ist. Seine frühere poetische Qualität erreichte Oehlenschläger noch einmal mit dem dreiteiligen Zyklus *Helge* (1814; dt. 1839), der zwei epische Gedichte und die Tragödie *Yrsa* enthält und später durch die Erzählung *Hroars Saga* (1817; König Hroar in Leire 1822) und das „Heldengedicht" *Hrolf Krake* (1828) fortgesetzt wurde.

In diese Zeit ab 1813 fällt auch die siebenjährige Literaturfehde zwischen Oehlenschläger und Baggesen (→ 56). Baggesen, der sich bereits 1806 im Reimbrief *Noureddin til Aladdin* (gedr. 1807; Noureddin an Aladdin) herablassend als Lehrmeister Oehlenschlägers stilisiert hatte und von diesem zurückgewiesen worden war, kritisierte nun mit scharfer Feder Oehlenschlägers dramatische Produktion nach 1813, wobei er nur wenig zwischen qualitativ hochwertigen und schwachen Werken, wie *Hugo von Rheinberg* (1813; dt. 1818), unterschied. Die Kritik wurde in der Folgezeit von J. L. Heiberg (→ 103) wiederaufgenommen. In seinen zahlreichen späteren nationalen Tragödien, u.a. *Væringerne i Miklagard* (1827; Die Wäringer in Konstantinopel 1828), *Dina* (1843) und *Kiartan og Gudrun* (1848; Kiartan und Gudrun) paraphrasierte Oehlenschläger das einmal gefundene Muster ohne größere Erfindungsgabe. Interessanter scheint heute der „biedermeierliche" Oehlenschläger, u.a. in seinem vielleicht bisweilen unterschätzten Roman *Øen i Sydhavet* (1824—25; Die Inseln im Südmeere 1826) und in seiner wichtigen Autobiographie *Erindringer* (1850—51; Meine Lebens-Erinnerungen, 1850—51), die noch einmal die vollendete Beherrschung eines durch ihn selbst „klassisch" gewordenen Dänisch zeigt.

Neben Oehlenschläger hatte nur der Lyriker ADOLPH WILHELM SCHACK [VON] STAFFELDT (1769—1826) aus unmittelbarem Kontakt mit dem deutschen Idealismus und der deutschen Romantik den Stilwandel bereits kurz nach 1800 vollzogen. Da er während seiner Studien in Göttingen und eines fünfjährigen Auslandsaufenthaltes sich mit den Gedanken Herders, Schillers und Schellings bereits vor Steffens' Auftreten in Kopenhagen vertraut gemacht hatte, wollte er sein Erstlingsrecht an der neuen Richtung sichern, indem er Oehlenschlägers *Digte 1803* einen gleichgestalteten eigenen Gedichtband *Digte 1804* folgen ließ, dessen Inhalt er teilweise vor den „Durchbruch" Oehlenschlägers zurückdatierte. Trotz dieser Fälschung zeigt sich Staffeldt in diesem wie in seinem zweiten Sammelband *Nye Digte* (1808; Neue Gedichte) als Lyriker von hohen Graden, der, im Gegensatz zu Oehlenschläger, mit den Nachtseiten der deutschen Romantik tief verbunden war. Unter dem Einfluß neuplatonisch-pantheistischer Ideen reflektierte er romantische Zerrissenheit in antagonistischen Konstruktionen von Natur und Geist, Endlichem und Unendlichem, sinnlicher Liebe und geistiger Liebe, Gegensätzen, die für ihn allesamt nur in der Poesie auflösbar waren. Nationalromantische Wesenszüge blieben ihm fremd. Es war kein Zufall, daß nicht die Zeitgenossen, sondern erst eine spätere Generation, unter anderem Georg Brandes (→ 147), in der Gebrochenheit dieses lyrischen Werks Signaturen einer vorwegweisenden Modernität entdeckten.

Ähnlich wie Oehlenschläger wurde auch NIKOLAI FREDERIK SEVERIN GRUNDTVIG (1783—1872) recht plötzlich zur Romantik „bekehrt". Zunächst ohne Sinn für die neue Richtung, änderte Grundtvig als junger Theologe und Hauslehrer 1805/06, nicht zuletzt wegen einer unglücklichen Liebe, seine ästhetischen und religiösen Anschauungen von Grund auf. Beeinflußt von Steffens, Schelling und Fichte sowie von Oehlenschlägers „nordischen" Werken entwickelte er eine romantisch-synkretistische Religionsauffassung, in der die nordischen Mythen neben einem mythologisierten Christentum als verwandte Emanationen des Göttlichen erscheinen. In der ersten großen, auf genauem Studium der *Edda* basierenden Programmschrift *Nordens Mytologi* (1808; Mythologie des Nordens) werden die Auseinandersetzungen zwischen den Göttern als Welt- und Geschichtsdrama begriffen, in dem der Kampf zwischen Geist und Materie stattfindet.

Eine tiefe religiöse Krise beendete 1810 den „Asenrausch". Grundtvig trat in den kirchlichen Dienst ein und bekannte sich, in deutlichem Widerspruch zum amtskirchlichen Rationalismus, zu einem neuen reformatorischen Christentum der Einfachheit und Liebe. Christus als Mittelpunkt der Geschichte wird nun das zentrale Thema für Grundtvigs über ein halbes Jahrhundert währendes Wirken als Geschichtsschreiber, Lyriker, Theologe und Volkserzieher. Die bis heute fortwirkende Kraft des Grundtvigianismus als über die nationalen Grenzen greifende Bewegung ist bis auf diese Wende zurückzuführen. Herausragendes Beispiel seiner neuen Geschichtsauffassung wurde *Kort Begreb af Verdens Krønike i Sammenhæng* (Übersicht der Welt-Chronik 1837), die Weltchronik von 1812, deren nationalreligiöse Tendenz von den Vertretern der Amtskirche abgelehnt wurde. Grundtvig erhielt in der Folgezeit bis 1822 kein Kirchenamt und entfaltete daher eine umfangreiche schriftstellerische Tätigkeit.

Die Übersetzungen der *Gesta Danorum* des Saxo Grammaticus und der *Heimskringla* des Snorri Sturluson sind im Zusammenhang mit der Wiederentdeckung nationaler Traditionen und deren wissenschaftlicher Auswertung durch eine neue nationalromantische Philologie zu sehen. Die ersten Ausgaben der alten *Folkeviser* (Volksballaden) durch Rahbek u.a. (1812—14), der Volkssagen durch Thiele (1818—23) und der dänischen Volksmärchen durch M. Winter (1822) sind, vergleichbar den Intentionen der Brüder Grimm, ebenso in diesen Zusammenhang zu stellen wie die wissenschaftlichen Ausgaben der altisländischen Literatur, angeregt u.a. durch den Sprachforscher Rasmus Rask (1787—1832).

Der universell begabte Grundtvig freilich stellte auch seine dichterischen Fähigkeiten in den Dienst der nationalchristlichen Ideen. Im dramatischen Gedicht *Paaske-Lilien* (1817; Die Osterlilje) steht die verachtete „Bauernblume“ als „Zeichen für eine Blütezeit im Norden“, für eine nationale Wiedergeburt unter dem Signum Christi. In dem umfangreichen autobiographischen Traumgedicht *Nyaars-Morgen* (1824; Neujahrsmorgen) wird die Erweckung des Volksgeistes thematisiert.

Religiöses Bekenntnis und große lyrische Befähigung gehen schließlich in dem großangelegten Kirchenliederbuch *Sangværk til den danske Kirke* (Gesangbuch für die dänische Kirche) eine glückliche Symbiose ein. Das als Gegenstück zum offiziellen rationalistisch-moralisierenden Gesangbuch von 1790 konzipierte Werk begann 1837 zu erscheinen und wurde erst nach Grundtvigs Tod vollendet. Unter den etwa 1400 Liedern, darunter vielen von Luther und Kingo (→ 32), ist etwa die Hälfte von Grundtvigs Hand, teilweise vollständige Originale, teilweise freie Bearbeitungen. Die Originale zeigen einen sprachmächtigen Lyriker von hohen Graden, der die kirchlichen Jahresfeste ebenso persönlich ausdeuten konnte wie das für ihn so wichtige sakramentale Leben in Taufe und Abendmahl. Die widerstrebende Staatskirche autorisierte erst 1860 einen Teil der Kirchenlieder.

Grundtvig war in der Zwischenzeit eine nationale Persönlichkeit geworden. Spät geehrt mit dem Bischofstitel, beteiligte er sich als Mitarbeiter an der neuen Verfassung und als Reichstagsabgeordneter am Parlamentarismus nach den politischen Umwälzungen von 1848/49 und leitete mit seiner Idee der Volkshochschulen eine pädagogische Bewegung ein, die sich in ganz Skandinavien verbreitete. Seine Auffassung von Christentum und Kirche („erst Mensch, dann Christ“) hatte (verspätet) tiefgreifenden Einfluß auf das religiöse und kirchenpolitische Leben Dänemarks. Die in den Schriften *Nordens Mythologi* (1832) und *Haandbog i Verdens-Historien* (3 Bde., 1833—43; Handbuch der Weltgeschichte) erneuerte romantische Geschichtsauffassung wurde in ihrer spezifisch nordischen Ausprägung Muster für ein nordisches Kulturprogramm, in dem die nordischen Mythen als Emanation des Volksgeistes (Folke-Aanden) aufgefaßt wurden.

Wie schon bei Grundtvig verbindet sich auch bei dem an der Akademie in Sorø als Literaturlehrer tätigen BERNHARD SEVERIN INGEMANN (1789—1862) eine E. T. A. Hoffmann und Tieck verpflichtete Romantik mit einer christlich-nationalen historischen Tendenz. Aus

Ingemanns vielbändigem Œuvre — darunter zahlreichen Dramen in der Shakespearenachfolge — hebt sich ein umfangreicher, dem romantisme (⟶ 99) zuzurechnender Zyklus historischer epischer Dichtungen ab (teils Versepen, teils vielgelesene Romane), der in den Jahren 1824—36 unter dem Einfluß der historischen Romane Walter Scotts entstand. Die ersten Versepen *Waldemar den Store og hans Mænd* (1824; Waldemar der Große und seine Mannen) und *Dronning Margrete* (1836; Königin Margarethe 1846) bilden gleichsam den Rahmen für vier großangelegte historische Romane, die die Nationalgeschichte zwischen Waldemar dem Großen und Königin Margarethe episch ausgestalten. Anders als bei Scott stehen jedoch nicht erfundene Hauptpersonen, sondern historische Größen im Mittelpunkt des Geschehens, wie die Titel des Romanzyklus zeigen: *Valdemar Seier* (1826; Waldemar der Sieger 1827), *Erik Menveds Barndom* (1828; Die erste Jugend Erick Menweds 1829), *Kong Erik og de Fredløse* (1833; König Erik und die Geächteten 1834), *Prinds Otto af Danmark og hans Samtid* (1835; Prinz Otto und seine Zeit 1835).

Von größerer poetischer Kraft, aber auch viel geringerer Öffentlichkeitswirkung sind die frühe, in Novalis' Geist geschriebene, eine universalromantische Traumstimmung einfangende Erzählung *Varners poetiske Vandringer* (1813; Varners poetische Wanderungen) mit ihrer Verbindung von Vers und Prosa und der Romanzenzyklus über den als nationale Symbolfigur aufgefaßten *Holger Danske* (1837) (⟶ 5). Die in diesen Zyklus eingestreuten Gedichte sind ebenso wie Ingemanns übrige Lyrik unverwechselbar in ihrer oft wehmütigen Innerlichkeit, in der geradezu programmatischen „seraphischen“ Naivität. Viele dieser Gedichte wurden durch die Vertonung von C. F. Weyse nahezu zum Volkslied. In dem Spätwerk *Landsbybørnene* (1852; Des Schuhflickers Sohn 1852, wörtl. Die Dorfkinder), Entwicklungs-, Künstler-und Gegenwartsroman zugleich, fand Ingemann unter dem Eindruck des ersten deutsch-dänischen Kriegs (1848—50) schließlich zur Synthese von weltabgewandter resignativer Verinnerlichung und einem wirklichkeitsbezogenen, dem poetischen Realismus sich nähernden Dichtungsverständnis.

Auch der als Naturwissenschaftler ausgebildete und in dieser Eigenschaft ab 1827 an der Akademie in Sorø tätige CARSTEN HAUCH

(1790—1872) markiert in seinem dramatischen, lyrischen und epischen Werk den Übergang zwischen Romantik und Realismus. Während die hauptsächlich während eines fünfjährigen, von persönlicher Tragik erfüllten Italienaufenthalts (1822—27) entstandenen Dramen (gesammelt in *Dramatiske Værker*, 1828—30, 3 Bde.) noch in der Nachfolge Oehlenschlägers und Shakespeares stehen, gelangen Hauch später mehrere unverwechelbar persönliche historische Romane, die im Gegensatz zu Ingemann nicht Hauptfiguren der Geschichte, sondern fiktive Gestalten schildern und damit ein deutlicheres sozial-psychologisches Relief erhalten. In *Wilhelm Zabern* (1834; dt. 1896) schildert Hauch aus der Ich-Perspektive Schicksale um den triebhaften Christian II., in *Guldmageren* (1836; Der Goldmacher 1837) entwikkelt er sinnbildhaft die Ambivalenz von Poesie und Realität am Beispiel von spekulativer „Naturwissenschaft" (der Goldmacherei am Hofe Augusts des Starken) und empirischer Naturanschauung im Geist von Hauchs Lehrer und Vorbild, dem berühmten Physiker Hans Christian Ørsted (1777—1851), der später das bedeutendste Werk der dänischen Naturphilosophie *Aanden i Naturen* (1849—50; Der Geist in der Natur 1850—51) herausgeben sollte. Während der nächste, den polnischen Freiheitskampf von 1830—31 schildernde Roman *En polsk Familie* (1839; Eine polnische Familie 1840) trotz seines Gegenwartsbezugs eher auf Goethes *Wilhelm Meister* und auf Jean Paul verweist, thematisiert die umfangreiche „Erzählung" *Robert Fulton* (1853) in der Hauptfigur, dem Erfinder des Dampfschiffes, den Beginn des technischen Zeitalters.

Andere Stilzüge verwandte Hauch, der als über Fünfzigjähriger (1842) erst zur Lyrik gefunden hatte, in seinem balladesken Zyklus *Valdemar Atterdag* (1861). Der Dichter, seit 1850 Nachfolger Oehlenschlägers auf dem Lehrstuhl für Ästhetik, erneuerte hier letztmals das romantische Genre des Romanzenzyklus, zehn Jahre vor dem durch seinen Schüler Georg Brandes eingeleiteten Beginn der Moderne. Er empfahl kurz vor seinem Tode Brandes als seinen Nachfolger (→151). Das Signal blieb bezeichnenderweise ungehört.

Die vielleicht markanteste und aufgrund des schmalen Werks überschaubarste Übergangsfigur zwischen Romantik und poetischem Realismus war der frühvollendete, spekulativ veranlagte POUL MAR-

TIN MØLLER (1794—1838). Seine parodistischen Fähigkeiten, die sich u.a. gegen Baggesens Empfindsamkeit und Grundtvigs nationale Geschichtsauffassung richteten, korrespondierten mit hintergründigem Humor und zielsicherem Sinn für Komisches. Kaum weniger bedeutend und ausgreifend war sein spekulatives Denken, das er als Philosophieprofessor in Christiania und ab 1831 in Kopenhagen vor allem gegen den hegelianischen „Nihilismus" und die damit verbundene Ästhetik J. L. Heibergs (→ 103) richtete, ohne mit diesem in direkten Konflikt zu geraten. Diese christliche Persönlichkeitsphilosophie wirkte später über seinen größten Schüler Søren Kierkegaard (→ 111) bis weit in die Philosophie des 20. Jahrhunderts hinein.

In Møllers erst postum herausgegebenem dichterischen Œuvre findet sich neben humoristischer Prosa und sehr persönlicher Lyrik *ein* herausragendes Werk, das auch in der zeitgenössischen Literatur eine einsame Sonderstellung einnimmt: Ein 1819—24 entstandenes „Novellen"-Fragment ohne Titel, das erst postum 1843 bei der Edition des Nachlasses den Titel *En dansk Students Eventyr* (Abenteuer eines dänischen Studenten) erhielt. Diese Gegenwartserzählung, eigentlich ein kleiner Roman, schildert in lose komponierten humoristisch-realistischen Szenen die Jugenderlebnisse und die Wanderung des 18jährigen Studenten Fritz Klinger von der Hauptstadt in die dänische Provinz, wo er das Mädchen Sophie, das er nur ein einziges Mal gesehen hat, sucht und findet. Obwohl in der Tradition romantischer Wanderromane wie auch des Entwicklungsromans stehend, gelingt Møller in realistisch zupackenden und humoristischen psychologischen Porträts der erste „moderne" Roman, der stilbildend für die dänische Literatur der Folgezeit wurde.

Der bereits bei Ingemann, Hauch und Møller nach 1820 erkennbare Übergang von der Romantik zu einem von französischen und vor allem englischen Einflüssen (Walter Scott) geprägten romantisme und schließlich zum poetischen Realismus ist sicher im Zusammenhang mit der an die Aufklärung anknüpfenden, durch ökonomische Prosperität geförderten liberalen Bewegung zu sehen. Das große, ab 1840 drängende nationale Anliegen, die Schleswig-Holstein-Frage, wurde mit dem programmatischen Skandinavismus verknüpft, der seinen sichtbaren Ausdruck in mehreren gesamtskandinavischen Studententreffen und seinen geistigen Führer in dem nationalliberalen Politiker Orla Lehman (1810—70) fand. Diese Entwicklung führte zur liberalen Verfassung von 1848 und zu den beiden deutsch-dänischen Kriegen von 1848—50 und 1864. Während der erste gewonnene Krieg allgemeine Euphorie auslöste („der Geist von 48"), führte der zweite zum Verlust eines Drittels des Reichsgebiets und zu tiefer nationaler Depression, die freilich durch den wirtschaftlichen Aufschwung der Gründerzeit bald kanalisiert wurde. Entscheidenden Anteil an der liberalen Gesamtentwicklung hatten vor allem Studenten und Akademiker. Die etwas früher einsetzende Verbürgerlichung der Literatur, für die man auch in der dänischen Literaturwissenschaft den zutreffenden Begriff „Biedermeier" einführen wollte (E. Lunding), betraf Inhalte wie Formen (z.B. allmähliche Ablösung des Versepos durch den Roman). Das ästhetische Programm des poetischen Realismus richtete sich nicht zuletzt auch gegen die alt gewordenen Vertreter der Universalromantik, Oehlenschläger vor allem, in dessen bürgerlich idyllischem Spätwerk freilich ebenfalls viele Stilzüge des Biedermeier erkennbar sind.

Abseits der ästhetischen Bewegungen der Hauptstadt stehend, begründete der Pfarrer STEEN STEENSEN BLICHER (1782—1848) mit seinen präzisen Schilderungen der jütischen Bauern und Fischer eine eigene Form des Realismus, die eine bis ins 20. Jahrhundert reichende jütische Sonderbewegung in der dänischen Literatur einleitete: die jütländischen Mundarten wurden durch Blicher nicht nur „literaturfähig", sie dienten ihm auch in den „einheimischen" Novellen zur genauen Personencharakterisierung.

Blicher begann, noch unter dem Einfluß eines verspäteten Ossianismus stehend, als naturverbundener Lyriker, als „Heidelerche" (so Blicher selbst), der früh schon sein Hauptthema, die karge jütländische Landschaft fand, und diese noch in seiner späten und besten Gedichtsammlung, dem „Naturconcert" *Trækfuglene* (1838; Die Zugvögel) erneut beschrieb.

Sein Hauptgenre freilich wurde die realistische Novelle, in der er ältere aufklärerische Traditionen mit seiner durch persönliche Lebensumstände (unglückliche Ehe, Trunksucht, Schulden) geprägten pessimistischen Weltanschauung verknüpfte. Sein Hauptthema,

Unbeständigkeit allen Glücks und Unbarmherzigkeit des Lebens (M. Brøndsted), variierte Blicher durch differenzierte Stilmittel, die vom Idyllisch-Sentimentalen bis zum Grimmig-Humoristischen reichen. Bereits die Erstlingsnovelle *Brudstykker af en Landsbydegns Dagbog* (1824; Aus dem Tagebuch eines Dorfküsters 1902) zeigt Blichers Erzähltalent auf einem von den Zeitgenossen kaum erreichten Höhepunkt. Der später von J. P. Jacobsen erneut aufgegriffene (→ 156) Vorwurf der Novelle, die drei Ehen der erotomanischen Marie Grubbe, einer historischen Figur des 17. Jahrhunderts, wird durch die hochartifizielle Erzählform zu einem psychologischen Meisterwerk. Eine kunstvolle Perspektivenbrechung ergibt sich für den Leser durch die 45 Jahre umfassenden Tagebuchfragmente des fiktiven Erzählers, des Küstersohns, Kammerdieners und späteren Küsters Morten Vinge, durch die diesem von Blicher unterlegte altertümliche Sprachform und durch die aus Sprachform und Monoperspektive deutlich werdende Beschreibung des Erzählers selbst und seiner Umwelt. Dies gilt vor allem für das Schicksal des jütischen Edelfräuleins Sophie, das der Tagebuchschreiber zunächst aus der Perspektive des Kutschers als unerreichbare Geliebte beschreibt und das er am Ende „als gefallenen Engel", körperlich und seelisch verwüstet, wiedertrifft.

Blicher hatte mit seinen ersten für Unterhaltungszeitschriften geschriebenen Novellen einigen Erfolg und gründete eine eigene Novellenzeitschrift mit dem programmatischen Titel *Nordlyset* (1827–29; Das Nordlicht), in der etwa ein Viertel seiner 100 Novellen erschienen ist. Es gibt deutliche Qualitätsunterschiede in diesem riesigen Gesamtwerk: rasch geschriebene Dutzendware, daneben künstlerisch hervorragend durchgeführte, fast ausnahmslos jütische Themen behandelnde Meisterwerke. Blicher erkannte dabei die Notwendigkeit der differenzierten Erzählperspektive, die er vor allem durch Einführung verschiedener Erzähler-Ichs realisierte. So erlaubt etwa die Tagebuchform der Kriminalerzählung *Præsten i Veilbye* (1829; Der Pfarrer in Veilby 1916) die psychologische Durchdringung des Stoffes. Eine Reihe von tragisch-humoristischen Novellen sind durch den Erzähler Peer Spillemand zyklisch miteinander verbunden, darunter *Hosekræmmeren* (1829; Der Strumpfkrämer 1849), eine sozialkritische Erzählung über das Armeleutemilieu jütländischer Hausierer.

Blicher, der sich ohne unmittelbaren Erfolg für eine jütische Volksbewegung einsetzte, gelang mit seiner letzten Erzähl- und Gedichtsammlung *E Bindstouw* (1842; Die Strickstube 1940) durch konsequente Verwendung der jütischen Mundart eine weitere Erschließung realistischer Erzählmöglichkeiten. Die jütische Strickstube, dörflicher Versammlungsort während des Winters, wird epischer Gegenstand und kollektiver Epiker zugleich, hinter den der individuelle Erzähler funktional zurücktritt.

Blicher konnte mit seinem auch heute noch modern anmutenden ungeschminkten Realismus in den Kreisen des gehobenen Bürgertums der Hauptstadt kaum Anklang finden, da die neue Ästhetik des poetischen Realismus die Verbindung von Wirklichkeitsschilderung *und* Schönheitssinn forderte, wie sie erstmals wohl in der einer ganzen Gattung den Namen gebenden Novelle *En Hverdags-Historie* (1828; Eine Alltagsgeschichte 1852) der Schriftstellerin THOMASINE GYLLEMBOURG (1773—1856) verwirklicht wurde. Das Werk wurde anonym vom Sohn der Verfasserin JOHAN LUDVIG HEIBERG (1791—1860) in dessen Zeitung, *Kjøbenhavns flyvende Post* herausgegeben. Im großbürgerlichen Haus Heibergs, in dem er zusammen mit seiner tonangebenden, schwedisch geprägten Mutter und seiner Frau, der führenden Schauspielerin Johanne Luise Heiberg, einen gesellig-ästhetisierenden Kreis um sich versammelte, wurde der neue hauptstädtische Geschmack bestimmt, die literarische Ästhetik der Folgejahre vorgezeichnet. Heiberg, ein früh vollendeter universaler Schöngeist, hervorragender Gesellschafter und mit den schönen Künsten vertrauter Wissenschaftler zugleich, begann als Nachfahre Oehlenschlägers mit Schauspielen in verspätetem universalromantischem Geist, so etwa mit der Literaturkomödie *Julespøg og Nytaarsløier* (1817; Weihnachtsspäße und Neujahrspossen), in der er mit mehrfachen Perspektiven- und Illusionsbrüchen die Stilmittel der romantischen Ironie erneuerte und an ihre Grenzen führte. Entscheidend für Heibergs ästhetische Entwicklung wurde seine Promotion (1817) über den als Romantiker aufgefaßten Calderón, ein mehrjähriger Studienaufenthalt in Paris, wo er das neue französische Lustspiel à la Scribe und vor allem die Gattung des Vaudevilles kennenlernte, und schließlich sein „Hegel-Erlebnis“ während eines dreijährigen Deutschlandaufenthalts

(1822—25), u.a. als Lektor in Kiel. Heiberg hörte Hegel selbst 1824 in Berlin, eignete sich das dialektische Denken an und begründete einige Zeit nach seiner Rückkehr nach Kopenhagen (1825) die in ganz Skandinavien so folgenreiche hegelianische Schule.

Zunächst brachten die Erfahrungen mit dem französischen Vaudeville konkrete Ergebnisse, einerseits praktisch durchgeführt, indem Heiberg selbst Exempla der Gattung schuf, andererseits ästhetisch reflektiert in einer eigenen Theorie der Gattung (1826), in der sich der spätere Antagonismus zu Oehlenschläger bereits abzeichnet. Deutsche Liederposse, französisches Vaudeville und dänische Singspieltradition werden in mehreren farcenartigen Stücken mit satirischer Gesellschaftskritik verknüpft. Heiberg sieht sich mit den Werken *Kong Salomon og Jörgen Hattemager* (1825; König Salomon und Jörgen Hutmacher), *Aprilsnarrene* (1826; Die Aprilnarren), *Recensenten og Dyret* (1826; Der Rezensent und das Tier) und *De Uadskillelige* (1827; Die Unzertrennlichen) als Nachfolger Holbergs (→ 40) und Erneuerer des dänischen Lustspiels, der dem dänischen Nationalcharakter angemessenen Gattung. Mit dem Festspiel *Elverhöi* (1828; Die Elfen 1844) gelang ihm schließlich die endgültige Erneuerung des nationalen Singspiels. Dieses „klassische" Stück des dänischen Theaters vereinigt in seiner Handlung um den populären dänischen König Christian IV. Nationalgeschichtliches und Volkstümliches in unnachahmlich poetischem Ton, der repräsentativen Glanz und lyrische Innigkeit, versponnene Romantik und komischen Realismus miteinander verknüpft. Heiberg wurde aufgrund dieses Erfolgs nicht nur festbestallter Theaterdichter und Übersetzer, sondern vor allem anerkannte literarästhetische Autorität. Seine in dem von ihm herausgegebenen Wochenblatt *Kjøbenhavns flyvende Post* (1827—30) und später anderen Periodika mit ätzender Kritik vorgetragene Ästhetik, in der er auf goethescher Grundlage u.a. eine formbetonte Gattungssystematik entwarf, führte zu mehreren folgenschweren literarischen Fehden, z.B. mit Oehlenschläger und den Professoren an der Akademie in Sorø, vor allem mit C. Hauch (→ 97). Die Einheit von Poesie, Philosophie und Religion im Geiste Hegels wird besonders in Heibergs später, in dem Sammelband *Nye Digte* (1841; Neue Gedichte) vereinigter dichterischer Produktion deutlich. In dem Versdialog *Gudstjeneste* (Gottesdienst 1875) reflektiert Heiberg sein Verhältnis zum protestantischen Christentum, in der „apokalyptischen Comödie" *En Sjæl efter Døden* (Eine Seele nach dem Tode 1861) wird in satirisch-dialektischer Manier der zeitgenössische Spießbürger entlarvt, in dem dramenähnlichen „Romanzenzyklus" *De Nygifte* (Die Neuvermählten 1850) wird das Ehe- und Treueproblem im Spannungsbereich zwischen Dämonie und Idylle durchleuchtet, und das den Sammelband abschließende „Mysterien"-Gedicht *Protestantismen i Naturen* (Der Protestantismus in der Natur) bringt Religion und Poesie zur Einheit. Ein an das gewichtige Hauptwerk *Nye Digte* anschließende „Satyrspiel" von gleich hoher Qualität, das allegorische Drama *Nöddeknækkerne* (1845; Die Nußknacker) rundet Heibergs dichterisches Œuvre ab. Die Bedeutung seiner „Nachfolger" als Dramatiker, u.a. Ibsens und Bjørnsons (→ 172) konnte Heiberg als Direktor des königlichen Theaters (1849—56) nicht mehr erkennen, obwohl gerade bei diesen Autoren seine Ästhetik nachwirkte.

Eifrigster Mitstreiter Heibergs und als Verehrer Johanne Luises dem Hause eng verbunden war der jüdische Dramatiker HENRIK HERTZ (1798—1870). Unter der Maske des bereits verstorbenen Baggesen hatte er 1830 anonym Heibergs Formästhetik verteidigt. Seine Lustspiele schrieb er in Anlehnung an Heibergs Theatertheorie, die Rollen oft für Frau Heiberg selbst. Nach den Komödien *Flyttedagen* (1827; Der Umzugstag) und *Amors Genistreger* (1829; Amors Geniestreiche 1840) gelang ihm mit *Sparekassen* (1836; Die Sparkasse 1879) ein bleibender Beitrag zum dänischen Lustspielrepertoire. Mehr noch als Heiberg selbst hatte er mit diesem Stück in bewußter Holbergtradition durch geschickte zeitnahe Themenwahl (das alte Fortunathema in Form eines vermeintlichen Lotteriegewinns, der die wahren Charaktere aufdeckt!), meisterhaften Aufbau und sichere Personenzeichnung die moderne dänische Komödie geschaffen. Zu den „realistischen Komödien" gesellte Hertz später genauso stilsicher einen ganzen Zyklus dem romantisme zuzurechnender historischer Dramen, darunter die der Folkevisetradition verpflichtete Tragödie *Svend Dyrings Huus* (1837; Svend Dyrings Haus 1848) und das modern anmutende symbolistische, in der Troubadourzeit spielende „lyrische Drama" *Kong Renés Datter* (1845; König Renés Tochter 1846), in dem sich Hertz' lyrische Begabung zeigte, die er freilich schon 1833 in dem in der Bellmannachfolge (→ 73) stehenden Liederzyklus *Erindringer fra Hirschholm* (Erinnerungen von Hirschholm) bewiesen hatte.

Während Hertz auch als Lyriker in der dänischen bzw. schwedischen Tradition stand, waren die drei bedeutendsten Lyriker der Epoche, Ludvig Bødtcher, Christian Winther und Emil Aarestrup ausländischen Vorbildern von Byron bis Heine verpflichtet. In unterschiedlichem Grade „modern", nahmen sie zum Teil lyrische Verfahrensweisen des Symbolismus vorweg. Am gegenwartsfernsten wirkt das schmale, esoterische, epikuräische Werk LUDVIG BØDTCHERS (1793–1874), der in seinem persönlichen Lebensstil den Typ des Müßiggängers kultivierte. Ein elfjähriger Aufenthalt in Rom (Italien war das klassische Bildungsland dieser Dichtergeneration, die in Rom um Thorvaldsen einen skandinavischen Zirkel bildete) erklärt Bødtchers dezidiertes Verhältnis zur Antike. Aus dem in den zwei Lyrikbänden *Digte ældre og nyere* (1856; Gedichte, ältere und neuere); *Sidste Digte* (1875; Letzte Gedichte) spät bzw. postum gesammelten Werk ragt prototypisch das um 1840 geschriebene „italienische" Gedicht *Mødet med Bacchus* (Das Zusammentreffen mit Bacchus 1875) heraus, in dem nicht nur Bødtchers dionysische Lebensauffassung durch die Epiphanie des Gottes Bacchus in einem jungen Weinbauern thematisiert wird, sondern die Lyrik selbst mit ausgesuchten sensualistischen Metaphern und Bildern sprachliches Neuland erschließt.

CHRISTIAN WINTHERS (1796–1876) lyrische Themen „Natur und Liebe" wirken auf den ersten Blick traditioneller. Die Ausdrucksskala, die vom Idyllischen bis zum Dämonischen reicht, zeigt aber das „modern" Ambivalente, Gespaltene dieser großen lyrischen Begabung, die zum „ersten großen Sänger der Schönheit der Natur und der Frauen" (M. Brøndsted) werden sollte. Winthers Themen und Verfahrensweisen bündeln sich signifikant in seinem Hauptwerk, dem in freien Nibelungenstrophen geschriebenen umfangreichen historischen Epos *Hjortens Flugt* (1856; Des Hirsches Flucht 1857). In dem symbolischen „Ritt" des auf einem Hirsch festgebundenen Junkers Strange sind die Themen Natur und Geist, gespiegelt in Liebe und Eros, Religion, Rittertum und Zauberei, enggeführt, wobei der dänischen Sprache neue Ausdrucksweisen eröffnet werden.

EMIL AARESTRUP (1800—1856), der dritte und vielleicht modernste der lyrischen Trias, Provinzarzt von Beruf, jedoch keineswegs provinziell, veröffentlichte wie Bødtcher zu Lebzeiten nur einen Lyrikband: *Digte* (1838). Die Bedeutung dieser Gedichtsammlung, des raffiniertesten dänischen Buchs seiner Art (Aa. Kabell), wurde von der hauptstädtischen Literaturclique um Heiberg nicht erkannt. Aarestrup entdeckte nicht nur die lyrische Verfahrensweise eines Byron, Rückert (von dem er das Ritornell übernahm), Heine, Hugo und Musset für die dänische Literatur, er erschloß auch mit einem breit gefächerten erotischen Themenarsenal (Heiberg: „Lauter Liederlichkeiten") der Sprache neue Perspektiven und sensualistische Ausdrucksmittel. Obwohl in gewisser Weise esoterisch, reflektierte Aarestrup in Anlehnung an Heine auch die Umwälzungen von 1848 in politischer Lyrik, u.a. dem großen Gedicht *Drøm og Virkelighed* (Traum und Wirklichkeit), die, wie das ganze Spätwerk z.T. erst postum in *Efterladte Digte* (1863) die Öffentlichkeit erreichte.

Während die dänische Lyrik des romantisme im Ausland unbekannt blieb, leistete HANS CHRISTIAN ANDERSEN (1805—75) mit seinen Prosawerken, den in mehr als achtzig Sprachen übersetzten Märchen vor allem, Dänemarks gewichtigsten Beitrag zur Weltliteratur. Wie bei kaum einem anderen Autor wird die Vita konstituierend für das eigene Schaffen. Die kleinbürgerliche Herkunft — der Vater war Schuhmacher in Odense, die Mutter endete als Trinkerin — stilisierte Andersen vor allem im Frühwerk zur variablen Mythe von der durch göttliche Fügung in allen Fährnissen des Lebens bewahrten Berufung zum Künstler. Der Glaube an diese Berufung wird nirgends deutlicher als in dem gleichnishaften Märchen vom häßlichen Entlein, das, seiner Anlage gemäß, sich endlich doch zum strahlenden Schwan mausert; wahrer Adel, den Andersen sich als Künstler zuschrieb, wird auch, wie bei der *Prinzessin auf der Erbse,* in der vertracktesten Lebenslage enthüllt. Bei einem oberflächlichen Blick auf Andersens Romane, Märchen, Reisebücher dominiert der Eindruck des Harmonischen, in sich Gefügten, den der Dichter noch durch seine Autobiographie *Mit Livs Eventyr* (1855; Das Märchen meines Lebens, dt. bereits 1847) bewußt verstärkte: „Mein Leben ist ein schönes Märchen, so reich und glücklich". Die durch die Andersenforschung gründlich durchleuchtete Biographie, der Briefwechsel mit seinen Mäzenen im Hause Collin, vor allem aber die erst vor kurzem edierten Tagebücher zeigen hinter der mühsam errichteten Fassade eine zerrissene, oft disharmonische, egozentrische Persönlichkeit, die ihr Leben einerseits ehrgeizig und eitel arrangierte, andererseits in den Plan der göttlichen Vorsehung einordnete. In diese Biographie fügen sich dann auch der in Deutschland beginnende Weltruhm, die zahlreichen Ehrungen, das unstete Leben des nie seßhaften, immer kränklichen und nervösen Dichters, die sexuellen Anfechtungen des Junggesellen Andersen, der als Zuschauer im Bordell „rein" bleibt, der ständige Hunger nach Liebe und Anerkennung, der düstere Pessimismus, allesamt Züge, die im Werk verdrängt oder durch Distanz und Humor sublimiert erscheinen.

Andersen, der zunächst Schauspieler werden wollte, begann seine Dichterlaufbahn mit dem parodistischen „Wanderbuch" *Fodreise fra Holmens Canal til Østpynten af Amager* (1829; Fußreise von Holmens Kanal zur Ostspitze von Amager 1882), das in mancher Hinsicht als Keimzelle für die Reisebücher wie für die Märchen angesehen werden kann. Nach zwei Lyrikbänden (1830 und 1833), die ihn an die Seite von Winther und Hertz rückten, und nach der ersten Europareise 1833/34 (nach Paris und Rom) trat Andersens spezifische Begabung zur sprachlich genau zupackenden realistischen Schilderung in einer Reihe von Romanen zutage. Diese in der dänischen Literatur epochemachenden Werke, die heute durch den Weltruhm der Märchen zu Unrecht etwas verdrängt sind, kreisen nahezu durchgängig um das Thema der niederen Herkunft, des verkappten oder verkannten Künstlertums und des natürlichen Adels des Herzens. Im Erstlingsroman *Improvisatoren* (1835; Jugendleben und Traum eines italienischen Dichters 1835; wörtl. Der Improvisator) gewinnt ein römischer Knabe durch seine Begabung als lyrischer Improvisator mit Hilfe reicher Förderer den Zugang zur Kunst und, im Gegensatz zu Andersens Erfahrungswelt, aber im Einklang mit seinen Wunschvorstellungen, auch zur Liebe. Der Held des nächsten Romans *O.T.* (1836; dt. 1837) trägt das titelgebende Signum seiner Geburt (O.T. = Odense Tugthus = Zuchthaus von Odense) als irreführendes Kainsmal am eigenen Körper eingeprägt.

In *Kun en Spillemand* (1837; Nur ein Geiger 1838) wird in der Musikergestalt Christian Andersens Genielehre am eindrucksvollsten und künstlerisch reifsten thematisiert. Der Roman gehört mit seinen Umweltschilderungen zu den besten Leistungen des poetischen Realismus. In seiner genau durchgeführten Psychologie, die die dämonischen Seiten des kreativen Prozesses nicht länger ausspart, nimmt er spätere Entwicklungen vorweg, so daß die scharfe Kritik des jungen Kierkegaard (→ 112) an diesem Werk nicht recht verständlich ist.

Nach der Erfahrung mit den Märchen schrieb Andersen noch mehrere Romane, darunter mit *De to Baronesser* (1848; Die zwei Baronessen 1848) sein vielleicht schönstes und ausgewogenstes Prosagroßwerk, ein Buch, das sich mit den bedeutendsten Romanen des europäischen Realismus ohne weiteres messen kann. In den beiden Titelfiguren, der alten, aus einfachen Verhältnissen stammenden, exzentrischen, aber tief humanen Baronin und ihrer Enkelin, sowie in deren Schützling Elisabeth, einem Mädchen „aus dem Volk", werden nicht nur Andersens Gedanken vom natürlichen Adel des Geistes und Herzens reflektiert, sondern auch mit großer Scharfsicht soziale Mißstände geschildert, wobei Humor und Innigkeit eine unnachahmliche Symbiose eingehen.

Die sprachlichen Erfahrungen mit der Gattung Roman konnte Andersen auch in seine Reisebücher einbringen. Das bedeutendste, *En Digters Bazar* (1842; Eines Dichters Bazar 1843), zeigt die Fähigkeit des Dichters zu bildhafter Causerie, aber auch zur Konzentration aufs Charakteristische. Diesem Buch über eine Reise durch Deutschland, Italien und Griechenland bis Konstantinopel folgten Werke über Schweden (1851), Spanien (1863) und Portugal (1866).

Während Andersen als Dramatiker (am bedeutendsten: *Mulatten,* 1840; Horatio, der Mulatte 1845; am erfolgreichsten: *Den nye Barselstue,* 1845; Die neue Wochenstube 1857) ohne weiterreichende Bedeutung blieb, fand er als Begründer des dänischen Kunstmärchens sein eigentliches Genre, dessen Hauptmerkmale: Kürze, Pointiertheit, Unmittelbarkeit, Verständlichkeit für Kinder und tiefe Menschlichkeit bereits in dem ersten kleinen unscheinbaren Heft *Eventyr fortalte for Børn* (1835; Märchen erzählt für Kinder; ges. Ausg. dt. 1845ff.) voll ausgebildet sind.

Stofflich anknüpfend an dänische Volksmärchen und -sagen, sprachlich an das romantische Kunstmärchen, entwickelte Andersen in seinen heftweise herausgegebenen insgesamt 156 *Eventyr og Historier* (Märchen und Geschichten) mit Hilfe des genialen Kunstgriffs eines kindlichen, „naiven“ und vermeintlich mündlichen Erzähltons eine stilbildende sprachliche Neuschöpfung eigentümlichster Art, deren verdeckte Raffinesse den Intellektuellen ebenso anspricht, wie die Kindgemäßheit die Kinderseelen in aller Welt seit mehr als hundert Jahren ergreift.

Anfangs orientierte sich Andersen noch an den Volksmärchen seiner Kindheit, an Ammenmärchen oder Reimschwänken, z.B. in *Fyrtøiet* (Das Feuerzeug) oder *Prindsessen paa Ærten* (Die Prinzessin auf der Erbse), wobei ihm aber bereits hier eine bislang unerreichte Sensibilisierung der Gattung gelang, wie etwa in *Reisekammeraten* (Der Reisekamerad) u.a. Neu in dem Genre ist die ständige Anwesenheit des Erzählers, der erläutert, umschreibt, beruhigt, mahnt und dabei die Doppelfunktion des Epikers und Didaktikers übernimmt. Auch parabelartigen Werken wie *Keiserens nye Klæder* (Des Kaisers neue Kleider) wird durch diesen Kunstgriff alles penetrant Belehrende genommen.

In den späteren Sammlungen, ab 1843, dominieren selbsterfundene Märchen, die sich der Novelle nähern, ohne den „kindlichen“ Sprachstil aufzugeben, der von den Zeitgenossen, u.a. von Heiberg, als trivial empfunden und damit völlig verkannt wurde, und dies, obwohl er die mit dem unübersetzbaren Wort „lune“ so typisch dänische, irgendwo zwischen Humor und Gemüt angesiedelte seelische Haltung wie kein anderer vor und nach ihm wiedergeben konnte.

Zu den berühmtesten Schöpfungen der zweiten Gruppe gehören *Nattergalen* (Die Nachtigall), wo im Bild des natürlichen und künstlichen Vogels Natürlichkeit und Künstlichkeit der Kunst gespiegelt sind; ferner *Den grimme Ælling* (Das häßliche Entlein) und *Den lille Havfrue* (Die kleine Seejungfrau).

Der naive Optimismus der Gattung wird zwar auch von Andersen bewahrt, aber durch deutliche Sozialkritik und durch eine exakte, aber oft verhüllte Schilderung psychischer Vorgänge in zweifacher Hinsicht dem poetischen Realismus erschlossen. Der hintergründige

Humor, die tiefsinnige Bildersprache und die oft verrätselte Symbolik dürfte für Kinder (bewußt) unverständlich sein; sie bildet eine weitere kompositorische Tiefenschicht, die sich selbst literaturkundigen Lesern erst bei genauer Lektüre erschließt. Andersen wußte natürlich um diese Ambivalenz seiner Märchen, und er verwahrte sich bezeichnenderweise noch im Alter gegen ein Denkmal, das ihn umringt von krabbelnden Kindern zeigen sollte. Das Monument war ohnehin überflüssig: von Ehrungen überhäuft, war Andersen in seinen späten Jahren Dänemarks ungekrönter poeta laureatus. Der für ihn zentrale Unsterblichkeitsgedanke erhielt dadurch über die theologische Relevanz hinaus eine doppelt tröstliche Bedeutung.

Hatten bei den Dichtern der Generation von Oehlenschläger bis Andersen trotz hintergründiger Züge insgesamt Harmoniedenken und biedermeierliche Innerlichkeit dominiert, so repräsentiert der Pfarrerssohn FREDERIK PALUDAN-MÜLLER (1809—76) als zentrale Übergangsfigur die Verlagerung vom romantisme byronesker Prägung zur existentiell geprägten Philosophie-Dichtung Kierkegaards. Paludan-Müller verbarg oder verdrängte in jungen Jahren hinter der Maske des epikuräischen Gesellschaftsmenschen, des dandyhaften Modeschriftstellers, hinter Lebensgenuß und Schönheitskult zunächst Selbstzweifel und Zerrissenheit, fand aber nach einer schweren Krankheit und der Heirat mit einer acht Jahre älteren Kusine (1838) schließlich zu einer tiefsinnig um Tod, Eros und Liebe kreisenden Gedankendichtung. Die Zweiteilung der Lebenspraxis spiegelt sich auch in dem zweiphasigen dichterischen Werk.

Die Versnovelle *Dandserinden* (1833; Die Tänzerin) verweist in Form und Inhalt noch auf das Vorbild Byron: durch die erstmals in die dänische Literatur eingebrachten Achtzeilenstanzen, die Paludan-Müllers innovatorisches Sprachtalent zeigten, und das an Byrons *Don Juan* gemahnende, zwischen Satire und Sentiment angesiedelte Thema der unerfüllbaren Liebe. Die Hinwendung zur Gedankendichtung stark ethischer Prägung zeichnet sich deutlich ab in den mythologischen Versdramen *Venus* (1841) und *Tithon* (1844), die, vielleicht unter dem Einfluß neuplatonischer Ideen, das Don-Juan-Thema um die Ambivalenz von Eros und geistiger Liebe erweitern und dem leeren Schönheitskult die verpflichtende Lebenswirklichkeit gegenüberstellen.

Diese Tendenz setzt sich in dem ebenfalls in Oktaven geschriebenen Versroman *Adam Homo* (3 Tle; 1842—49; dt. 1883) fort. Dieses eigenartige und einzigartige Werk der dänischen Literatur hatte, obwohl zunächst von der Kritik abgelehnt, durch seinen neuartigen Ideengehalt einen kaum zu unterschätzenden Einfluß auf die Dichter der Folgezeit bis hin zu Ibsen mit seinem *Peer Gynt* (→ 174). In diesem aktuellen Zeitroman in traditioneller Versform kreierte Paludan-Müller mit den Mitteln von Komik, Ironie und Satire erstmals den Typus des negativen Helden in der Gestalt eines zeitgenössischen Durchschnittsbürgers, dessen Lebensweg als Versager durch Bequemlichkeit und Selbstbetrug gekennzeichnet ist. Der erste, autobiographisch anmutende Lebensabschnitt führt von der Kindheit im Pfarrhof über die Lateinschule zu einem dandyhaften nihilistischen Studentenleben mit erotischen Verwicklungen und einer beinah tödlichen Krise. Verlobt mit „seinem guten Stern", der Gärtnerstochter Alma, deren Sonette diese als Verkörperung der geistigen Liebe ausweisen, verrät er eben diese Liebe zugunsten der Karriere und stirbt auf dem Höhepunkt gesellschaftlichen Ansehens. Im letzten Gesang wird nach dem Vorbild von Goethes *Faus II* das Epos in einer Szene des jüngsten Gerichts transzendiert. Alma legt, erwählt nach dem Gesetz der ewigen Liebe, ihren Gnadenbrief auf die Waagschale und errettet den Geliebten. Mit dem Bild des reinigenden Feuers im Purgatorium endet der Versroman. Solche optimistischen Schlüsse versagte sich der Dichter weitgehend in seinem pessimistischen, dunklen Spätwerk, dem Sammelband *Tre Digte* (1854; Drei Gedichte). So werden beispielsweise in der schon 1845 gedruckten Verserzählung *Abels Død* (Abels Tod) der Todesgedanke, in den dramatischen Gedichten *Ahasverus* und *Kalanus* Nihilismus und Selbstverneinung thematisiert.

Während bei Paludan-Müller der Gegensatz von Lebensgenuß und Pflichterfüllung in poetischen Bildern auflösbar erscheint, wird er bei SØREN KIERKEGAARD (1813—55) zur philosophischen Grundfrage des Verhältnisses von Ästhetik und Ethik, einer Frage, die nur existentiell lösbar ist und für Kierkegaard am Ende in der Formel vom paradoxen Christentum beantwortet wird.

Die persönliche Lebenserfahrung hatte, wie bei Paludan-Müller, weitreichenden Einfluß auf das in nur wenigen Jahren entstandene

Riesenwerk Kierkegaards. Der religiöse Vater, ein reicher Kopenhagener Kleiderhändler, der von seinen Zinsen lebte, prägte mit seiner grüblerischen, depressiven Veranlagung, den periodisch auftretenden übermächtigen Schuldgefühlen, dem nicht beizukommenden Sündenbewußtsein (er hatte als Kind einmal Gott verflucht) nachhaltig die Lebensauffassung und das Gottesbild des Sohnes. Auf seinen Wunsch hin studierte dieser ab 1830 Theologie und verbreiterte unter dem Einfluß des deutschen Idealismus und der deutschen Romantik seine Interessengebiete zu der für ihn so charakteristischen Verbindung von Philosophie, Religion und Literatur, wobei für diesen Wandel der Einfluß seiner akademischen Lehrer Paul Møller (→ 98) und CHRISTIAN SIBBERN (1785—1872) nicht zu unterschätzen ist. Sibbern selbst hatte mit dem nur wenige Jahre vor Kierkegaards Studienbeginn publizierten Briefroman *Efterladte Breve af Gabrielis* (1826; Nachgelassene Briefe von Gabrielis) Kierkegaards späteres Verfahren der Verarbeitung psychischer und existentieller Probleme in Romanform rudimentär vorgezeichnet. Kierkegaard führte, um sich von der überstarken Vaterbindung zu lösen, in den ersten Studentenjahren das Leben des geistreichen, satirischen Weltmanns, schrieb in Heibergs Zeitschriften ironisch-polemische Artikel und kritisierte heftig in seiner Debütschrift *Af en endnu Levendes Papirer* (1838; Aus eines noch Lebenden Papieren 1960) Andersens Geniebegriff (→ 108). Die existentielle Wende vom „Ästhetiker zum Ethiker" wurde durch den Tod des Vaters ausgelöst und durch die qualvolle Verlobungszeit mit Regine Olsen, die als Reflex in den Romanen ständig wiederkehrt, verstärkt. Kierkegaard wollte der Verlobten den Einblick in seine schwermütige, von Existenzängsten geplagte Psyche ersparen („die ewige Nacht, die im tiefsten Innern brütet, meine Verirrungen, meine Lüste und Ausschweifungen, die vielleicht in Gottes Augen doch nicht so himmelschreiend sind"), spielte am Ende den zynischen Betrüger und erzwang damit 1841 die Auflösung der Verlobung, ohne freilich Regines spätere Bindung an einen anderen Mann seelisch ertragen zu können. Kierkegaard schloß nach der Wende endlich sein Theologiestudium ab und entwickelte in seiner Magisterdisputation *Om Begrebet Ironi* (1841; Über den Begriff der Ironie 1929) am Beispiel des Ironiebegriffs der deutschen Romantiker und des von ihm als Ironie aufgefaßten Dialogverfahrens des Sokrates seine eigene, eine philosophiegeschichtliche Wende einleitende, ironisch-dialektische Methode der Gegenüberstellung zweier gegensätzlicher Positionen.

Dieses Verfahren wird in seinen in den vier Jahren von 1842—46 geschriebenen Hauptwerken durchgeführt. Kierkegaard verbirgt sich dabei in diesen philosophischen „Romanen" hinter ständig veränderten „sprechenden" Herausgeberpseudonymen. In den Werken selbst werden die ineinander verschachtelten Einzelteile wiederum verschiedenen fiktiven Verfassern zugeschrieben. Dieses Verbergen in einem verwickelten System von Pseudonymen wandte Kierkegaard bezeichnenderweise bei den dialektischen Romanen und Schriften, nicht jedoch bei den rein religiösen Werken an. Obwohl Kierkegaard selbst dialektisch arbeitete und formulierte, lehnte er das Hegelsche dialektische System der Welterklärung, das er in mehreren Berlin-Aufenthalten vertieft hatte, entschieden ab. Bereits im Titel des unter dem Pseudonym „Victor Eremita" herausgegebenen und literarisch vielleicht schon bedeutendsten Werks *Enten — Eller* (1843; Entweder — Oder 1885) zeigt sich das neue Verfahren, bei dem ästhetische und ethische Lebensform nicht als „Sowohl als auch", sondern alternativ als „Entweder — Oder" in ihrem unbedingten Kontrast durch die „Papiere" der fingierten Schreiber A und B einander gegenübergestellt werden. Der Schreiber A repräsentiert in seiner Diesseitsästhetik den dandyhaften byronesken Helden. Seine hauptsächlich erotische Situationen reflektierenden Papiere enthalten u.a. die berühmte Abhandlung über Mozarts *Don Juan,* dessen „sinnliche Genialität" er durch die Lebensangst begründet sieht, und den kleinen Brief- und Tagebuchroman *Forførerens Dagbog* (Tagebuch des Verführers), der Kierkegaards literarisches magnum opus ist. In ihm wird die Verführung eines jungen Mädchens durch einen zynischen Ästhetiker in differenziertester Form geschildert. Bezeichnenderweise sind die antibürgerlichen, eine tiefe Zerissenheit offenbarenden Papiere As literarisch interessanter als die harmonisierenden Papiere des Ethikers B, der als Assessor Wilhelm sich direkt an A wendet und für pflichtbewußte Lebensführung als Bürger und Ehemann plädiert, in der freilich Schönheit und Ästhetik eingeschlossen sein können.

Im gleichen Jahr vertiefte Kierkegaard diese Anschauungen in der „dialektischen Lyrik" *Frygt og Bæven* (Furcht und Zittern 1882) des

„Johannes de silentio", in der am Beispiel von Abrahams Sohnesopfer erstmals die Absurdität des Glaubens herausgestellt wird, sowie in dem novellenartigen „Versuch in der experimentellen Psychologie" *Gjentagelsen* (Die Wiederholung 1909) von „Constantin Constantius", dem neben dem *Tagebuch des Verführers* am weitestgehenden fiktionalen und damit „literarischen" Werk. Die an Platon orientierte „Wiederholung" auf den drei Ebenen der Ästhetik, Ethik und Religion wird am Schicksal eines jungen Dichters, eines von Kierkegaards „Ausnahmemenschen" aufgezeigt. Kierkegaards letzter „Roman", publiziert unter dem Pseudonym Hilarius Bogbinder, verweist mit dem Titel *Stadier paa Livets Vei* (1845; Stadien auf dem Lebenswege 1886) einerseits auf die transzendierte Form der Wanderer- und Wegeepik, andererseits auf die beabsichtigte Darstellung verschiedener existenzieller Vorgänge und vor allem erotischer Verhaltensweisen. Im ersten Teil *In vino veritas*, einem Platons *Symposion* verpflichteten Gastmahl, verspotten fünf Ästhetiker, darunter der Verführer Johannes aus *Enten – Eller*, die Frauen und die Liebe. Der Assessor aus *Enten –Eller* plädiert dagegen im zweiten Teil erneut für die Ehe. Im dritten, weitaus interessantesten Teil wird unter dem dialektisch fragenden Titel *Skyldig? Ikke Skyldig?* (Schuldig? Nicht schuldig?) in der Form einer Tagebuchnovelle und in zusätzlicher Verschachtelung der Pseudonyme („Frater Taciturnus") noch einmal Kierkegaards Verlobungskomplex rekapituliert, wobei die überdimensionalen Schuldgefühle durch die Wendung zur Religion und die Wandlung zum aristokratisch-religiösen Ausnahmemenschen sublimiert werden.

Damit ist Kierkegaards eigene philosophische und religiöse Entwicklung markiert, die im weiteren durch die Abwendung von fiktionalen Verfahrensweisen gekennzeichnet ist. Bereits 1844 hatte er in *Begrebet Angst* (Der Begriff Angst 1890) der Philosophie ein psychisch determiniertes neues Feld gewonnen und in seinem dogmatischen Hauptwerk *Philosophiske Smuler* (Philosophische Bissen 1890) (von „Johannes Climacus") mit dem Hegelianismus endgültig abgerechnet. Dieser zweiten Schrift folgte 1846 eine *Afsluttende uvidenskabelige Efterskrift* (Abschließende unwissenschaftliche Nachschrift 1910), in der Kierkegaard seine in den *Philosophischen Bissen* exponierte Christentumauffassung weiterführte und in einem an Dichte nicht zu übertreffenden Nachwort seine Pseudonyme enthüllte. In dieser Schrift bekennt sich Kierkegaard zur subjektiven Philosophie (im Gegensatz zu Hegels unpersönlichem System) und zum paradoxalen Christentum, das durch geschichtliche Beweise nicht glaubbarer werde. Kierkegaard nennt das Buch einen „existentiellen Einwurf" und begründet mit dieser von Welhaven (→ 121) übernommenen Formel recht eigentlich die Existenzphilosophie, wie sie dem fiktiven Autor Johannes Climacus in den Mund gelegt wird: „Existieren heißt, das Ewige im Zeitlichen verwirklichen ... Für den existierenden Menschen gibt es keine objektive Wahrheit, nur eine subjektive Wahrheit". Die Bedeutung des Leidens, des Martyriums wurde für Kierkegaard nun ein Zentralthema, subjektiv-existentiell von ihm selbst erfahren (1846) durch die verletzenden Satiren auf seine Person und sein Werk in der von Goldschmidt herausgegebenen satirischen Zeitschrift *Corsaren* (→ 116) (Der Korsar) und 1854, als der verstorbene Bischof J. P. Mynster, Vertreter eines flach-humanistischen Staatskirchentums, von seinem späteren Nachfolger Martensen als „Wahrheitszeuge" bezeichnet wurde. Für Kierkegaard bedeutete dies eine Verhöhnung des echten Märtyrers; seine Konsequenz war der Bruch mit dem Staatskirchentum in einer Reihe bitterer, unter dem Titel *Øieblikket* (1855; Der Augenblick 1909) herausgegebener Streitschriften, in denen er der Kirche Verhöhnung des Heiligsten vorwarf und die Abwesenheit des wahren Christentums konstatierte. Körperlich total erschöpft, starb Kierkegaard kurz darauf als Zweiundvierzigjähriger. Das Vermögen des Vaters hatte gerade bis zu diesem Zeitpunkt ausgereicht. Er hinterließ Tagebücher und umfangreiche Papiere, die, inzwischen veröffentlicht, zusammen mit seinen Briefen einen umfassenden Überblick über das Phänomen Kierkegaard gestatten.

Die „Entdeckung" Kierkegaards geschah in zwei Phasen: in Skandinavien durch die Dichter des „modernen Durchbruchs" (→ 147 ff.), in Deutschland durch die protestantische Theologie ab 1900, und nach Erscheinen der deutschen Gesamtausgabe (1909—22) durch die moderne Existenzphilosophie. Kierkegaards Wirkung reicht über Ibsen, Strindberg und Nietzsche, der auf Anraten von Brandes Dänisch lernte, um Kierkegaard lesen zu können, bis hin zu Jaspers, Heidegger und den französischen Existentialisten. Kierkegaard, selbst der Meister des paradoxalen Denkens, repräsentiert das einzigartige Paradox, daß ein in einer „kleinen" Sprache schreibender Dichterphilosoph ein Jahrhundert verspätet entscheidend das europäische Denken prägen konnte.

Der jüdische Publizist und Dichter MEIR ARON GOLDSCHMIDT (1819—1887) war, wie schon erwähnt, der Herausgeber der politisch-satirischen Zeitschrift *Corsaren* (1840—46), in dem Kierkegaard 1846 karikiert und verspottet wurde. Im Gegensatz zu Kierkegaard eine stark politische Natur, griff Goldschmidt ungestüm jede Form von Autorität (Königtum, Kirche usw.) in republikanischem Geiste an. Goldschmidt lernte 1846—47 auch Vertreter des jungen Deutschland (u.a. Gutzkow) kennen und wurde unter diesem Einfluß zum namhaftesten Romancier des politisch-sozialen Realismus. Bereits in seinem pseudonym publizierten ersten Roman, der umfangreichen „Novelle" *En Jøde* (1845; Ein Jude 1853—58) hatte er ein bislang in der Literatur unbehandeltes sozial-politisches Sonderproblem, die kulturelle Isolation orthodoxer Juden, aus eigener Erfahrung geschildert und in der Hauptfigur Jacob Bendixen den byronesken Typ des hypersensiblen Sonderlings in das Spannungsfeld zwischen jüdischer Orthodoxie und christlich-dänischer Tradition gestellt.

In seiner zunächst für politische und soziale Artikel (insbesondere gegen die Nationalliberalen) gegründeten Zeitschrift *Nord og Syd* (1847—59; Nord und Süd) veröffentlichte Goldschmidt in Fortsetzungen sein umfangreiches Hauptwerk, den dreiteiligen Entwicklungsroman *Hjemløs* (1853—57; Heimatlos 1853—58). Mit der modern anmutenden „Heimatlosigkeit" meint Goldschmidt, stark gefesselt von einer persönlich gefärbten Nemesisweltanschauung, die Unfähigkeit seines Helden Otto Krøyer, einen idealen Sinn im öffentlichen Leben zu finden: Die nationalliberale Politik im eigenen Land enttäuscht ihn ebenso wie der italienische Freiheitskrieg und die politischen Freiheitsbestrebungen von 1848. Durch einen jüdischen Philanthropen in die Nemesislehre eingeweiht, findet er, heimgekehrt nach Dänemark, die Sinngebung des Lebens in einer sozialen Tätigkeit als Lehrer in einer Fabrik. Das unverwirklichte „innere Ideal" erkennt er schließlich auf dem Sterbebett in seiner Geliebten aus der Kinderzeit wieder. Der von Goethes *Wilhelm Meister* beeinflußte und in mancher Hinsicht ein Gegenstück zu Paludan-Müllers *Adam Homo* (→111) darstellende Roman hatte in der Folgezeit großen Einfluß auf den dänischen Entwicklungsroman von Jacobsen (→ 154) über Pontoppidan (→167) bis Jacob Paludan (→227).

1863—65 publizierte Meir Goldschmidt nach einer längeren persönlichen Krise eine Sammlung *Fortellinger og Skildringer* (3 Bde.; Erzählungen und Schilderungen) u.a. mit dem Roman *Arvingen* (Der Erbe), in dem die Hauptthemen aus *Hjemløs* erneut aufgegriffen und variiert werden.

In seinem letzten, menschlich ergreifenden Roman, der „Erzählung“ *Ravnen* (1867; Der Rabe 1886) suchte Meir Goldschmidt eine neue thematische Basis, wobei er sich, wenige Jahre vor dem modernen Durchbruch, vom Realismus entfernte hin zu einem am Schicksal dreier Brüder entwickelten märchenhaften Idealismus, an dem Brandes wenig später die vermeintliche „Naivität“ der dänischen Poesie illustrieren konnte. In den Folgejahren veröffentlichte Meir Goldschmidt noch mehrere stilistisch vortreffliche Erzählungen, in denen u.a. immer wieder das Hauptthema „Jüdisch/Dänisch“ aufgegriffen wird. Auch sein eigenes Leben schilderte der Autor in den späten *Livs Erindringer og Resultater* (1877; Lebens-Erinnerungen und -Resultate) unter dem Aspekt seiner zwischen Judentum und Christentum vermittelnden Nemesis-Lebensphilosophie.

Außer den Werken Meir Goldschmidts findet sich in der dänischen Literatur zwischen 1850—70 nur *ein* realistischer Roman von Bedeutung , die anonym herausgegebene „Erzählung“ *Phantasterne* (1857; Die Phantasten).

Der politisch engagierte Verfasser HANS EGEDE SCHACK (1820—59), jüngstes Mitglied der verfassunggebenden Versammlung von 1849, zielte mit dem Titel seines ursprünglich als Satire konzipierten Werks gegen die Wirklichkeitsflucht romantischer Phantasten; das Buch selbst wurde auch als Verhöhnung des Idealismus aufgenommen. In Wirklichkeit weitete es sich jedoch zum psychologisch tiefdringenden Entwicklungsroman über die drei Jugendfreunde Conrad, Christian und Thomas, die aus der Ichperspektive Conrads, „eines modernen Don Quixote“, geschildert werden. Christian, tonangebend und am phantasiebegabtesten, endet im Wahn, er sei Jesus, im Irrenhaus; Thomas, der Realist, avanciert im praktischen Leben, während Conrad, der Erzähler selbst, nach der Entdeckung einer realistischen Lebenspraxis die märchenhafte Erfüllung seiner Träume an der Seite einer spanischen Prinzessin findet.

Mit seinen scharfen sozialkritischen Beobachtungen und den tiefen psychologischen Einsichten wirkte das Werk bahnbrechend auf Dichter wie Bjørnson, Ibsen, Jacobsen und Drachmann (→ 147ff.). Der große öffentliche Romanerfolg des Jahrzehnts war freilich einem poeta minor, dem Zoologen VILHELM BERGSØE (1835—1911) mit dem Novellenzyklus *Fra Piazza del Popolo* (1867; Von der Piazza del Popolo 1870) beschieden. Das Werk erschien nur wenige Jahre vor Brandes' öffentlichen Vorlesungen (→ 147), bestimmte aber noch lange mit seiner wirkungsvollen halbrealistischen „Romantik" den Geschmack eines bürgerlichen Publikums, das den modernen Durchbruch nur zögernd akzeptierte.

Norwegische Literatur

Die jahrhundertelange staatsrechtliche Verbindung zwischen Norwegen und Dänemark war nicht ohne tiefgreifende kulturelle Folgen geblieben: Die dänisch-norwegische Literatur wurde als Einheit angesehen. Kulturelles Zentrum beider Reichsteile war Kopenhagen. Norwegen galt als „Provinz". Die norwegische Schriftsprache war weitgehend dänisiert. Die im Gefolge der Napoleonischen Kriege erzwungene Loslösung von Dänemark sowie die freiheitliche Verfassung von Eidsvoll 1814 und die daraus resultierende Nationalstaatsidee mußten auch in der Schaffung einer eigenen Nationalliteratur des Ein-Millionen-Volkes (davon 90% Bauern) ihren Ausdruck finden. Dieser Prozeß verlief zunächst langsam und nicht einheitlich. Die intensiven kulturellen Bindungen zu Dänemark blieben noch viele Jahrzehnte, etwa in der Form des gemeinsamen Buchmarktes (die Werke Ibsens, Bjørnsons, Lies, Hamsuns erschienen noch um 1900 in Kopenhagen!) erhalten; vergleichbare Beziehungen zu dem nun in Personalunion verbundenen Schweden (das Norwegen ebenfalls zeitweise als Provinz ansah und entsprechend behandelte) wurden nie aufgebaut.

Die europäische Hochromantik rezipierte man zwar auch in Norwegen rasch. Sie fand aber nur in der romantischen Wissenschaft adäquate Vertreter.

Der erste große Dichter der neuen Nation trat erst 15 Jahre nach der Staatsneugründung in die Öffentlichkeit: HENRIK WERGELAND (1808—45). In ihm kulminieren geradezu gewaltsam alle Strömungen der Zeit: aufklärerische und romantische Ideen verbinden sich mit einem patriotisch-republikanischen Liberalismus; seine geistigen Väter sind Voltaire, Rousseau, Schelling, Steffens (→ 88) und der norwegische Philosoph Treschow. Das umfangreiche Werk ist kaum einem Epochenstil zuzuordnen, da romantische Form und Bildersprache eine eigentümliche Symbiose mit den aufklärerisch-realistischen Ideen und Inhalten eingehen. Wergeland repräsentierte mit seinen Dichtungen, aber auch mit polemischen Artikeln im norwegischen „Kulturstreit" die nationale Richtung, die für die Loslösung vom dänischen Geistesleben und die Rückbesinnung auf eigene Traditionen eintrat. Sein Widersacher Sebastian Welhaven (→ 121), der zweite große, ebenfalls patriotisch gesinnte Dichter der Epoche plädierte als Anhänger J. L. Heibergs (→ 102) für die weitere Bindung an die harmonische zeitgenössische dänische Dichtung und opponierte gegen romantische Formlosigkeit und Willkür.

Will man, wie Welhaven, dem genialischen, ekstatischen, visionären, wilden, leidenschaftlichen, „barbarischen" Vorwärtsdrängen das Epitheton „romantisch" zuerkennen, dann war Wergeland tatsächlich Romantiker, freilich eher in der Nachfolge Johannes Ewalds als etwa Oehlenschlägers. Bereits im ersten bedeutenden Buch *Digte — Første Ring* (1829; Gedichte — Erster Ring) des Einundzwanzigjährigen, der im gleichen Jahr sein theologisches Examen ablegte, sind die genannten Stilzüge voll ausgeprägt. Im Zentrum steht, wie in späteren Werken, Wergelands Muse Stella, als mythischer Reflex persönlich erlebter unglücklicher Liebe.

Die romantischer Naturphilosophie verpflichtete Idee von der beseelten Natur ist eines der Hauptthemen, das unmittelbar zu Wergelands dreiteiligem magnum opus *Skabelsen, Mennesket og Messias* (1830; Die Schöpfung, der Mensch und der Messias) überleitete, dem einzigen großen Versepos der norwegischen Literatur. Wergeland widmete das Werk u.a. Steffens, Treschow, La Fayette und seinem Vater Nicolai (einem der bedeutenden Verfassungsmänner von Eidsvoll) als den Vertretern von „Wahrheit, Freiheit und Liebe" und nannte es mit großem Pathos in einer Streitschrift „Epos der Menschheit" und „Bibel des Republikaners". Im ersten und bedeutendsten Teil wird die Schöpfung als Kampf zwischen widerstrebenden Geistern (Ausdruck eines neuplatonischen Dualismus) in kühnen Bildern und mythenprägenden Metaphern geschildert. Der Schöpfungsakt endet durch die Schaffung des Menschen, des höchsten Tieres. Im zweiten Teil wird der neugeschaffene Mensch als dualistisches, zwischen Himmel und Erde, Geist und Materie angesiedeltes Wesen begriffen, das in der Folgezeit durch Königs- und Priesterherrschaft seine wahre Bestimmung, nämlich freies Denken, verspielt. Im dritten und schwächsten Teil „Messias" bewältigt Wergeland die Gegensätze von theologisch-orthodoxer Bibelparaphrase und rationalistischer Bibelkritik nicht vollständig. Jesus wird jedoch als Verkünder von Liebe und Freiheit, als Antipode der Machthaber, durchaus in den einzigartigen liberal-republikanischen Ideengehalt des Werks integriert.

Wergeland sah seine Aufgabe als freiheitlicher Volksaufklärer und nahm Einfluß auf die politische Entwicklung teils in Artikeln, teils in poetischer Form wie etwa dem politischen Gedichtszyklus *Spaniolen* (1833; Der Spaniole), dessen Titelgedicht sich gegen die Reaktion in Spanien wandte, oder der Sammlung *Digte, Anden Ring* (1834; Gedichte, Zweiter Ring), in dem bereits die Titel — z.B. *Det befriede Europa* (Das befreite Europa); *Bolivar* — die politische Tendenz bezeichnen.

Wergeland versuchte sich in seinem unermüdlichen poetischen Schaffensdrang in den folgenden Jahren an allen nur denkbaren Gattungen: Er schrieb zahlreiche Farcen (mit dieser Gattung hatte er debütiert) und Singspiele, ernste Dramen, darunter das bedeutsame Stück *Barnemordersken* (1835; Die Kindsmörderin), aufklärerische Geschichtswerke (u.a. über die norwegische Verfassungsgeschichte) und vor allem große Lyrik, die nach und nach, nicht zuletzt unter dem Einfluß einer glücklichen ehelichen Verbindung (1839), optimistischer, beherrschter und formstrenger wurde. Dies zeichnet sich bereits in dem Band *Poesier* (1838) ab und erreicht in *Jan van Huysums*

Blomsterstykke (1840; Jan van Huysums Blumenstücke) einen neuen Höhepunkt. Das alte Thema von der Beseelung der Blumen führt zur metaphorischen Reflexion über die Kunst an sich, „Wergelands mythenschaffende Phantasie erreicht Höhen wie nie zuvor" (H. u. E. Beyer).

In den munter-humoristischen, oft ironischen Lebenserinnerungen *Hassel-Nødder* (1845; Haselnüsse) fand Wergeland noch einmal einen neuen Ton. Kurz darauf starb er als noch nicht Vierzigjähriger.

Mit seinem Widersacher Welhaven verband Wergeland die Fähigkeit zu glanzvoller Polemik und bei allen Unterschieden zu sprachbeherrschter Lyrik. JOHAN SEBASTIAN WELHAVEN (1807—73) begann als Kritiker in Heibergs Geist. Mit einigen Epigrammen in einer Studentenzeitschrift (1831) und dem polemischen Buch *Henrik Wergelands Digtekunst* (1832; Henrik Wergelands Dichtkunst) leitete er den norwegischen Kulturstreit ein, der in der Schrift *Norges Dæmring* (1834; Norwegens Dämmerung) seine poetische Akzentuierung fand (→ 119).

Welhavens an Schiller und Heiberg orientierte harmonistische Formästhetik entfaltete sich jedoch erst in dem Lyrikband *Digte* (1839), in dem der Dichter der norwegischen Poesie Melodie und Rhythmus zugewann. Vor allem in seinen Naturgedichten gelang ihm der eigene Ton des Erinnerns und Sich-Versenkens, der in den folgenden Sammlungen *Nyere Digte* (1845) und *Halvhundrede Digte* (1848; Ausgewählte Gedichte 1884) noch intensiviert wurde. Neben Erinnerungslyrik finden sich jedoch in diesen Sammlungen auch zahlreiche Romanzen und Balladen über geschichtlich-nationale Themen und Motive, mit denen Welhaven recht eigentlich die Phase der norwegischen Nationalromantik einleitete. Nicht zuletzt durch diesen Umstand wurde er, seit 1846 Philosophieprofessor in Christiania, nach Wergelands Tod zu einer Zentralfigur des norwegischen Geisteslebens. Sein Nationalgefühl brachte er in die Bewegung des Skandinavismus ein; auch in seinen späteren Gedichtsammlungen von 1851 und 1859 und in seinen dem poetischen Realismus verpflichteten Prosaskizzen blieb er der Schilderer norwegischen Geistes und norwegischer Landschaft und Natur.

Die nationalromantische Bewegung hatte in Norwegen, intensiver noch als in Dänemark und Schweden, eine besonders starke Rückbesinnung auf eigene Traditionen des Mittelalters und der neuzeitlichen Bauernkultur zur Folge. Durch diese Traditionen konnte das Fehlen einer historisch begründeten eigenen Nationalliteratur substituiert werden.

Die Sammlung der norwegischen Volksmärchen *Norske Folkeeventyr* (1841—44; Norwegische Volksmärchen 1847) durch Peter Christen Asbjørnsen (1812—85) und Jørgen Moe (1813—82) nahm daher in der literarischen Tradition des neuen Volkes eine viel wichtigere Stellung ein, als die als Vorbild dienenden Kinder- und Hausmärchen der Brüder Grimm in Deutschland oder die entsprechenden Sammlungen in Dänemark und Schweden, da man in ihnen die Eigenständigkeit der kulturellen Tradition sowie den Volkscharakter und den romantisch verstandenen „Volksgeist" (folkeånd) zu erkennen glaubte. Einen weiteren literarischen Traditionsstrang wahrte und erneuerte der Pfarrer Magnus Brostrup Landstad (1802—80) mit seiner Sammlung norwegischer Volksballaden: *Norske Folke-viser* (1853), die für die nationalromantische Dichtung bis hin zum frühen Ibsen zur wichtigen Motivquelle wurde.

Asbjørnsen und Moe hatten bei ihrer Sammeltätigkeit vor dem Problem gestanden, die sprachliche Ursprünglichkeit der im Dialekt erzählten Märchen zu bewahren und sie zugleich durch Annäherung an die praktisch dänische Schriftsprache zu normieren. Dieser Verschmelzungsprozeß bildet die Grundlage für die neuere norwegische Schriftsprache (*riksmål*, heute *bokmål*), wie sie in den Städten gesprochen wurde und stilbildend für die Prosa der nachfolgenden Schriftstellergenerationen wurde. Der nationalromantische Traum von einer eigenen, vom Dänischen unabhängigen sprachlichen Tradition war damit noch nicht erfüllt. Der Sprachforscher und Dichter Ivar Aasen (1813 — 96), ein Autodidakt, begann Proben der dem Altnorwegischen noch nahestehenden Dialekte des Westlandes zu sammeln und schuf durch Normalisierung eine neue Schriftsprache, das „Landsmaal" (heute „nynorsk" — „neunorwegisch"), die, fixiert in den Standardwerken *Norsk Grammatik* (1864) und *Norsk Ordbog* (1873), eine eigene literarische Tradition begründete. Norwegen hat seither zwei Schriftsprachen und einen bis in die Gegenwart reichenden, kulturell anregenden „Sprachenstreit" (auch → 190, 267). Aasen hatte bei der Systematisierung der neuen Sprache die altnorwegischen und altisländischen Sprachdenkmäler berücksichtigt. Er konnte dabei auf die Zusammenarbeit mit einer neuen historisch-kritischen Nationalphilologie bauen, die vor allem die Forscher C. R. Unger und Rudolf Keyser und später SOPHUS BUGGE (1833—1907) entwickelt hatten. Die von diesen beispielhaft herausgegebenen altnordischen (norrönen) Texte wurden, trotz ihrer meist isländischen Provenienz wie die *Edda* oder die Sagaliteratur, als eigenes kulturelles Erbe angesehen und dienten teilweise (z.B. die Königssagas) als Grundlage für die erste, in romantischem Geist verfaßte Nationalgeschichte *Det norske Folks Historie* (8 Bde., 1851—63; Geschichte des norwegischen Volkes 2 Bde. 1853—54) des Historikers PETER ANDREAS MUNCH (1810—63), einer Zentralgestalt des „nationalen Durchbruchs".

Der erste Dichter, der diese nationalen Traditionen aufgriff und zugleich in der neuen Sprache des Landsmaal zum ersten Poeten des „Fjell", des Hochgebirges, wurde, war der vielseitige Journalist AASMUND OLAFSSON VINJE (1818—70). Obwohl seine Sprachauffassung von der romantischen Tradition herrührte, war Vinje ein Vertreter des Realismus. Er gründete 1858 seine eigene, unregelmäßig erscheinende Zeitschrift *Dølen* (Der Talbewohner), in der er sich, meist originell, oft satirisch, im lebendig-mündlichen Landsmaal seiner Heimat Telemark über alle nur denkbaren politischen, ökonomischen und kulturellen Fragen äußerte. In Vinjes Hauptwerk, dem in der Tradition von Baggesens *Labyrinthen* stehenden Reisebericht vom Sommer 1860 *Ferdaminni fraa Sumaren 1860* (1861; Reiseerinnerungen vom Sommer 1860), trat schlagartig seine bedeutende lyrische Begabung hervor. Die persönliche Vermischung von Volkston und naturlyrischen Traditionen wirkte stilbildend auf die Lyrik der Folgezeit.

In seinem Einsatz für eine realistische Literatur, die ihn sogar zur Kritik an den vermeintlich zu romantischen und sentimentalen Bauernerzählungen Bjørnsons (→ 176) verleitete, stand neben Vinje die Schwester Wergelands, CAMILLA COLLETT (1813—1895), die mit ihrem anonym publizierten Roman *Amtmandens Døttre* (1854—55; Die Amtmanns-Töchter 1864) nicht nur die erste Dichterin des wiedergegründeten Reichs wurde, sondern zugleich den ersten realistisch-psychologischen Roman schrieb und damit die gesellschaftskritische Tradition der norwegischen Prosaliteratur einleitete. Die innovatorische

Leistung Camilla Colletts ist kaum zu überschätzen: Mit der Kritik an der Abhängigkeit der Frau in der Ehe, an den unwürdigen Verheiratungspraktiken und der sexuellen Doppelmoral eröffnete sie die Debatte um die Frauenfrage, die von Ibsen, Lie und Kielland später fortgeführt wurde, und leitete einen entscheidenden Wandel in der Gesetzgebung ein. Die Dichterin unterstützte in der Folgezeit die Emanzipationsbestrebungen, betonte aber dabei die Bedeutung der „inneren Befreiung" der Frau.

In der zwischen Nationalromantik und Realismus stehenden Epoche von 1850 bis 70 entstanden auch bereits die Frühwerke der später so berühmten Dichter des modernen Durchbruchs Bjørnson, Ibsen und Lie (→ 172 ff.), nationalromantische Schauspiele und realistische Prosawerke.

Schwedische Literatur

Mit nahezu zehnjähriger Verspätung gegenüber Dänemark löste die Romantik in Schweden um 1809 den Gustavianischen Klassizismus (→ 72 ff.) ab, welcher der durch Zensur beeinträchtigten Literatur von 1800 bis 1810 noch immer den Stempel des Epigonalen aufdrückte. Hof, Hauptstadt und vor allem die konservative Schwedische Akademie hielten an der überlebten Tradition fest. Der Beginn der Romantik fiel mit dem Verlust Finnlands an Rußland zusammen. Die neue Epoche erhielt so von Anfang an teilweise eine nationalpolitische Prägung. Die tiefe Erschütterung, die dieser Verlust auslöste, wurde auch durch die geschickte Politik des gewählten (konservativen) Thronfolgers, des französischen Marschalls Bernadotte, nicht kompensiert, der Schweden am Ende der Napoleonischen Kriege auf die Seite der Siegermächte brachte und damit die Union mit Norwegen (1814—1905) begründete.

Die neue literarische Richtung bedeutete eine radikale Abkehr vom bisher dominierenden französischen Kultureinfluß und eine Hinwendung zum deutschen Idealismus. Als Vermittler traten die Philosophieprofessoren BENJAMIN HÖIJER (1767—1812) mit Vorlesungen über Kant, Fichte und Schiller und SAMUEL GRUBBE (1786—1853) mit seinem Eintreten für Schelling hervor. Die geistigen Zentren der neuen Richtung, die kleinen Universitätsstädte Uppsala und Lund, liefen, ohne Theater und andere kulturelle Institutionen, dem bisherigen höfischen Kulturzentrum Stockholm den Rang ab. Nicht zufällig waren, mit Ausnahme von Stagnelius, alle großen Romantiker später Professoren an diesen Universitäten. Charakteristisch für die schwedische Romantik ist — im Gegensatz zur dänischen — die Bildung von Freundeskreisen, Gruppen und Schulen sowie die anfänglich stark theoretische, philosophische und ästhetische Ausrichtung (es fehlen zunächst dichterische „Durchbruchswerke") und die daraus resultierende Bedeutung programmatischer Zeitschriften.

Die erste Gruppe gründete der siebzehnjährige PER DANIEL ATTERBOM (1790—1855). Sie nannte sich wenig später „Auroraförbundet" (Aurorabund) und orientierte sich an der Jenaer Romantik, vor allem an deren naturphilosophischer Prägung durch Schelling. Ihre Vertreter wurden bald nach ihrem wichtigsten Publikationsorgan *Phosphoros* (1810—13) Phosphoristen (schwed. auch „nyromantikerna") genannt: neben Atterbom, dem einzigen bedeutenden Dichter der Gruppe, die Kritiker und Journalisten LORENZO HAMMARSKÖLD (1785—1827) und VILHELM FREDRIK PALMBLAD (1788—1852). Während der intellektuelle Hammarsköld das ästhetische Programm in seiner Zeitschrift *Polyfem* (1809—12) artikulierte, schuf Palmblad als Verlagsmann der Gruppe Publikationsmöglichkeiten für dieses Programm, das, so Atterbom, eine „neue Offenbarung des Ewigen" im Kampf gegen die alte Schule beinhalten sollte.

Gegenpol zu den Phosphoristen wurden die „Göten" des *Götischen Bundes* (Götiska förbundet) um ERIK GUSTAF GEIJER (1783—1847), die in ihrem Organ *Iduna* (1811ff.) ein nationalromantisches Programm entwickelten, das sich an den (durch den Verlust Finnlands neu erweckten) alten „götischen Tugenden" orientierte. Die beiden Richtungen zeigten gegenseitige Durchlässigkeit. Atterbom und Geijer waren Freunde. Stagnelius und Tegnér, neben Atterbom und Geijer die größten Dichter der frühen Romantik, sind keiner der beiden Gruppen zuzuordnen.

Darüber hinaus ist das Fortleben klassizistischer Stilzüge ein Charakteristikum bei nahezu allen schwedischen Romantikern, besonders ausgeprägt bei dem späteren Erzbischof JOHAN OLOF WALLIN

(1779—1839), der, fest verwurzelt in der gustavianischen Tradition, mit Gesellschaftsliedern und Übersetzungen antiker Klassiker begann und damit Anerkennungen der Schwedischen Akademie erhielt. Wallins Hauptwerk wurde das reformierte Gesangbuch von 1819, in dem von 500 Liedern allein 150 aus seiner Feder stammen. Sie sind heute noch in der schwedischen Kirchenpraxis lebendig. In dieser Kirchenlieddichtung wird Wallins langsame Abwendung von der oft rein formalen Qualität gustavianischer Dichtung hin zur romantischen Wertschätzung alter traditioneller Züge in der Volksreligion deutlich. In Wallins Nachlaß fand man außerdem das große Gedicht *Dödens ängel* (Der Engel des Todes 1841), das die Gattung der Todes- und Gerichtstagsgedichte auf eindrucksvolle Weise beschließt.

Auch für Atterbom spielte aufgrund seiner Herkunft aus einem ländlich-pietistischen Pfarrhaus das Religiöse zeitlebens eine bedeutende Rolle. Gustavianische Stilzüge wird man bei ihm freilich kaum finden. Denn nach dem programmatischen Beginn mit seinem Prologgedicht im ersten Heft von *Phosphoros* 1810 entwickelte sich Atterbom zum einzigen universalromantischen Dichter der schwedischen Literatur.

Die ersten Gedichte publizierte er in programmatischer Absicht in romantischen Zeitschriften, darunter den Zyklus *Blommorna* (Die Blumen) im ersten Jahrgang des *Poetisk Kalender* (1812—22), der nach dem Muster deutscher Musenalmanache auch Werke deutscher Romantiker in schwedischer Übersetzung brachte. Die Blumengedichte sind symbolische Gedankenlyrik, die vor allem auf neuplatonische naturphilosophische Spekulation im Geiste Schellings verweisen. Eine pantheistische Frömmigkeit, die Natur als wirkenden Geist erfaßt, verbindet sich mit der Unendlichkeitsperspektive, die die Vereinigung von Natur, Religion und Kunst in der Poesie ermöglicht. Diese Tendenzen verband Atterbom in dem ebenfalls im *Poetisk Kalender* publizierten Fragment *Fågel blå* (1813; Vogel blau) mit der neuen eigentümlichen Form des zwischen Drama und Versepos angesiedelten „Sagospels", einer Form, die im Hauptwerk des Dichters *Lycksalighetens ö* (2 Tle. 1824—27; Die Insel der Glückseligkeit 1831—33) 15 Jahre nach Beginn der Romantik zur Vollendung gebracht wurde. Atterbom hatte inzwischen durch seine „Erinnerungen" an eine Deutschland- und Italienreise 1817—19 (*Minnen från Tyskland och Italien,* vollständig erst 1859; dt. 1867), die ihn mit Baader, Schelling, Steffens, Friedrich Schlegel, Oehlenschläger und Thorvaldsen zusammengeführt hatte, die schwedische Italienromantik initiiert und gleichzeitig um 1820 seine romantische Religionsauffassung zum traditionell Christlichen hin verändert, ohne daß er die von Schelling geprägte naturphilosophische Ästhetik völlig aufgegeben hätte.

Lycksalighetens ö ist als „dramatisch dialogisierte Erzählung" das formal und inhaltlich paradoxe Ergebnis dieser Symbiose. Der einer Volkssage entnommene Stoff dient zur Erläuterung des Stellenwerts von Endlichem und Unendlichem, Pflicht und Phantasie. Der Sagenkönig Astolf versagt sich seinen Pflichten in seinem Nordreich und flieht nach der südlichen Insel der Glückseligkeit, deren Herrscherin Felicia Phantasie und Dichtung repräsentiert. In diesem mit unerhört sensitiven Nuancen geschilderten Reich bleibt der König 300 Jahre als Gatte Felicias, bis er zur „Pflicht" als Regent zurückkehrt. Er findet aber sein Land als (satirisch geschilderte) liberale Republik wieder und stirbt auf dem Rückweg zu Felicia. Das Gedicht endet in einer großartigen symbolischen Szene mit dem Untergang der Insel und der Rückkehr Felicias zu ihrer Mutter, der sternbekränzten Nyx (Nacht).

Die universalromantische Geste des Werks verweist auf Atterboms Anfänge, die politischen Anspielungen sind Reflexe seines romantischen Konservatismus der 20er Jahre und seiner Ablehnung einer liberalen und sozialen Politik.

Die dichterische Produktion Atterboms war mit diesem einzigartigen Monumentalwerk praktisch abgeschlossen; theoretisch näherte er sich später als Universitätslehrer trotz seines politischen Konservatismus dem poetischen Realismus. Er schrieb mit *Svenska siare och skalder* (6 Tle.; 1841 ff., Schwedische Seher und Skalden) die erste moderne Literaturgeschichte und schuf damit ein Gegenstück zu Geijers ebenfalls unvollendeter schwedischer Geschichte (→ 132).

Der universalromantischen Richtung am nächsten stand der keiner Gruppe zugehörige geniale Erik Johan Stagnelius (1793—1823), dessen vom Neuplatonismus bestimmtes Werk zu einem guten Teil erst postum publiziert wurde. Stagnelius war trotz seiner Herkunft aus einem Bischofshaus einer jener spätromantisch-byronesk „Zerrissenen", ein Einsamer ohne Freunde, der nach kurzem Staatsdienst in der Hauptstadt ein Bohemeleben führte, seine physischen und psychischen Gebrechen mit Alkohol und Opium betäubte und nach seinem Tod als noch nicht Dreißigjähriger ein Werk hinterließ, das alle Zeichen früher Vollendung trägt. Die ekstatischen Visionen des in der Hauptsache lyrischen Œuvres, dessen innere Chronologie bis heute nicht vollständig geklärt ist, kreisen nahezu unablässig um die Polarität von Erotik und religiös bestimmter Askese sowie um eine damit verbundene eigenartige Todesmystik.

Anknüpfend an antike Metrik schuf Stagnelius die wohl musikalischsten Verse der schwedischen Romantik. Seine ausgesuchten suggestiven Metaphern zeigen ihn ebenso als Vorläufer der Modernisten der Jahrhundertwende wie seine teilweise morbiden, „dekadenten" Themen, für die das um 1818 entstandene „Hochzeits"-Gedicht *Till förruttnelsen* (An die Verwesung) vielleicht am bezeichnendsten sein dürfte:

> Förruttnelse! hasta, o älskade Brud!
> Att bädda vårt ensliga läger!
> Förskjuten af verlden, förskjuten af Gud
> Blott dig till förhoppning jag äger.
> Fort, smycka vår kammar — På svartklädda båren
> Den suckande älskarn din boning skall nå.
> Fort, tillred vår brudsäng — med nejlikor våren
> Skall henne beså.
>
> Slut ömt i ditt sköte min smäktande kropp!
> Förquäf i ditt famntag min smärta.
> I maskar lös tanken och känslorna opp,
> I aska mitt brinnande hjerta.
> Rik är Du, o Flicka! — i hemgift du gifver
> Den stora, den grönskande jorden åt mig.
> Jag plågas häruppe, men lycklig jag blifver
> Dernäre hos dig.
>
> (Verwesung! Beeil' dich, o herzliebe Braut!
> Und richt' uns das einsame Lager!
> Verstoßen von Menschen, verstoßen von Gott
> Nur dich noch zur Hoffnung ich habe.

Rasch, schmück' unsre Kammer — Auf schwarzsamtner Bahre
Soll seufzend der Freund deiner Wohnung sich nah'n.
Rasch, mach' unser Brautbett — mit Nelken soll es dann
Der Frühling bestreun.

Schliess' zart in den Schoss meinen schmachtenden Leib!
Erstick' in Umarmung den Schmerz.
In Würmern lös' Denken und Fühlen nur auf
In Asche mein brennendes Herz.
Reich bist Du, o Mädchen! — als Mitgift bald führst du
Die große, die blühende Erde mir zu.
Ich leide hier oben, doch glücklich nur werd' ich
Da unten bei dir.)

(Übers. Fritz Paul)

In der bitteren Parodie des traditionellen Hochzeitsgedichts zeigt sich ein für die Zeit unerhörter Nihilismus. Körperliche Auflösung wird zur Wollust, die die totale Vereinsamung („Verstoßen von Menschen, verstoßen von Gott") einschließt. In der traditionellen Lyrik war die Thematik von Tod und Verwesung stets durch die Unsterblichkeitsidee kompensiert worden. Die brutalen Bilder und Metaphern des vorliegenden Gedichts, seine ganze eisige Verzweiflung schließen eine transzendentale Deutung wohl aus. Es wurde daher mehrfach als Zeugnis einer Glaubenskrise kurz vor Stagnelius' „Durchbruch" zu einer persönlichen Religiosität interpretiert.

Der Dichter steht jedenfalls in diesem Gedicht näher bei Baudelaire (vgl. Une Charogne) als bei Gustav III., auch wenn er in seinem früheren Werk sich in der nordisch-götischen Richtung, etwa mit den Dramen *Sigurd Ring* und *Wisbur*, versucht hatte.

Jedoch schon in Stagnelius' erstem publizierten Werk, dem Hexameterepos *Wladimir den store* (1817; Wladimir der Große 1828) wird trotz der im frühen Rußland angesiedelten historischen Thematik der bizarre Sensualismus der späteren Dichtungen vorbereitet. Aber erst nach diesem Werk entwickelte Stagnelius im Gefolge einer existentiellen Krise seine persönlich gefärbte dualistische Weltanschauung, in der, unter dem Einfluß seiner christlichen Erziehung, einer von Schelling bestimmten neuplatonischen Metaphysik, einem gnostisch-manichäischen Mystizismus und einer von Böhme und Swedenborg herzuleitenden Theosophie, der Abfall der Ideen von Gott zum philosophischen Zentralbegriff wurde. Ausdruck der poetischen Sprachwerdung dieser theosophisch-okkultistischen Ideen wurde Anima, die Seele, die, vom Demiurgen, dem Fürsten der Welt, in sinnlichen Verlockungen gefangen, sich nach der unsinnlichen Liebe, der Vereinigung mit Christus sehnt. Diese „orientalische" Symbolik findet sich durchgehend in Stagnelius' Hauptwerk *Liljor i Saron* (2 Tle. 1821; Die Lilien in Saron 1851), das neben hervorragender Lyrik auch das Blankversdrama *Martyrerna* (Die Märtyrer) enthält.

Trotz der asketischen Tendenz des Gesamtzyklus gelingen Stagnelius Gedichte von bislang in der schwedischen Literatur kaum gekannter poetischer Sinnlichkeit. Das Erotische, das noch in dem faszinierenden Gedicht *Till förruttnelsen* (An die Verwesung) bis in eine dunkle Todeserfahrung gereicht hatte, wird nun als Gegenwelt zu einer intendierten antisexuellen Reinheit begriffen, wie sie etwa in *Suckarnas mystèr* (Das Mysterium der Seufzer) naturphilosophisch als Seufzen der Natur metaphorisiert wird. Stagnelius' weibliche Idealfigur Amanda, an die bereits seine frühen ekstatisch-erotischen Gedichte gerichtet waren, glaubt hier, vom Dichter im Irdischen getrennt, nur noch an eine Wiedervereinigung im Jenseits.

In seinem Spätwerk scheint Stagnelius schließlich, nicht zuletzt durch eine Rekonvaleszenzzeit im Vaterhaus (1821/22), einen Ausgleich zwischen der weltfeindlichen Askese und dem durch Zwangsvorstellungen bestimmten Erotismus gefunden zu haben. Darauf deutet u.a. das an griechische Vorbilder anknüpfende Trauerspiel *Bacchanterna eller Fanatismen* (1823; Die Bacchantinnen 1851) hin, das neben den *Liljor* wohl bedeutendste Werk Stagnelius'. In diesem Orpheusdrama ist der harte Gegensatz zwischen Geist und Materie, körperlich-irdischer und himmlischer Liebe aufgehoben. Der apollinisch-platonische Orpheus, ein Vorläufer Christi, wird zwar von den rasenden Bacchantinnen zerrissen; er selbst steht aber in seiner Bereitschaft, auch dem Dionysos zu opfern, für eine neue religiös-spirituelle Toleranz, die apollinische Klarheit mit dionysischem Rausch zu vereinigen weiß.

Diese Tendenz zum Ausgleich führte schließlich zum biedermeierlich-volkstümlichen komischen Märchendrama *Thorsten fiskare*

(Thorsten der Fischer) und zu formvollendeter idyllischer Naturlyrik, wobei aber, wie etwa das Gedicht *Näcken* (Der Neck) zeigt, auch im Romantisch-Folkloristischen Züge hintergründiger Bedrohlichkeit erhalten bleiben. Da die Datierung dieser Werke jedoch unsicher ist, wird auch die letzte Schaffensperiode des Dichters Stagnelius kaum endgültig in eine innerpoetische Entwicklungslinie einzuordnen sein.

Den größten Einfluß auf die kulturelle Entwicklung der Epoche bis hin zum Beginn der Moderne hatte indes wohl ERIK GUSTAF GEIJER (1783—1847), obwohl sein rein poetisches Werk schmal und im Vergleich zu den anderen Romantikern nicht so gewichtig ist. Nicht so sehr als Dichter, sondern als „Kulturpersönlichkeit", als Historiker, Philosoph, einflußreicher Volkserzieher, Gesellschaftskritiker, kultureller Vermittler, erster Shakespeareübersetzer in Schweden und nicht zuletzt als Hauptmotor der nationalromantischen götischen Bewegung erzielte Geijer eine Wirkung, die am ehesten mit der Grundtvigs in Dänemark (→ 96) vergleichbar ist. Ein Englandaufenthalt 1809/10 hatte den jungen Studenten Geijer zunächst mit liberalen Ideen bekannt gemacht, die er jedoch kurz darauf zugunsten eines romantisch-religiösen, antiaufklärerischen Konservatismus aufgab, einer Weltanschauung, die bis zu seinem berühmten „Abfall" 1838 weiterwirkte.

Geijers erste 1811 geschriebenen und in *Iduna* veröffentlichten Gedichte sind allesamt Ausdruck dieser Weltanschauung. Ihre Bedeutung liegt nicht in der noch vom gustavianischen Stil geprägten Rhetorik, auch nicht primär im neuen Oktavenrhythmus der Romantiker, sondern in ihrer politisch akzentuierten Programmatik, die ihnen Volkstümlichkeit und Lesebuchcharakter verleiht. In *Manhem* entwickelte Geijer das Programm des Götischen Bundes, Verherrlichung der vorbildhaften Heldenzeit und Kritik am „Verfall" der Gegenwart, ein Programm, das er in den markigen Parallelgedichten *Odalbonden* (Der Freibauer) und *Vikingen* (Der Wikinger) sowie in den noch von ossianischem Geist erfüllten Gedichten *Den siste kämpen* (Der letzte Kämpe) und *Den siste skalden* (Der letzte Skalde) (dt. in Gedichte 1871) an Einzelbeispielen aus der schwedischen Vergangenheit illustrierte. Er wollte dabei polare Varianten des schwedischen

Volksgeistes und „Volkscharakters“ aufzeigen, nämlich Heimatverbundenheit und Seßhaftigkeit beim Freibauern, Abenteuerlust beim seefahrenden Wikinger. Trotz der konservativen Tendenz, die den Gedichten Beifall von allen Richtungen, selbst von der schwedischen Akademie sicherte, sind sie doch auch innovatorisch: Mit *Vikingen* erschließt Geijer der schwedischen Lyrik das Thema und die Motivik des Meeres, in *Odalbonden* gewinnt er einen neuen markanten Rhythmus hinzu.

1811 übersiedelte Geijer für immer nach Uppsala und schloß eine langjährige Freundschaft mit Atterbom, die, trotz mancher Krisen zwischen den beiden ungleichen Temperamenten (Geijer war lebensbejahend, optimistisch — Atterbom egozentrisch, melancholisch), erst im Jahr von Geijers „Abfall“ 1838 nach einer vernichtenden Rezension über Atterboms Gedichte endgültig zerbrach.

In Uppsala wirkte Geijer neben Atterbom ab 1815 als populärer Universitätslehrer. Sein romantisch-antiquarisches Interesse an der Bewahrung und Wiederbelebung alter Volksdichtung führte zu seiner Mitarbeit an der wenn auch wissenschaftlich unkritischen, doch gleichwohl bahnbrechenden Ausgabe der schwedischen Volksballaden *Svenska folkvisor* (3 Bde., 1814—17;Volkssagen und Volkslieder aus Schwedens älterer und neuerer Zeit, 3 Bde., 1842) durch ein Mitglied des Götischen Bundes, den Vorzeitforscher und Pfarrer ARVID AUGUST AFZELIUS (1785—1871); das Werk wurde später durch die zuverlässigere Ausgabe *Svenska fornsånger* (3 Bde. 1834—42) von ADOLPH IVAR ARWIDSSON (1791—1858) ergänzt.

Geijers Tätigkeit als Professor für Geschichte seit 1817 läßt sich aus der schriftstellerischen Tätigkeit der folgenden Jahrzehnte ablesen, vor allem aus dem monumentalen, allerdings nur bis ins 17. Jahrhundert reichenden Geschichtswerk *Svenska folkets historia* (1832—36; Geschichte des schwedischen Volkes 1832—36). In einem früheren fragmentarischen Versuch zur Darstellung der nationalen Geschichte aus dem Jahre 1825 *(Svea rikes hävder)* hatte Geijer bereits einen geradezu klassischen wissenschaftlichen Prosastil entwickelt, der in der einleitenden Schilderung der schwedischen Natur und des schwedischen Volkscharakters Berühmtheit erlangte.

Geijer galt in den 30er Jahren als Sprachrohr der ultrakonservativen Richtung. Nur so ist das ungeheure Aufsehen und die Verbitterung bei Freunden und Anhängern zu verstehen, die sein 1838 in der Zeitschrift *Litteraturbladet* öffentlich verkündeter „Abfall" und sein Bekenntnis zum sozial verpflichteten Liberalismus auslösten. Geijer entwickelte in der Folge, unter dem Einfluß der Saint-Simonisten und vor allem Tocquevilles, eine christlich-liberale Persönlichkeitsphilosophie, in deren Mittelpunkt die individuellen Freiheitsrechte des einzelnen standen. Die damit verbundene Absage an die Romantik, an deren Naturphilosophie, Subjektivismus und „Wirklichkeitsflucht" führte Geijer zur Forderung nach einer lebensnahen Poesie, zur programmatischen Verkündigung des poetischen Realismus.

Geijer selbst realisierte zwar in seinen improvisiert wirkenden „musikalischen" Gedichten der Spätzeit nur andeutungsweise dieses Programm; die kurzen, der Gegenwart verpflichteten Stimmungsbilder zeugen gleichwohl von einer deutlichen Absage an jegliche antikisierende oder romantische Tendenz und signalisieren letztlich das Ende einer Epoche.

Während Atterbom und Geijer in Uppsala ihre romantischen Zirkel bildeten, wirkte ESAIAS TEGNÉR (1782—1846), der eigentliche Nationaldichter der Epoche, als Professor für Griechisch an der Universität Lund. Trotz des in seinem Werk deutlich werdenden Harmoniestrebens, der Tendenz zum „Maßhalten", wird in Tegnérs Lebenspraxis und Dichtung ein durchgehend ambivalenter Zug deutlich, der die harmonisierenden Züge stark relativiert. Selbst ein unruhiger Geist, impulsiv, abwechselnd exaltiert und melancholisch, plädierte Tegnér in seiner Ästhetik für Ausgewogenheit und Klarheit, für die Wiederherstellung des Gleichgewichts, und lehnte die vermeintlichen Exaltationen der Romantik ab. „Ein Heide bin und bleibe ich", schrieb er 1824 bei der durch finanzielle Erwägungen mitbestimmten Übernahme des ungeliebten Bischofsamtes in Vaxjö und verwaltete es doch administrativ gewissenhaft, wenn auch kaum mit orthodoxer Gläubigkeit. Von Amts wegen der christlichen Moralauffassung verpflichtet, war seine persönliche Lebenspraxis von einem ekstatischen Erotismus geprägt, der sich in unglücklichen Liebesverhältnissen zu verheirateten Frauen äußerte. Diese Spannungszustände bilden in Tegnérs Dichtungen neben allen Harmonietendenzen konstitutive Elemente.

Tegnérs frühe Lyrik ab 1799 steht noch ganz in der Tradition der Aufklärung und des Gustavianischen Klassizismus, Stilzüge, die der Dichter später, im Gegensatz zu den anderen Romantikern, mit romantischen Ideen, dem Organismusgedanken etwa, und der Philosophie des Idealismus verbinden konnte. Von der deutschen Dichtung der Goethezeit standen ihm Goethe selbst und vor allem Schiller näher als die Jenaer Romantiker. Die Phosphoristen um Atterbom lehnte er ab, zu Geijers Götischem Bund hatte er ein freundschaftlich-reserviertes Verhältnis. Er publizierte zwar in der Zeitschrift *Iduna*, verweigerte sich aber der antiquarischen Gothomanie. Gleichwohl bildete wie bei den Göten der Verlust Finnlands den Impuls für Tegnérs „nationale" Dichtung, darunter das in Alexandrinern geschriebene patriotische Gedicht *Svea* (1811; dt. 1840), in dem der Dichter im Widerstreit mit der offiziellen schwedischen Politik zur Wiedereroberung Finnlands aufrief; er wurde daher von der Schwedischen Akademie zu Änderungen veranlaßt, bevor er den „großen Preis" für das Werk erhalten konnte.

In der Lyrik der Folgejahre finden sich einerseits Gedichte mit altnordischen Motiven, ohne daß Tegnér mit dem Götizismus viel im Sinne hatte, andererseits spirituelle, oft neuplatonisch gefärbte Gedankenlyrik, deren zentrale Lichtmetaphorik, etwa in *Sång til solen* (1812; Gesang an die Sonne 1840), ein besonderes Kennzeichen von Tegnérs Symbolsprache bildet.

Tegnérs Bewunderung für Napoleon und seine Ablehnung der offiziellen Außenpolitik sind in den Gedichten *Hjelten* (1813; Der Held 1840) und *Nore* (1814; dt. 1840) reflektiert. Mit großem Pathos preist der Dichter einerseits den namenlosen Helden und feiert andererseits in offenem Affront gegen den Thronfolger Karl Johan dessen früh verstorbenen Vorgänger Karl August als neuen Balder.

Tegnér formulierte seine sehr persönliche, zwischen den Schulen und Richtungen angesiedelte Ästhetik erstmals ausführlich in der berühmten Rede zum Reformationsjubiläum 1817 *(Tal vid jubelfesten 1817)*, in der er den flachen Rationalismus der Aufklärung ebenso ablehnte wie die metaphysischen Exaltationen der Romantik, und sich zu einer idealistischen Poesie bekannte, die jedoch die Tradition der Französischen Revolution und des Liberalismus nicht ausschloß. Dieses Programm erneuerte er in der in Versform gehaltenen Akademierede *Epilog vid magisterpromotionen i Lund 1820* (Epilog bei der Magisterpromotion in Lund 1820, 1840), in der er „Kraft und Klarheit" gegen das Dunkle der Romantiker setzte: „Was dunkel klingt, ist dunkel auch gedacht/ ... glaubt nicht, das Dunkle sei bedeutungsvoll,/ Denn das Bedeutungsvolle ist das Klare."

Tegnérs nun formuliertes idealistisches Programm fand seine poetische Ausformung in drei großen epischen Gedichten der Folgejahre, dem Hexameteridyll *Nattvardsbarnen* (1820; Die Confirmanden 1822), dem byronesk gefärbten Versroman *Axel* (1822; dt. 1829) und schließlich in der *Frithiofs saga* (1825; Die Frithiofs-Sage 1826), mit der er das klassische nationale Werk der schwedischen Literatur schuf.

Angeregt von Oehlenschlägers *Helge*-Zyklus (→ 93), wollte Tegnér ein poetisches und idealistisches Bild der altnordischen Heldenzeit geben. Der Stoff, einer spätmittelalterlichen „Fornaldar saga" entnommen, sollte vom Rohen und Barbarischen befreit und damit humanisiert werden. Das in wechselnden, ungemein virtuos gehandhabten Versmaßen geschriebene Gedicht verwirklicht zwar diese Absicht. Tegnér erkannte aber bald selbst die Problematik dieser Humanisierung und Idealisierung: die altnordische Kämpenwelt wirkt, trotz all ihrer poetischen Schönheit, seltsam sentimental. Wie sehr die „Modernisierung" dem biedermeierlichen Zeitgeschmack entgegenkam, zeigt der überwältigende Erfolg in Schweden und im übrigen Europa, der beispielsweise durch die zahlreichen deutschen Übersetzungen und Ausgaben während des ganzen 19. Jahrhunderts dokumentiert wird. Goethe hatte sich z.B. bereits 1824, noch vor dem Erscheinen der schwedischen Erstausgabe, für die „neue Behandlung jener kühnen, frischen, nordischen Überlieferungen, welche der geniale Tegnér unternommen", eingesetzt.

Das idealistisch-harmonische Weltbild der Versepen nach 1820 bis hin zur *Frithiofs saga* verdeckte die tiefe psychische Krise, in die Tegnér ab 1820 allmählich geraten war, und die 1825, bald nach seiner Ernennung zum Bischof von Växjö, voll zum Ausbruch kam. In dem 1825 entstandenen Gedicht *Mjeltsjukan* (Die Schwermut, wörtl. Die Milzsucht) werden Lebensüberdruß, Disharmonie und tiefer Pessimismus nur kurze Zeit nach Beendigung der *Frithiofs saga* in Poesie übergeführt. Byron, den Tegnér zuvor abgelehnt hatte, wurde zum Vorbild; mit dessen dämonischer Weltsicht konnte sich der Dichter nun plötzlich identifizieren. Die Vorstellung vom Menschen als Ebenbild Gottes wird im Symbol des Kainsmals bitter ironisiert.

Die moralischen Ansprüche des neuen Bischofsamtes und die persönliche, jedes Idealismus' entkleidete Lebensauffassung klafften nun unversöhnlich auseinander. Tegnér konnte in den Folgejahren die persönliche Krise, die erotischen Konflikte nach außen hin durch eifrige Administration seines Amtes und durch formvollendete Gelegenheitsgedichte zunächst verdecken. So krönte er am 23. Juni 1829 Oehlenschläger im Dom zu Lund zum nordischen Dichterkönig, gab mit den Worten „die Zeit der Trennung ist vorbei" das Signal für den politischen Skandinavismus und feierte am 5. April 1836 die Schwedische Akademie zu ihrem fünfzigjährigen Bestehen mit einem vaterländischen Gedicht über Gustav III. Der konservativ gewordene Dichter, Direktor der Schwedischen Akademie und Mitglied des Reichstages, stand zu dieser Zeit, trotz der geistigen Isolierung in Växjö, auf dem Höhepunkt seines Ansehens als ungekrönter Dichterkönig seiner Nation. Das Hintergründige, die privaten erotischen Obsessionen, scheinen nur bisweilen in der Liebeslyrik der 30er Jahre, vielleicht auch in dem Bekenntnisgedicht *Den döde* (1834; Der Tote) auf. 1840 kulminierte die lang verdeckte psychische Krise in Wahnvorstellungen und nicht mehr zu verbergender Geisteskrankheit, die Tegnér im Ausland behandeln ließ. Zu seinem Bischofsamt zurückgekehrt, schrieb er in den Folgejahren u.a. das idyllische Hexameterepos *Kronbruden* (1842; die Kronenbraut 1851) mit der Schilderung einer Hochzeit in einem südschwedischen Pfarrhof und den ergreifenden *Avsked til min lyra* (Abschied an meine Lyra), in dem das Ende der poetischen Sendung thematisiert wird. Tegnérs Dichtung ist *das* klassische Werk der schwedischen Literatur geworden, das u.a. in zahllosen geflügelten Worten bis heute weiterlebt. Die vorbildlich edierten Briefe des Dichters erlauben freilich, mehr noch als die Dichtung selbst, einen Blick hinter die harmonische Fassade und zeigen die Ambivalenzen, die Spannungen zwischen Lebenspraxis, Weltanschauung und poetischer Emanation auf.

Auch in der schwedischen Literatur vollzog sich um 1830 ein Stilwandel, der freilich nicht so markant ausfiel wie in Dänemark. Die großen Romantiker waren entweder, wie Stagnelius, tot oder führten biedermeierliche Existenzen als Professoren oder Geistliche. Sieht man von Geijers als Signal wirkendem „Abfall" (→ 133) ab, so hatte keiner der „Großen" mehr Anteil an der neuen Richtung. Die durch die Julirevolution von 1830 ausgelöste liberale Bewegung erhielt sogleich mit *Aftonbladet* ihr eigenes Sprachrohr. Das von dem vielseitigen Journalisten LARS JOHAN HIERTA (1801—72) gegründete Blatt wurde zur ersten modernen Zeitung Schwedens.

Zu den Mitarbeitern dieses Blattes zählte bereits Ende der 30er Jahre auch der einzige bedeutende Dichter der Epoche in Schweden, CARL JONAS LOVE ALMQVIST (1793—1866). Almqvists Leben und Werk gehören zu den eigenartigsten Phänomenen der schwedischen Literaturgeschichte. Die außerordentlich hohe Qualität seines dichterischen Œuvres wurde leider außerhalb Schwedens kaum wahrgenommen. Dies mag auch in dem abrupten Ende seines Schaffens begründet sein: nach einer Periode von geradezu stupender Produktivität mußte Almqvist 1851 wegen einer bis heute nicht geklärten Mordbeschuldigung in die Vereinigten Staaten fliehen und starb bei seiner Rückkehr nach Europa armselig, einsam und vergessen in Bremen. In Almqvists Werk sind auf höchst originelle Weise alle Strömungen der Zeit von der Universalromantik über den Romantizismus französischer Prägung bis hin zum aufkommenden poetischen Realismus verschmolzen, ohne daß dieses Werk den Eindruck eines Surrogats hinterließe. Ausdruck dieses einzigartigen Stilwillens wurde im Grunde genommen *ein* Werk, umfangmäßig das vielleicht größte der schwedischen Literatur überhaupt, das Almqvist 1833 als Vierzigjähriger zu publizieren begann und das unter dem Namen *Törnrosens bok* (Buch der Dornrose [=Heckenrose]) bekannt wurde. Dieses riesige Sammelwerk erschien teilweise parallel in zwei inhaltlich stark voneinander abweichenden, nach ihrem Druckformat benannten Ausgaben: Der Duodez-Auflage (14 Bde. 1832—51) und der Imperial-Oktav-Auflage (3 Bde. 1839—50).

Almqvist erneuerte und übersteigerte mit diesem Vorhaben die universalromantische Idee der Vereinigung aller Dichtkunst in einem einzigen Werk. Eine Rahmenerzählung mit dem Titel *Jaktslottet* (Das Jagdschloß 1925) sollte als einheitsstiftendes episches Element die heterogenen Einzelteile der Sammlung zusammenhalten. Darauf zielt auch der ursprüngliche Titel der Serie: *Fria fantasier, hvilka, betraktade såsom ett helt, af Herr Hugo Löwenstjerna stundom kallades Törnrosens bok, stundom En irrande Hind* (Freie Phantasien, welche, als ein Ganzes betrachtet, von Herrn Hugo Löwenstjerna manchmal Dornrosenbuch genannt wurden, manchmal Eine irrende Hindin). An den Gesellschaftsabenden des Schloßherrn Hugo werden die „freien Phantasien", deren Symbol die Heckenrose ist, im Vortrag von bizarren, exotischen und pittoresken Dichtungen aller Gattungen verwirklicht. Die Gesellschaft selbst wird ihr eigener Epiker, indem sie in der Abgeschiedenheit eines von Wald umgebenen schwedischen Herrenhofs sich eine eigene phantastische Welt der Dichtung schafft. Unter den Gästen befindet sich der eigenartige Richard Furumo (Almqvists Alter ego?), eine gelehrte Verkörperung des erzählenden Ichs.

Um den hypertrophen Gesamtplan, die Vereinigung von Dichtwerken aller Gattungen im Sinne des universalromantischen Gesamtkunstwerks wenigstens ansatzweise durchführen zu können, gliederte Almqvist in den Folgejahren nahezu sein gesamtes dichterisches Werk, darunter auch ältere Arbeiten, sowie zunächst selbständig erschienene Titel, in *Törnrosens bok* ein, ja er plante sogar, seine wissenschaftlichen und pädagogischen Arbeiten, die er als Schulrektor verfaßt hatte, im Sinne eines geistigen Gesamtkosmos aufzunehmen. Aufgrund der inhaltlichen und stilistischen Variationsbreite dieser Einzelteile mußte das Sammelwerk zwangsweise uneinheitlich werden. Die Rahmenerzählung bleibt oft nur noch mühsam erhalten oder wird bisweilen ganz aufgegeben. Dies mindert jedoch nicht die hohe dichterische Qualität einzelner Werke, die Almqvist als letzten Romantiker und ersten Realisten der schwedischen Literatur zugleich ausweisen.

Eine zentrale Position nimmt in diesem Sammelwerk der Roman *Drottningens juvelsmycke* (1834; Der Königin Juwelenschmuck 1842) ein, da hier die romantische Phantasie in Gestalt der „unschuldigen" Tänzerin Tintomara mit dem Realismusstreben des historischen

Romans in der Nachfolge Scotts eine gelungene Symbiose eingeht. Eine Unterbrechung in der Herausgabe des Zyklus von 1835—38 markiert einen deutlichen Wandel in Almqvists Stil. Nicht zuletzt aufgrund ausgedehnter Reisen in Schweden erhielt er Einblick in die soziale Wirklichkeit des Landes, fand dadurch zu einer radikal-demokratischen Weltanschauung und reflektierte in den nachfolgenden Werken aktuelle Probleme der Zeit, so etwa in dem großen Essay *Svenska fattigdomens betydelse* (1838; Die Bedeutung der schwedischen Armut) den Mangel an nationaler Bildung als Ursache für Klassenunterschiede und die traditionelle Armut der unteren Schichten.

Das wichtigste, aufsehenerregendste Werk dieser Epoche wurde der 1839 zunächst separat herausgegebene kleine Roman *Det går an* (Es geht an 1845), in dem Almqvist, nicht zuletzt als Reflex der eigenen unglücklichen Ehe, die Institution der Ehe an sich angriff und die Alternative einer freien Verbindung aufzeigte und damit recht eigentlich die Tradition des realistisch-gesellschaftskritischen Romans in Schweden begründete. Das Werk wirkt auch heute noch nahezu so frisch und unmittelbar wie vor hundertfünfzig Jahren, nicht zuletzt durch die zupackende Schilderung der beiden Hauptfiguren, der Glasermeisterstochter Sara Videbeck und des Unteroffiziers Albert, die sich auf einer Dampfbootreise auf dem Mälarsee ineinander verlieben. Die ungemein praktische Sara verweigert jedoch in Erinnerung an die katastrophalen häuslichen Verhältnisse ihrer Kindheit eine Ehe und schlägt eine freie Verbindung mit voller sozialer und wirtschaftlicher Unabhängigkeit der beiden Partner vor. Die Frage, ob dieser für das 19. Jahrhundert geradezu revolutionäre Vorschlag denn auch angehe, beantworten die Hauptpersonen und der Romantitel: „Es geht an." Diese ungewöhnliche Antwort sowie die kühne Thematik überhaupt verschafften dem Werk großes Aufsehen; davon zeugen zahlreiche Streitschriften und Parodien sowie eine „Fortsetzung" durch den finnlandschwedischen Dichter und Philosophen J. W. Snellman (→ 144), in der der unglückliche Verlauf dieser freien Verbindung geschildert wird. Die Indignation, die der Roman in offiziellen Kreisen erweckte, leitete letztlich die Katastrophe in Almqvists Leben ein. Als ordinierter Pfarrer mußte er sich in einem offiziellen Religionsprozeß für seine Moralauffassung verantworten; er verlor sein Rektorat und wurde Journalist und Schwedens erster „freier Schriftsteller". Die dichterische Produktivität kam freilich nahezu zum Erliegen. Ökonomische Schwierigkeiten und schließlich die Anklage des Giftmordversuches an einem mit ihm befreundeten Wucherer beendeten die schriftstellerische Existenz Almqvists in doppelter Hinsicht. Als Emigrant in Amerika hatte er kein Publikum mehr, und in Schweden blieb er vergessen, bis er um 1900 als einer der größten und modernsten Dichter der schwedischen Literatur neu entdeckt wurde.

Almqvists Realismus findet in der zeitgenössischen Literatur Schwedens keine Entsprechung (zur schwedischsprachigen Literatur Finnlands →142ff.). Immerhin gab es Ansätze zu einer realistischen Romankunst, bemerkenswerterweise durch die drei Schriftstellerinnen FREDRIKA BREMER (1801—65), SOPHIE VON KNORRING (1797—1848) und EMILIE FLYGARE-CARLÉN (1807—92), die bisweilen als Vorläuferinnen der Frauenliteratur interpretiert werden. Tatsächlich sind im Werk der drei Verfasserinnen Frauen- und Familienprobleme behandelt, wobei freilich aufgrund schablonenhafter Verfahrensweisen und einer oft bedenklichen Sentimentalisierung keine durchgehende tiefere soziale oder psychologische Durchdringung des Stoffes erfolgt, ja aufgrund der „Serienproduktion" gar nicht möglich war.

Die auch in Deutschland viel gelesenen Fredrika Bremer und Emilie Flygare-Carlén verfaßten jeweils Dutzende von Romanen. FREDRIKA BREMER (1801—65), die bedeutendste der drei Autorinnen, markiert mit ihrer 1828 begonnenen Serie *Teckningar utur hvardagslifvet* (Skizzen aus dem Alltagsleben 1838ff.) den Beginn der realistischen Prosaliteratur in Schweden. Kein Autor vor ihr hatte das „Alltagsleben" für einen würdigen Gegenstand der Poesie erachtet. Der Erfolg dieses Debüts, der auf ein Bedürfnis, eine „Marktlücke" schließen läßt, veranlaßte die Dichterin zu einer Reihe von Fortsetzungsbänden, darunter *Familjen H**** (1830—31; Die Familie H. 1841) *Grannarne* (1837; Die Nachbarn 1839) und *Hemmet* (1839; Das Haus 1840), die bereits in ihren Titeln auf die neue Gattung des Familienromans verweisen. Studienreisen nach Amerika und Europa sowie weitgespannte philanthropische, soziale und religiöse Interessen führten zu einer thematischen Ausweitung im Spätwerk der Autorin, ohne daß freilich diese epochemachenden Fragestellungen in literarisch adäquater Form reflektiert worden wären. Auch der späte Roman *Hertha* (1856; dt. 1856) ist eigentlich eine Streitschrift in Romanform, die ganz energisch die unfreie Stellung der Frau zur Debatte stellt.

Im Gegensatz zu Fredrika Bremer fehlte SOPHIE VON KNORRING (1797—1848) weitgehend der Sinn für soziale Probleme; ihr „Realismus" richtete sich auf die Darstellung unglücklicher Liebesverhältnisse in der Oberklasse, wobei die traditionelle Moral- und Ehevorstellung kaum in Frage gestellt wurde. Das bereits im Debütwerke *Cousinerna* (1834; Die Cousinen 1839) exponierte, für ihre Romane so typische Schloß- und Herrenhofmilieu verließ die Autorin nur einmal in *Torparen ock hans omgifning* (1843; Der Häusler und seine Umgebung 1844), einem realistischen „Unterklassenroman", der in gewisser Weise eine Antwort auf die in Almqvists *Det går an* (→ 139) begonnene Problematisierung der Ehe darstellen sollte.

Zur Dichterin der schwedischen Westküste mit ihrem realistisch geschilderten Kaufmann- und Fischermilieu wurde schließlich EMILIE FLYGARE-CARLÉN (1807—92), obwohl sie ihren Wirkungskreis eigentlich im Stockholmer Literatenmilieu der 40er Jahre hatte. Mit ihren besten Romanen, darunter *Rosen på Tistelön* (1842; Die Rose von Tistelön 1843) und *Ett Köpmanshus i skärgården* (1858, als Buch 1860—61; Ein Handelshaus in den Schären 1859) schuf sie durch psychologisch genaue Beschreibung von Personen und Milieu eine bei den zeitgenössischen Autoren sonst kaum festzustellende „vornaturalistische" Tradition, die wohl bis zu Strindbergs Schärenromanen weiterwirkte.

Einen anderen, ebenfalls bis Strindberg wirkenden Traditionsstrang begründete AUGUST BLANCHE (1811—68) als Schilderer des Stockholmer Bürgerlebens. In seinen zahlreichen „journalistischen" Romanen werden radikal-demokratische Ideen mit sentimentalen Handlungsmustern verbunden. Blanche gelingen in diesen im besten Sinne volkstümlichen Werken aber trotz aller Stereotypie pastellartige, oft humoristisch getönte Lokalskizzen mit realistischer Erfassung der Details einer kleinbürgerlichen Umwelt.

Trotz dieser Tendenzen zum poetischen Realismus fehlte Schweden um die Jahrhundertmitte die große repräsentative Dichtergestalt.

Almqvist, dem seiner literarischen Bedeutung nach dieser Rang zugekommen wäre, konnte aufgrund seiner antinormativen Haltung und späteren Flucht diese Stelle des ungekrönten Dichterfürsten nicht einnehmen. Die Leerstelle wurde durch den schwedischsprachigen Nationaldichter des finnischen Bruder- und Nachbarvolkes JOHAN LUDVIG RUNEBERG (1804—77) ausgefüllt.

Bis zur Abtretung an Rußland (1809) war Finnland als Teil des schwedischen Reichs und die fast ausschließlich schwedischsprachige Literatur als integraler Bestand der schwedischen Literatur betrachtet worden. Die gewaltsame Angliederung an Rußland als selbständiges Großfürstentum forcierte das finnische Nationalbewußtsein, das sich vor allem auch in der Sammlung und Produktion finnischsprachiger Literatur manifestierte. Das Finnische wurde zunächst jedoch keineswegs als Konkurrenz zum Schwedischen, der Sprache der Oberschicht, empfunden, da der Nationalgedanke unabhängig von der Sprachzugehörigkeit artikuliert wurde: „Schweden sind wir nicht mehr, Russen können wir nicht werden, wir müssen Finnen sein" (A. I. Arwidsson).

Die (schwedischsprachige) Universität in Åbo (heute Turku) war Finnlands kulturelles Zentrum im frühen 19. Jahrhundert und bezeichnenderweise Ausbildungsort für die drei bedeutendsten Dichter der Epoche: neben den schwedischsprachigen Autoren Runeberg und Snellman der finnisch schreibende Arzt ELIAS LÖNNROT (1802— 84), der mit seinem unvergleichlichen *Kalevala* (1835; dt. 1852), einer Sammlung und Bearbeitung alter, mündlich tradierter Epen, die finnischsprachige Nationalliteratur recht eigentlich erst begründete.

Bei Runeberg, Snellman und Lönnrot wirkten die sogenannten „Åboromantiker" weiter, ein spezifisch finnlandschwedischer ästhetischer Zirkel, der sich zwischen 1815 und 23 unter dem Namen „Aura"-Kreis an der Universität in Åbo gebildet hatte und von den Akademikern Adolph Ivar Arwidsson (→ 132) und Johan Jacob Tengström (1787—1858) dominiert wurde. Die Verspätung romantischer Ideen führte zu einer Symbiose mit aufklärerischen, religiösen und nationalen Denkmustern, die nach 1830 durch einen besonders markanten Hegelianismus eine weitere Modifizierung erhielten.

Diese heterogenen Strömungen konnte vor allem Johan Ludvig Runeberg durch seine dichterische Originalität und Kreativität vereinen.

In seinem Werk wird man daher aufklärerische, klassische, nationalromantische, biedermeierliche und realistische Stilzüge nebeneinander feststellen, ohne sie aber einzeln herauspräparieren zu können.

Die Ablösung des alten Kulturzentrums Åbo durch die neue Hauptstadt Helsingfors (Helsinki) (1828) wurde gleichsam zum Signal auch für die neue Literatur. Runeberg, von 1832—37 Redakteur in Helsingfors, trug bereits in den ersten Gedichtbänden (*Dikter* 1830, 1833), wenn auch noch zögernd, sein nationalromantisches Programm vor. Das romantische Schlüsselwort „Natur" deutete er im Sinne des poetischen Realismus als idealistische Schilderung von Wirklichkeit um. Waren in den Gedichtbänden die finnischen Themen und Motive noch wenig dominierend gewesen, so entwickelte sich in den drei epischen Gedichten *Älgskyttarne* (1832; Die Elchjäger 1891), *Hanna* (1836; dt. 1850) und *Julkvällen* (1841; Der Weihnachtsabend 1852) ein spezifisch finnisches Profil, das unmittelbar auf Runebergs magnum opus *Fänrik Ståls sägner* (2 Folgen 1848—60; Die Sagen des Fähnrich Stål, 1852—62) verweist.

Dieses neben dem *Kalevala* zweite finnische Nationalepos, dessen erster Gesang *Vårt land* (Unser Land) später zur Nationalhymne wurde, hat den Krieg von 1808—09 und damit das entscheidende Moment des nationalen Aufbruchs zum Gegenstand. Die Kriegserzählungen des Veteranen Fähnrich Stål bilden dabei den epischen Rahmen für eine stilistisch ungemein variantenreiche Folge von Einzelgedichten, in denen die Tapferkeit der finnischen und schwedischen Soldaten besungen und der Verlust der Freiheit beklagt wird. Pathos und Humor gehen dabei eine eigenartige und einzigartige Symbiose ein. Unter den realistisch gezeichneten Figuren ragen die Marketenderin Lotte Svärd und die Soldaten Sven Dufva und Stolt hervor. Das Werk wurde nicht nur in Finnland, sondern auch in Schweden enthusiastisch aufgenommen und sicherte Runeberg den Rang eines Nationaldichters.

Dieser, seit 1837 Lateinlehrer in der kleinen Bischofsstadt Borgå, hatte freilich bereits vor dem Erfolg seines Epos seine hervorragende dichterische Befähigung erwiesen. In *Kung Fjalar* (1844; König Fjalar 1877), einem dem Drama sich nähernden Versepos, gelang ihm, unter dem Einfluß Ossians und des *Königs Ödipus* von Sophokles, die Vereinigung von nordischer Thematik mit dem Geist der klassischen Tragödie. Eine von Schiller beeinflußte Klassizität erreichte Runeberg schließlich in seinem letzten Werk, der fünfaktigen Jambentragödie *Kungarne på Salamis* (1863; Die Könige von Salamis 1869), in der der Legitimitätsgedanke auf aktuelle Parallelen in der finnischen Geschichte verweist.

Dem umfangreichen, bedeutenden Werk Runebergs zur Seite steht das schmale, aber stilistisch hervorragende Œuvre JOHAN VILHELM SNELLMANS (1806—81): einige Novellen, darunter eine freisinnige Fortsetzung von Almqvists *Det går an* (→ 139) (1840; Es geht an 1846). Snellmans Bedeutung liegt vor allem in seinen von Hegel beeinflußten philosophischen Arbeiten und in seiner Tätigkeit als sprachlich ungemein differenzierender Kritiker.

Der meistgelesene finnlandschwedische Autor der Epoche war freilich wohl ZACHARIAS TOPELIUS (1818—98), der in seinem qualitativ sehr unterschiedlichen Riesenwerk alle stilistischen Register seiner Epoche effektvoll verwandte. Am bekanntesten wurden der historische Erzählzyklus *Fältskärns berättelser* (1853—67; Erzählungen eines alten Feldscherers 1855 [nur Teil I]) und die Kindergeschichten *Läsning för barn* (1865—96; Märchen und Erzählungen für Kinder 1885 [Auswahl]).

Das Vakuum in der schwedischen Literatur um die Jahrhundertmitte wurde nach Runebergs Tod in stil- und epochengeschichtlicher Hinsicht bis zum Naturalismus nicht eigentlich mehr ausgefüllt, auch wenn die Epoche durchaus in VIKTOR RYDBERG (1828—95), dem großen „Unzeitgemäßen", repräsentiert wurde. Gerade durch seinen humanistischen Idealismus, durch seine klassizistische Formstrenge, durch seine verspätete romantische Sensualität konnte Rydberg zum Repräsentanten des Bildungsbürgertums werden. Seine Karriere als Journalist in Göteborg, Professor für Kulturgeschichte in Stockholm (1884), Reichstagsabgeordneter und Mitglied der Schwedischen Akademie ist gleichsam ein Reflex des Verhältnisses von Literatur und bürgerlicher Öffentlichkeit zu einer Zeit, als Strindberg bereits ein neues Kapitel der Literaturgeschichte aufgeschlagen hatte. Rydbergs Werk erscheint freilich längst nicht so „einsträngig" wie sein Erfolg, sondern vielmehr kompliziert, gebrochen, dem differenzierten Charakter seines Autors durchaus entsprechend.

Die teilweise konservativen Ansichten etwa betrafen nicht die Religion, die Rydberg im Gefolge der rationalistischen Bibelkritik auf humanistischer Basis erneuern wollte. In seiner aufsehenerregenden Schrift *Bibelns lära om Kristus* (1862; Die Lehre der Bibel über Christus) griff er die Lehre von der Gottheit Christi und der Dreieinigkeit an und befand sich damit durchaus im Einklang mit dem positivistischen Zeitgeist, dessen übrige Emanationen, vor allem den naturwissenschaftlichen Fortschritt, er entschieden ablehnte.

Der kulturhistorische Roman *Den siste athenaren* (1859; Der letzte Athenienser 1875) zeigt bereits die kultursynthetische Theorie der Vereinigung von klassischem Idealismus und humanistischem Christentum, die Rydberg in der Folgezeit auch in seinen zahlreichen kulturhistorischen Abhandlungen, darunter interessanten Überlegungen zur germanischen Mythologie, vertrat.

Auch als Dichter zeigt sich Rydberg ambivalent. Der überbordenden, exotisch-mystischen Romantik des Romans *Singoalla* (1857; dt. 1885) stehen die beiden Gedichtbände von 1882 und 1891 gegenüber, deren Klassizität u.a. durch Goethes Faust ausgebildet wurde. Rydberg hatte sich zwanzig Jahre lang intensiv mit dem Faust beschäftigt; seine Faustübersetzung (1875) gehört zu den bedeutenden Leistungen der Übersetzungskunst. Mit den Schlagworten progressiv oder regressiv ist Rydberg daher weder künstlerisch noch ideologisch beizukommen. Gerade der in einem phantastischen Mittelalter spielende Roman *Singoalla* läßt sich trotz oder wegen des trivialen Stoffs (der Liebe zwischen der Zigeunerin Singoalla und einem Ritter) gleichzeitig deuten als verspätete Romantik oder als Vorwegnahme des exotisch-phantastischen Mittelalters eines Maeterlinck, der okkult-irrationalen Gedankenwelt des Fin de siècle, die sich etwa Strindberg erst 40 Jahre später eröffnete. Die außerhalb der Zeit stehende poetische Qualität Rydbergs wird erst deutlich, wenn man mit ihm die Zeitgenossen vor dem modernen Durchbruch vergleicht.

So fand etwa der vor allem von Studenten getragene politische Skandinavismus nie seinen großen Dichter, denn der unter dem Pseudonym Talis Qualis schreibende CARL VILHELM AUGUST STRANDBERG (1818—77) kann keinesfalls diesen Rang beanspruchen. Dies gilt auch für nahezu alle Mitglieder der sogenannten Signaturengruppe, einer poetischen Vereinigung im Uppsala der 60er Jahre, die einen rückwärtsgewandten preziös-romantischen Formalismus pflegte.

Nur der aus dem Hochadel stammende CARL SNOILSKY (1841–1903) vermochte diesen Formalismus in der persönlich geprägten Sensualität und Eleganz seiner Gedichte zu individualisieren. Er erkannte auch die ausschlaggebende Bedeutung der neuen realistischen Literatur eines Ibsen und Strindberg, ohne freilich für sein eigenes Schaffen endgültige Konsequenzen zu ziehen, auch wenn „soziale Gedichte" aus den 80er Jahren einen Wandel zunächst ankündigten.

Es ist bezeichnend für die literarische und kulturpolitische Entwicklung, daß Snoilsky nach seiner Wahl in die Schwedische Akademie (1876) dort zunächst von Rydberg zur „roten Gefahr" gerechnet wurde, sich aber schließlich 1893, inzwischen Leiter der Königlichen Bibliothek, als resignierter Konservativer nun selbst in seiner Direktionsrede dezidiert gegen den Zeitgeist wandte.

Strindberg hatte zu dieser Zeit bereits die erste Hälfte seines Lebenswerks beendet. Auch er war, zwanzig Jahre zuvor, an der Königlichen Bibliothek tätig gewesen, wenn auch nur als untergeordneter Hilfsbibliothekar. Er wurde freilich auch nie in die Schwedische Akademie gewählt.

DER MODERNE DURCHBRUCH UND DIE ZEIT BIS ZUR JAHRHUNDERTWENDE

Von WOLFGANG BUTT

Die Konturen der Epoche

Die skandinavische Literaturgeschichtsschreibung legt den Beginn des modernen Durchbruchs gern in das Jahr 1871, als ein junger Dozent namens GEORG BRANDES (1842—1927) an der Kopenhagener Universität eine Aufsehen und Unmut erregende Vorlesungsreihe über die *Hauptströmungen in der europäischen Literatur des 19. Jahrhunderts* begann. Eben zurückgekehrt von einer Auslandsreise, die ihn in die Zentren des europäischen Geisteslebens, nach London, Paris und Rom geführt hatte, konfrontierte Brandes seine Zuhörer mit der Feststellung, daß „die gewaltige revolutionäre Bewegung", die am Ende des 18. Jahrhunderts über die Welt gekommen sei, Dänemark praktisch nicht erreicht habe. Statt dessen sei das Land in den Sog der Reaktion geraten und befinde sich in einem Zustand geistiger Stagnation. Die Literatur sei kein wirksamer Faktor im Leben der Nation, handele sie doch „nicht von unserem Leben, sondern von unseren Träumen". Dagegen verwies Brandes auf die Verhältnisse in den großen Ländern Europas, wo die Literatur das revolutionäre Gedankengut aufgesogen habe und weitertrage. „Daß eine Literatur in unseren Tagen lebt, zeigt sich dadurch, daß sie Probleme zur Debatte bringt", konstatierte Brandes und formulierte damit eine programmatische Forderung, die für die skandinavische Literatur der zwei folgenden Jahrzehnte richtungweisend werden sollte.

Die befreiende und auslösende Wirkung, die das Auftreten des jungen Brandes für eine ganze Generation angehender Schriftsteller in Skandinavien gehabt hat, darf indessen nicht übersehen lassen, daß dieser Auftritt selber

Symptom ist für einen von der Person des Redners unabhängigen, historischen Wandlungsprozeß. Die Auffassung, nach welcher Georg Brandes den modernen Durchbruch in der skandinavischen Literatur sozusagen geschaffen habe, ist eine literarhistorische Hilfskonstruktion, die allzuleicht den Blick verstellt darauf, daß der historische Prozeß, der zum modernen Durchbruch führte, Brandes geschaffen hat. Denn das revolutionäre Sendungsbewußtsein, das in seinen polemischen Angriffen gegen den abstrakten Idealismus der nachromantisch-biedermeierlichen Literatur der Zeit durchbrach, war nur der individuelle Ausdruck eines unter der fortschrittlichen Intelligenz Skandinaviens weitverbreiteten, teilweise auch erst latent vorhandenen Unbehagens angesichts der ökonomischen, gesellschaftlichen und politischen Entwicklung der nordischen Länder seit der Mitte des Jahrhunderts.

Der äußere Verlauf dieser Entwicklung hatte den skandinavischen Ländern einen gewaltigen industriellen Aufschwung gebracht, ihre durch die Agrargesellschaft herausgebildete Infrastruktur grundlegend verändert und sie zu Teilnehmern eines kapitalistisch organisierten, weltweiten Handelswettbewerbs gemacht. Mit der Einführung der Dampfkraft hatte sich seit den ersten Jahrzehnten des Jahrhunderts aus den bis dahin von der Wasserkraft abhängigen Kleinbetrieben eine im großen Stil produzierende Industrie entwickelt. Das gesteigerte Lesebedürfnis immer breiterer Schichten auf dem Kontinent und in Großbritannien machte den Waldreichtum Norwegens und Schwedens zu einem Wirtschaftsfaktor ersten Ranges. Es entwickelte sich eine vor allem für den Export arbeitende Papier-, Papiermasse- und Zelluloseindustrie. Neue, aus England übernommene Schmelzmethoden ließen die Stahl- und Eisenproduktion Schwedens in die Höhe schnellen; gleichzeitig entstand eine Fertigungsindustrie, besonders im Maschinen- und Gerätebau, von vorher nicht gekannten Ausmaßen. Dem gesteigerten Transportvolumen wurden die inneren und äußeren Kommunikationsmittel und -wege angepaßt. Der Ausbau des Eisenbahnnetzes und die verkehrstechnische Erschließung entlegener Landesteile (z.B. des schwedischen Norrlands) und die enorme Expansion im Schiffbau wie in der Handelsschiffahrt (v.a. in Norwegen, dessen Gesamttonnage von 288 633 i.J. 1850 auf 1 510 699 i.J. 1880 anwuchs) fallen überwiegend in die Zeit nach der Jahrhundertmitte. Der industrielle Aufschwung brachte die patriarchalische Sozialstruktur, die auch das Leben in den alten kleinindustriellen Gemeinden geprägt hatte, ins Wanken. Der Einsatz neuer technischer Hilfsmittel in der Landwirtschaft setzte Arbeitskräfte frei, die in die aufblühenden Industrieansiedlungen und Handelszentren strömten und dort eine lohnabhängige, aus dem System der Naturalwirtschaft ausgeschiedene Arbeiterklasse bildeten. Der Handel im Großen wie im Kleinen spannte ein Versorgungsnetz über alle Landesteile; die jahrhundertealte Naturalwirtschaft wurde durch die moderne Geldwirtschaft abgelöst. Produktion und Handel trugen im Guten wie im Schlechten die Merkmale eines freien Unternehmertums. Initiativreiche Einzelgänger mit dem Mut zum Risiko, aber auch verantwortungsloses Glücksrittertum gehören zum Bild der Epoche.

Das Finanz- und Kreditwesen wuchs zu einem selbständigen Wirtschaftszweig heran; mit der Gründung zahlreicher Großbanken in den 1850er und 1860er Jahren entsteht der für die industrielle Expansion notwendige bewegliche Kapitalmarkt, das Spekulationswesen blüht auf, und im Gefolge der oft unsicheren Unternehmungen etabliert sich das Versicherungsgewerbe. Die Abschaffung alter Handels- und Gewerbeprivilegien in den 1860er Jahren in Dänemark und Schweden (in Norwegen war die Gewerbefreiheit bereits 1839 eingeführt worden) trug nur noch einer bereits seit langem geübten Praxis Rechnung. Auf spektakuläre Art veränderte die neue Zeit auch das Bild der skandinavischen Hauptstädte, in denen das kleinstädtische Gepräge dem urbanen Milieu moderner Metropolen wich. Der dem wirtschaftlichen Gewinnstreben verbundene Drang zu symbolischer Dokumentation des Erfolgs bescherte den Großstädten Skandinaviens einen Bauboom im privaten wie im öffentlichen Bereich; während gründerzeitliche Repräsentationsbauten prunkvoll Zeugnis ablegten vom Selbstbewußtsein des neuen Geldadels, wuchsen an den Peripherien der alten Stadtkerne Mietskasernen empor, die in ihrer Tristheit unbeabsichtigt die Kehrseite des Aufschwungs repräsentierten. Denn die Massen derer, die von der Hoffnung auf Arbeit in die Städte getrieben worden waren, tauschten nicht selten nur die soziale Unsicherheit des Landes gegen die der Stadt.

Nutznießer der Entwicklung war vor allem das mittelständische Bürgertum, das seine wirtschaftliche Machtstellung schrittweise auch in ein verstärktes politisches Mitspracherecht umzumünzen verstanden hatte. Dänemark erhielt 1849 eine liberale Verfassung und einen Zweikammerreichstag mit relativ breiter Volksvertretung. Zwar besiegelte die Niederlage im Krieg gegen Preußen/Österreich 1864 endgültig den Status Dänemarks als Kleinstaat — ein schwerer Schlag für das nationale Selbstverständnis —, doch nach der Devise, daß der äußere Verlust durch eine Expansion im Innern wettgemacht werden sollte, betrieb man erfolgreich die wirtschaftliche Erschließung des z.T. noch unentwickelten Landes. Norwegen hatte seine aus dem revolutionären Geist von Eidsvoll geschaffene Verfassung von 1814 gegen die schwedischen Suprematiebestrebungen weitgehend unverändert aufrechterhalten können und besaß im Storting eine (allerdings vor allem national-)liberale Volksvertretung, die seit der Bildung der Venstrepartei unter Johan Sverdrup i.J. 1869 die Erweiterung des Stimmrechts und ein parlamentarisches System anstrebte. In Schweden kam es erst 1865 zur Abschaffung des Vierständereichstags, doch der neue Zweikammerreichstag erfüllte nicht die von idealistischen Liberalen erhoffte Ideen- und Reformpolitik, sondern wurde zu einem Forum zäher Interessenkonflikte, in denen es das Hauptanliegen der bürgerlichen Seite war, den frisch gewonnenen politischen Einfluß zu festigen und weitergehende demokratische Reformen, die diesen hätten beeinträchtigen können, zu verhindern.

Während sich somit der Liberalismus im wirtschaftlichen und wirtschaftspolitischen Bereich durchgesetzt und das Bürgertum sich in seiner neuen Rolle als Teilhaber an der politischen Macht etabliert hatte, stand das allgemeine politische und gesellschaftliche Leben im Zeichen konservativen Beharrens. Das stete Anwachsen des vierten Standes, der sich seit der Jahrhundertmitte zu organisieren und seine sozialen und politischen Forderungen zu artikulieren begann, trieb das Bürgertum gänzlich ins konservative Lager und zur Identifizierung mit den alten Führungsschichten. Der diesen Kräften gerade erst abgerungene Status quo wurde nun verabsolutiert und als die natürliche und gottgewollte Ordnung verherrlicht. Der Staat und seine Institutionen als Garanten dieser Ordnung wurden unter Berufung auf das Allgemeinwohl, dem partikulare Interessen — als die man die eigenen nicht verstand — unterzuordnen seien, ideologisch und praktisch aufgewertet.

In einem gesellschaftlichen Klima, das nicht von Freiheitsidealen, sondern von Geld, Besitz und Statusdenken bestimmt war, geriet die idealistisch motivierte Intelligenz immer mehr in Gegensatz zu den offiziellen Wahrheiten. Weder für die freiheitlichen Ideen von einst, noch für die kritischen Appelle derer, die am Auseinanderklaffen von Ideal und Wirklichkeit Anstoß nahmen, hatte das neue Establishment der nordischen Länder noch Verständnis. Der Geist und die Kunst sollten dem Bestehenden, nicht dieses jenen verpflichtet sein. Damit ist ein Ausgangspunkt gegeben für die Abkehr wesentlicher Teile der kritischen Intelligenz vom öffentlichen Konsensus über die gesellschaftlich sanktionierten Wahrheiten, Verhaltensnormen und Lebensformen. In ihrem Eintreten für die Freiheitsrechte des Individuums gegen gesellschaftliche Konformitätszwänge konnte sie sich dabei auf Ideen und Erkenntnisse berufen, die andernorts in Europa den fortgeschrittensten Stand der wissenschaftlichen, künstlerischen und politischen Diskussion repräsentierten. In die öffentliche Diskussion der skandinavischen Länder aber hatten Strömungen wie der von Comte und Taine ausgehende Positivismus, der Naturalismus Zolas, der Utilitarismus Spencers und Mills, der historische Materialismus von Karl Marx oder die Evolutionstheorie Darwins noch kaum Eingang gefunden.

Der diesen Theorien und Lehren gemeinsame Nenner bestand in ihrem naturwissenschaftlichen oder davon hergeleiteten kritisch empirischen Wahrheitsbegriff, dessen Unvereinbarkeit mit einer metaphysisch begründeten Welterklärung in den staatskirchlichen Ländern des Nordens die Hüter der Orthodoxie auf den Plan rief und zur Gegenwehr herausforderte.

Die Kritik an Kirche und Schultheologie allerdings war in Skandinavien nicht neu. Von anderen Voraussetzungen aus hatte Kierkegaard die Institution Kirche angegriffen und ihren Autoritätsanspruch bekämpft (→ 115). Die Rigorosität seiner Philosophie, die dem Einzelnen alleinige Entscheidungsfreiheit in Fragen des Glaubens und der moralischen Erkenntnis zuspricht, war für den Wahrheitsfanatismus der Durchbruchsgeneration und für ihren Individualismus richtungweisend. In Schweden hatte Viktor Rydberg (→ 144) in *Bibelns lära om Kristus* (1862) das Dogma von der Göttlichkeit Jesu als mit den Schriftquellen unvereinbar zurückgewiesen. Für die junge Generation in ganz Skandinavien ist dieses Werk — nicht zuletzt durch das einleitend abgegebene Bekenntnis zur freien Forschung und zum Glauben an die menschliche Vernunft — meinungsbildend geworden.

Georg Brandes knüpfte also auch an schon vorhandene oppositionelle Ansätze an, als er sich ein Jahrzehnt nach Rydberg in seiner Einleitungsvorlesung herausfordernd zum „Glauben an das Recht der freien Forschung und an den schließlichen Sieg des freien Gedankens" bekannte. Sein Aufruf zur literarischen Problemdebatte kam einer formellen Kampfansage an die Gesellschaft gleich und wurde entsprechend beantwortet, als man ihm im darauffolgenden Jahr die vakant gewordene Professur für Ästhetik an der Kopenhagener Universität — trotz eines Empfehlungsschreibens des Vorgängers auf dieser Stelle, des Dichters Carsten Hauch (→ 98) — verweigerte.

Über die Art der zu behandelnden Probleme äußerte sich Brandes nur indirekt mit dem Hinweis auf Autoren, die in anderen Ländern die Ehe, das Verhältnis zwischen den Geschlechtern, die Religion, das Eigentum und die gesellschaftlichen Verhältnisse zur Debatte gestellt hatten, und vage programmatisch mit der Bemerkung, daß die junge Generation die gesamte Gesellschaftsbetrachtung von Grund auf umformen müsse, bevor eine neue Literatur heranwachsen könne. Nimmt man zu den genannten Punkten noch den Komplex des durch Evolutionstheorie und Naturalismus veränderten Menschenbilds hinzu, so ist der thematische Rahmen der Durchbruchsliteratur abgesteckt.

Das missionarische Selbstverständnis des Dozenten Brandes strahlte nicht nur auf die Schar seiner jungen Kopenhagener Anhänger aus, die im Lauf der Jahre eine Form von Personenkult um den Meister entwickeln sollten und Preisgedichte auf ihn verfaßten; es motivierte auch die gleichgesinnten Schriftsteller in den Nachbarländern Norwegen und Schweden, mit denen er zeitlebens in regem brieflichen und persönlichen Kontakt stand. Das Bewußtsein, einer Bewegung anzugehören, deren Aufgabe es sei, Aufklärung in die geistige Finsternis des Nordens zu bringen, tritt uns aus vielen Werken und persönlichen Äußerungen als ein den Autoren des modernen Durchbruchs gemeinsamer Zug entgegen. *Lys over Landet! / Det er det vi vil* (Licht über das Land, / das ist es, was wir wollen): Jens Peter Jacobsens letzte Dichterworte können nicht nur des darin enthaltenen Plurals wegen als Ausdruck der kollektiven Intention der Durchbruchsautoren gelten. Überzeugt von der Berechtigung und Notwendigkeit ihres Feldzugs gegen Unwissenheit, bornierte Selbstgefälligkeit, orthodoxe Intoleranz und staatliche Bevormundung, ordneten sie die Kunst dem Nützlichkeitsprinzip unter. „Ein Buch ist für mich eine Handlung", erklärte Brandes, angeregt durch John Stuart Mill, dessen Hauptwerke er ins Dänische übersetzte. Alexander Kielland sah seinen Stolz darin, „ein ehrlicher Anhänger der Nützlichkeitspoesie zu sein", und das aus diesen Worten sprechende Selbstverständnis des norwegischen Romanciers ist ohne große Einschränkung auf das Gros der jungen Schriftstellergeneration übertragbar. Dabei war ihnen bewußt, daß Reformen nicht herbeigeschrieben, sondern nur über eine allgemeine Bewußtseinsveränderung erreicht werden konnten. Diesem Ziel, nur selten dem konkreter politischer Einflußnahme galten ihre Bestrebungen. Doch die herrschenden Kräfte setzten sich gegen die Störenfriede zur Wehr. Von der dominierenden konservativen Presse angefeindet, von der Staatskirche beargwöhnt und verketzert, in Einzelfällen gerichtlich verfolgt, gerieten die Schriftsteller in die Rolle von Außenseitern der Gesellschaft, von „Volksfeinden". Einen augenfälligen Ausdruck findet das gestörte Verhältnis von Schriftstellern und Gesellschaft kaum zufällig in dem Umstand, daß viele Autoren ihrer Heimat für längere oder kürzere Zeit den Rücken kehrten und ihr reales Freiheitserlebnis in „den großen Verhältnissen" des Kontinents suchten. Die Antithese vom *Ude og Hjemme* (→ 159), dem bewegten, freien Leben draußen und dem spießbürgerlichen Mief daheim, wird zu einem vielfach variierten Motiv der Durchbruchsliteratur. Viele der bedeutendsten Werke der Epoche sind außerhalb Skandinaviens entstanden, aber fast immer spielt ihre Handlung im Norden, ist ihre Wirkungsabsicht auf das skandinavische Publikum gerichtet. Ihre Tendenz zielt gegen einen Konservatismus, der den Zustand der Dinge als das Werk einer höheren Vorsehung ausgab und Reformen und Veränderungen als der natürlichen, gottgewollten Ordnung zuwiderlaufend ablehnte. Das radikale Wahrheitsstreben der Autoren des modernen Durchbruchs entfaltet sich auf zwei Ebenen, die im besten Fall miteinander vermittelt sind. Einerseits ging es ihnen um die Entlarvung des falschen Scheins, um die Aufdeckung von Heuchelei und öffentlicher Lüge; anderseits galt es, die Literatur zum vollgültigen Medium des neuen Wirklichkeitsbegriffs zu machen, inhaltlich und formal. So tritt an die Stelle des normativen Schönheitskriteriums der idealistischen Epoche die Forderung nach kompromißloser Wahrheitsschilderung. Nicht mehr die Stilisierung der Welt und der Menschen zu ihrem Idealbild, zu dem, was sie sein sollten, galt als Aufgabe des Künstlers, sondern ungeschminkte und von moralischen Erwägungen unbeeinflußte Abbildung der Wirklichkeit. Zur Ausweitung des Gegenstandsbereichs der Literatur auf die bis dahin tabuisierten Sphären des als niedrig, widerwärtig und anstößig Empfundenen trat als ein zweites, allerdings weniger direkt wirksames Irritationsmoment die experimentelle Zerschlagung traditioneller Formen und Gestaltungsmuster.

Wie die von ihm geforderte zeitgemäße, also „lebende" Literatur gestaltet sein sollte, hatte Brandes nicht gesagt. Seine Ästhetik war eine Inhaltsästhetik, tendenzorientiert und agitatorisch. Die Werke der weniger bedeutenden Autoren des modernen Durchbruchs sind davon geprägt; in ihnen werden Probleme oft nur debattiert, nicht gestaltet, und sie haben den Zeitraum ihrer Entstehung im allgemeinen nur unwesentlich überdauert. Die selbständigeren Künstlernaturen indessen bewahrten gegenüber der Forderung, Probleme zur Debatte zu stellen, stets eine relative Unabhängigkeit. Ihre Distanz zur voraufgehenden Epoche wird nicht allein in Inhalten und Themen faßbar, sondern in der Radikalität ihrer formalen Neuerungen. Die Modernität Jacobsens, Bangs, Ibsens, Lies und Strindbergs erweist sich in ihrem dem neuen Problembewußtsein adäquaten Formbewußtsein. Die Leistung ihrer Kunst beruht in den geglücktesten Werken gerade darauf, daß das Problem selber Form, die Form somit ihrerseits aussagefähig wird. Die Auflösung des kontinuierlich-epischen Erzählstils zugunsten einer impressionistischen Darstellungsform bei Bang, Lie und Jacobsen reflektiert das moderne, durch die Erfahrung der Entfremdung geprägte Bewußtsein mit der gleichen Anschaulichkeit, wie es die Schicksale der handelnden Personen auf der vordergründig-inhaltlichen Ebene tun. Ähnliches gilt für die analytische Dramentechnik Ibsens oder die Kammerspieltechnik Strindbergs, die bewirkt, daß die Bühne sich verwandelt aus einem bewegten Schauplatz, wo freie und ihrer selbst sichere Persönlichkeiten gegenwärtig handeln, in einen statischen Raum, wo zu freiem Handeln unfähige Menschen erkennen, warum sie nicht anders als unfrei leben können. Form und Inhalt bilden eine funktionale Einheit, in der die Problematik, der Widerspruch von Schein und Sein des menschlichen Lebens und des Wesens der Gesellschaft, in komplex vermittelter Weise Gestalt gewinnt.

Ungeachtet dessen ist festzuhalten, daß die unmittelbare Wirkung der Literatur des modernen Durchbruchs auf die Zeitgenossen dem provokatorischen Charakter ihrer Stoffe und Themen zuzuschreiben ist. In dieser Hinsicht stehen die poetae minores, deren Werke in den gewandelten Verhältnissen des 20. Jahrhunderts viel an Aktualität und Anziehungskraft eingebüßt haben, ihren großen Kollegen wenig nach.

Dänemark

In Dänemark wirkte sich der persönliche Einfluß von Georg Brandes zunächst nicht dahingehend aus, daß eine auf die Probleme des praktischen gesellschaftlichen Lebens konzentrierte Literatur von nennenswertem Ausmaß entstand. Weltanschauungsfragen und Ideenkonflikte standen lange Zeit im Vordergrund. Beispielhaft dafür ist das Werk JENS PETER JACOBSENS (1847–85). Als zwanzigjähriger Student der Botanik an der Universität Kopenhagen lernte Jacobsen die Schriften von Charles Darwin kennen und fand sich durch dessen Theorien in seinem durch die Lektüre von Strauss und Feuerbach angeregten Atheismus bestätigt. An die Stelle des Glaubens an eine „willkürliche, übernatürlich-persönliche lenkende Macht“ trat die wissenschaftlich begründete Überzeugung von einer „klaren Naturordnung“, die ihrer eigenen Gesetzmäßigkeit folgte. Ebenso einschneidend war für den jungen Naturwissenschaftler und angehenden Schriftsteller die Erkenntnis, daß der Mensch denselben Naturgesetzen unterworfen war wie die Pflanzen- und Tierwelt und sich nicht länger als ein Wesen höherer Bestimmung verstehen durfte. Für die Verbreitung dieser Ideen wirkte Jacobsen mit der Abfassung populärwissenschaftlicher Artikel über Darwins Lehren und mit der Übersetzung von dessen Hauptwerken *On the Origin of Species* (Arternes Oprindelse 1872) und *The Descent of Man* (Menneskets Afstamning 1874) ins Dänische. Die künstlerische Gestaltung des neugewonnenen Natur- und Menschenbildes wurde nach Jacobsens eigener Aussage gefördert durch die Ermahnung Georg Brandes' an einen anderen Autor, nicht nur an die Natur, sondern auch an den Menschen den Blick des Naturforschers anzulegen. Als ein Versuch in dieser Richtung ist Jacobsens Erstlingswerk, die Erzählung *Mogens* (1872; dt. 1877) anzusehen. Die Titelperson durchlebt den Konflikt zwischen dem Ideal einer reinen, das Geschlechtliche negierenden, und der Wirklichkeit einer natürlichen, das Geschlechtliche bejahenden Liebe. Vom Ausgangspunkt eines dualistischen, romantischen Menschenbilds führt die Erzählung den Helden durch den Verlust des Glaubens an die höhere Wesenhaftigkeit des Menschen zur Versöhnung mit seiner Triebhaftigkeit, seinem Naturwesen. Die naturalistische Menschenauffassung bestimmt auch die Erzählperspektive; der Mensch erscheint nicht isoliert und nach eigenen Regeln agierend in der ihn umgebenden Natur, er ist Teil von ihr und in die Naturbeschreibung einbezogen als eine ihrer Arten. Dem heutigen Leser mag es schwerfallen, das radikale Neue an *Mogens* wahrzunehmen, zumal die Erzählung eine lyrische Pracht entfaltet, die den antiromantischen Ideengehalt Lügen zu strafen scheint. Aber hinter der für den Lyrismus Jacobsens charakteristischen Beseelung der Naturphänomene ist nicht mehr die romantische

Vorstellung von einem darin sich offenbarenden göttlichen Geist, sondern der Drang nach Erfassung des in der Natur selber angelegten, ihr immanenten Ordnungs- und Lebensprinzips wirksam. Nichtsdestoweniger setzt sich in der Aufrechterhaltung des Ganzheitsgedankens und in der Sehnsucht des Helden nach Höherem romantisches Empfinden fort und bewirkt eine Ambivalenz, die dem gesamten Schaffen Jacobsens eine nie ganz aufgelöste Spannung verleiht. Von Intellekt schon Naturalist, von Gefühl noch Romantiker, gestaltet Jacobsen in seinen beiden großen Romanen *Fru Marie Grubbe* (1876; Frau Marie Grubbe 1878) und *Niels Lyhne* (1880; dt. 1889) die Diskrepanz von Illusion und Wirklichkeit am Beispiel von Menschen, deren Streben nach Schönheit und Idealität sie an der Realität vorbeileben läßt. Zwar gelangen auch sie — wie Mogens — nach der Erkenntnis der Hohlheit ihrer Ideale zu relativer Harmonie mit sich und dem Dasein, aber die in der Schlußszene vom *Mogens* noch als Befreiung, als ein Positives gestaltete Rückführung des Menschen aus seiner idealistischen Verblendung trägt im Fall Marie Grubbes deterministische, im Fall Niels Lyhnes tragisch-fatalistische Züge. *Fru Marie Grubbe* ist ein historischer Roman — er trägt den Untertitel „Interieurs aus dem 17. Jahrhundert" —, doch ging es dem Autor nicht um die Rekonstruktion des Lebenslaufs der historischen Marie Grubbe, deren aufsehenerregender Abstieg von der Prinzgemahlin und Hofdame am dänischen Königshof zur Fährhauswirtin auf Falster bereits in Holbergs Episteln (→ 47) erwähnt und von Blicher (→ 101) ausführlich behandelt worden war. Jacobsen benutzt den historischen Stoff für eine psychologische Studie. Marie Grubbe durchläuft, als die von ihr geliebten Männer sich an ihren schwärmerisch-heroischen Idealvorstellungen und ihrer Liebeserwartung als unzulänglich erwiesen haben, die Stadien von Verbitterung und Selbsterniedrigung, Verzweiflung und Gleichgültigkeit, bis sie aufgrund „einer natürlichen Attraktion, der nicht zu widerstehen war", in der bedingungslosen Anpassung an einen robusten Mann aus dem Volk ihre innere Zufriedenheit findet. Der gesellschaftliche Abstieg wird in der Perspektive Jacobsens nicht zu einem Verfall des Menschlichen; im Gegenteil: es geht gerade um dessen Wiederherstellung, um die Selbstverwirklichung der Hauptperson, deren natürliche Bestimmung als Frau, so scheint Jacobsen zu meinen, in der Unterwerfung unter den Willen des starken Mannes besteht. *Niels Lyhne* weist eine analoge Handlungsstruktur auf. Dem idealistischen Aufbruch zu hohen Zielen folgt der Abbau sämtlicher Illusionen, auf die anschließende Phase der Gleichgültigkeit folgt resignierte Anpassung an „das Leben, wie es war". Es ist das Schema des naturalistischen Desillusionsromans, der nun den Bildungsroman der voraufgehenden Epoche ablöst und dessen optimistische Weltentwürfe sozusagen falsifiziert. Niels Lyhnes Bildungsziel ist nicht mehr objektiv vorgegeben, als die aus einer verbindlichen Ordnung abgeleitete Norm, sondern subjektiv aus seiner durch die romantische Mutter fehlgeleiteten Phantasie erträumt: er will das Große, d.h. für ihn, Dichter der neuen atheistischen Weltanschauung werden und zur Befreiung der Menschheit von einem Jenseitsglauben beitragen, der ihr diesseitiges Lebensglück verhindert. Aber dieser Vorsatz steht nicht nur im Widerspruch zur gesellschaftlichen Realität, zu der der Phantast Lyhne keinerlei Zugang hat, es gelingt ihm auch nicht, dem Neuen Form zu geben; sein Talent ist epigonal. Ähnliches erlebt er in der Liebe, wo ihm sein Idealisierungs- und Anbetungsdrang nur Niederlagen einbringt; erst mit einer kindlich ergebenen Siebzehnjährigen ist ihm ein kurzes Eheglück beschieden. Die Entfaltung der Persönlichkeit des Helden wird getreu dem Taineschen Schema von race, milieu, moment geschildert, und die Entwicklungslehre des psychologischen Naturalismus wird — mit einer Anspielung auf den biblischen Schöpfungsmythos — programmatisch deutlich dargelegt: „und alle Kindheitseinflüsse formen an dem weichen Ton, alles formt, alles hat Bedeutung, das, was ist, und das, was erträumt wird, das, was man weiß, und das, was man ahnt". Im Tod seiner jungen Frau und seines Kindes aber ist nur blindes, unerklärbares Schicksal am Werk, das mit unausweichlich scheinender Konsequenz schließlich auch Lyhne ereilt. Hier macht sich ein fatalistisches Moment bemerkbar, das den naturalistisch begründeten Determinismus übersteigt und einen Reflex der pessimistischen Stimmung der jungen Generation nach der Niederlage im deutsch-dänischen Krieg von 1864 darstellt — dem Krieg, in dem Niels Lyhne fällt. Mit Niels Lyhne hat Jacobsen eine Hamletfigur geschaffen, wie sie typisch ist für Umbruchzeiten, in denen etwas Neues sich anbahnt, das Alte aber noch fest genug verwurzelt ist, um tatkräftiges Handeln im Geist des Neuen zu verhindern.

Das nächstliegende literarische Vorbild war Turgenjews Rudin (aus dem gleichnamigen Roman), der für zahlreiche Haupt- und Nebenfiguren der Durchbruchsliteratur — und hier vor allem der dänischen — Pate gestanden hat: z.B. in Topsøes *Jason med det gyldne Skind* (1875; Jason mit dem Goldenen Vlies), Drachmanns *En Overkomplet* (1876; Ein überflüssiger Mensch), Schandorphs *Uden Midtpunkt* (1878; Ohne inneren Halt 1881), Bangs *Haabløse Slægter* (1880; Hoffnungslose Geschlechter 1900) oder in Norwegen Garborgs Roman mit dem bezeichnenden Titel *Trætte Mænd* (1891, Müde Seelen 1893, wörtl. Müde Männer). Die auffälligen dekadenten Züge in *Niels Lyhne* und in Bangs *Haabløse Slægter* — es handelt sich zudem bei beiden Hauptpersonen jeweils um den letzten Abkömmling eines einst bedeutenden Geschlechts — stehen dabei in einem merkwürdigen Kontrast zum Erwähltheitspathos der Helden, das vorausweist auf kommende Übermenschenphantasien, wie z.B. in Strindbergs *I hafsbandet* (→ 199). Daß der Typ des turgenjewschen problematischen Helden in solcher Weise zur Modeerscheinung wurde, ist weder ein isoliertes literarisches Phänomen noch läßt es sich aus der Niederlage von 1864 allein erklären. Aus der Orientierungslosigkeit und Überflüssigkeit Niels Lyhnes und seiner literarischen Brüder spricht das Bewußtsein der existentiellen Krise nach der Relativierung aller Werte. Zugleich aber kommt darin die Irritation der kritischen Intelligenz über eine Gesellschaft zum Ausdruck, die nicht mehr ehrfurchtsvoll zum Künstler als dem Verkünder einer höheren Wahrheit aufblickte, sondern ihre Wertschätzung nach dem Grad seiner Loyalität bemaß und unbequeme Kritiker moralisch ächtete oder bestenfalls ignorierte. Parallel zur ideologischen Konfrontation verläuft die Entwicklung auf der Ebene des Stils und der formalen Gestaltung. Jacobsens Werk ist beispielhaft für eine neue „aristokratische" Haltung, die den Autor ohne Rücksicht auf den traditionellen Geschmack ein Stilideal verfolgen ließ, das Originalität und äußerste Sensibilität der Wahrnehmung mit einer adäquaten sprachlichen Gestaltung zu vereinen suchte. Auch darin von Turgenjew beeinflußt, schuf Jacobsen einen impressionistischen Prosastil, der sich vom herkömmlichen epischen Erzählstil durch Auflösung der kontinuierlichen Handlung in eine lockere Szenenfolge, ausgedehnten Gebrauch der erlebten Rede und durch sprunghafte, nur oberflächenhaft registrierende Wiedergabe subjektiver Sinneseindrücke unterscheidet. Die Forderung des Naturalismus nach strenger Objektivität, die nur noch die Schilderung dessen zuließ, was die jeweils handelnden Personen wahrzunehmen in der Lage sind, ist damit in einen Subjektivismus umgeschlagen, der nun die gesellschaftliche wie die weltanschauliche Atomisierung auf der Ebene des Stils reproduziert. Die abgründige Erfahrung der Entfremdung bricht sich auch in Technik und Thematik der lyrischen Dichtung Jacobsens Bahn (*Digte og Udkast*, postum 1886; Gedichte und Entwürfe); in den Arabesken „exemplifiziert Jacobsen die Isolation, Irrealität und Identitätslosigkeit des modernen Individuums" (B. Glienke) mit einer artistischen Radikalität, die den Zeitgenossen bizarr und rätselhaft erschien und erst in jüngster Zeit als frühestes Zeugnis der klassischen Moderne in Skandinavien gewürdigt worden ist.

Die heutige Einschätzung HOLGER DRACHMANNS (1846—1908) steht dagegen im umgekehrten Verhältnis zum überwältigenden Umfang seiner Produktion. Wie Jacobsen war Drachmann Mitglied der von Brandesanhängern 1872 gegründeten Literaturgesellschaft. Im gleichen Jahr erschien — nach einer Ermunterung des von Drachmanns aufrührerischen Tönen beeindruckten Georg Brandes — die Sammlung *Digte* (Gedichte). In Stoffwahl und Thematik hat sie stellenweise den Charakter eines lyrischen Kompendiums der Durchbruchsliteratur. Eine kühne Innovation stellt die Behandlung des großstädtischen Proletariats in *Engelske Socialister* und *King Mob* dar, doch die klassenkämpferische Pose, die der Dichter hier einnimmt, erscheint weniger politisch als poetisch motiviert; es handelt sich um eine Ausweitung des poetischen Blickfelds auf bis dahin nicht literaturfähige Sujets, wobei der Provokationseffekt des Ungewohnten und die Wirkung des fremdartigen Kolorits kalkuliert waren. Programmatisch für die gesamte Bewegung ist *Ude og Hjemme* mit seiner antibürgerlichen Protesthaltung, die auch in den zahlreichen Rollengedichten dieser und der folgenden Sammlung *Dæmpede Melodier* (1875; Gedämpfte Melodien) wiederkehrt. Teils burschikos und volkstümlich, teils heroisch-pathetisch, präsentiert sie sich in einer bunten Skala von Verkörperungen, die eher dem Personenarsenal der folkloristischen Romantik als dem einer problembewußten, modernen Dichtung angehören. Schipper, Handwerker, Landsknecht und isländischer Landnahmemann: sie alle verkünden die Philosophie eines freien, von Bindungen und Bevormundung unbeschwerten Daseins. Man hat Drachmann als den Begründer der Indignationsliteratur des modernen Durchbruchs bezeichnet, doch seine frühen Werke zeugen eher von einer temperamentgebundenen Vorliebe für das derb Natürliche, das er gegen die Zahmheit der bürgerlich-biedermeierlichen Lebensform ausspielt. In *Sange ved Havet* (1877; Gesänge am Meer) hat sich dieses Temperament auch gegenüber der lyrischen Formtradition der Nachromantik durchgesetzt. Drachmann erreicht hier durch individuelle, variable Strophenformen und freie, dem natürlichen Sprachrhythmus angepaßte Verse sowie durch gezielte, von aller Schematik gelöste Verwendung des Reims eine Spontaneität und Intensität des Ausdrucks, die seiner Stimmungspoesie vollkommen adäquat ist. Thematisch bewegte sich der Dichter immer mehr in eine dem modernen Durchbruch entgegengesetzte Richtung, suchte seine Stoffe fern der Problemdebatte im Volkstümlichen und Nationalen und galt nach seinem öffentlichen Bruch mit Brandes im Jahre 1883 als der Dichter des Bürgertums, das er in *Léon Gambetta* (1883) als die „von der Kultur geologisch abgelagerte", breite Schicht, als staatstragende Kraft zwischen den Extremen besang. Drachmanns Popularität beruhte auf der Gefälligkeit und Harmlosigkeit seiner am Publikumsgeschmack orientierten, unaufhörlich fließenden Produktion. Märchenspiele wie *Princessen og det halve Kongerige* (1878; Die Prinzessin und das halbe Königreich) und *Det var engang* (1885; Es war einmal 1895), Reisebetrachtungen wie *Skyggebilleder fra Rejser i Indland og Udland* (1883; Schattenbilder von Reisen im Inland und Ausland) — das im Abschnitt „Ostende — Brügge" die Abrechnung mit dem Brandesianismus enthält — und die späten *Melodramer* (1895, Melodramen) stellen zeitgenössische Unterhaltung dar. Der Roman *Forskrevet I-II* (1890; Verschrieben I-II 1904) ist mit seinen subjektiven Kommentaren über die geistige Orientierungslosigkeit der dänischen Gegenwart und mit seiner kolportagehaften Handlung ein ganz und gar Drachmannsches, zugleich aber ein ungemein zeittypisches Buch. Das thematische Schwergewicht liegt auf der für das späte 19. Jahrhundert so problematisch gewordenen Beziehung zwischen den Geschlechtern, die Drachmann in seine umfassende Kulturkritik einbezieht. Die sich anbahnende Emanzipation der Frau, die die Autoren des modernen Durchbruchs theoretisch zwar befürworteten, deren praktischen Auswirkungen sie aber höchst ambivalent und in ihrem eigenen Rollenverständnis verunsichert gegenüberstanden, wird hier mit einem neuen Madonnenkult beantwortet. Keuschheitsverherrlichung und Liebesmystizismus, bei gleichzeitiger Verteufelung der weiblichen Sinnlichkeit, die den Mann erniedrige, sind geprägt von jenem Irrationalismus, der die gesamte Lebensanschauungsdebatte in der Literatur der 90er Jahre dominierte. Dekadenz und fin-de-siècle-Stimmung kulminieren am Ende in einer Untergangsvision, doch ideologisch gesehen weist der am Schluß verkündete Liebesgedanke — gemeint ist nun eine die politische Zersplitterung überwindende Liebe zur Nation, zur gemeinsamen dänischen Erde, Sprache und Kultur — über den dekadenten Untergangswunsch hinaus in eine konservative Richtung.

Zum engeren Kreis um Georg Brandes gehörten neben dessen Bruder Edvard noch einige Autoren, deren Namen heute fast vergessen sind: SOPHUS SCHANDORPH (1836—1901), KARL GJELLERUP (1857—1919) und ERIK SKRAM (1847—1923). Zuweilen erschlägt in ihren Werken die Tendenz die Kunst, wenn die Problemdebatte in die Romanhandlung verlegt und diese mit ermüdenden Diskussionen befrachtet ist. So beschreiben die beiden großen Entwicklungsromane, Schandorphs *Thomas Fris's Historie* (1881; Die Geschichte des Thomas Fris) und Gjellerups *Germanernes Lærling* (1882; Ein Lehrling der Germanen) eher die Erweckung als die Entwicklung junger Männer, die sich von konservativen nationalliberalen Idealen lösen und zu Freidenkern und Folketingabgeordneten für die fortschrittliche Linke werden. Während Schandorph zeitlebens der „Bewegung" treu blieb, brach Gjellerup 1885 mit dem Brandesianismus und wandte sich unter dem Eindruck der griechischen und deutschen Klassik einer „höheren" Tragödiendichtung und indischer Religionsphilosophie zu. Der von 1892 bis zu seinem Tode in Dresden ansässige Autor steht mit seinen in diesem Zeitraum entstandenen Werken außerhalb der literarischen Entwicklung seines Heimatlands. Den Namen Erik Skram verbindet die Nachwelt meist eher mit dem seiner Frau Amalie Skram (→ 192) als mit seinem eigenen literarischen Werk. Von diesem ist nur noch der Roman *Gertrude Coldbjørnsen* (1879), die tabusprengende Schilderung der Mesalliance zwischen einem blutjungen Mädchen und einem älteren Advokaten, als skandalauslösendes Zeitdokument interessant.

Als Schriftsteller blieb auch EDVARD BRANDES (1847—1931) blaß, obwohl er zahlreiche Schauspiele — nach eigener Aussage „dramatisierte Zeitungsartikel" — und mehrere Romane schrieb. Sein eigentliches Metier war die Publizistik, und hier wirkte er als Theaterkritiker, Rezensent und Kulturpolitiker unermüdlich für die Verbreitung der progressiven Ideen des modernen Durchbruchs. Zusammen mit seinem Bruder gab er 1874—77 die Zeitschrift *Det nittende Aarhundrede*, das Organ der ersten Durchbruchsgeneration, heraus, war 1884 Mitbegründer der linksliberalen Tageszeitung *Politiken* und von 1901 bis 1904 deren Chefredakteur. Edvard Brandes' Wahl zum Abgeordneten für die radikalliberale Venstrepartei im Jahre 1880 dürfte für den Entwicklungsgang der Helden in *Thomas Fris's Historie* und *Germanernes Lærling* als Vorbild gedient haben.

Im Jahre 1883 veröffentliche Georg Brandes eine Übersicht über die jüngste Literatur, deren Titel *Det moderne Gjennembruds Mænd* (Die Männer des modernen Durchbruchs) der gesamten Bewegung ihren Namen gegeben hat. Vergebens sucht man darin den Namen eines Autors, der bereits vier Jahre zuvor eine ähnliche Darstellung der neuesten Tendenzen in der dänischen (und französischen) Literatur geschrieben und zudem mit *Haabløse Slægter* (1880; Hoffnungslose Geschlechter 1900) einen Roman über die „verlorene Generation" nach 1864 herausgebracht hatte, den zumindest das konservative Establishment als so modern und sittengefährdend ansah, daß es gerichtlich gegen das Buch und seinen Autor vorging. HERMAN BANG (1857—1912) gehörte indessen nicht zum Brandeskreis und stand der Forderung nach tendenziöser Problemdebatte in der Literatur zeitlebens ablehnend gegenüber. Die programmatischen Passagen in *Realisme og Realister* (1879; Realismus und Realisten) machen die Distanz zu Brandes deutlich. Wo dieser inhaltliche Forderungen an die Literatur stellt, erhebt Bang formale und stilistische. Zunächst erklärt er gegen die ältere Auffassung von der Dichtung als einem jenseits aller alltäglichen Wirklichkeit existierenden Reich für sich, man werde Dichter, „nicht weil man über seiner Zeit steht, sondern weil man ihr vollkommener, lebender Ausdruck ist". Das hätte auch Brandes unterschrieben; kaum aber die anschließende Feststellung Bangs, der Realismus sei keine Weltanschauung mit einer bestimmten Tendenz, sondern eine Methode objektiver Wirklichkeitsschilderung. Der realistische Autor lasse durch eine Sammlung von Bildern die Wirklichkeit selber sprechen und so „das Leben moralisieren", weil die „Fakta des Lebens überzeugender sind (. . .) als [des Autors] private Meinung". Erstaunlich klar sieht der junge Bang den Zusammenhang zwischen der Form des Werks und seinem Wahrheitsgehalt. Diese soll der Vielgestaltigkeit und Widersprüchlichkeit der wahrnehmbaren Phänomene Rechnung tragen und deshalb nicht mehr einem nach Einheit strebenden Kompositionsprinzip — das letztlich einen Willkürakt auf seiten des Autors voraussetzt — unterworfen werden. Der Stil soll malen können, heißt es im Abschnitt über „Forfatteren af 'Jason'" — den in Brandes' Übersicht ebenfalls übergangenen Vilhelm Topsøe (→ 158) — und Bang fährt fort: „Von der Sprache in den Händen eines Autors fordern wir sowohl Farben als Töne, — Malerei und Musik lautet unser Wahlspruch an die Form (. . .) wir geben die Gesetze auf, lassen die Gesetzlosigkeit zu und verwerfen viele Regeln . . ." Der Romanverfasser müsse in einer Zeit, da der Roman alles aufsauge, auch alles können, also auch Dramaturg sein: „Seine Dialoge müssen zugleich die Kraft der Szene und die Wahrheit des Lebens haben." Die theoretischen Überlegungen, die der gerade Zweiundzwanzigjährige hier zum Problem eines zeitgemäßen Realismus anstellte, laufen auf eine Poetik des impressionistischen Prosastils hinaus, wie er bereits von J. P. Jacobsen vorbereitet worden war. Herman Bang entwickelte ihn zur Vollendung. Während in *Haabløse Slægter* der Erzähler noch kommentierend — und moralisierend — gegenwärtig ist, tritt er in den folgenden Romanen und Erzählungen völlig in den Hintergrund und überläßt es dem Leser, seine eigenen Schlüsse zu ziehen. Der kurze Roman *Ved Vejen* (Am Wege 1887) aus der Sammlung

Stille Eksistenser (1886; Stille Existenzen) zeigt die szenische Darstellungsweise bereits voll ausgebildet. Es ist die von Melancholie erfüllte Geschichte einer unerfüllten Liebe zwischen zwei Menschen, denen durch die Umstände eine Vereinigung versagt wird. Doch diese Geschichte wird nicht erzählt im herkömmlichen Sinn, sie spielt sich ab vor dem Leser, der das Geschehen miterlebt. Die Personen treten auf und agieren, ohne eingeführt und „beschrieben" zu werden; ihr Handeln und Reden charakterisiert sie. Fast immer bei Bang setzt die Handlung mitten in einer Bewegung oder in einem Gedanken ein, so auch hier: „Der Stationsvorsteher wechselte die Jacke zum Zug. — Teufel wie die Zeit vergeht, sagte er und reckte die Arme. Er war ein wenig über den Rechenschaftsbüchern eingenickt." Diese Dynamik setzt sich fort; neue Personen treten auf, werden wie mit einer langsam schwenkenden Kamera für einen Moment ins Bild gebracht, eine Geste, eine Haltung, ein Blick oder eine Bemerkung werden eingefangen, dann erfolgt ein neuer Perspektivenwechsel. Solche Augenblicksbilder fügen sich zu einem Situationsganzen von atmosphärischer Dichte zusammen, aus dem nach und nach die einzelnen Personen, Konturen annehmend, als Persönlichkeiten hervortreten. Auch die Nebenfiguren gewinnen bei Bang volles Leben; die Hauptfiguren ihrerseits stehen nie losgelöst von ihrem sozialen Umfeld da, sind deshalb selten dominierend. Bangs Themen — wenngleich angesichts des oben Gesagten der Begriff problematisch erscheint — liegen daher auch stets im sozialen, gesellschaftlichen Bereich. Als Außenseiter der Gesellschaft — er war homosexuell und deswegen unzähligen öffentlichen und privaten Demütigungen ausgesetzt — hatte Bang ein Gespür auch für die subtilsten Diskriminierungs- und Unterdrückungsmechanismen. Doch Vereinsamung, Desillusion und verhinderte Selbstverwirklichung werden nicht aufdringlich thematisiert, sondern in der Handlung selber gestaltet. Bangs psychologisches Beobachtungsvermögen schlägt sich in feinsten Nuancen der Dialogführung und der Wiedergabe menschlicher Reaktionsweisen nieder. So gelingt es ihm, das Innere der Personen, ihre Stimmungen, Antipathien und Sympathien, ja selbst ihre verschwiegenen Absichten an ihrem Verhalten in Erscheinung treten zu lassen. Aus Einzelporträts setzt sich so ein Gesellschaftsbild zusammen, das in der Aufdeckung von Verhaltensmustern häufig satirische und damit letztlich kritische Züge aufweist. *Ved Vejen* schildert nicht nur das vorübergehend durch eine stille Liebe aufgehellte, ansonsten triste Dasein der Stationsvorsteherfrau Katinka Bai an der Seite eines einfältig eitlen Mannes, es entwirft auch ein Bild der Schalheit und Freudlosigkeit des dänischen Provinzlebens am Beispiel einer Vielzahl von Nebenfiguren. In *Stuk* (1887; Zusammenbruch 1913, auch Stuck) ist die Hauptperson Herluf Berg fast ganz zurückgenommen in das kaum überschaubare Personengewimmel der Kopenhagener Gesellschaft, die den Roman bevölkert — man hat das Buch zu Recht als Kollektivroman, als den Roman einer Stadt bezeichnet. Der wirtschaftliche Aufschwung der dänischen Hauptstadt in den 1870er Jahren und ihre hochfliegenden Weltstadtambitionen bilden den Hintergrund für eine Handlung, in deren Verlauf die mit der Eröffnung eines neuen Theaters verknüpften Erwartungen des künstlerischen Direktors Herluf Berg zunichte werden. Fehlgeschlagene Spekulationen und Schwindelgeschäfte schälen sich nach und nach heraus als der trügerische Grund, auf dem Berg seine Träume von einer glanzvollen Zukunft für das kulturelle Leben Kopenhagens errichtet hat. Zu den wirkungsvollsten Szenen Bangs — nicht nur in diesem Roman — gehören Massenauftritte, Gesellschaften, Bälle und dgl. Das Leben des mittleren und gehobenen Bürgertums mit seinen Behauptungszwängen und Abgrenzungsmechanismen ist nirgendwo in der dänischen Literatur treffender geschildert als hier. Bang gestaltet mit Vorliebe die Situation von Menschen, die am Rand oder außerhalb solcher geschlossenen Kreise stehen, oder von Menschen, die das Glück für kurze Zeit narrt, um dann doch zu entschwinden. Meistens aber sind es nicht, wie in *Stuk*, konkret faßbare Faktoren, die zu einem bitteren Ende führen. Von Anfang an hat das Glücksstreben der Bangschen Personen etwas Vergebliches, sind sie einem Determinismus des Scheiterns unterworfen. Ursprünglich darwinistisch, als erbbedingt und insofern noch individuell motiviert — in *Haabløse Slægter* und *Fædra* (1883; Gräfin Urne 1887) entstammen die negativen Helden Geschlechtern, deren Kraft erloschen ist —, ist dieser Determinismus in den späteren Werken verallgemeinert und zur unüberwindlichen conditio humana geworden. Der Niederlage von 1864 kommt in diesem Zusammenhang besondere Bedeutung zu, sie wird zum Scheidepunkt zwischen glücklicher Vergangenheit und glückverlassener Gegenwart. In *Tine* (1889; dt. 1903) nimmt das Kriegsereignis mythische Dimension an, wird zum Sündenfall der Nation, in den die Individuen heillos verstrickt sind. Nur die Erinnerung an eine harmonische Zeit ungetrübter Lebensfreude ist den Menschen geblieben. Da es sich bei Rückblicken dieser Art — in *Tine* und *Ludvigsbakke* (1896; Ludwigshöhe 1908) sind sie strukturbildend — immer um Kindheitserinnerungen handelt, liegt es nahe, einen Reflex der Biographie des Autors in ihnen zu sehen. Aber die Anziehungskraft und der künstlerische Wert der Arbeiten Bangs liegen weniger im Inhaltlichen — geschweige denn in den zugrundeliegenden persönlichen Erfahrungen — als in der Sensibilität seiner schriftstellerischen Methode. Diese ermöglichte ihm eine Menschen- und Gesellschaftsschilderung, die seinen eigenen Ausdruckswillen an Ausdruckskraft möglicherweise noch übertrifft. Denn in der Isolation Bangscher Individuen, die bezeichnenderweise gerade in Gruppenszenen am eindrucksvollsten gestaltet ist, nimmt der moderne Leser stellenweise deutliche Entfremdungsphänomene wahr, wo die Darstellung Bangs eine schicksalhaft unausweichliche Bestimmung nahelegt. Auch wenn Bang eine kritische Gesellschaftsanalyse aus politischer Sicht, wie sie der Forderung von Georg Brandes entsprochen hätte, nicht angestrebt hat, so hat er doch das zerrüttete Selbstbewußtsein und die Perspektivlosigkeit der bürgerlichen Gesellschaft des ausgehenden 19. Jahrhunderts mit einem Scharfblick beobachtet und mit einer Genauigkeit ins Bild gesetzt, wie sie in Dänemark zu seiner Zeit ohne Beispiel waren. Aber auch Bang selber hatte keine Perspektive, daher die nostalgischen und z.T. naiv idyllischen Rückblicke, daher die Schwermut und stille Resignation seiner Gestalten. *Mikael* (1904; Michael 1906) und *De uden Faedreland* (1906; Die Vaterlandslosen 1912) sind Künstler- und Liebesromane, stark gefärbt von des Autors persönlicher Problematik und ohne die Ausstrahlungskraft der vor der Jahrhundertwende entstandenen Hauptwerke.

Die dänische Literatur des modernen Durchbruchs ist ihrem Wesen nach, auch und vielleicht gerade da, wo sie die Kritik an der bestehenden Gesellschaft am weitesten treibt, ausgeprägt bürgerlich. Zwar ist sie radikal und oppositionell, doch die Perspektive ihrer Fragestellungen ist eingeschränkt auf das bürgerliche Individuum, seine Konflikte, seine Identitätskrisen und seine Selbstverwirklichung. So betrachtet, haben auch die besten Werke Bangs, Drachmanns und Jacobsens etwas von Selbstbespiegelung an sich, sind ihre Melancholie und ihre Resignation Symptome der Selbstgenügsamkeit und der Abkapselung, die die bürgerliche Gesellschaft in großem Stil, nur auf einer anderen Ebene, der ökonomischen und politischen nämlich, betrieb. So ist es nur natürlich, daß kaum ein Werk der Zeit in einem anderen als bürgerlichen Milieu spielt. Auch in Drachmanns Schilderungen des unverfälschten Volkslebens gibt sich die Nostalgie und das Kompensationsbedürfnis des seinen natürlichen Zusammenhängen entfremdeten Bürgers zu erkennen. Eine gewisse Ausweitung der Perspektive findet sich allenfalls bei Sophus Schandorph, z.B. in den Erzählungen *Fra Provinsen* (1876; Aus der Provinz), doch überwiegen bei ihm die humoristisch gezeichneten Typen als Träger gewisser positiver oder negativer Grundeigenschaften; als Repräsentanten eines fundamental andersartigen Milieus können sie nicht gelten.

Von einer sozialen Indignationsliteratur konnte erst die Rede sein, als der junge HENRIK PONTOPPIDAN (1857—1943) eine Reihe von Erzählungen über das ländliche Proletariat veröffentlichte, die alles andere waren als ein naiv idealisierendes Lob des Landlebens. Die besten dieser Erzählungen enthält der Band *Fra Hytterne* (1887; Aus ländlichen Hütten 1896).Pontoppidan nannte sie später Naturstudien und kennzeichnete damit die darwinistische Sehweise, die bereits auf einer der ersten Seiten mit der Formel vom Kampf ums Dasein programmatisch angedeutet wird. Diesen Kampf ums Dasein und seine dehumanisierenden Auswirkungen auf die Betroffenen schildert der Autor in krasser naturalistischer Manier, ohne allerdings als objektiver Erzähler hinter das Erzählte zurückzutreten. Im Gegenteil, mit ironischen und sarkastischen Kommentaren setzt er zusätzliche Akzente und stellt sich auf die Seite der Ausgebeuteten und Notleidenden, konstatiert aber auch bereits deren Unfähigkeit zum Widerstand. Letztere wird — übertragen auf das ganze dänische Volk — zum Hauptmotiv der Erzählungen in *Skyer* (1890; Wolken), in denen die Passivität der Bevölkerung während der Zeit der diktatorischen

„Provisoriums"-Regierung des Konservativen Estrup in satirischen Bildern als Feigheit, Dummheit und Degenerationserscheinung charakterisiert wird. Die Menschen haben den elementaren Freiheitswillen verloren, sie sind zivilisiert und damit anpassungsfähig geworden. Ein greiser anarchistischer Revolutionär fordert die Leute auf, ihre Kinder zu verstoßen und der brutalen Wirklichkeit des Existenzkampfes auszusetzen, damit sie wieder zur bedingungslosen Selbstbehauptung zurückfänden. Aber die Menschen wenden sich ab, des Alten Kampfruf „Es lebe das Lumpengesindel!" bleibt ohne Echo. Anarchistischer Einfluß macht sich auch darin bemerkbar, daß politisches Handeln entweder als vergebliches Bemühen dargestellt oder als formalistische Heuchelei desavouiert wird. Schon der kurze Roman *Isbjørnen* (1887; Der Eisbär 1902) hatte mit seinem bissigen Schlußwort „Ihr habt die Tyrannen, die ihr verdient" eine Wendung des Autors vom altruistischen Engagement zur Menschenverachtung angekündigt, die nun unter dem Eindruck der Lektüre Nietzsches — den Georg Brandes in den Norden vermittelt hatte (→ 203) — ganz vollzogen wird. In dem dreiteiligen Roman *Det forjættede Land* (1891—1895; Das gelobte Land 1908) greift Pontoppidan aus der Position des scheinbar über den Dingen Stehenden das Motiv des idealistischen Altruismus und des damit einhergehenden religiösen und politischen Fanatismus auf. Emanuel Hansted, die zentrale Gestalt des Buchs, das breit angelegte Volksschilderung und ein Ideenroman zugleich ist, erinnert in seiner Kompromißlosigkeit an Ibsens *Brand* (→ 173). Hansted ist Pfarrer und fühlt sich berufen, die Menschen in ein wahrhaft glückliches Dasein zu führen, scheitert jedoch an den Realitäten und an seiner eigenen Unzulänglichkeit. Aber der Autor gibt damit kein endgültiges Urteil ab, nicht einmal ein eindeutiges, denn die seiner Erzählweise eigene Ironie läßt, da sie nach allen Seiten gleichmäßig verteilt ist, Zweifel offen, wie seine Position in dem von ihm behandelten Ideenkonflikt einzuschätzen ist. In Wirklichkeit steht er nicht über den Dingen, sondern unentschieden zwischen ihnen, von gegensätzlichen Polen zugleich angezogen und abgestoßen. Aus dieser ambivalenten Grundhaltung löst er sich mittels der Ironie, die somit zum ästhetisch konstitutiven Gestaltungselement wird. Die Folge ist eine Mehrdeutigkeit, die keine feste Orientierung mehr zuläßt und nur noch die Relativität aller Wertorientierungen demonstriert. Dies ist, wiewohl bei Pontoppidan besonders deutlich ausgeprägt, kein auf seine Person bzw. sein Werk beschränktes, isoliert zu sehendes Phänomen. Seit dem Beginn der 1890er Jahre mehrt sich im Norden die Zahl der Werke, in denen die Autoren der ersten Durchbruchsgeneration sich von bis dahin vertretenen Positionen zu distanzieren scheinen, ohne indessen zu einer Akzeptierung des Bestehenden bereit zu sein. An der Praktikabilität früherer Aufklärungs- und Weltverbesserungskonzepte irre geworden, experimentieren sie mit Standpunkten, ohne selber sich noch auf einen festzulegen. Wo es dennoch den Anschein hat, ist der Autor häufig durch eine ironische Distanz so weit von seiner Fiktion abgerückt, daß seine Auffassung im Werk nicht zu identifizieren ist. Besonders prägnante Beispiele solcher Offenheit sind Strindbergs *I hafsbandet* (⟶ 199), Garborgs *Trætte Mænd* (⟶ 191) oder um die Jahrhundertwende die Romane Hjalmar Söderbergs (⟶ 299), aber auch Ibsens *Bygmester Solness* (⟶ 182) ist in diesem Zusammenhang zu sehen.

Pontoppidans zahlreiche Kurzromane sind entweder in sich ambivalent oder untereinander widersprüchlich. Ein Beispiel für das erstere ist *Nattevagt* (1894; Nachtwache 1896), wo zwei Maler mit völlig konträren Kunstauffassungen einander gegenübergestellt werden. Der eine ist dogmatischer Verfechter einer realistischen, sozialkritischen Kunst, der andere Vertreter des neuromantischen l'art-pour-l'art-Standpunkts. Der Autor, so hat es den Anschein, steht hinter beiden. Pontoppidans Hauptwerk ist der in den Jahren 1898 bis 1904 in acht Teilen erschienene Roman *Lykke-Per* (Hans im Glück 1907), dessen Held sich gegen das lebensfeindliche Milieu des elterlichen Pfarrhauses auflehnt und nach Kopenhagen geht, um sich zum Ingenieur auszubilden. Fortschrittsgläubig entwirft er große technische Pläne, findet die Unterstützung einflußreicher Kreise und scheint auf dem Weg zum Glück stetig voranzuschreiten, als ihn sein Herkunftsmilieu wieder einholt. Er verfällt in Grübelei über den Tod und den Sinn des Lebens, gibt seinen Beruf auf und zieht sich nach Jütland zurück. Dort gründet er eine Familie und lebt ein anspruchsloses Leben als Landvermesser. Aber auch hier findet er nicht zu sich selbst, verläßt Heim und Familie und zieht allein in den äußersten Nordwesten des

Landes, wo er in kontemplativer Selbstversunkenheit Frieden mit sich und das Glück der Erkenntnis seines wahren, inneren Wesens findet. Als Entwicklungsroman markiert *Lykke-Per* ein Stadium so abgründiger Irritation über die Gegenwart, daß wahre Selbstverwirklichung des Individuums nur in der Aufkündigung aller sozialen und gesellschaftlichen Bindungen als möglich angesehen wird. Hatte Niels Lyhne immerhin noch eine gewisse Befriedigung im Leben mit seiner Familie und schließlich sogar das Gefühl erfahren, nicht länger ein überflüssiger Mensch zu sein, so entzieht sich Lykke-Per den Ansprüchen zwischenmenschlicher Verbindlichkeit, um in „göttlicher Nacktheit" seiner Bestimmung inne zu werden. Seine Erkenntnis, daß jeder Mensch ein eigenes Universum sei, impliziert die bewußt vollzogene Abgrenzung und den Verzicht auf Verantwortlichkeit für den Mitmenschen. Befragt, wie man das höchste Lebensglück erreichen könne, antwortet der Einsiedler: Darin könne kein Mensch dem andern raten, jeder müsse sich dem Instinkt der Selbstentfaltung überlassen, der in allem Geschaffenen angelegt sei. Der einst als Techniker die Natur hatte zähmen wollen, beschließt so sein Leben als Naturmystiker; in seinen hinterlassenen Aufzeichnungen findet sich mehrmals der unterstrichene Satz: „Die Natur ist reich, die Natur ist weise und barmherzig!"

Man hat in *Lykke-Per* vor allen Dingen die Kritik an der „nationalen Erbsünde", der Halbheit und Lauheit des dänischen Volkscharakters wahrgenommen, dem der Autor einen Menschen entgegenstelle, der den Mut besitzt, ganz er selbst zu sein. Um das gleiche seinen norwegischen Landsleuten vorzuhalten, hatte vierzig Jahre vor *Lykke-Per* Henrik Ibsen seinen *Brand* geschrieben, über den Georg Brandes in seiner berühmten Vorlesung 1871 gesagt hatte, er wisse nicht, ob das Werk Reaktion oder Revolution sei, soviel habe es von beiden. Angesichts des *Lykke-Per* hat Brandes sich diese Frage nicht gestellt; auch er hatte sich gewandelt und in den 1890er Jahren einem Persönlichkeitskult geistesaristokratischer Prägung zugewandt, der als Reaktion auf die negative Haltung der Zeitgenossen zu der Bewegung des modernen Durchbruchs und als Kompensation für die damit verbundenen Frustrationserlebnisse verstanden werden kann. Brandes' Wendung ist, wie aus dem oben (⟶ 169) Gesagten hervorgeht, kein Einzelfall, sondern symptomatisch für eine Neuorientierung der ganzen, inzwischen allerdings nicht mehr geschlossenen Bewegung. Mit der antizivilisatorisch motivierten Weltfluchthaltung hat auch *Lykke-Per* teil an der irrationalen, subjektivistischen Strömung der skandinavischen Jahrhundertwende, die in Norwegen und Schweden neutral nach dem Dezennium als die Literatur der 90er Jahre, in Dänemark zuweilen als „seelischer Durchbruch" bezeichnet wird. Stilistisch stand Pontoppidan dem Symbolismus der 90er Jahre fern: in Sprache und Form strebte er nach immer größerer Klarheit und Einfachheit. Als souveräner Epiker zeigt er sich auch in seinem dritten großangelegten Romanwerk *De Dødes Rige* (1912—16; Das Totenreich 1920), das die Zeitkritik des *Lykke-Per* noch schärfer und pessimistischer fortführt und schon im Titel Pontoppidans Urteil über die technische Zivilisation und die geistig-seelische Verarmung des modernen Menschen ausspricht.

Im Gegensatz zum aristokratischen Stilideal Jacobsens und Bangs, das von den jungen Symbolisten weiterverfolgt wird, vertritt Pontoppidan stilistisch und stofflich — wenn auch nicht immer thematisch — die volkstümliche Linie in der dänischen Literatur. Mit seinen frühen sympathetischen Schilderungen der armen Landbevölkerung wurde er zum Anreger und Vorbild für eine Reihe von Autodidakten, die, im Kleinbauern- und Häuslermilieu aufgewachsen, aus eigener Erfahrung über die Verhältnisse auf dem Land zu schreiben begannen. Es ist mißlich, die Bezeichnung für diese Literatur (dän. hjemstavnsdigtning) mit dem deutschen Begriff Heimatdichtung wiederzugeben, denn dieser weckt Assoziationen an gefühlsbeladene Bauernromantik, die angesichts des sozialkritischen und agitatorischen Charakters dieser in den späten 90er Jahren aufkommenden Literatur fehl am Platz sind. Mit Martin Andersen Nexø (→219), Johan Skjoldborg (→216) und Jeppe Aakjær (→216) meldet sich der vierte Stand in der dänischen Literatur zu Wort, politisch zielbewußt und aus einem Selbstverständnis heraus, das aus Klassenbewußtsein und Solidarität einen Fortschrittsglauben zieht, der den bürgerlichen Autoren des modernen Durchbruchs verlorengegangen war.

Anders als in Dänemark, wo der moderne Durchbruch mit dem Auftreten einer neuen Schriftstellergeneration verbunden war und sich deshalb markant gegen die voraufgehende Epoche abhebt, verlief die Entwicklung in Norwegen. Hier wurden die modernen Impulse zuerst von Autoren aufgegriffen, die mit ihren frühen Werken noch ganz der Nationalromantik (→ 93) und dem daraus hervorgegangenen poetischen Realismus (→ 123 f.) verpflichtet waren. So vollzog sich der Übergang nicht als offener Bruch mit dem alten, sondern in Form eines allmählichen Wandels. Am dramatischen Werk HENRIK IBSENS (1828—1906) sind die Phasen dieses Übergangs und die weitere Entwicklung bis zur Jahrhundertwende fast paradigmatisch ablesbar. Im Freiheitspathos der in Grimstad entstandenen Jugenddichtung und des ersten Dramas *Catilina* (1850; dt. 1896) vermischt sich der Eindruck der revolutionären Ereignisse in Europa im Jahr 1848 mit literarischem Einfluß von Skakespeare, Schiller und Oehlenschläger. Nach einem kurzen Intermezzo in der Hauptstadt Christiania (heute Oslo), wo Ibsen engen Kontakt zu oppositionellen Kreisen und zur revolutionären Arbeitervereinigung des utopischen Sozialisten Marcus Thrane unterhält, bis diese von der Polizei zerschlagen wird, findet er eine Anstellung als Dramaturg an „Det Norske Teater i Bergen". Die Gründung dieser Bühne — wie auch des „Norske Teater" in Oslo — war Ausdruck des umfassenden nationalen Selbstfindungsprozesses, der das kulturelle Klima Norwegens in den Jahrzehnten um die Jahrhundertmitte prägte. Unter diesem Aspekt ist auch die Verpflichtung des jungen Dramaturgen zu sehen, jährlich ein Stück zu schreiben und zum Gründungstag des Theaters zur Aufführung zu bringen. Die so entstandenen Bergenser Stücke dokumentieren Ibsens Ehrgeiz, im nationalromantischen Geist eine Dramatik von spezifisch norwegischer Eigenart zu schaffen. Sie sind deshalb vor allem historisch interessant, künstlerisch dagegen sind sie unfrei, da die Orientierung an alten nordischen Überlieferungen und Folkevisestoffen (→ 122) höchstens dem Nachholbedürfnis an nationalen Identifikationserlebnissen Rechnung trug, nicht aber der relativen politischen und ökonomischen Fortgeschrittenheit des Landes und den sich daraus ergebenden realen Problemen. Kierkegaards rigoristische Philosophie mit ihrem Absolutheitsanspruch trug kaum dazu bei, den Realitätssinn des jungen Ibsen zu schärfen, im Gegenteil, vor dem hohen Anspruch der reinen Idealität wird ihm das Leben der Alltagsmenschen zur niederen Sphäre, der er, wie der Gedichtzyklus *På Vidderne* (1858; Im Hochgebirge) in symbolischer Form ausführt, zugunsten einer „höheren Perspektive" den Rücken kehrt. Das Paradox von Notwendigkeit und Fragwürdigkeit einer aus solcher Perspektive resultierenden idealen Forderung an die Durchschnittsmenschen liegt dem dramatischen Gedicht *Brand* (1866; dt. 1872) zugrunde, wo der Titelheld, ein religiöser Fanatiker, mit seiner kompromißlosen Forderung des „alles oder nichts" eine unüberbrückbare Kluft zwischen sich und der Umwelt aufreißt. In zahlreichen Passagen ein handfestes Zeit- und Tendenzstück, nimmt *Brand* mit ätzender Kritik an Staat und Kirche zentrale Themenkomplexe des modernen Durchbruchs schon vorweg. Es bedurfte einer herben Enttäuschung, um dem nationalromantischen Idealisten Ibsen die Augen für die konkrete Situation seines Landes zu öffnen. Die Weigerung Norwegens und Schwedens, dem dänischen Brudervolk im Krieg gegen Preußen/Österreich zu Hilfe zu kommen, kam für Ibsen dem feigen Verrat der Idee des Skandinavismus (→ 99) gleich und veranlaßte ihn, der Halbherzigkeit der Zeitgenossen mit Brand eine Gestalt von geradezu monomanischer Prinzipienfestigkeit entgegenzustellen. Aus der von Brand an Staat und Kirche geübten Kritik spricht schon der Realist Ibsen, der durchschaut hat, daß die Verherrlichung längst vergangener Heldentaten nur Kompensation für die einer unheroischen Pragmatik geopferten Ideale ist. Doch das Stück nimmt eine unklare Position zwischen Idealismus und Realismus ein. Symptomatisch dafür ist die Ambivalenz der Titelfigur. Einerseits über weite Strecken das Sprachrohr des Autors, ist Brand anderseits mit seinem monströsen Anspruch ein finsterer Don Quixote, dessen Wahn, Gottes auserwähltes Werkzeug zu sein, eine nicht minder krasse Bevormundungsmentalität in ihm gebiert als die, die er bei seinen Gegnern anprangert. Hatte Ibsen noch in dem historischen Schauspiel *Kongs-Emnerne* (1864; Die Kronprätendenten 1872) eine affirmative nationalromantische Sicht der historischen und gegenwärtigen Entwicklung Norwegens zum

Ausdruck gebracht, so mußte ihm aus der durch die Übersiedlung nach Italien (1864) gewonnenen Distanz der enge patriotische Horizont seiner Landsleute beschränkt erscheinen.

Peer Gynt (1867; dt. 1881) setzt die Abrechnung mit der norwegischen Selbstgefälligkeit fort, greift aber zugleich über die Provinzialität dieses Ansatzes weit hinaus. Peer ist die Komplementärgestalt zu Brand; er repräsentiert all das, was jener verabscheut und bekämpft. Statt wie Brand er selbst zu sein, ist er sich selbst genug, ein willensschwacher Phantast und Betrüger, der seine Untaten bedenkenlos verübt, seine Heldentaten erdichtet. Als Sklavenhändler, Exporteur von Götterbildern nach China, Kolonisator in spe, falscher Prophet bei einem Wüstenstamm und Altertumsforscher in Ägypten verkörpert er fast alle Spielarten europäischer Hybris im Zeitalter des Imperialismus. Aber diesem Helden, der sein Leben vergeudet hat, kann, so will es Ibsen, geholfen werden: durch die unverbrüchliche Treue Solveigs, die Peer vor vielen Jahren verließ. In ihrem Glauben, Hoffen und Lieben hat er stets gelebt, war er er selbst. Die schonungslose Enthüllung der seelischen Substanzlosigkeit des „Helden" wird durch den romantischen Harmonisierungseffekt wieder neutralisiert.

Ibsens zunächst nur am norwegischen Horizont orientiertes, in *Peer Gynt* diesen aber schon übersteigendes Krisenbewußtsein wird weiter geschärft durch die politischen Ereignisse in Europa um 1870 und durch den um die gleiche Zeit etablierten Kontakt zu Georg Brandes. Ibsen las dessen Kopenhagener Vorlesungen 1872 und kommentierte sie mit dem berühmten Satz, ein gefährlicheres Buch hätte nicht in die Hände eines empfänglichen Dichters fallen können. Bevor er jedoch den konkreten Problemen der gegenwärtigen Gesellschaft endgültig sich zuwandte, schuf er mit dem „welthistorischen Schauspiel" *Kejser og Galilæer* (1873; Kaiser und Galiläer 1888) noch einmal ein großes Ideendrama, das er selbst als sein Hauptwerk ansah. Das zweiteilige Werk enthält die Summe der geschichtsphilosophischen Betrachtungen des Dichters. Schon Viktor Rydberg hatte in *Den siste athenaren* (→ 145) den Julianstoff behandelt und den darin enthaltenen Konflikt zwischen Heidentum und Christentum gleichnishaft auf die geistige Situation seiner Zeit übertragen. Wie bei Rydberg als die Auflösung des Gegensatzes eine gegenseitige Durchdringung der beiden Sphären impliziert ist, scheint bei Ibsen die Vorstellung eines „dritten Reiches", einer Synthese von sinnlicher und geistiger Welt, von Pan und Logos auf. *Kejser og Galilæer* ist Ibsens letzter Versuch, die geistigen und politischen Bewegungen der Zeit in historischen Stoffen von allgemeingültiger Sinnbildhaftigkeit zu fassen.

Samfundets Støtter (1877; Die Stützen der Gesellschaft 1878) gilt – trotz der Ansätze dazu in früheren Stücken – als das erste der kritischen Gesellschaftsdramen. Zugleich ist es Ibsens letzte Komödie und bis auf zwei späte Stücke das letzte Werk, das er zu einem optimistischen Abschluß führt. Mit Hilfe einer analytischen Technik bringt Ibsen hier zum erstenmal vergangenes Geschehen als in der dramatischen Gegenwart wirkendes Moment in die Handlung ein und macht sich damit innerhalb der geschlossenen Form des Dramas einen seiner Natur nach epischen Stoff verfügbar. Im Verlauf der Handlung wird die dunkle Vergangenheit des angesehenen Konsuls Bernick Stück für Stück aufgedeckt; sein aktuelles Handeln unterliegt den Zwängen, die er vor vielen Jahren selber geschaffen hat, und deren Konsequenzen ihn nun zu Fall zu bringen drohen. Doch nicht allein das Individuum Bernick wird im Verlauf der Enthüllung seines falschen Scheins entkleidet, sondern die gesamte Gesellschaft, nach deren Regeln er verfahren ist und als deren Werkzeug er sich selber sieht, steht am Pranger. Der bitter ernste Wahrheitsanspruch, den Ibsens nun vollends realistische Darstellungsmethode impliziert, wird allerdings durch die harmonisierende Schlußwendung wieder abgeschwächt. Denn den verschlagenen und skrupellosen Bernick, dem zur Gewinnung und Erhaltung seiner Position jedes Mittel recht gewesen ist, nach Aufdekkung seiner Machenschaften als reuigen Sünder Besserung geloben zu lassen, ist zwar der gewählten Komödienform, nicht aber der bis zu diesem Zeitpunkt im Stück geübten Kritik angemessen. Wie bereits in *Peer Gynt* das der realistischen Schilderung des „Helden" innewohnende Wahrheitsmoment den versöhnlichen Ausklang Lügen straft, so erweist sich in *Samfundets Støtter*, daß die Komödie, als eine auf harmonischen Ausgleich zielende Form, den von Ibsen in sie eingebrachten gesellschaftlichen Konfliktstoff nur um den Preis seiner Verharmlosung bewältigen kann. Dennoch geht Ibsen, indem er – ohne freilich in solchen Kategorien selber zu denken – das Wesen der sich entwickelnden kapitalistischen Gesellschaft und der in ihr wirkenden Gesetzmäßigkeiten andeutungsweise aufzeigt, weiter als Bjørnstjerne Bjørnson, der in *En Fallit* (1875; Ein Fallissement 1876, auch Ein Bankrott) den Zusammenbruch eines Handelshauses als Folge individuellen Versagens des Großkaufmanns Tjælde dargestellt hatte. Mit Konsul Bernick und Großkaufmann Tjælde hält der Typ des neuzeitlichen Unternehmers Einzug in die skandinavische Literatur. Während der 1880er Jahre wird er neben dem Geistlichen die meist karikierte Figur der Durchbruchsliteratur. Während Ibsen und Bjørnson ihn in den beiden genannten Dramen noch als der Besserung fähig zeigen und seine moralische und soziale Verantwortung unterstreichen, nimmt er in späteren Werken, etwa bei Jonas Lie (→ 187) direkt dämonische und böse Züge an und wird zum Symbol eines destruktiven Triebs wie in *John Gabriel Borkman* (→ 182). *Samfundets Støtter* und *En Fallit* thematisieren bereits — wenngleich nur in einem Seitenmotiv — die schwache Position der Frau in der bürgerlichen Gesellschaft, eine Frage, die in den unmittelbar folgenden Werken beider Autoren in den Vordergrund rücken sollte.

Die Entwicklung BJØRNSTJERNE BJØRNSONS (1832—1910) (auch → 184) bis zu diesem Zeitpunkt unterscheidet sich im Grundsätzlichen wenig von der Ibsens. Der aus einem Bauerngeschlecht stammende Bjørnson verkörpert gegenüber dem urbanen Ibsen den Typ des unintellektuellen, volksnahen Schriftstellers. Frühen Ruhm gewann er mit seinen Bauernerzählungen, in denen er unter Rückgriff auf stilistische Besonderheiten der isländischen Saga und des norwegischen Volksmärchens (→ 122) eine im Verhältnis zur herkömmlichen, am Dänischen orientierten Literatursprache neue Prosakunst schuf, die sowohl dem damaligen europäischen Standard entsprach, als auch eine spezifisch nationale Eigenart aufwies. Die beliebtesten dieser Erzählungen, *Synnøve Solbakken* (1857; dt. 1859), *Arne* (1858; dt. 1860), *En glad Gut* (1860; Ein frischer Bursche 1861, auch Ein fröhlicher Bursch), geben ein psychologisch differenziertes Bild des bäuerlichen Menschen und befreien ihn aus der typisierenden Sicht, die seine literarische Darstellung bis dahin bestimmt hatte. Gemeinsam ist ihnen das romantisch-idealistische Motiv der Zügelung abgründiger Leidenschaft und Wildheit bei den männlichen Charakteren durch die veredelnde Liebe einer Frau. Verklärend wird auch das ländliche Milieu als Ganzes geschildert, ohne soziale Konflikte und ohne Einbeziehung der realen Arbeitssituation. Für die politische und kulturelle Emanzipation des Bauernstandes waren die Bauernerzählungen nicht ohne Bedeutung; mit ihren modellhaften Lösungen — die unsteten und schwierigen Männer finden ihre Bestimmung stets als Bauern — boten sie Identifikationsmöglichkeiten und betonten in einer Zeit, da die Industrialisierung die sozialökonomische Struktur des Landes zu verändern begann und die Auswanderung gerade junge Menschen vom Lande lockte, den Wert von Seßhaftigkeit und sozialer Integration. Bereits vor Ibsens *Kongs-Emnerne* hatte Bjørnson das erste große historische Drama seines Landes, die Trilogie *Sigurd Slembe* (1862; dt. 1903) geschrieben, dessen Stoff er Snorri Sturlusons *Heimskringla* entnommen hatte. Auch wenn sich in den Konflikten der historischen Handlung die Problemlagen der eigenen politischen Gegenwart des Autors widerspiegeln, so dokumentiert es in seiner Rückwärtsgewandtheit doch in erster Linie den schmerzlich empfundenen Mangel an nationalem Traditionszusammenhang. Dies gilt auch noch für das Epos *Arnljot Gelline* (1870; dt. 1904), in dem Bjørnson sich als kraftvoller Naturlyriker und originaler Verskünstler zeigt, dessen patriotischer Überschwang aber schon auf manche Zeitgenossen irritierend wirkte; gemessen an der Bewußtseinslage, die sich in der Problematisierung der Norwegertümelei in Ibsens *Brand* und *Peer Gynt* zu erkennen gibt, erscheint *Arnljot Gelline* anachronistisch. Indessen hatte Bjørnson sich in der politischen Tagesdebatte für die liberale Linke unter Sverdrup engagiert und wirkte als Publizist und volkstümlicher Redner in Anlehnung an die grundtvigianische Volkshochschulbewegung (→ 96) für die Demokratisierung des Landes. Sein schriftstellerisches Schaffen steht hinfort im Zeichen seiner jeweils gültigen politischen oder weltanschaulichen Überzeugungen, und nicht selten beeinträchtigt der pädagogische Eifer den künstlerischen Wert seiner Werke. Der Übergang zu einer gegenwartsbezogenen und zugleich kritisch-realistischen Schriftstellerei vollzieht sich seit dem Beginn der 1870er Jahre. Seine Volksverbundenheit nahm ihn zunächst gegen das elitäre Wesen des

Brandesianismus ein, doch die Beschäftigung mit Darwinismus, Positivismus und moderner Bibelkritik führte zum Bruch mit den Grundtvigianern und schließlich zum Abfall von Kirche und Glauben und zur Annäherung an Brandes. Im gleichen Jahr wie Ibsens *Samfundets Støtter* erschien das Schauspiel *Kongen* (1877; Der König 1896), in dem Bjørnson sich mit Vehemenz gegen das reformfeindliche Establishment und gegen die Monarchie wandte. Die heftigen Angriffe gelten der Staatskirche und den christlichen Kreisen, die, anstatt „das gewaltige Lügengebäude der modernen, sogenannten christlichen Gesellschaft" zu stürmen, zu seiner Festigung beitragen. Die Erzählung *Magnhild* (1877; dt. 1877) schildert den Weg der Titelheldin aus schwärmerischer Verblendung — dem Glauben an eine höhere Bestimmung — zur Erkenntnis der praktischen Aufgaben, die das Leben an sie stellt. Aufsehen erregte das Buch nicht wegen seiner antiromantischen Tendenz, sondern wegen der Darstellung einer freien Liebesbeziehung und weil die Heldin aus der sie erniedrigenden Kaufehe mit einem älteren Mann ausbricht, um ihren Weg zu finden. Von den Vorurteilen gegen eine geschiedene Frau handelt das Schauspiel *Leonarda* (1879; dt. 1897), aber wie so oft bei Bjørnson wirken die glatte Problemlösung und der übertriebene Edelmut der Personen auf den heutigen Leser befremdend. Des Dichters positive Natur ließ ihn stets an die Überzeugungskraft des guten Beispiels glauben, und so dominieren in seinem Werk die zuweilen mechanisch herbeigeführten happy endings und ein deklamatorisches Pathos; an diesen Voraussetzungen findet der Realismus Bjørnsons seine Grenzen.

Wirkungsvoller ist HENRIK IBSENS ebenfalls 1879 erschienenes Schauspiel *Et Dukkehjem* (Nora 1880, auch Nora oder ein Puppenheim). Der dramatische Konflikt wird nicht mehr — wie in *Samfundets Støtter* — mit Hilfe einer erbaulich-tendenziösen Schlußwendung entschärft, sondern mit allen Konsequenzen ausgetragen. Noras individuelle Erfahrung — das entwürdigende Puppendasein an der Seite des aufstrebenden und angepaßten Advokaten Helmer — besitzt eine Allgemeingültigkeit, die Ibsen in der Vorführung von Alltäglichem begründet; in Floskeln und Gesten des häuslichen Umgangs, ja selbst in der Sprache der Zärtlichkeit. „Es ist unglaublich, wie teuer es für einen Mann ist, einen Zeisig zu halten", sagt Helmer scherzend und charakterisiert damit treffend das pervertierte Wesen der bürgerlichen Ehe seiner Zeit. Noras Aufruhr gegen die Ansprüche einer konventionellen Moral, die nur noch auf die äußerliche Aufrechterhaltung einer innerlich längst zerstörten Lebensform zielt, bedeutet, daß sie sich der Verdinglichung zu entziehen versucht, die sich in den zwischenmenschlichen Beziehungen bis in die private Sphäre hinein durchgesetzt hat. Die Gesellschaftslüge, der zu unterwerfen Nora sich weigert, ist das Hauptthema des „Familiendramas" *Gengangere* (1881; Gespenster 1884). Frau Alving, die zentrale Gestalt des Stücks, hat nicht die Kraft besessen, eine zerrüttete Ehe zu verlassen. Von Pastor Manders an ihre Pflicht ermahnt, hat sie ein demütigendes Leben an der Seite des ausschweifenden Kammerherrn Alving ertragen und nach außen den Schein einer intakten Familie bewahrt. Aber gerade dadurch hat sie das Unglück heraufbeschworen, das nun mit grausamer Konsequenz über sie hereinbricht. Der aus dem Ausland zurückgekehrte Sohn ist aufgrund einer Geschlechtskrankheit des Vaters unheilbar krank, und die hinter der Gesellschaftslüge zum Vorschein kommenden wirklichen Verhältnisse im elterlichen Haus beschleunigen den Ausbruch seiner Geisteskrankheit. Pastor Manders verkörpert die Kleingeistigkeit der spießbürgerlichen Gesellschaft, in der jede Lebensfreude im Keim erstickt wird. Die Gespenster, eigentlich Wiedergänger, sind symbolisch zu verstehen als „alle erdenklichen alten, toten Ansichten und allerhand alter, toter Glaube und so weiter", die der gegenwärtigen Generation im Blut sitzen und ihnen die Lebenskraft und Lebensfreude rauben. Mit *Gengangere* ist der Höhepunkt des naturalistischen Schauspiels bei Ibsen erreicht. Das analytische Verfahren ist nun über seine kompositionstechnische Funktion hinaus nutzbar gemacht und korrespondiert dem naturalistischen Kausalitätsprinzip in der Menschendarstellung. Milieu und Vererbung werden als maßgebliche Faktoren der psychischen und physischen Entwicklung der Charaktere ins Spiel gebracht und nicht ohne einen gewissen — für die Jahre um 1880 typischen — Schematismus gehandhabt. Unbeschönigt wird Abstoßendes auf die Bühne, Anstößiges zur Sprache gebracht, gemäß dem neuen Wirklichkeitsanspruch der Literatur, dem Publikum die Illusion zu vermitteln, Zeuge eines tatsächlichen Geschehens zu sein. Daß das formal Unschöne schön sein könne kraft der ihm innewohnenden Wahrheit, hatte Ibsen bereits anläßlich einer entsprechenden Kritik an *Peer Gynt* geäußert; nun wird der Satz, die Wahrheit sei schon an sich Schönheit, zur ästhetischen Maxime erhoben. Ibsen schreibt angesichts des durch *Gengangere* ausgelösten Entrüstungssturms: „Meinem Buch gehört die Zukunft. Diese Kerle, die darüber gebrüllt haben, haben nicht einmal ein Verhältnis zu ihrer eigenen, wirklich lebendigen Gegenwart." Das Publikum mit dieser Gegenwart zu konfrontieren, es aus der Bequemlichkeit des Genießenwollens zu reißen und zu einer Reaktion zu zwingen, ist Ibsens neue Zielsetzung für das Theater, die indessen ohne weiteres auf die übrige Literatur übertragbar ist. Mit der bewußten Wendung gegen die Erwartungshaltung des Publikums ist ein entscheidender Schritt zur Moderne vollzogen. Die Literatur tritt fordernd auf, konfrontiert den Leser mit Situationen, Konflikten und Problemen und überläßt es ihm, wie er sich zu dem Dargebotenen verhalten will. Voraussetzung dafür, daß der Leser sich angesprochen fühlen konnte, war das Maß an Identifikationsmöglichkeiten, die das Werk lieferte; daher die unprätentiöse Alltagssprache, die wirklichkeitsgetreue Wiedergabe des dem zeitgenössischen Publikum vertrautesten Milieus, seines eigenen nämlich, daher auch die Verlagerung gesellschaftlicher Konflikte in die familiäre Sphäre. Dergestalt seiner eigenen Welt und in gewissem Sinn sich selber gegenübergestellt, wird der Leser zur Stellungnahme herausgefordert. Symptomatisch für den Stimulationscharakter der Literatur ist die Weigerung, im Werk Lösungen anzubieten — wie Ibsen es in *Samfundets Støtter* noch getan hatte. Der offene Schluß von *Gengangere* wird wegweisend für zahlreiche andere in den folgenden Jahren. Er ist einerseits kalkuliertes Irritationsmoment, anderseits Ausdruck jener Objektivität, wie sie u.a. Bang in *Realisme og Realister* vom modernen Autor gefordert hatte, damit das Leben selber moralisieren könne. Von hier führt der Weg über den ambivalenten Schluß in *Vildanden* (1884) in jene ironisch gebrochene Mehrdeutigkeit, die zahlreiche Werke der skandinavischen Literatur seit dem Beginn der 1890er Jahre kennzeichnet.

In *En Folkefiende* (1882; Ein Volksfeind 1883) wendet sich Ibsen noch einmal einem konkret anschaulichen Stoff zu, um die Auswirkung des modernen Profitstrebens auf die öffentliche und persönliche Moral bloßzulegen. Die Entdeckung des Arztes Dr. Stockmann, daß das Wasser des Badekurorts durch Industrieabwässer verseucht ist, führt nicht zur Behebung, sondern zur Vertuschung des Übelstands. Gegenüber der „kompakten Majorität" der um ihre Verdienstmöglichkeiten bangenden Bevölkerung steht der idealistische Wahrheitsverkünder auf verlorenem Posten und wird zum Volksfeind erklärt. Dr. Stockmann verkörpert das Dilemma der kritischen Intelligenz, die sich durch das Unverständnis derer, in deren Interesse sie Aufklärung zu betreiben meint, zu Sonderlingen abgestempelt sieht und, da sie zu Kompromissen mit der Wahrheit nicht bereit ist, zwangsläufig in Gegensatz gerät zu den eigenen demokratischen Ausgangspunkten. Indem Ibsen Dr. Stockmann zu der Auffassung gelangen läßt, der stärkste Mann der Welt sei der, der allein stehe, sagt er – ohne daß es notwendig ist, ihn mit der Meinung des Doktors zu identifizieren – die Entwicklung voraus, die wenige Jahre später, durch Georg Brandes' Nietzsche-Artikel *Aristokratisk Radikalisme* (1889, in der Zeitschrift *Tilskueren*) eingeleitet, zum elitären und antidemokratischen Individualismus der Literatur um die Jahrhundertwende führt. Ibsen selbst problematisiert allerdings das Sendungsbewußtsein eines Wahrheitsverkünders in seinem folgenden Stück, *Vildanden* (1884; Die Wildente 1887). Der dogmatische Idealist Gregers Werle, der das Leben der Menschen auf Wahrheit gründen will und sie mit der „idealen Forderung" konfrontiert, muß erleben, daß sie seinem Anspruch nicht gewachsen sind und an ihrer Lebenslüge einen Halt hatten, den die Wahrheit ihnen nicht ersetzen kann. Der Arzt Dr. Relling dagegen hat erkannt, daß die Lebenslüge die Voraussetzung für das Glück des „Durchschnittsmenschen" ist. *Vildanden* zeigt ein von Ernüchterung geprägtes Menschenbild, enthält aber keine eindeutige Absage an den Idealismus Werles, sondern beläßt es am Schluß bei der unaufgelösten Gegensätzlichkeit der Standpunkte. Die Mehrschichtigkeit des Wildentensymbols entspricht der Vertiefung der Problematik, die sich aus dem Bereich der gesellschaftlich bedingten Verhaltensweisen und Haltungen in den der individuellen Psyche zu verlagern beginnt, der in den Spätwerken fast ganz dominiert. So spielt das politische Leben zwar in die Handlung von *Rosmersholm* (1886; dt. 1887) hinein, aber der Vorsatz Rosmers, sich in der Abkehr von jedem gesellschaftlichen Zwang als Individuum zu vervollkommnen und ein „Adelsmenschentum" zu verwirklichen, scheitert an den eigenen inneren Verstrickungen. Als Gefangene ihrer selbst und als Objekte überwirklicher Mächte erkennen die Menschen ihre wachsende Vereinzelung; die im Leben unmöglich gewordene Gemeinsamkeit können sie nur im selbstgewählten Tod verwirklichen. Aus der Geschehnisanalyse der Gesellschaftsdramen wird nun Seelenanalyse, der überschaubare Raum gesellschaftlichen Agierens und Reagierens wird durch den unüberschaubaren psychischen Raum abgelöst. Dadurch gewinnt das Symbol eine neue Qualität; es wird zum Ausdruck des rational nicht mehr Faßbaren und ermöglicht die Einbringung tief im Unbewußten der handelnden Personen liegender Empfindungsstrukturen und Motivationsketten in den realistischen Kontext. Obwohl Irreales und Irrationales in Ibsens Altersdramen zunimmt und den Zugang zu ihnen erschwert, bleiben doch die Fragestellungen als solche stets im Rahmen realer Lebenserfahrung. Schon die Titel *Hedda Gabler* (1890; dt. 1891), *Bygmester Solness* (1892; Baumeister Solness 1893) und *John Gabriel Borkman* (1896; dt. 1897) tragen der Konzentration auf das Individuum Rechnung, die das Schaffen Ibsens in den 1890er Jahren bestimmt, ohne daß er deswegen den Blick für den sozialen Status seiner Personen und für die gesellschaftlichen Implikationen ihres Handelns verloren hätte. Die drei Stücke variieren die gleichen Grundthemen, die Hybris und Destruktivität individuellen Machtstrebens, im wirtschaftlichen oder im privaten Bereich, und die Tragik des an der Vereinzelung leidenden Menschen.

Hedda Gabler ist noch einmal eine sozialpsychologische Studie von ungewöhnlicher Schärfe der Beobachtung. Heddas makaber-heroische Gestalt bietet Ansatzpunkte für ganz unterschiedliche Deutungen. Aufschlußreich ist ein Vergleich mit anderen Schilderungen neurotischer Frauen in der gleichzeitigen Literatur, vor allem Strindbergs Fräulein Julie und Amalie Skrams Constance Ring. Mehr oder weniger ausgeprägt zeigen sich dort gleichartige Symptome: mangelnder Realitätssinn, Kommunikationsunfähigkeit, Sexualangst und Frigidität. In diesem Kontext erscheint Hedda Gabler nicht als eine Gestalt von dämonischem, letztlich unerklärlichem Wesen, sondern als die Ausprägung eines Zeittyps, der an die historische Situation der bürgerlichen Gesellschaft des ausgehenden 19. Jahrhunderts gebunden ist. *Bygmester Solness* und *John Gabriel Borkman* handeln von der Fragwürdigkeit der rücksichtslosen Selbstverwirklichung des Individuums. Ibsen setzt sich hier mit Nietzsches Herrenmenschenideologie auseinander und erteilt ihr eine klare Absage. Beide Helden gehen zugrunde, nicht weil die ideellen Motive ihres Handelns unedel sind, sondern weil sie in der Verfolgung ihres Ziels schuldig geworden sind an ihren Mitmenschen und die Ideale, von denen sie ausgegangen sind, an die Mittel zu ihrer Durchsetzung verraten haben. Vieles an diesen letzten Werken ist dunkel, symbolisch-allegorische Züge tragen zuweilen weniger zu Erhellung als zu einer gewissen Mystifizierung bei. Dennoch hat Ibsen seine kritische Position nie aufgegeben. In der Utopie seiner Menschen scheint immer auch ein Gegenentwurf zum Bestehenden auf. Mit dem Scheitern seiner Helden verneint Ibsens Werk nicht deren Ideale, sondern die gesellschaftliche Realität, die der Verwirklichung solcher Ideale entgegensteht, auch wo die Problematik ins scheinbar Zeitlose, allgemeingültig Existentielle verlagert ist.

„Ich fand die Zeit gekommen, da einige Grenzpfähle versetzt werden müssen. Und das konnte ich als älterer Literat viel leichter tun als die vielen jüngeren Verfasser, die etwas Ähnliches vorhaben könnten", hatte Ibsen im Jahre 1882 über *Gengangere* geäußert. Die Radikalität dieses Schauspiels hatte in der Tat eine Bresche geschlagen und den jungen Autoren eine Bewegungsfreiheit verschafft, die die literarische Situation grundlegend veränderte. Kaum ein Thema war mehr tabu; keine der überholten, die Entwicklung hemmenden Ansichten, die nicht aufgegriffen und im klaren Licht moderner freiheitlicher und rationalistisch nüchterner Betrachtung in Frage gestellt wurde. Die neue Funktion der Literatur als Medium öffentlicher Meinungsbildung und Auseinandersetzung entsprach dem Programm, das Georg Brandes vorgezeichnet hatte. Viele Werke sind als Diskussionsbeiträge zu den weltanschaulichen, politischen und moralischen Fragestellungen der Zeit heute nur noch historisch, kaum mehr literarisch interessant. Das trifft in besonderem Maße das Werk BJØRNSTJERNE BJØRNSONS (auch → 176), das in den 1880er Jahren ganz im Zeichen seines volkserzieherischen Verkündungsdrangs steht. Sein Schauspiel *En Hanske* (1883; Suava 1888, auch Ein Handschuh), das die heuchlerische Sexualmoral der bürgerlichen Gesellschaft anprangert, löste eine den ganzen skandinavischen Norden umfassende öffentliche Debatte, die sogenannte Sittlichkeitsfehde, aus, die erst gegen Ende des Jahrzehnts abflaute. Bjørnsons Handschuhmoral wurde sprichwörtlich, vorwiegend allerdings im negativen Sinn. Denn seine Lösung, die Gleichstellung zwischen Mann und Frau zu erreichen durch die Verpflichtung des Mannes zu derselben Keuschheit, die der Frau abverlangt wurde, brachte ihm den Spott der Radikalen und der von ihm angegriffenen Kreise zugleich ein. Daß selbst die Kirche das Stück ablehnte, ist kennzeichnend für die Situation und macht das Ausmaß der Sittlichkeitsfehde und die Erbitterung, mit der sie geführt wurde, verständlich. Die Gleichberechtigung der Frau galt orthodoxem Denken als Verstoß gegen die gottgewollte Ordnung und als der Beginn der Auflösung von Sitte und Moral. Obwohl hauptsächlich in der Presse ausgetragen, hat die Sittlichkeitsfehde in zahlreichen literarischen Werken und nicht zuletzt in einigen aufsehenerregenden Prozessen gegen radikale Schriftsteller (→ 189f.) ihren Niederschlag gefunden, doch ist sie in erster Linie als kultur- und sozialgeschichtliches Phänomen des ausgehenden 19. Jahrhunderts interessant. Auch Schul- und Erziehungsfragen wurden literarisch abgehandelt. In *Det flager i Byen og på Havnen* (1884; Flaggen über Stadt und Hafen 1904) entwirft Bjørnson ein für seine Zeit fortschrittliches pädagogisches Konzept, das sich an den Lehren Spencers orientiert und der Vermittlung von Wissen und Einsicht einen höheren Bildungswert zumißt als der religiösen Erziehung. Von Religion und Kirche hatte sich der Autor in dem ein Jahr zuvor erschienenen Schauspiel *Over Ævne I* (Über die Kraft 1886) endgültig distanziert. Das in seiner dramatischen Stringenz wohl gelungenste Stück Bjørnsons zeigt an einem tragischen Fall von Wunderglauben die Problematik der christlichen Glaubenshaltung überhaupt auf. „Über die Kraft" der Menschen geht auch die Verwirklichung des Absolutheitsanspruchs hinsichtlich der sozialen Gerechtigkeit. Davon handelt *Over Ævne II* (1895, zusammen mit *Over Ævne I;* dt. unter dem Titel Über unsere Kraft 1896), Norwegens „erstem Drama über den Klassenkampf" (E. Beyer). Bjørnsons Parteinahme für die Sache der notleidenden und unterdrückten Arbeiterklasse ist eindeutig, aber nicht den revolutionären Theoretikern beläßt er das letzte Wort, sondern den Vertretern des Versöhnungsgedankens. Die abschließende Vision einer glücklichen Zukunft, in der durch den technischen Fortschritt alle sozialen Probleme beseitigt sind, erscheint aus der Distanz unserer Zeit ihrerseits als ein Produkt idealistischen Wunderglaubens, den die Wirklichkeit des technischen Zeitalters entkräftet hat.

Die Bedeutung Bjørnsons ist im Rahmen einer literarhistorischen Darstellung kaum angemessen zu würdigen, sein ungemein vielseitiges politisches und humanitäres Engagement und sein Einfluß auf die demokratische Entwicklung seines Landes machten ihn zur überragenden „Kulturpersönlichkeit" des ausgehenden 19. Jahrhunderts, in Wirken und historischer Wirkung vergleichbar nur mit Henrik Wergeland (→ 119).

Zur Generation Ibsens und Bjørnsons gehörte auch JONAS LIE (1833—1908), dessen frühe Romane der norwegischen Literatur vor allem stoffliches Neuland eröffneten. *Den Fremsynte eller Billeder fra Nordland* (1870; Der Geisterseher. Bilder aus Nordland 1876) ist ein in Stil und psychologischer Beobachtung realistischer, in der Hervorhebung mystisch-dämonischer Elemente noch romantisch gefärbter Roman. Natur und Leben der Menschen im nördlichen Norwegen waren bis dahin literarisch nicht behandelt worden. Ebenfalls im hohen Norden spielt *Tremasteren „Fremtiden" eller Liv nordpaa* (1872; Der Dreimaster „Zukunft" oder Leben im Norden 1890), dem 1874 *Lodsen og hans Hustru* (Der Lotse und sein Weib 1889) folgte, wie *Rutland* (1880; dt. 1911) Seeroman und Ehegeschichte in einem. Erst in *Gaa paa!* (1882; Drauf los! 1893) zeigt Lie sich beeinflußt von neueren Erzähltechniken; gegenüber den in den früheren Werken häufigen Autorkommentaren und direkten Hinwendungen an den Leser tritt der Erzähler nun hinter die Darstellung zurück, Gedankengänge und Empfindungen der handelnden Personen werden in erlebter Rede wiedergegeben, an die Stelle ausführlicher Beschreibungen treten rasch wechselnde Detailbilder und Augenblickseindrücke. Auch inhaltlich kündigt sich Lies Annäherung an die Ideen des modernen Durchbruchs an: die Hauptperson, der jüngste Sproß eines in Rückständigkeit erstarrten Großbauerngeschlechts, verläßt die enge Welt des Fjordtals und kehrt nach Jahren voller Auslandserfahrungen als initiativreicher Neuerer zurück. Seine großen kritisch-realistischen Romane über die norwegische Gesellschaft schrieb Lie in Paris, wo er von 1882 bis 1906 lebte. Soziale und gesellschaftliche Fragen drängten sich dem Autor mehr und mehr auf, Ibsens *Gengangere* beeindruckte ihn tief, und die durch die Umsiedlung gewonnene Distanz dürfte — wie im Falle Ibsens und Bjørnsons (1882 nach Paris) — die Lösung von nationalen Vorurteilen und konservativen Sehweisen beschleunigt haben. Ausgeprägt naturalistisch ist der sozialkritische Roman *Livsslaven* (1883; Lebenslänglich verurteilt 1884, auch Sklave des Lebens), die Geschichte eines unehelichen Jungen, dessen Lebensweg mit einer durch die gesellschaftlichen Verhältnisse determinierten Zwangsläufigkeit über immer neue Demütigungen in die Katastrophe führt. Zu den noch heute beliebtesten Werken Lies gehören *Familjen paa Gilje*, (1884; Hof Gilje 1894, auch Die Familie auf Gilje) und *Kommandørens Døttre* (1886; Die Töchter des Kommandeurs 1887), Romane, in denen Lie bürgerliche Lebensformen in impressionistischer Manier eher mild ironisch karikiert als mit Schärfe kritisiert. Im Vordergrund steht das bereits von Camilla Collett (→ 123) und Fredrika Bremer (→ 140) behandelte, aber weiterhin aktuelle Problem heranwachsender Töchter in bürgerlichen Familien. Dem Standesdenken und den Konventionen ihrer Klasse unterworfen, ohne Ausbildung und eingestellt nur auf die Ehe, die lediglich einer Fortsetzung ihrer Unmündigkeit im Elternhaus entsprach, stellten sie ein zu aktivierendes Potential fortschrittlichen Denkens innerhalb des Bürgertums und zudem einen beträchtlichen Teil des lesenden Publikums dar. Es erscheint angebracht, die zahlreichen Frauenschilderungen in der Literatur der Zeit auch unter diesem Aspekt zu sehen, nicht zuletzt die wegweisenden Entwicklungsgänge jener Heldinnen, die — zumeist philantropisch motiviert — eine selbständige Tätigkeit als Erzieherin der Versorgungsehe mit einem ungeliebten Mann vorziehen.

Lies Kunst hat ihren Schwerpunkt in der psychologischen Durchdringung der Personen und in der lebendigen Milieugestaltung, die weniger in der Beschreibung äußerer Merkmale als in der Schaffung jeweils spezifischer Atmosphären Dichte gewinnt. Aber fast immer sind seine Personen in ihren gesellschaftlichen Zusammenhang gestellt, erscheint ihr Handeln in die soziale und ökonomische Zeitsituation kausal eingebunden. So spielt sich der Verfall einer Kleinunternehmerfamilie in *En Malstrøm* (1884; Ein Mahlstrom 1888), wenngleich in erster Linie herbeigeführt durch die Trunksucht des Vaters, vor dem Hintergrund des aufkommenden Kapitalismus ab, und auch der Eheroman *Et Samliv* (1887; Eine Ehe 1908) weist über die individuelle Problematik der Eheleute hinaus auf Fragwürdigkeiten der modernen Wettbewerbsgesellschaft, deren Wertsetzungen mit dem privaten Glücksstreben der Menschen unvereinbar sind. *Maisa Jons* (1889; dt. 1900) ist die Lebensgeschichte einer in „besseren Kreisen" Oslos dienenden Näherin, deren kümmerliches Leben in scharfem Kontrast zum Milieu ihrer wohlhabenden Auftraggeberinnen steht.

Auch Lie blieb nicht unberührt von dem Wandel, der sich in der skandinavischen Literatur um 1890 abzeichnete. Die Zuspitzung der psychologischen Personendarstellung zur Seelenanalyse, die Betonung des Irrationalen, „Dämonischen" im Menschen, Züge also, die bereits im Frühwerk vorhanden gewesen waren, treten in den folgenden Werken wieder in den Vordergrund. Schon die Titel des Romans *Onde Magter* (1890; Böse Mächte 1901) und der Erzählungen in *Trold I–II* (1891/92; Troll 1897) deuten die neue Richtung an. *Dyre Rein* (1896; dt. 1897) vereinigt ein kulturhistorisch präzises Zeitbild aus den 1830er Jahren mit einer psychologischen Studie im Geist der von Hamsun progagierten Erhellung des unbewußten Seelenlebens. Existenzangst und Identitätsverlust prägen das Lebensgefühl der Titelperson, die wie so manche in sich zerrissene Gestalt der Literatur des ausgehenden 19. Jahrhunderts das Auseinanderbrechen des bürgerlichen Weltbilds und die Krise des europäischen Bewußtseins signalisiert. Konkreter äußert sich dieses Krisenbewußtsein als Desillusion über den Verfall ethischer und moralischer Normen in *Niobe* (1893; dt. 1895), wo sich eine verzweifelte Mutter mit ihren drei „mißratenen", vom modernen Zeitgeist verführten Kindern in die Luft sprengt.

Die destruktiven Auswirkungen des ökonomischen Liberalismus, rücksichtslose Selbstbehauptung des einzelnen und die Vergiftung zwischenmenschlicher Beziehungen durch das moderne Konkurrenzdenken, Zeiterscheinungen also, die bereits Ibsen in *Bygmester Solness* und *John Gabriel Borkman* behandelt hatte, bilden den Hintergrund individualpsychologischer Portraits in den späten Romanen, u.a. *Faste Forland* (1899; Auf Irrwegen 1900) sowie in Lies wohl erfolgreichstem Schauspiel *Wulffie & Co* (1900; dt. 1901).

Als erklärter Anhänger der „Nützlichkeitspoesie" war ALEXANDER KIELLAND (1849—1906) der linientreuste Tendenzschriftsteller des modernen Durchbruchs in Norwegen und derjenige, der den engsten Kontakt zu den Brüdern Brandes unterhielt. Sein Gesamtwerk ist schmal, verglichen mit dem anderer Autoren; es entstand im Verlauf eines guten Jahrzehnts, zwischen 1879 und 1891, und ist deshalb auch in sich geschlossen und einheitlich wie kaum ein anderes in seiner Zeit. Die Wendung zur Neuromantik der 1890er Jahre machte Kielland nicht mit. In einem Brief an Georg Brandes äußerte er 1890 sein Unbehagen darüber, daß die Literatur in einer Zeit des Verfalls der elementarsten Tugenden: der Vertrauenswürdigkeit von Mann zu Mann, in Gelddingen, in der Politik und im täglichen Leben, in einer Zeit fortschreitender Reaktion und ungelöster sozialer Probleme den Drang verspüre, unter einen Stein zu kriechen und psychologisch zu sein. Psychologische Tiefenlotungen sucht man denn auch bei Kielland vergebens; statt dessen findet man eine Gesellschaftsanalyse, die an Einsicht in politische und ökonomische Zusammenhänge und soziale Wechselwirkungen in der Literatur ihrer Zeit unübertroffen ist. Klassisch geworden ist die zweibändige Familien-und Zeitchronik *Garman & Worse* (1880; dt. 1881) und *Skipper Worse* (1882; Schiffer Worse 1882), die Geschichte eines Handelshauses im westnorwegischen Stavanger in den Jahrzehnten des ökonomischen und gesellschaftlichen Umbruchs zwischen ca. 1840 und 1880. *Garman & Worse* spielt in den 1870er Jahren und zeigt das Zerbrechen der alten patrizischen Lebensform unter dem Druck neuzeitlicher Geschäftsmethoden und neuer weltanschaulicher und sozialer Ideen. Kielland arbeitet mit einfachen, aber wirkungsvollen Gestaltungsmitteln, scharfen Kontrasten und typisierender, zuweilen karikierender Personendarstellung. Wie in allen folgenden Werken des Autors erscheinen öffentliche und private Heuchelei, die selbstzufriedene Wohlanständigkeit des Bürgertums und die reaktionäre Haltung der Kirche als die Hauptangriffspunkte seiner nur an der Oberfläche humorvollen Gesellschaftsschilderungen. In *Skipper Worse* lieferte Kielland die Vorgeschichte zu *Garman & Worse* nach. Es ist die Zeit der vor allem im Westen Norwegens mächtig um sich greifenden pietistischen Bewegung des Haugianismus. Mit spöttischer Ironie schildert der Autor die Verquickung von religiösem Sektierertum und wirtschaftlichen Interessen und gestaltet in der Geschichte des Titelhelden das tragikomische Schicksal eines lebenslustigen Mannes, der ein Opfer der alle Lebensfreude zerstörenden Bigotterie in seiner Umgebung wird.

Besser als die übrigen Romane Kiellands, die teils mit Diskussionen, teils mit übertriebenen Effekten und Rührseligkeiten befrachtet sind, haben sich seine Erzählungen, *Novelletter* (1879) und *Nye Novelletter* (1880; dt. 1882) gehalten. In der gedrängten Form präzise gezeichneter Situationsbilder gelingen dem Autor durch ironische Kontrastierung wirkungsvolle Pointen, die die Tendenz unterstreichen, ohne sie in moralisierender Weise dem Leser aufzudrängen. Ein Musterbeispiel für Kiellands satirische Methode ist *Else* (1881; dt. 1882) mit dem Untertitel „Eine Weihnachtserzählung". Das darin gestaltete Motiv des von einem feinen Herrn verführten Mädchens der Unterklasse wurde fünf Jahre später von dem Maler CHRISTIAN KROHG (1852—1925) erneut aufgegriffen. Während Kiellands *Else* die Doppelmoral der Gesellschaft am Beispiel fiktiver Personen bloßstellte, war Krohgs *Albertine* (dt. 1888) ein unverhohlener Angriff auf die als Institution gar nicht fiktive Sittenpolizei. Das Buch wurde unmittelbar nach Erscheinen beschlagnahmt, der Autor mit einer Geldstrafe belegt. Krohgs Buch und die durch seine Beschlagnahme ausgelöste hitzige Debatte hatten maßgeblichen Anteil daran, daß die öffentliche Prostitution binnen Jahresfrist abgeschafft wurde.

Der behördliche Eingriff gegen *Albertine* war bereits der zweite Fall, in dem die Obrigkeit gegen Veröffentlichungen aus einem Kreis junger akademischer Bohemiens vorging, der die Bürger der Hauptstadt durch die demonstrative Mißachtung konventioneller Lebensformen provozierte. HANS JÆGER (1854—1910), der intellektuelle Kopf des Kreises, hatte 1885 den voluminösen Roman *Fra Kristiania-Bohêmen* (Christiania-Bohème 1902) veröffentlicht und war wegen Anstößigkeit der erotischen Szenen vor Gericht gestellt und zu 60 Tagen Arrest verurteilt worden. Jaeger verstand sein Buch als einen Angriff gegen die „drei gigantischen Granitkolosse, die die alte Kultur und die alte Gesellschaft tragen (...): das Christentum, die Moral und den alten Rechtsbegriff". Vordergründig freilich stellt *Fra Kristiania-Bohêmen* einen Angriff auf die Institution der Ehe und ein Plädoyer für die freie Liebe dar; im Gegensatz zu den meisten zeitgenössischen Beiträgen zum gleichen Thema enthält es Überlegungen zu den sozialen Aspekten sexueller Unfreiheit, die auch im 20. Jahrhundert noch nicht aus der einschlägigen Diskussion ausgeschieden sind.

Auch ARNE GARBORG (1851—1924) stand anfänglich der Bohème nahe. Der Kleinbauernsohn aus dem Südwesten Norwegens schrieb seine Romane vorwiegend im *landsmål* (→ 122), das 1885 offiziell zur zweiten Landessprache erklärt wurde. Die Entscheidung für das *landsmål* hatte politische Beweggründe. Das Bestreben, das norwegische Bauerntum in seiner kulturellen Identität zu festigen und in der Phase der Industrialisierung und zunehmenden Urbanisierung des Landes die wachsende soziale Kluft zwischen Stadt und Land ins Bewußtsein der vorwiegend Betroffenen, der Bauern und Arbeiter, zu rufen, bestimmte die Tendenz der von Garborg redigierten — ebenfalls in *landsmål* geschriebenen — Zeitschrift *Fedraheimen* (Das Vaterland). Die gleiche Zielsetzung liegt dem Roman *Bondestudentar* (1883; Bauernstudenten 1888) zugrunde. Garborg schildert darin aus naturalistischer Perspektive den Entwicklungsgang eines armen Studenten vom Lande, der sich in der Hauptstadt mühsam durchschlägt, aber weder in seinen Studien noch im Umgang mit den Menschen, denen er sich wegen seiner bäuerlichen Herkunft unterlegen fühlt, Fuß fassen kann. Hunger und Einsamkeit zermürben ihn, er paßt sich mehr und mehr an, gibt seine Ideale preis und befindet sich am Ende auf dem besten Wege, ein identitätsloser, dem Volk entfremdeter Beamter zu werden. Sein neues Ideal ist, als Pfarrer über Bauern zu herrschen und sie das Arbeiten zu lehren. Mit *Mannfolk* (1886; Aus der Männerwelt 1888), einem Roman aus dem Bohèmemilieu, plädiert Garborg auf dem Höhepunkt der Sittlichkeitsdebatte für das natürliche Recht junger Menschen auf freie sexuelle Entfaltung und hob — wie Hans Jæger — die sozialen und ökonomischen Seiten des Themas hervor. In gewisser Weise ein Pendant zu *Bondestudentar* ist der Entwicklungsroman *Hjaa ho Mor* (auch dän. *Hos Mama,* 1890; Bei Mama 1890). Die Entwicklung der weiblichen Hauptperson, die trotz der Ansätze zur Bildung eines fortgeschrittenen, über die Enge ihres kleinbürgerlichen Milieus hinausweisenden Bewußtseins in der Normalität einer Versorgungsehe endet, wird mit einem Höchstmaß an Objektivität aus ihrer eigenen Perspektive geschildert. Lange Passagen in erlebter Rede und weitgehender Verzicht auf Erzählerkommentare konfrontieren den Leser mit einem Handlungsverlauf, dessen Verständnis ihm durch den Autor nicht mehr eindeutig vorgegeben ist. Die totale Subjektivität eines fiktiven Ichs als die zugleich extremste Form objektiven Erzählens demonstriert Garborg in seinem folgenden Roman, dessen einziger Autorkommentar in dem ironisch distanzschaffenden Titel *Trætte Mænd* (1891; Müde Seelen 1893, wörtlich Müde Männer) zu finden ist. Die Tagebuchaufzeichnungen des schon aus *Mannfolk* und *Hjaa ho Mor* bekannten Gabriel Gram reflektieren die Orientierungslosigkeit und den Lebensüberdruß einer an rationalistischen Weltverbesserungskonzepten irre gewordenen Generation. Keine Zeittendenz in Kunst, Philosophie oder Politik, keine persönliche positive Zielsetzung, die nicht Opfer der morbiden Skepsis des Tagebuchschreibers wird. An der Grenze zum physischen und psychischen Zusammenbruch erkennt Gram die ihm verbliebene Alternative, „der Wahnsinn oder Christus . . .“, und entscheidet sich, worin die Zeitgenossen ein Bekenntnis des Autors Garborg zu sehen meinten, für den Trost der Seele. „Sie sind also doch zu schwach gewesen; Sie hatten den gefährlichen Knick im Rückgrat. *Fin de siècle; agonie de la Bourgeoisie . . .* Das tut mir weh, Gram. Aber es muß wohl so sein. Die Müden gehen zum Pfarrer. Adieu.“ Mit diesen Worten des fortschrittsgläubigen Atheisten Georg Jonathan spricht der aufklärerische Geist der 1880er Jahre sein Urteil über den Seelenkult und die irrationalen Neigungen einer neuen Zeit, die das reformerische Engagement ad acta gelegt hat. Garborg hat mit *Trætte Mænd* diesen Wandel weniger selbst mitvollzogen als ihn analysiert und problematisiert. In Garborgs heimatlicher Landschaft Jæren spielt der 1892 erschienene Roman *Fred* (Frieden 1894), die in der Darstellung von Menschen, Milieu und Landschaft von einer noch ganz naturalistisch-deterministischen Sehweise geprägte Geschichte eines Mannes, dessen pietistische Frömmigkeit sich zu religiösem Wahn steigert. Garborg vereinigt die Auseinandersetzung mit dem Haugianismus mit einer eindringlichen psychologischen Studie, die nicht, wie manche andere „Seelenschilderung" der Zeit, ihrerseits zur Mystifizierung der dunklen Seiten des menschlichen Wesens beiträgt, sondern sie, in aufklärerischer Absicht, der Einsicht zugänglich macht. Die optimistischere, an elementaren Werten eines naturverbundenen Lebens orientierte Haltung Garborgs in den folgenden Jahren und seine Hinwendung zu einem weniger kirchlich als sozial praktizierten Christentum bleiben immer auf einer rationalen Grundlage. Weder *Haugtussa* (1895; Die Besessene 1903, auch Liebe und Stelldichein), ein Gedichtzyklus mit folkloristischen und naturlyrischen Motiven aus Jæren, noch die religiös-inspirierten Werke über das Bauerngeschlecht der Hòves, wie z.B. *Den burtkomne Faderen* (1899; Der verlorene Vater 1901), zeigen Ansätze jener regressiven Weltsicht, wie sie – unter dem Eindruck des Ersten Weltkriegs – in zahlreichen Bauernromanen und historischen Romanen der Folgezeit (→ 264ff.) zum Vorschein kommt.

Eine berechtigte Aufwertung hat das Werk der aus Bergen stammenden, seit 1884 in Dänemark lebenden AMALIE SKRAM (1846–1905) in den letzten Jahren erfahren. Persönliche Erfahrungen waren mit ausschlaggebend dafür, daß sie zur herausragenden Vertreterin der weiblichen Indignationsliteratur ihrer Zeit wurde. Zwar lassen sich in ihren Romanen autobiographische Züge aufzeigen, doch die psychologische Sensibilität der Darstellung und die klarsichtige Einbeziehung äußerer Bedingungsfaktoren geben den von Amalie Skram geschilderten Frauenschicksalen eine Allgemeingültigkeit, die den biographischen Aspekt unwesentlich erscheinen läßt. Amalie Skram ist die konsequenteste Naturalistin des modernen Durchbruchs in Norwegen. Ihre Personen sind determiniert durch Erbe und Milieu, individuelles Glücksstreben scheitert an den gesellschaftlichen Gegebenheiten. *Constance Ring* (1885; dt. 1898) überzeugt als psychologisches Portrait der Titelperson. Mit einer für die Zeitgenossen schockierenden Offenheit spricht Amalie Skram die erotischen Probleme einer Frau an, deren Liebesunfähigkeit und Lebensuntüchtigkeit als kausal bedingte Verhaltensweisen erscheinen. Die stellenweise allerdings reichlich melodramatische Handlung wirft ein grelles Licht auf die Situation der Frau in der bürgerlichen Ehe: auf ihre erzwungene Passivität und wirtschaftliche Abhängigkeit, auf den Warencharakter der Liebe, auf die kirchlich sanktionierte Doppelmoral und auf die fatalen Auswirkungen einer Erziehung, die durch das prüde Verschweigen dessen, was die jungen Mädchen erwartet, deren Schock in der Ehe vorprogrammiert. Von der Unfähigkeit der Menschen, ihre klassenspezifischen Verhaltensweisen abzulegen, und dem aussichtslosen Versuch, den gesellschaftlichen Konventionen zu trotzen, handelt der Roman *Lucie* (1888; dt. 1889). Weder der Advokat Gerner, der sein Verhältnis zu einem Tingeltangelmädchen legalisiert hat, noch die so unverhofft in bessere Kreise emporgehobene Lucie vermögen aus ihrer sozial determinierten Haut zu schlüpfen. Mit drastischen Mitteln gestaltet die Autorin den psychischen Verfall Lucies und ihr Sterben im Kindbett. Ein Höhepunkt psychologischer Kunst ist der Roman *Forraadt* (1892; Verraten 1897). Es ist die Geschichte einer streng christlich erzogenen Siebzehnjährigen, die mit einem fast doppelt so alten Kapitän verheiratet wird und entdeckt, daß er kein keusches Leben geführt hat. Mit meisterlichem Einfühlungsvermögen beschreibt Amalie Skram die Reaktion der jungen Frau, die ihren Mann in einer Mischung aus Ekel, moralischem Entsetzen und erotischer Neugier zu immer detaillierteren Sündenbekenntnissen zwingt, ihn mit naiver Selbstgerechtigkeit dabei stets weiter von sich stößt und schließlich in den Wahnsinn treibt. Der bekannteste Roman der Autorin und zugleich das letzte und umfangreichste Werk des Naturalismus in Skandinavien ist der vierteilige Geschlechterroman *Hellemyrsfolket* (1887—1898; Die Leute vom Felsenmoor 1911 und in Einzelteilen früher). Das Kausalitätsdenken Amalie Skrams kulminiert hier in einem fast totalen Determinismus; über vier Generationen erstreckt sich die Schilderung vom Zerfall des aus dem Elend nur vorübergehend aufgestiegenen Geschlechts der Leute vom Felsenmoor. Die Konzentration auf die Schattenseiten des Lebens und die detaillierte Ausgestaltung widerwärtiger Szenen und rohen menschlichen Verhaltens lassen die sozialen Indignationsromane Lies und Kiellands dagegen fast idyllisch erscheinen.

Schweden

Schwedens Literatur fand erst spät den Anschluß an die neue Richtung. Die Ursachen dafür dürften einerseits in der peripheren Lage des Landes, anderseits in der Bürokratisierung seines politischen und kulturellen Lebens sowie im normativen Einfluß der konservativen Schwedischen Akademie (→ 73) und der für die Konservierung des traditionellen Geschmacks maßgeblichen Universitäten zu suchen sein. Viktor Rydberg (→ 144), die überragende Gestalt des kulturellen Lebens in den 1870er Jahren, blieb trotz seiner Kirchenkritik und seiner demokratischen Gesinnung zeitlebens ein Repräsentant des an der deutschen Klassik orientierten, akademisch geprägten Idealismus. In einem literarischen Klima, in dem die Ästhetik des Schönen von epigonalen Talenten unbefragt perpetuiert wurde und das Bildungsbürgertum in Ehrfurcht erstarrt den kanonisierten Idealen huldigte, setzte das erste im Geist des Naturalismus geschriebene Werk eines schwedischen Autors einen markanten Einschnitt. Mit dem satirischen Gesellschaftsroman *Röda rummet* (1879; Das rote Zimmer 1889) leitete der dreißigjährige AUGUST STRINDBERG (1849—1912) (→ 210) die, durch eine ebenso markante Zäsur am Ende des Jahrzehnts (Verner von Heidenstams *Renässans*, 1889; → 204) klar umgrenzte, literarische Epoche der 1880er Jahre (schwed. åttiotal) ein. Als Epochenbezeichnung beinhaltet der Begriff ‚åttiotal' all das, was den modernen Durchbruch in den nordischen Nachbarländern auszeichnet: Opposition gegen Idealismus und Nachromantik, wirklichkeitsgetreue Gegenwartsschilderung, Auseinandersetzung mit den reformfeindlichen gesellschaftlichen Kräften, dem Bürgertum, der Bürokratie, dem neuen Geldadel, Kirche und Monarchie, sowie die Anprangerung sozialer Ungleichheit, der Unterdrückung der Frau und der jede individuelle Entwicklung hemmenden Konventionalität und Doppelmoral der Gesellschaft. Kaum einer dieser Aspekte fehlt in *Röda rummet*, dessen noch heute erfrischende Respektlosigkeit auf die an so derbe Kost nicht gewöhnten Geschmäcker der Zeitgenossen schockierend wirkte. Diese Respektlosigkeit zeigt sich nicht nur in der bissigen Ironie, mit der Strindberg die Stützen der Gesellschaft der Lächerlichkeit preisgibt, sondern auch in der alle literarischen Konventionen mißachtenden sprachlichen und kompositorischen Gestaltung des Romans. Aus einer lockeren Folge von 29 Szenen und einem Epilog ergibt sich die Entwicklungsgeschichte des jungen Idealisten Arvid Falk, der sich als Journalist und Schriftsteller durchschlägt, durch die ernüchternden Blicke hinter die blendenden Fassaden der Respektabilität aber von seiner Naivität und Ehrfurcht vor großen Namen und Worten kuriert wird. Die alltäglichen, oft saloppen Dialoge – sie machen fast die Hälfte des Romans aus – und die klare, umgangssprachliche Diktion auch in den erzählenden Passagen bewirken eine bis dahin in der schwedischen Literatur nie erreichte Lebendigkeit und Anschaulichkeit. Die zuweilen abrupten Szenenwechsel und die aus Zeitraffung und -dehnung resultierende Dynamik schaffen eine Atmosphäre von Hektik und Zerrissenheit, die den Zustand der Gesellschaft ebenso widerspiegelt wie Arvid Falks in Auflösung geratenes Weltbild. *Röda rummet* ist zu Recht als der erste moderne schwedische Roman bezeichnet worden; er verbindet impressionistische Darstellungskunst mit naturalistischer Weltanschauung und überspielt die pessimistischen Grundtöne mit einem teils burlesken, teils hintergründigen Humor, eine spezifisch Strindbergsche Mischung, die in ihrer Vitalität und Vielseitigkeit jede schematisierende Einordnung zu kurz greifen läßt.

1881 erlebte Strindberg endlich die Aufführung des bereits 1872 entstandenen, von Brandes wie von *Brand* inspirierten historischen Schauspiels *Mäster Olof* (Meister Olaf 1895). Eine Geschichte Schwedens aus der Sicht des Volks *(Svenska folket,* 1882) war ihrer Zeit weit voraus und stieß auf Unverständnis und Ablehnung, was den enttäuschten Autor veranlaßte, den hohlen Heldenkult seiner eigenen Zeit in satirischen Erzählungen unter dem Titel *Det nya riket* (1882; Das neue Reich) aufs Korn zu nehmen. Ohne Ehrfurcht vor der Tradition pflügte Strindberg auch das unter den Signaturpoeten (→ 145) zum sterilen Ziergärtlein verkommene Feld der Lyrik um. In *Dikter på vers och prosa* (1883; dt. in Strindbergs Werke, 1902—1930, Abt. V, Bd. 1) herrschen polemische Töne und antiidealistische Effekte vor. *Sömngångarnätter på vakna dagar* (1884; Schlafwandler, in S.s Werke, Abt. V, Bd. 1) setzt in lyrischer Form — nun aus der Perspektive des inzwischen exilierten und in Paris an Heimweh leidenden Dichters — die Kritik an den heimischen Verhältnissen fort. 1884 erschien *Giftas* I (Die Verheiratheten 1889; zusammen mit *Giftas* II [1886] auch unter dem Titel Heiraten 1910); der Band enthält zwölf Erzählungen zum Themenkomplex Ehe, Emanzipation der Frau und Sittlichkeit. Der Autor präsentiert sich im Vorwort zu *Giftas* I als radikaler Befürworter der Gleichstellung von Frau und Mann und stellt das gegenwärtige Mißverhältnis zwischen ihnen als das Ergebnis einer Kulturentwicklung dar, die in Pervertierung der ursprünglich natürlichen Gleichheit unnatürliche Geschlechterrollen herausgebildet habe. Die nicht gegen die bestehende Gesellschaftsordnung, sondern in Verkennung der wirklichen Ursachen gegen „die Tyrannei des Mannes" gerichtete bürgerliche Frauenbewegung bedachte er hingegen mit Hohn und Spott. Mit glänzendem Humor geschrieben sind vor allem *Ett dockhem,* eine Parodie auf Ibsens *Et Dukkehjem* und *Dygdens lön* (Lohn der Tugend), wo Strindberg Bjørnsons Handschuhmoral ad absurdum führt. Das Buch wurde als Angriff auf die Ehe verstanden und brachte dem Verfasser eine Anklage wegen Gotteslästerung ein, von der er indessen freigesprochen wurde. Allerdings brachten das öffentliche Aufsehen und die Anfeindungen, denen er von allen Seiten ausgesetzt war, den Autor an den Rand des psychischen Zusammenbruchs und bewirkten, daß seine zum Teil recht fortschrittliche Haltung in der Frauenfrage in glühenden Frauenhaß umschlug. Das Vorwort zu *Giftas* II gibt Aufschluß über den abrupten Wandel in der Auffassung des Autors.

Strindbergs gewaltiges Gesamtwerk umfaßt alle Genres und greift thematisch weiter aus als das irgendeines Zeitgenossen. Rastlos experimentierte er mit Stilarten, Erzählformen und Dramentechniken ebenso wie mit weltanschaulichen Standpunkten und wissenschaftlichen oder pseudowissenschaftlichen Theorien. Er erarbeitete sich unablässig neue Wissensgebiete, stellte eigene naturwissenschaftliche Forschungen an und publizierte eine Vielzahl von historischen, naturgeschichtlichen, geographischen und soziologischen Schriften. Auch in seinen belletristischen Werken gab sich Strindberg gern den Anschein von Wissenschaftlichkeit. Der schwedischen Sprache erschloß er damit neue Ausdrucksmöglichkeiten; vor allem in Naturschilderungen benutzt er mit Vorliebe eine naturwissenschaftliche Terminologie. So entsteht eine neue Sehweise mit überraschenden Effekten. Stets sucht Strindberg für jedes Ding, für jedes Phänomen den treffendsten Vergleich, die klarste Charakterisierung, ohne Rücksicht darauf, ob es sich um poetische oder unpoetische Sprache handelt. Indem er die Ästhetik des Schönen zugunsten einer Ästhetik des Wahren verwarf, gelangte er, ohne im eigentlichen Sinn sprachschöpferisch zu sein, zu einer Spontaneität des Ausdrucks und einer Unmittelbarkeit der Anschauung, die seinen besten Werken bis heute ihre Lebendigkeit erhalten haben. Außerhalb Schwedens gilt Strindberg in erster Linie als der große Wegbereiter des modernen Dramas, in Schweden hat er vor allem als Erzähler, insbesondere für den Roman des 20. Jahrhunderts, und als polemischer Essayist stilbildend gewirkt.

Der intellektuellen Dynamik Strindbergs entspricht die Hektik eines Lebens, das von heftigen inneren und äußeren Krisen bewegt war. Abrupte Standpunktwechsel und starke Schwankungen in den Beziehungen zu seinen Mitmenschen gehören zum Bild des Menschen Strindberg, dessen labile Psyche sich in gelegentlichen Anflügen von Verfolgungswahn und in leidenschaftlichen Haßausbrüchen entlud. Die Querverbindungen von Leben und Werk liegen hier offener zutage als bei anderen Autoren der Zeit; zahlreiche Motive und ganze Handlungsverläufe lassen sich auf Biographisches zurückverfolgen. Darin unterscheiden sich seine fiktionalen Werke oft nur wenig von denen, die er selber als autobiographisch ausgegeben hat — wie umgekehrt die letzteren keineswegs als nichtfiktionale Schriften gelten können. Weniger aber der biographische Aspekt als solcher verdient Aufmerksamkeit als die Tatsache, daß Strindberg den hemmungslosen Subjektivismus zum Prinzip seines künstlerischen Verfahrens machte. Auf dem Höhepunkt seiner naturalistischen Phase, während er an seinem autobiographischen Roman *Tjänstekvinnans son* (entstanden 1886, Teil I–III ersch. 1886, IV 1909; Der Sohn einer Magd 1909/10) arbeitete, vertrat er die Auffassung, diesem Romantyp werde die Zukunft gehören, die herkömmliche Schriftstellerei dagegen werde aussterben, da sie konstruiert und arrangiert sei. Da man nicht mehr als ein Leben, nämlich sein eigenes kenne, sollte die „Konstruktionsliteratur" ersetzt werden, indem jeder Bürger verpflichtet würde, seine Selbstbiographie bei einem kommunalen Archiv abzuliefern; „Das würden Dokumente sein." Das Interesse an Dokumenten des wirklichen Lebens ist kennzeichnend für den wissenschaftlichen Anspruch, den Strindberg unter dem Einfluß Zolas in dieser Zeit an die Literatur stellt. Unter diesem Aspekt sind sowohl die Autobiographie als auch die großen naturalistischen Dramen *Fadren* (1887; Der Vater 1888) und *Fröken Julie* (1888; Fräulein Julie 1888) zu sehen. Man kann die beiden Dramen als Verhaltensstudien bezeichnen, in die das Biographische in allererster Linie als Anschauungsmaterial eingegangen ist, an dem weniger das Individuell-Spezifische als das Allgemein-Typische interessiert. Daß persönliche Beweggründe, wie Rachegefühle oder der Drang nach Selbstrechtfertigung oder Selbststilisierung, ein zusätzliches Motiv des Autors gewesen sind, hat wenig mit dem Gehalt der Werke zu tun und ist, so sehr es die Zeitgenossen und Biographen zu fesseln vermochte, heute völlig nebensächlich geworden. Mit wenigen Einschränkungen trifft dies auf das ganze Werk Strindbergs zu; er benutzt sich und andere als Studienobjekte, Selbsterlebtes als Anschauungsmaterial.

So ist *Tjänstekvinnans son* nicht vergleichbar mit jenen Lebenserinnerungen, wie sie aus der Distanz des Alters niedergeschrieben zu werden pflegen; vielmehr sieht Strindberg seine Entwicklung unter dem Blickwinkel des psychologischen Naturalismus und stellt sie so dar, daß sie seine Vorstellung vom menschlichen Charakter als dem uneinheitlichen Produkt des Zusammenwirkens heterogener Elemente und ständig neuer Einflüsse illustriert. Die Sorgfalt, mit der kleinste Details des engeren und weiteren Milieus registriert sind, macht das Buch in der Tat zu einem Dokument ersten Ranges, interessanter vielleicht sogar als Zeitbild denn als Selbstbild des Autors.

Im Vorwort zu *Fröken Julie*, das als eine Art naturalistisches Manifest literarhistorisch ebenso bedeutsam ist wie das Stück selbst, greift

Strindberg das Thema der Charakterlosigkeit der Personen erneut auf und entwickelt aus einer physiologische wie psychologische Momente gleichermaßen einbeziehenden Menschenauffassung seine dramentheoretischen Überlegungen. Er steht nun völlig unter dem Bann einer (vulgär-)darwinistischen Weltsicht und ihrer Schlagworte vom struggle for life und survival of the fittest. Das Leben stellt sich ihm als ununterbrochener Kampf dar; dies leidenschaftslos und in seiner Naturgesetzmäßigkeit darzustellen, nicht moralisierend dazu Stellung zu nehmen, ist die Aufgabe des naturalistischen Künstlers. *Fröken Julie* ist ein Trauerspiel, weil es das Leben zeigt, wie es ist; es zeigt Verhaltensweisen und die Vielfalt ihrer Motive auf, ist nicht auf kathartische Wirkung, sondern auf einen ethisch neutralen Erkenntniseffekt hin angelegt.

Neben dem Hinweis auf Geschlechter- und Klassenkampf taucht im Vorwort zu *Fröken Julie* ein Motiv auf, das Strindberg aus der Beschäftigung mit Suggestionsphänomenen und Hypnose — einem Modethema der Zeit — gewonnen hatte: der Kampf der Gehirne. So lautet auch der Titel einer von mehreren, an der Grenze zum psychologischen Essay angesiedelten Erzählungen, die unter dem bezeichnenden Titel „Vivisektionen" veröffentlicht werden sollten und Strindbergs intelligenzaristokratische Anschauung in den späten 1880er Jahren demonstrieren. Vom hoffnungslosen Kampf eines Vertreters des „neuen Nerven- oder Großhirn-Adels" gegen die Dummheit und Niedertracht der „Kleinen" handelt der Roman *I hafsbandet* (1890; An offener See 1893, auch Am offenen Meer), in dem Strindberg den Standpunkt Nietzsches einnimmt, um damit zu experimentieren und zu sehen, wohin er führe, wie er an Georg Brandes schrieb, der ihn 1888 auf den Philosophen hingewiesen hatte. Der Fischereiintendent Dr. Borg, der als fortschrittsgläubiger Rationalist die Menschen zur Vernunft bringen will, stößt bei der verstockten Inselbevölkerung nur auf Unverständnis und entfernt sich im Gefühl seiner geistigen Überlegenheit über die in seinen Augen nur triebhaft dumpf dahinvegetierende Masse immer mehr von jeder menschlichen Gemeinschaft. Aber in der selbstgewählten Isolation geht er nach und nach körperlich und seelisch zugrunde. In einer letzten Aufwallung heroisch-pathetischen Trotzes und maßloser Weltverachtung segelt er, halb im

Wahnsinn, während an Land die Unbelehrbaren die Geburt eines zu seiner Zeit ebenso unwillkommenen Heilsverkünders feiern, aufs offene Meer hinaus: „Hinaus zu dem neuen Weihnachtsstern ging die Fahrt, hinaus über das Meer, die Allmutter, aus deren Schoß der erste Lebensfunke emporgestiegen war, die Fruchtbarkeit, der unerschöpfliche Brunnen der Liebe, der Ursprung und Feind des Lebens."

Im gleichen Jahr, in dem Strindberg mit dieser ironischen Pointe einen Schlußstrich unter die erfolglosen Bemühungen des idealistisch motivierten Weltverbesserers Borg — und zugleich unter das mit *Röda rummet* eingeleitete aufklärerische åttiotal — zieht, läßt Ibsen die nach Schönheit vergebens suchende Hedda Gabler zur Pistole greifen, Holger Drachmann in *Forskrevet* die Welt seiner Helden in Trümmer zerfallen, Arne Garborg die müden Männer zum Pfarrer gehen. Nichts kennzeichnet treffender die ambivalente Stimmung, die sich in den Reihen der Autoren des modernen Durchbruchs breitgemacht hatte, als dieser geballte Ausdruck von Resignation und Ausweglosigkeit, der beliebig erweitert werden kann, z.B. durch den Blick auf Pontoppidan, der in *Skyer* das Wort von den wohlverdienten Tyrannen bekräftigte, mit dem der menschenfreundliche „Eisbär" der Einfalt und Undankbarkeit seiner Gemeinde den Rücken gekehrt hatte, oder auf Kielland, der es vorzog, fortan zu schweigen.

Die Dynamik und der Innovationsreichtum des Strindbergschen Werks stellt die Produktion der übrigen Autoren des schwedischen åttiotal weit in den Schatten. „Det unga Sverige" (Das junge Schweden) war die — übrigens von Strindberg lancierte — Bezeichnung einer Gruppe von Stockholmer Autoren, die sich mit mehr sozialem und kritischem Engagement als schriftstellerischem Talent um die Veränderung der Literatur im Sinne der Forderungen von Georg Brandes bemühten. GUSTAF AF GEIJERSTAM (1858—1909) wurde mit den Jahren zu einem der meistgelesenen Autoren der Mittelklasse. Nach einigen realistischen Gegenwartsromanen — der beste ist *Erik Grane* (1885) — wandte er sich volkstümlichen Sujets zu und schilderte in naturalistischer Manier das Leben einfacher Bauern und Fischer in Stockholms Schären. Als Vortragender bereiste Geijerstam die nordischen Hauptstädte, warb für die junge Literatur und vertrat den

Standpunkt der Radikalen in der Sittlichkeitsfrage. Während er für die literarische Entwicklung unbedeutend ist, dürfte sein Einfluß auf die Geschmacksbildung des breiten Publikums in den letzten zwei Jahrzehnten seines Lebens erheblich gewesen sein. ANNE CHARLOTTE EDGREN-LEFFLER (1849—1892) ist wegen ihrer Beiträge zur Emanzipationsliteratur der Zeit zu nennen. TOR HEDBERG (1862—1931) war als Kritiker und später als Leiter des Dramatischen Theaters in Stockholm ein wichtiger Aktivposten für die moderne Literatur und die Entwicklung des Theaters in Schweden. Sein literarisches Werk ist heute vergessen.

Einen zweiten Schwerpunkt neben Stockholm hatte das åttiotal im südschwedischen Schonen, wo die unter dem Pseudonym Ernst Ahlgren schreibende VICTORIA BENEDICTSSON (1850—1888) mit Schilderungen des einfachen Lebens der Kleinbauern und Landarbeiter (*Från Skåne,* 1884; Aus Schonen und *Folkliv och småberättelser,* 1887; Volksleben und kleine Erzählungen) eine von Idyllisierung wie von Vergröberung freie, objektive Behandlung des Stoffes anstrebte. Victoria Benedictssons Beitrag zur Problemdebatte war der Roman *Pengar* (1885; Geld 1889), in dem sie für das Recht der in einer jener typischen Kaufehen gefangenen jungen Heldin auf Trennung von ihrem Mann und freie Selbstverwirklichung eintrat. Weniger im Sinn der radikalen Emanzipationsbewegung war ihr zweiter Roman *Fru Marianne* (1887; Frau Marianne 1897). Die in ihrer Ehe frustrierte Titelheldin findet nach vorübergehender Versuchung durch einen dekadenten Taugenichts doch zurück zu einem von Liebe und Gemeinschaft erfüllten, soliden Eheleben. Von der literarischen und feministischen Linken als reaktionär abgelehnt, ist *Fru Marianne* nichtsdestoweniger eins der stilistisch sensibelsten und wegweisenden Prosawerke des schwedischen åttiotal. Die ihrer selbst unsichere und um Anerkennung des von ihr verehrten Georg Brandes ringende Autorin nahm dessen Gleichgültigkeit als Urteil über ihr Schaffen und setzte ihrem Leben selbst ein Ende. Ihre literarische Hinterlassenschaft wurde von ihrem langjährigen Vertrauten AXEL LUNDEGÅRD (1861—1930) bearbeitet und herausgegeben. Lundegård sagte sich — sozusagen fristgerecht — im Jahre 1889 mit *Röde prinsen* (Der rote Prinz) von der radikalen Tendenzliteratur los und erreichte in der Folgezeit einen Namen als Verfasser historischer Romane.

Ein großes lyrisches Talent war OLA HANSSON (1860—1925), doch seine frühen Sammlungen *Dikter* (1884) und *Notturno* (1885), Landschafts- und Stimmungsbilder aus der schonischen Heimat des Dichters, blieben unverstanden. Im ersten Band überwiegen sozialkritische Akzente, der zweite enthält Naturbilder aus der Perspektive eines wie im Traum durch verschleierte Landschaften wandernden Ichs. Die im Grenzbereich von Realem und Irrealem angesiedelte Gestaltung von Seelenzuständen zeigt Hansson an der Schwelle zum Symbolismus; innovatorisch war Hansson auch im Gebrauch des freien Verses, auch dies für die Zeitgenossen ein eher befremdlicher Zug. *Sensitiva amorosa* (1887; dt. 1892) nannte Hansson eine Sammlung von psychologischen Skizzen, deren subtile Gestaltung problematischer Geschlechterbeziehungen schon auf die „Seelenanalyse" der Folgezeit vorausweist. Triebsublimierung aus Furcht vor Banalität, die Betonung morbider Gefühlslagen und eine Vorliebe für Unerklärt-Mystisches sind inhaltliche Züge, die das Werk in die Nähe der Dekadenz rücken. Zahlreiche Werke der Zeit thematisieren in Haupt- oder Nebenmotiven die „Kranke Liebe" — so ein Titel Hans Jægers aus dem Jahre 1893 —, ein Phänomen, das weniger literarischer als sozial-psychologischer Analyse bedarf. Hanssons Position war nach dem einhelligen Aufschrei der Entrüstung über *Sensitiva amorosa* in Schweden unhaltbar; er ging nach Deutschland und wirkte dort als eifriger Vermittler für die skandinavische Literatur. Neben der von Nietzsche inspirierten Gedichtsammlung *Ung Ofegs visor* (1892) ist vor allem sein die endgültige Überwindung des Naturalismus dokumentierender Aufsatz *Materialismen i skönlitteraturen* (1892; Der Materialismus in der Literatur 1892) zu nennen, dem in Schweden allerdings von einer theoretisch weit weniger fundierten Broschüre des jungen Verner von Heidenstam der Rang als Programmschrift abgelaufen worden war.

Neue Tendenzen am Ausgang des Jahrhunderts

Der Wandel, der sich gegen Ende der 1880er Jahre in der Literatur des Nordens vollzieht und dem modernen Durchbruch ein Ende setzt, war von dessen führenden Autoren, wie wir im Voraufgehenden gesehen haben, in vielfacher

Weise vorbereitet worden. Für den Sinneswandel der Älteren war die Enttäuschung über das Ausbleiben sichtbarer Veränderungen im öffentlichen Leben der skandinavischen Länder ausschlaggebend. In Dänemark blockierte das konservative Estrupregime erfolgreich die Demokratisierung; Norwegen bekam zwar 1884 unter Sverdrup eine linksliberale Regierung, doch entscheidende Reformimpulse gingen nicht von ihr aus; in Schweden war die Kontinuität des konservativen Beamtenstaats ungebrochen, und das politische Klima wies unter dem Eindruck einer Hochkonjunktur eine verstärkte Rechtstendenz auf. Die literarische Problemdebatte hatte sich erschöpft, der aufklärerische Impetus war erlahmt, deterministische und dekadente Tendenzen hatten den Fortschrittsglauben unterhöhlt, und so wurde die Durchbruchsideologie reduziert auf eins ihrer von Anbeginn an zwar wesentlichen, nicht aber allein ausschlaggebenden Elemente, den Individualismus. Aus dem demokratischen Radikalismus, unter dessen Fahne man als solidarische Bewegung angetreten war, wurde der aristokratische Radikalismus von Einzelgängern, die sich nicht mehr damit begnügten, „Ideen und Ideale für den Durchschnitt und das Mittelmaß" zu verkünden, wie Georg Brandes 1888, im Jahr seiner Nietzschevorträge, die von ihm selbst eingeleitete Epoche rückblickend abqualifizierte. So wendet sich die Literatur von der Sisyphusarbeit der Aufklärung ab und den von Nietzsche dunkel geweissagten Tiefen zu: „Die Welt ist tief, — und tiefer als der Tag gedacht." Das Irrationale, Rätselvolle, Mystische oder auch nur das Exotische und Exklusive füllen das vom abhandengekommenen Fortschrittsglauben hinterlassene Vakuum.

Zum Auseinanderfallen der gemeinsamen Front trug jedoch noch ein weiterer, wenig beachteter Faktor bei. Die Schriftsteller des modernen Durchbruchs waren die erste Generation von „Marktautoren" in Skandinavien, sie waren auf die Einkünfte aus dem Verkauf ihrer Bücher und den Aufführungen ihrer Stücke angewiesen. Das heißt, daß sie sich in einem Konkurrenzverhältnis zueinander befanden; die zahlreichen Zerwürfnisse zwischen ihnen sind zumindest teilweise Reflexe dieses Sachverhalts. Ein Blick in die umfangreiche Korrespondenz Strindbergs (*August Strindbergs brev,* 1948 ff.; bisher 15 Bde.) vermittelt erstaunliche Einsichten in die Zusammenhänge von künstlerischer Produktion und ökonomischer Situation des Autors. Die ablehnende Haltung der Kritik und die schmale Grundlage, die das skandinavische Publikum für den Absatz der modernen Literatur darstellte, mußten Selbstbehauptungs- und Profilierungszwänge auf seiten der Autoren fördern, und Strindberg ist ein zwar extremes, doch für die Gesamtsituation bezeichnendes Beispiel. Zusätzlich generationsbedingt ist freilich das Abgrenzungsbedürfnis der jungen Autoren gegen die Älteren, das sich am Ende der 1880er Jahre in einer Reihe von programmatischen Erklärungen äußert.

1889 erschien in Stockholm VERNER VON HEIDENSTAMS (1858–1940) (auch → 209) gegen den Naturalismus gerichtete Programmschrift *Renässans*, die zusammen mit der ein Jahr zuvor veröffentlichten Gedichtsammlung *Vallfart och vandringsår* (Wallfahrt und Wanderjahre) als der Auftakt zur neuromantischen Bewegung der 1890er Jahre in Schweden (schwed. *nittiotal)* angesehen wird. Heidenstam erklärte, der Naturalismus habe seine Rolle ausgespielt, er habe Phantasie und Lebensfreude aus der Dichtung verdrängt und zu „Grauwetterstimmung" und einem fotografisch seelenlosen Schuhmacherrealismus geführt. Statt der Unterordnung unter das Diktat eines altruistischen Weltverbesserertums forderte er die freie Entfaltung individueller Eigenart, eine auf Resignation — die Heidenstam positiv versteht — gründende Lebensbejahung und einen neuen Idealismus. Heidenstam befand sich damit im Einklang mit einer auch in den anderen nordischen Ländern einsetzenden Strömung.

In Dänemark hatte VALDEMAR VEDEL (1865–1942) in der Zeitschrift *Ny Jord* 1888 „eine phantasievolle, farbenreiche Poesie" und eine „kraftvolle Renaissance" gefordert. Der junge Norweger KNUT HAMSUN (1859–1952), der sich damals im Umkreis von Georg Brandes in Kopenhagen aufhielt, erregte mit zwei Schriften (*Fra det moderne Amerikas Aandsliv,* 1889; Vom Geistesleben des modernen Amerika dt. Auswahl, Drei Amerikaner 1959 und *Fra det ubevidste Sjæleliv,* 1890; Vom unbewußten Seelenleben) Aufsehen, in denen er die Auffassung vertrat, die Zeit bedürfe als eines Gegengewichts gegen das Rohe, Banale und Materialistische der demokratischen Massenzivilisation einer elitären Dichtung aus aristokratischem Geiste und von verfeinertem Seelenadel. Vertiefte psychologische Analyse und Aufdeckung feinster Gefühle und Stimmungen solle die Aufgabe der neuen Literatur sein. In *Ny Jord* waren inzwischen Teile seines ersten Romans *Sult* (1890; Hunger 1891) erschienen, in dem in stilistisch bahnbrechender Weise das in den theoretischen Schriften entworfene Programm durchgeführt ist. Das äußere Geschehen des handlungsarmen Romans ist nur insoweit von Belang, als es den Bezugsrahmen abgibt für die Reflexionen und Selbstgespräche des Icherzählers. Extensiver Gebrauch des inneren Monologs kennzeichnet Hamsuns impressionistische Methode, die ganz darauf abgestellt ist, die Bewußtseinsschwankungen des hungernden Mannes, der zwischen halluzinatorischen Momenten und Augenblicken extrem geschärfter Wahrnehmungsfähigkeit hin und her geworfen ist, auch in der formalen Struktur Gestalt werden zu lassen. Ein merkwürdiger „Ausländer des Daseins, Gottes fixe Idee" ist die Hauptperson von Hamsuns folgendem Roman *Mysterier* (1892; Mysterien 1894). Eine Mischung aus Dekadent und Intelligenzaristokrat, verwirrt dieser Kauz namens Nagel die Bewohner eines norwegischen Küstenstädtchens, ist aber auch sich selbst ein Rätsel und beendet, einer mystischen Stimme folgend, sein Leben mit einem Sprung ins Meer. Nach den trotz ihres bizarren Humors quälenden Seelenanalysen der ersten Werke wandte sich der Autor in *Redaktør Lynge* (1893; dt. 1898) der realistisch-satirischen Gegenwartsschilderung zu, kehrte aber schon mit *Pan* (1894; dt. 1895) zu einem dem subjektivistischen Trend der 1890er Jahre entsprechenden Sujet zurück. Der Icherzähler Leutnant Glahn, ein Naturschwärmer und empfindsamer Einzelgänger, ruft sich in seinen Aufzeichnungen die Ereignisse eines Nordlandsommers in Erinnerung. Existenzielles Naturerlebnis und die darin verwobene Erfahrung einer unerfüllten Liebe geben dem Roman, der zu Hamsuns beliebtesten gehört, ein romantisches Gepräge, das durch die vom Autor gewählte Form der vergegenwärtigenden Rückschau besonders sinnfällig wird.

Ein gemeinsamer Nenner der thematisch und formal überaus vielfältigen Literatur der skandinavischen Jahrhundertwende ist die auffällige Distanz zur aktuellen Gegenwart, eine Distanz, die entweder als Fremdheit in der Welt und Daseinsangst thematisiert wird oder sich in der Wahl von gegenwartsentrückten und problemfreien Stoffen äußert. Im Gegensatz zur programmatischen Einheitlichkeit des modernen Durchbruchs ist die nachfolgende Generation uneinheitlich und orientierungslos. Auf einer antizivilisatorischen und antirationalistischen Unterströmung treibt sie in verschiedene Richtungen und kompensiert die nicht geleistete Realitätsbewältigung mit dem Rückzug in Surrogatwelten und private Kulte: Persönlichkeits- und Ichkult, Seelenkult, Schönheitskult, Vergangenheitskult, Kult des bäuerlich einfachen Lebens, Natur-, Lebens- und Liebesmystik und religiöse Heilslehren unterschiedlicher Provenienz setzen sich zum bizarren Mosaik des *fin de siècle* zusammen, von dem die Entwicklungslinien zu ziehen sind ins 20. Jahrhundert.

Die Lyrik erlebt einen dem Subjektivismus der Zeit entsprechenden Aufschwung. Sie weist, der oben umrissenen thematischen Vielfalt gemäß, nicht selten starke Spannungen und Ambivalenzen auf. Unbeschwerte Hingabe an die Schönheit der Natur und der neu entdeckten heimatlichen Landschaft entfaltet sich vor dem Hintergrund von Existenzangst und grüblerischer Melancholie. In Norwegen sind vor allem NILS COLLETT VOGT (1864—1937), VILHELM KRAG (1871—1933) und SIGBJØRN OBSTFELDER (1866—1900) zu nennen. Bei Vogt und Krag überwiegen die helleren Töne. In ihren frühen Gedichtsammlungen zeigt sich eine Verspieltheit in formaler Gestaltung und Themenwahl, die sie in die Nähe des Jugendstils rückt. In ihren späteren Werken treten die norwegische Natur im Wechsel der Jahreszeiten und das Leben in der Hauptstadt in den Vordergrund ihrer etwas beschaulichen Poesie. Weit ins neue Jahrhundert hinein reicht dagegen die Wirkung des früh verstorbenen ersten lyrischen Modernisten Norwegens, Sigbjørn Obstfelder (→261).

In Dänemark fand Valdemar Vedels Ruf nach einer kraftvollen Renaissance bei einer Reihe junger Lyriker Gehör, die sich vorübergehend mit der Zeitschrift *Taarnet* (1893—94; Der Turm) ein Organ für die Verkündigung ihrer neuen Kunst- und Lebensanschauung schufen. Der Titel der Zeitschrift sollte — in Anlehnung an den Roman *Là bas* des französischen Spätnaturalisten Huysmans — die erhabene Perspektive der neuen Richtung versinnbildlichen. Für die Ästhetik der Gruppe um *Taarnet* wurde der Symbolismus ausschlaggebend. JOHANNES JØRGENSEN (1866—1956) formulierte in der zweiten Nummer der Zeitschrift das Programm. Da das wahre Wesen der Dinge und des Daseins sich nur dem Dichter erschließe, der die äußeren Erscheinungen als Symbol einer höheren Welt erkenne und dessen Seele hinter dem Zeitlichen das Ewige zu entdecken vermöge, dem sie selber entsprungen sei, müsse der moderne Dichter zwangsläufig Symbolist sein. So wird die Dichtung bei den dänischen Symbolisten zum Medium spekulativer Erkenntnis und mystischer Offenbarung, bei Jørgensen, der 1896 zum Katholizismus übertrat, wird sie zum Bekenntnismedium. Die bedeutendsten Autoren neben Jørgensen waren VIGGO STUCKENBERG (1863—1905), SOPHUS CLAUSSEN (1865—1931) und der außerhalb des *Taarnet*-Kreises stehende, aber dem „seelischen Durchbruch" (seine eigene Formulierung) ebenfalls zugehörige HELGE RODE (1870—1937). Die frühen lyrischen und prosalyrischen Werke dieser Autoren weisen stilistisch und thematisch ein hohes Maß an Gemeinsamkeit auf. Der „malende" impressionistische Stil wird auf die Spitze getrieben; Wortneuschöpfungen, Synästhesien, Metaphern- und Adjektivhäufungen, die Bevorzugung malender und lautmalender Verben und ein festes Repertoire symbolträchtiger Substantive (z.B. Seele, Herz, Traum, Blume, Rose, Sonne, Schatten, Wind und Welle) sind die wichtigsten Merkmale der auf suggestive Wirkung zielenden Sprachkunst der Symbolisten. Das Geahnte, die schwebenden Eindrücke und Stimmungen, die Beseelung der Dingwelt und eine romantisch-pantheistische Verklärung der Natur verdrängen das Realistisch-Eindeutige. Das Stoffliche dient nur der Evokation des Geistigen. Der idealistische Ästhetizismus der Symbolisten war eine kurzlebige Erscheinung ohne Breitenwirkung, aber seine Ausstrahlungskraft reicht weit ins 20. Jahrhundert, wo fünfzig Jahre später die Dichter des *Heretica*-Kreises (→ 239) an die ästhetischen und weltanschaulichen Grundsätze von *Taarnet* anknüpfen.

In Schweden läuft die Entwicklung unabhängig von ausländischen Vorbildern auf eine neue Nationalromantik hinaus. Heidenstam hatte in *Renässans* erklärt, nur eine Dichtung von unverwechselbar nationaler Eigenart könne der geistigen Nivellierung durch internationale Strömungen wie den Naturalismus entgegenwirken. Man wird indessen die Literatur der 1890er Jahre auch vor dem sozialgeschichtlichen Hintergrund, der Bedrohung der alten Bauern- und Herrenhofkultur durch die fortschreitende Industrialisierung, sehen müssen. Die Grundhaltung ist die einer nostalgischen Rückschau auf die vermeintlich ungetrübte Lebensfreude der noch von einer überschaubaren Sozialordnung und von den klaren Wertsetzungen eines einfachen Lebens geprägten vorindustriellen Zeit. SELMA LAGERLÖF (1858—1940) beschwört in ihrem Roman *Gösta Berlings saga* (1891; Gösta Berling 1896) den Glanz einer von Pracht und heroischen Gefühlen, von Sinnenfreude und edler Menschlichkeit erfüllten Vergangenheit herauf. Der Erzählton in diesem beinah chaotischen Roman ist mündlich spontan, zuweilen naiv schwärmerisch; direkte Hinwendungen an den Leser und zahlreiche, den Gang der Handlung immer wieder unterbrechende Einschübe, in denen värmländische Märchen- und Sagenmotive ausgeführt werden, sind typisch für die ganz untheoretische Kunstauffassung der Autorin, die später einer bewußteren Schreibweise wich. Als volkstümliche Erzählerin teils idealistisch moralisierender, teils phantastischer Geschichten — eine der spannendsten ist *Herr Arnes penningar* (1904; Herrn Arnes Schatz 1904) — hat Selma Lagerlöf ein weltweites Publikum gefunden. Stets arbeitet sie das Allgemeinmenschliche heraus, gestaltet Gleichnisse von menschlicher Größe und menschlicher Schwäche, zuweilen aber auch Portraits von außerordentlicher psychologischer Schärfe, z.B. in *Körkarlen* (1912; Der Fuhrmann des Todes 1912). In einer Zeit sozialer und moralischer Entwurzelung betont ihr Werk den Wert fester Bindungen und unverrückbarer Überzeugungen. Ihre Antwort auf die gesellschaftlichen und weltanschaulichen Konflikte der Zeit war die unkomplizierte Botschaft von wahrer Nächstenliebe und Menschlichkeit. Nicht zufällig orientierte sie sich in ihrer klassisch gewordenen Schilderung des Lebens der dalekarlischen Bauern in *Jerusalem I* (1901; Jerusalem I. In Dalarne 1902) an Bjørnsons Bauernerzählungen und übernahm damit zugleich eine die konkreten sozialen Probleme der Landbevölkerung verdeckende Ideologie. In gewissem Grad trifft dies auch für das — für den Schulgebrauch geschriebene — Schwedenbuch *Nils Holgerssons underbara resa genom Sverige* (1906; Die wunderbare Reise des kleinen Nils Holgersson mit den Wildgänsen 1907) zu. Es ist eine mit glänzendem pädagogischem Geschick in die kindgerechte Form des Märchen- und Abenteuerbuchs verpackte Gesamtdarstellung Schwedens, seiner Geschichte, seiner Landschaften, seiner Tier- und Pflanzenwelt und seiner Bevölkerung, das „lichte Zukunftsbild eines guten Landes, wo frohe und glückliche Menschen arbeiten und gemeinsam streben, und wo Güte und Anstand herrschen . . . eine Vaterlandshymne in Prosa" (S. Björck). In ihren späteren Werken wandte sich Selma Lagerlöf wieder dem värmländischen Herrenhofmilieu von *Gösta Berlings saga* zu, so in der romantischen Löwensköld-Trilogie (1925—26) und in der Geschichte des elterlichen Hofs *Mårbacka* (1922; dt. 1923).

Wie Selma Lagerlöf mit Värmland, war VERNER VON HEIDENSTAM (1858–1940) mit der Landschaft Tiveden am westlichen Ufer des Vätternsees verwachsen. In *Vallfart och vandringsår* (1888) hatten noch exotische Motive überwogen. In der Mentalität der orientalischen Völker glaubte der Dichter eine der Rastlosigkeit des abendländischen Menschen überlegene Lebensphilosophie gefunden zu haben, ein Thema, das er in seinem ersten Roman *Endymion* (1889; dt. 1891) weiter ausführte. In *Hans Alienus* (1892; dt. 1904) wandert die Titelperson auf der Suche nach Schönheit und Lebensfreude durch Zeit und Raum. Aber weder in Rom noch in der assyrischen Kultur oder im klassischen Griechenland wird der rastlose Sucher Alienus (lat. = der Fremde) heimisch. Erst die Rückkehr ins heimatliche Tiveden mit seiner kargen Natur und seinen bäuerlichen Menschen läßt ihn das Glück finden, das in jener abgeklärten Resignation liegt, die der Autor bereits in *Renässans* propagiert hatte. Die Sammlung *Dikter* (1895) enthält neben farbenprächtigen Bildern der unberührten Natur Tivedens und seiner urwüchsigen Bevölkerung schon Gedankenlyrik von klassizistischer Formvollendung und emotionaler Ausgewogenheit, die Heidenstam als den Wahrer des idealistisch-humanistischen Erbes Tegnérs und Rydbergs ausweist, als der er den Zeitgenossen zwanzig Jahre später, beim Erscheinen seiner letzten Gedichte *Nya dikter* erschien. In der Zwischenzeit schrieb Heidenstam historische Werke, die der schwedischen Nation ihre einstige Größe ins Bewußtsein rufen sollten. So enthält der Novellenzyklus *Karolinerna* (1897–98; Karl der Zwölfte und seine Krieger 1898) neben dem stark persönlich gefärbten Portrait des Heldenkönigs eindrückliche Schilderungen der Opferbereitschaft und Leidensfähigkeit des Volkes, das in der äußeren Erniedrigung – die Kriegsunternehmungen Karls XII. (1697–1718) brachten Schweden um seine Großmachtstellung – seine innere Größe gezeigt hatte. Im gleichen patriotischen Geist sind *Folkungaträdet* (1905–07; Der Stamm der Folkunger 1909–10) und das historische Lesebuch *Svenskarna och deras hövdingar* (1908–10; Die Schweden und ihre Häuptlinge 1909–11) geschrieben. Hatte sich Heidenstam in dem Gedichtzyklus *Ett folk* (1899; Ein Volk), einer Strafpredigt an die Adresse der genußsüchtigen und von egoistischen Klasseninteressen zersplitterten Gegenwart, noch klar zu demokratischen

Grundsätzen bekannt, so rückte er unter dem Eindruck der seinem nationalen Einheitsgedanken zuwiderlaufenden politischen Konfrontation zwischen Links und Rechts in eine ständig konservativere Position. Dies belegen seine unter dem Titel *Proletärfilosofiens upplösning och fall* (1911; Auflösung und Fall der Proletarierphilosophie) herausgegebenen Antworten auf die Angriffe Strindbergs in der Strindbergfehde (→214). *Nya dikter* (1915) zeugt von einer der konfliktgeladenen Gegenwart nun vollends entrückten Position des früh gealterten Dichters.

Komplexer, als das populäre Bild vom humorvollen Schilderer värmländischer Typen und Originale verrät, ist das lyrische Werk des bedeutendsten Verskünstlers der Epoche, GUSTAF FRÖDING (1860—1911). In einer unprätentiösen, teilweise dialektal gefärbten Sprache, die sich zwanglos der Musikalität und rhythmischen Beweglichkeit seiner volksliedhaften Poesie anpaßt, schildert er burleske Szenen ländlichen Lebens und Gestalten des Volksglaubens, schlägt aber in seiner Stimmungs- und Gedankenlyrik auch gebrochene und grüblerische Töne an, die dem einseitigen Eindruck von Idyll und naiver Lebensfreude entgegenwirken. Auf die Disharmonie der Zeit und die seiner eigenen Persönlichkeit fand Fröding keine Antwort, und die in seiner ersten Sammlung *Guitarr och dragharmonika* (1891; Gitarre und Ziehharmonika) noch gedämpfte Melancholie steigert sich in den weiteren Sammlungen zu einer tiefen Zerrissenheit, aus der der Dichter sich in eine private Gralsreligion (*Gralstänk*, 1898; Gralsspritzer) zu retten suchte.

Ganz im Bann des alten Brauchtums und der Bauern- und Bergmannskultur seiner Heimatlandschaft Dalarna stand ERIK AXEL KARLFELDT (1864—1931). Von Gegenwartsproblemen und Ideenkonflikten unangefochten, besang er in einer z. T. stark archaisierenden Sprache die ehemalige heile Welt und die Naturschönheiten dieser mittelschwedischen Provinz. Zu seinen originellsten Schöpfungen gehören eine Reihe von Gedichten unter dem Titel *Dalmålningar på rim* (in *Fridolins lustgård*, (1901; Fridolins Lustgarten), in denen er die naiven dalekarlischen Bauernmalereien mit biblischen Motiven in „kongenial" derber, humorvoller Weise in Verse umsetzt.

Um AUGUST STRINDBERG (auch → 194) war es in den 1890er Jahren still geworden. Für die neuromantische Mode zeigte er nur insoweit Interesse, als er — zu Recht — meinte, sie in seinen Erzählungen aus den Schären schon vorweggenommen zu haben. Der Roman *Hemsöborna* (1887; Die Leute auf Hemsö, ca. 1889) kann sich an prachtvollem Lokalkolorit, stimmungsgeladener Naturschilderung und humorvoller Menschendarstellung in der Tat mit den besten Werken der 1890er Jahre messen; die Erzählung vom romantischen Küster auf Rånö (in *Skärkarlsliv,* 1888; Das Inselmeer 1921, auch Schärenleute) schildert einen Träumer und Phantasten, der eher den liebenswerten Originalen Frödings und Lagerlöfs als den bedrückend ernsten Gestalten der gleichzeitigen naturalistischen Werke Strindbergs vergleichbar ist. Strindbergs wissenschaftliche Ambitionen trieben ihn von der fiktionalen Literatur fort, noch während er an *I hafsbandet* arbeitete. 1892 verließ er Schweden und verbrachte die nächsten fünf Jahre, von finanziellen Sorgen und persönlichen Krisen umhergetrieben, auf dem Kontinent. Er betrieb naturwissenschaftliche Studien und Experimente, beschäftigte sich mit Okkultismus, Magie und Alchemie und durchlebte in Paris, von paranoiden Wahnvorstellungen und religiösen Ängsten zerrüttet, ein „Inferno", aus dem er zu einer teils alttestamentarisch strengen, teils mystischen, teils heidnischen Frömmigkeit bekehrt hervorging. Ein Zeugnis dieser Krise und ihrer Überwindung ist das teilweise in Tagebuchform abgefaßte *Inferno* (1887; dt. 1898). Der am Ende dieses Werks aufscheinende synkretistische Glaube ist der Ausgangspunkt für die philosophisch-religiösen Altersdramen Strindbergs.

In *Till Damaskus* (I—III, 1898—1904; Nach Damaskus 1912) ist die Infernokrise dramatisch umgesetzt. Strindberg bricht darin endgültig mit dem aristotelischen Drama, indem er die dramatische Handlung als die logisch fortschreitende Interaktion gleichberechtigter Personen aufhebt und sie in eine diskontinuierliche Folge von Einzelszenen verwandelt, die jeweils nur als Stationen auf dem Entwicklungsweg der Hauptperson relevant sind. Dieses dramatische Ich, der Unbekannte, begegnet Personen, die weitgehend Projektionen seiner selbst sind. Die Situationen, mit denen er konfrontiert wird, sind als symbolisch gestaltete Entwicklungsstadien aufzufassen. Unter Beibehaltung eines äußerlich realistischen Darstellungsprinzips wird so die Bühne für Irreales geöffnet, das Drama wird zur subjektiven Seelenschau, die den inneren Weg der zentralen Gestalt szenisch veranschaulicht. *Dödsdansen* (1901;Totentanz 1904) greift noch einmal auf die Thematik des Geschlechterkampfs aus den naturalistischen Dramen zurück. Doch die in unsäglichem gegenseitigem Haß aneinandergeketteten Eheleute sind nun nur noch Verkörperungen eines von Strindberg als allseitig wirksam erkannten bösen Lebensprinzips. Den Höhepunkt seiner subjektivistisch-symbolischen Dramatik erreicht Strindberg in *Ett drömspel* (1902; Ein Traumspiel 1903), dessen formale Struktur „das zusammenhanglose, doch scheinbar logische Muster des Traums nachzuschaffen versucht" (Vorwort). Die Tochter des Gottes Indra ist zu den Menschen herabgestiegen, um deren Leben kennenzulernen. In lose aneinandergefügten Szenen, die jede für sich realistisch ausgeführt, in ihrer Zuordnung zueinander ein phantastisches, surrealistisches Gesamtbild ergeben, durchwandert „die Tochter" die Bereiche des menschlichen Daseins, seiner trivialen Kümmernisse, seiner sozialen Ungleichheit, seiner seelischen und physischen Nöte und seiner unerfüllten metaphysischen Sehnsüchte. So gelingt es Strindberg, ohne eine im eigentlichen Sinn dramatische Handlung, die Totalität der menschlichen Existenz ins Bild zu setzen. Der innere Zusammenhang der scheinbar willkürlichen Szenenfolge wird durch leitmotivischen Symbolgebrauch und den die Geschehnisse begleitenden Ausspruch „der Tochter", daß es ein Jammer sei um die Menschen, hergestellt. Mit seiner die Grenzen rationaler Erfahrung überschreitenden, visionären Traumtechnik erschließt *Ett drömspel* dem Theater die Möglichkeit, Stoffe und Themen bühnenwirksam zu gestalten, deren Komplexität bis dahin nach der epischen Darstellungsform des Romans verlangt hatte.

Strindbergs Nach-*Inferno*-Dramatik kreist in immer neuen Ansätzen um Schuld und Sühne, Selbsterkenntnis und Selbsttäuschung und die unheilbare Einsamkeit des Menschen. Die Kammerspiele, die der Autor für sein 1906 gegründetes „Intimes Theater" schrieb, sämtlich ohne Akteinteilung, sind Versuche, durch Konzentration auf ein starkes, bedeutungsvolles Motiv und unter Verzicht auf die üblichen theatralischen Effekte eine besondere Intensität des Bühnenerlebnisses zu bewirken. Mit der gleichen analytischen Schärfe, die der psychologische Naturalist zwei Jahrzehnte zuvor in den ebenso konzentrierten „Vivisektionen“ an den Tag gelegt hatte, demaskiert nun der Moralist und Strafprediger die versteckte Bosheit und Selbstgerechtigkeit der Menschen. *Spöksonaten* (1907; Gespenstersonate 1908) verbindet das Überwirklich-Traumhafte mit einer an Ibsens analytisches Verfahren angelehnten Enthüllungstechnik. Die Bühnenhandlung hat nur den Zweck, die in der Vergangenheit liegenden Geheimnisse der Personen ans Licht zu bringen und ihren falschen Schein durch das Bild ihres wahren Seins zu ersetzen. Mit dem Stationendrama, der Traumspieltechnik und dem intimen Kammerspiel hat Strindberg dem modernen Theater entscheidende Impulse gegeben, die über das expressionistische und surrealistische bis zum epischen Theater Brechts und zum absurden Drama der Jahrhundertmitte reichen.

Neben seinen Weltanschauungsdramen schrieb Strindberg eine Reihe von historischen Schauspielen über die großen schwedischen Könige, u.a. *Gustaf Vasa* (1899; dt. 1900), *Gustaf Adolf* (1900; dt. 1901) und *Carl XII.* (1902; dt. 1903), die ihm endlich auch die Anerkennung und Sympathie des schwedischen Publikums einbrachten. Seine letzten Jahre standen im Zeichen unermüdlicher Produktion und erneut zunehmender polemischer Schärfe und Verbitterung des nach dem Scheitern seiner dritten Ehe in wachsender Vereinsamung lebenden Dichters. In dieser Zeit erschienen u.a. Märchen (*Sagor,* 1903), Historische Miniaturen (*Historiska miniatyrer,* 1905; dt. 1908), die Sammlungen von Betrachtungen und Skizzen über ein unerschöpfliches Register von kulturellen, zeitkritischen, wissenschaftlichen und philosophisch-religiösen Themen unter dem Titel *En blå bok* (1907—12; Ein Blaubuch 1908—21) sowie die beiden satirischen Romane *Götiska rummen* (1904; Die gotischen Zimmer 1904) und *Svarta fanor* (1907; Schwarze Fahnen 1908). *Götiska rummen* knüpft an die Handlungszeit von *Röda rummet* an und stellt eine ausgesprochen giftige Abrechnung mit der Zeit vor der Jahrhundertwende dar. *Svarta fanor* ist ein hemmungslos brutaler Angriff auf das gegenwärtige etablierte Kulturleben und seine Repräsentanten, alte Feinde wie ehemalige Freunde des Autors, der sich nicht die Mühe machte, Handlung und Personen mehr als notdürftig zu verschlüsseln. Unter dem Eindruck der sich immer weiter zuspitzenden sozialen Lage (Großstreik 1909) und in der Enttäuschung darüber, daß seine bahnbrechenden Leistungen nicht anerkannt wurden, kehrte er allmählich zu den radikalen politischen Ansichten seiner Jugendjahre zurück und richtete in einer Reihe von Zeitungsartikeln heftige Angriffe gegen das konservative Establishment und die seiner Meinung nach in unverdient hohem Ansehen stehenden Autoren der 1890er Jahre (gesammelt erschienen unter dem Titel *Tal till svenska nationen*, 1910; Reden an die schwedische Nation). Damit löste er eine bis zu seinem Tod andauernde erbitterte Pressefehde, die sogenannte Strindbergfehde, aus, in deren Verlauf die schwedische Öffentlichkeit sich in zwei feindliche Lager, ein fortschrittliches und ein traditionalistisches, spaltete. Diese Fehde (dokumentiert in *Strindbergsfejden*, hrsg. v. H. Järv, Sthlm 1968) zeigt mit den literarischen Frontlinien zugleich die damit vermittelten ideologischen Positionen auf. So sah Heidenstam in Strindberg nun die „Inkarnation des Aufruhrs der Proletarier gegen Schönheit und Maß" (V. Svanberg), Strindberg in Heidenstam den Bannerträger der Reaktion. Im Todesjahr Strindbergs wurde Heidenstam zum Mitglied der Schwedischen Akademie gewählt und erhielt 1916 den von dieser vergebenen Nobelpreis für Literatur. Die humanistisch-idealistische Linie, die Heidenstams preisbelohntes Werk *Nya dikter* repräsentierte, sollte indessen nicht weit ins 20. Jahrhundert führen. Die Zukunft gehörte Strindberg.

DÄNISCHE LITERATUR IM 20. JAHRHUNDERT

Von BERNHARD GLIENKE

Zwischen den Durchbrüchen: 1900–1940

Da es noch nicht möglich ist, das 20. Jahrhundert literarhistorisch verbindlich in Epochen und Phasen zu gliedern, stützt sich die folgende Darstellung auf einige vorläufige Grundthesen. Erstens geht sie davon aus, daß sich der klassische Gegensatz von Romantik und Realismus („Goldenes Zeitalter") nicht nur am Ende des 19. Jahrhunderts in der Opposition Naturalismus versus Symbolismus („Moderner Durchbruch"), sondern auch im 20. Jahrhundert historisch-dialektisch fortsetzt: Realistische und nichtrealistische Richtungen herrschen abwechselnd vor. Die Literatur bleibt bürgerlich, sie behandelt weiterhin bürgerliche Ansprüche und Widersprüche und bewegt sich stilistisch zwischen den entsprechenden Polen. Soweit die Feingliederung. Zweitens betont die Darstellung durch ihre Hauptgliederung, daß die dänische Literatur bis zum Zweiten Weltkrieg wesentlich von der eigenen, nationalen und internordischen, Tradition abhängt und sich erst im „Modernismus" endgültig der internationalen Moderne anschließt. Als weitere Grundzüge erscheinen: der Verlust der literarischen Führungsrolle im Norden an Schweden (Pär Lagerkvists erste Essays und Gedichte), die Übernahme der künstlerischen Führungsrolle in Theorie und Praxis durch die Malerei (vgl. Lagerkvists *Ordkonst och bildkonst* von 1913, → 306), ein Mangel an nennenswerter dramatischer Kunst (mit Ausnahme der 30er und 40er Jahre) sowie die Umorientierung von der deutschen auf die angelsächsische Kultur.

Die neue Außenwelt

Die ersten beiden Jahrzehnte des 20. Jahrhunderts werden in Dänemark literarhistorisch Neurealismus, Stofflicher Durchbruch (nach dem Modernen Durchbruch der 1870er Jahre und dem Seelischen Durchbruch der 1890er Jahre) oder Jütische Bewegung genannt. Der erste Begriff taucht später noch mehrmals auf und bezeichnet eine realistische Normalität bis heute. Der zweite bedeutet eine Rückwendung zum Modernen Durchbruch, zu Prosa, Roman, Kritik, Tendenz. Der dritte weist auf das Herkunfts-, Produktions- und Gegenstandszentrum hin. Diese Dichtung reagiert gegen die fin-de-siècle-Kultur der Hauptstadt, die Introspektion ihrer „müden" Intellektuellen, die lyrische Nervenkunst der Symbolisten, über deren verfeinerte Psychologie und Stilistik sie allerdings verfügen kann. Sie bedeutet ein Nachholen des Naturalismus in der Provinz durch eine „Bildungsreserve" aufgrund der Erschließung von Dänemarks „wildem Westen" nach 1864. Die Autoren beschreiben ihre eigene bedrohte Volkskultur zwischen Nordjütland (Jensen) und Bornholm (Nexø), weniger nostalgisch als faktisch und kritisch, näher an Blicher (→ 100) und Pontoppidan (→ 167) als an Bjørnson (→ 176) und der deutschen Dorfgeschichte. Aus dem nördlichen Jütland stammen neben Johannes V. Jensen JOHAN SKJOLDBORG (1861—1936), der sozialnaturalistische Romancier des Landproletariats; der volkstümliche Lyriker und Heimatforscher JEPPE AAKJÆR (1866—1930), der nach dem Vorbild von Bjørnsons Aulestad auf seinem Hof Jenle in jedem Jahr Volksfeste organisierte; der schulbildende Naturlyriker THØGER LARSEN (1875—1928); und dort lebte zeitweilig der Theologe, Philosoph und Pädagoge JAKOB KNUDSEN (1858—1917), dessen problembohrende Romane Kierkegaardsche Leserentscheidungen erzwingen wollen. Der Jüte HARALD KIDDE (1878—1918), später seßhaft in Värmland, Zentrum der schwedischen Neuromantik (→ 207 ff.), versetzte die Hauptfigur seines breiten Ideenromans *Helten* (1912; Der Held 1927) auf die kleine Kattegatinsel Anholt, wo dieser auf das so geschlossene Gesellschaftssystem im Sinne Kierkegaards als „Wahrheitszeuge" (→ 115) Einfluß nimmt. Kiddes Einbeziehung der Neuromantik in den Neurealismus erklärt, warum er gerade in den 1940er Jahren wiederentdeckt wurde (→ 231).

Der wichtigste Vertreter der Bewegung, JOHANNES V. JENSEN (1873–1950), hat ihren Horizont zugleich am weitesten überschritten. Er wuchs auf als Sohn eines spiritistischen Tierarztes in einem Dorf in Himmerland. Er verwarf das Medizinstudium, das er mit Schauergeschichten für eine Zeitschrift finanziert hatte, und zwei Dekadenzromane über schwermütige Niels-Lyhne-Jünger (→157) und datierte sein eigentliches Debüt nach den ersten Dorfgeschichten, die 1897 erschienen.

Die fünf Sammlungen *Himmerlandsfolk* (Himmerlandleute), später *Himmerlandshistorier* (1898-1933; Himmerlandgeschichten, Ausw. 1905) erhalten ihre Einheit durch Schauplatz, Zeitraum und Figuren: die Bewohner zweier Dörfer in Jensens engster Heimat im späten 19. Jahrhundert. Ansonsten gehören sie verschiedenen Typen an: Kollektiverzählungen; Porträts einzelner Käuze und Originale; volkstümlichen Geschichten, wie Pfaffenanekdote, Schildbürgerstreich, Gespenstergeschichte und Kriminalnovelle; Lebensskizzen und schließlich Schicksalsmythen, wo der „Geist" Himmerlands in symbolischen Gestalten lebt. Mystik und Morbidität der Jahrhundertwende prägen noch einige der frühen Texte, während die Sammlungen von 1904 und 1905 die barsch-humoristischen, neurealistischen Meisterstücke bieten. Von Sammlung zu Sammlung wuchs Jensens Distanz zu den Themen und damit der essayistische Einschlag, das sozialwissenschaftliche Interesse. Die *Historier* erneuerten, durch Aufnahme von mündlicher Parataxe und dialektalem und naturwissenschaftlichem Vokabular, die dänische Literaturprosa.

Jensens stilistische Innovationen hängen zusammen mit seiner Ideologie. Er verfiel früh der Evolutionslehre Darwins. Auf einer Amerikareise 1896 und einer Weltreise 1902–03 verband er diese mit fortschrittsoptimistischer Bewunderung des britisch-amerikanischen Imperialismus, der für ihn die Spitze der abendländischen Zivilisation darstellte. Privat trieb er einen Automobil- und Motorradkult. In seiner programmatischen Essaysammlung *Den gotiske Renæssance* (1901; Die gotische Renaissance) sind die modernen Goten eben die Angelsachsen. Er preist ihre pragmatische, rationale, sportliche Energie, die Dynamik der USA und Englands Empire, im Gegensatz zum französischen Ästhetisieren. Damit rechnet das Buch sowohl mit den eigenen Anfängen ab wie mit dem dänischen Symbolismus.

Auch sein bester Roman, der gleichzeitig erschienene, längst klassisch gewordene *Kongens Fald* (1900—01; Des Königs Fall 1912), ist eine Abrechnung, diesmal verlegt in die Renaissancezeit Christians II., des letzten Herrschers über den ganzen Norden. Beobachtet wird dieser in starken, fast expressionistisch grellen Bildern von der Leitfigur, seinem Landsknecht Mikkel Thøgersen. Beide sollen den typisch dänischen Phantasten vertreten, tatenarm und gedankenvoll, nur vom Haß noch bewegbar. Der Roman ersetzt epische Breite durch balladeske Dichte in Entscheidungsszenen und visionäre metaphorische Natursuggestion. Der Mensch erscheint klein in der gewaltigen Natur, ihr Rhythmus bestimmt seine Triebe und so das Weltgeschehen. Der durchgehende Sensualismus ist amoralisch, die biologische Sicht entspringt einem heidnisch-trotzigen Vitalismus.

Jensens lyrische Begabung, deutlich in allen Prosawerken, trat zuerst gesammelt in *Digte* (1906; Gedichte) zutage, einem ähnlich wichtigen Neuansatz wie Oehlenschlägers *Digte* (1803; → 90) und Drachmanns *Digte* (1872; → 159), die sich mit ihren edel-schlichten Titeln aufeinander beziehen. Radikal und unerhört wirkten besonders die sechs freirhythmischen Langen Gedichte am Schluß, z.T. vorher als lyrische Prosa gedruckt, inspiriert von Heines *Nordsee* und Walt Whitmans *Leaves of Grass,* woraus der Anhang übersetzte Proben bringt. Gegen diese Texte klangen selbst Jacobsens fünf *Arabesken* (1868—74; → 159) noch wie Verse. Ihre Reihenfolge entspricht Stationen von Jensens Weltreise, vom Aufbruch bis zur Rückkehr. Nach dem sezierenden Nerventext *Interferens* und der klassischen Hymne auf das dänische Gabelfrühstück, *Ved Frokosten* (Beim Lunch) folgen *Afsked* (Abschied) von Dänemark, *Det røde Træ* (Der rote Baum) in Singapur und *Paa Memphis Station* (Auf dem Bahnhof von Memphis 1963), das so beginnt:

Halvt vaagen og halvt drømmende,
slaaet af en klam Virkelighed, men endnu borte
i en indre Gus af danaidiske Drømme,
staar jeg og hakker Tænder
paa Memphis Station, Tennessee.
Det regner.

(Halb wach, halb dösend, angeschlagen
von klammer Wirklichkeit, doch immer noch befangen
im Seenebel meiner Danaiden-Träume
steh ich hier, zähneklappernd,
auf dem Bahnhof von Memphis, Tennessee.
Es regnet).

(H. M. Enzensberger)

Memphis lockt mit Haus, Familie und Bürgertum, doch der Tramp läßt sich nicht fangen. Gleichwohl gilt es nach der Rückkehr, ein Programm für *Hverdagene* (Die Werktage) zu formulieren, und es wird ein neurealistisches Programm.

Auch in Dänemark gab es im 19. Jahrhundert Dichterfürsten: Ewalds (→ 51) Lorbeer ging auf Oehlenschläger (→ 89) und weiter auf Winther (→ 105) und Drachmann (→ 159) über und hätte nach dessen Tod 1908 zweifellos Jensen zugestanden (dann wohl Karen Blixen, → 240, und ab 1962 Klaus Rifbjerg, → 249). Immerhin wurde Oehlenschlägers Lorbeerkrönung im Dom von Lund zum hundertsten Jahrestag 1929 an Johannes V. Jensen wiederholt, und 1944 erhielt er den Nobelpreis.

Solche Ehrungen von oben durfte MARTIN ANDERSEN NEXØ (1869—1954) zunächst nicht erhoffen. Jensen und er sind Gegenpole: der Akademikersohn, der Ästhet und Stilist, der letzte bürgerliche Optimist auf der einen Seite, auf der andern der Steinhauersohn, künstlerisch anfechtbar, dafür ein unermüdlicher Sozialethiker und Schöpfer des proletarischen Romans in der nordischen Literatur. Nach den ersten drei Lebensjahren in einer Kopenhagener Mietskaserne mußte er mit seiner Familie in ihre Heimat Bornholm zurückziehen, wo er aufwuchs, als Hütejunge und Stallknecht arbeitete und in Rønne das Schusterhandwerk erlernte. Lehrer entdeckten seine Begabung, schickten ihn auf Volkshochschulen, darunter die einflußreichste, Askov in Südjütland. Nach der Genesung von der Klassenkrankheit Tuberkulose ließ er sich selbst zum Lehrer ausbilden und arbeitete in diesem Beruf bis 1901, als erfolgreiche Journalistik und erste Erzählungen den Sprung in die freie Schriftstellerei erlaubten. Die gesammelte Kurzprosa erschien später unter dem Titel *Muldskud* (3 Bde., 1922—26; etwa: Erdsprößlinge). Sein Leben bis 1896 hat

Nexø in *Erindringer* (4 Bde., 1932—39; Erinnerungen 1946—48) erzählt, einem der großen Memoirenwerke der dänischen Literatur, das auch erlaubt, den geringen Fiktionalisierungsgrad des Autobiographischen in den Romanen zu bestimmen. 1922 reiste er in die Sowjetunion, wohin er auch im Zweiten Weltkrieg, über Schweden, flüchtete. 1923—30 lebte er unter deutschen Kommunisten bei Dresden, und dort, nun in der DDR, verbrachte er seine letzten Jahre, fast als heimischer Klassiker verehrt.

Nexøs Hauptwerk ist der umfangreiche Roman *Pelle Erobreren* (4 Bde., 1906—10; Pelle der Eroberer 1912). Der Prolog zum ersten Band erklärt den Plan:

„*Pelle Erobreren*" sollte ein Buch über den Proletarier sein — also den Menschen selbst — der nackt, nur mit Gesundheit und Appetit ausgestattet, in den Sold des Lebens tritt; über den breiten Marsch des Arbeiters durch die Welt, auf seiner endlosen, halb unbewußten Wanderung zum Licht! (...) Der zweite Band schildert seine [Pelles] Lehrjahre in der kleinen Provinzstadt mit ihren altmodischen Handwerkerverhältnissen; im dritten Band zieht er übers Meer als junger Geselle — nach dem *Kopenhagen des Königs* — und nimmt am Aufstand der Arbeiter teil; der letzte Band spielt in Kopenhagen, wie es jetzt ist, durchorganisiert und gelenkt von Arbeiterhänden — das *Kopenhagen des Volkes.*

Der gleiche Fortschrittsoptimismus wie in diesen Zeilen erhebt den „Eroberer", Sohn des schwachen, aber gütigen schwedischen Fremdarbeiters Lasse Larsson, zum Idealtyp eines Arbeiter*führers.* Der repräsentative Typus im Realismus als Ersatz für den individuellen Helden im Idealismus ist eine verbreitete, aber umstrittene Lösung. Weitere Einwände galten und gelten dem revisionistischen Kompromiß: Pelle als Funktionär; dem mythischen Überbau: Pelle als Führer des auserwählten Volkes unterwegs ins gelobte „Glücksland"; dem Erfolgszwang des Schlußteils: Pelles Gründung eines Genossenschaftsbetriebes, finanziert vom deus ex machina in Gestalt eines philanthropischen Bibliothekars; sowie dem „Abfall" von den sensiblen, humanistischen Bornholmer Schilderungen der ersten zum Klassenkampfbericht der zweiten Hälfte des Werkes. Dennoch wurde *Pelle* international begeistert aufgenommen, in rund fünfzig deutschen Zeitungen abgedruckt, in neunzehn Sprachen übersetzt. In der Geschichte des sozialistischen Realismus ist er ein Glücksfall, ein materialistischer Bildungsroman nach der Bewußtwerdung des Proletariats und vor den Enttäuschungen des Ersten Weltkriegs. Bald glaubte auch Nexø nicht mehr an Kooperative und Evolution. In der späten Fortsetzung *Morten hin Røde* (3 Bde., 1945—47; Morten der Rote 1950) hat es Pelle zum sozialdemokratischen Minister gebracht, während sein bisheriger Freund Morten, der Theoretiker und Autorvertreter am Rande, nun die konsequent marxistische Hauptrolle spielt. — Zum neuen Adam die neue Eva: *Ditte Menneskebarn* (5 Bde., 1917—21; Stine / Ditte Menschenkind 1918—23) heißt Pelles weibliches Pendant. Wo der Mann kämpft und gewinnt, leidet, liebt und verliert die Mutter. Ihre Passivität im Elend entspricht sowohl den Tatsachen als auch der Konvention des ewig Weiblichen.

Expressionismus und Futurismus

Die Existenz eines literarischen Expressionismus in Dänemark zwischen etwa 1915 und 1925 ist ein Problem für die Forschung und eher eine Rezeptions- als eine Produktionsfrage. Man verweist bis heute darauf, daß das Land weder die Spannungen vor dem Ersten Weltkrieg noch den Krieg selbst, sondern dank seiner geschäftstüchtigen Neutralität eine Hochkonjunktur erlebt habe, nicht den Untergang des Abendlandes, sondern den Aufstieg der „Gulaschbarone". Dennoch steht fest, daß der „Donner im Süden" (→ 228) bei vielen jungen Schriftstellern einen Tanz auf dem Vulkan auslöste, einen hektischen Gegenwartsrausch. Dessen existentielle Grundlage jedoch wird gerade bezweifelt: Es handle sich nicht um Kompensation von Angst, sondern um Bubenstreiche von Debütanten, die teils bald verstummten, teils ins Triviale oder Reaktionäre absanken, teils zu bedeutender „neu-sachlicher" Dichtung reiften. Dazu kam, daß man die neuen Stilzüge als oberflächliche deutsche und italienische Überfremdungen abtat, und zwar nur in der Literatur, nicht in der bildenden Kunst. Für die entscheidende Behinderung einer expressionistisch-futuristischen Phase sorgte jedoch der Widerstand der Institutionen, besonders der Bühnen, unter denen Leitung, Ensemble, Publikum und Kritik des Kopenhagener Königlichen Theaters damals noch eine erdrückende Dominanz ausübten.

EMIL BØNNELYCKE (1893—1953), Sohn eines Lokomotivführers und zunächst selber bei den Staatsbahnen angestellt (Futurist vom Milieu her), dann Journalist und ein rastloser Reisender, brachte in einem poetischen Raptus von 1917 bis 1922 nicht weniger als siebzehn Bücher heraus, darunter den „Simultanroman" *Spartanerne* (1919; Die Spartaner) und Lyrikbände mit so zeittypischen Titeln wie *Ild og Ungdom* (1917; Feuer und Jugend), *Asfaltens Sange* (1918; Lieder des Asphalts), *Buer og Staal* (1919; Bögen und Stahl) und *Gadens Legende* (1920; Legende der Straße). Das große Kataloggedicht *Gaden* (Die Straße) von 1917 berauscht sich an dem visuellen und akustischen Gewimmel eines Augenblicks in der Großstadt:

Sporvogn, der brummer. Klokker, der kimer og slaar.
Travle Butikker, hvor Dørene knalder og gaar.
Ruslædersstøvler i Vindver og Laksko i Spejle —.
Hovslag i Asfalt, der klinger som Logulv for Plejle . . .
Summende Cykler, Ekspresbud og Lynskud af Postbud.
Sminkede Piger, og Skinger af pibende Drenge.
Kaos, der klinger mangfoldigt og hvileløst længe.

(Straßenbahnen, die brummen. Klingeln, die bimmeln.
Türen knallen in rastlosen Läden, die wimmeln.
Juchtenstiefel in Fenstern und Lackschuh in Spiegeln —.
Hufschlag auf Asphalt, der klingt wie die Tenne von Flegeln . . .
Summende Fahrräder, Eilpost, Schnappschuß von Boten.
Mädchen, geschminkt, und Gellen von pfeifenden Jungen.
Chaos, das vielfältig klingt und niemals verklungen.)

(B. Glienke)

Bønnelycke war Formalist und Phänomenologe, damit „oberflächlich", besessen vom Klangreiz der Wörter und von der Schönheit im Chaos; nach Apollinaire hat er sich auch an graphischen Bildgedichten versucht. Um die Mitte der 20er Jahre schwenkte er völlig aus und um, predigte fortan Moral und Reaktion und besang die Natur.

Ähnliche, aber folgenreichere Bewegungen führten Tom Kristensen und OTTO GELSTED (1888—1968) aus. Gelsted löste sich von der klassischen Bildung, erworben auf einer Jesuitenschule, studierte Psychoanalyse und Marx, arbeitete zuerst für die liberale Brandes-Zeitung *Politiken* — wo sich viele Schriftsteller des 20. Jahrhunderts trafen —, dann bei radikalen Zeitschriften der 30er Jahre mit und nach seiner Rückkehr aus Schweden, wohin er im Zweiten Weltkrieg fliehen mußte, als Kulturredakteur der kommunistischen Tageszeitung *Land og Folk*, kehrte aber als Parteidichter, Naturidylliker und Gräzist auf höherer Stufe zu seinen Anfängen zurück, ja sein progressives Engagement zeitigte künstlerisch nur kurzfristig Folgen. Gelsted hat mehrere Maler- und Dichtermonographien verfaßt, darunter 1913 ein Buch über Johannes V. Jensen (→ 217), und schon 1919 leitete er die Expressionismusforschung ein. Selber beeinflußt zeigte er sich nur in einigen Lyrikbänden um 1920. *Jomfru Gloriant* (1923; Jungfer Gloriant) enthält das bekannte *Reklameskibet* (Das Reklameschiff 1963), ein fiktionales Dokument des Amerikanismus und Antiamerikanismus nach dem Ersten Weltkrieg. Es naht „die Arche der Modernität" (T. Brostrøm), an Bord das Warenlager, die Menschensorten, der way of life der Neuen Welt:

Skibet stævner ind
i den slumrende Havn.
Megafonen brøler en Hilsen til Byen,
de elektriske Projektører
kaster deres femfligede Straale
lige til Vejrs som en Komethale
og tegner med Ildskrift paa Skyerne:
KØB EN FORDBIL

(Das Schiff fährt ein
in den dämmrigen Hafen.
Das Megaphon brüllt der Stadt einen Gruß zu,
Scheinwerfer richten ihren fünffingrigen Strahl
in die Höhe wie einen Kometenschweif
und schreiben an die Wolken mit Flammenschrift:
KAUF EINEN FORD)

(H. M. Enzensberger)

Gelsted sprengt es in die Luft. Der Täter „sieht aus wie ein ganz gewöhnlicher blonder dänischer Student".

Die künstlerisch fruchtbarsten Aggressionen gegen eine heillose Welt entließ TOM KRISTENSEN (1893—1974). Mit seinem internationalen Horizont, der analytischen und ästhetischen Kraft seiner Lyrik, Epik und Essayistik ist er Dänemarks bedeutendster Schriftsteller zwischen den Weltkriegen. Bei ihm, besonders bei seinem Roman *Hærværk* (1930; Verheerung, engl. Havoc 1968), wiegt das deutsche Rezeptionsversäumnis schwerer als sonst. Er selbst hat viele deutsche und angelsächsische Werke ins Dänische übertragen. Nach einem literaturwissenschaftlichen Universitätsstudium in Dänisch, Deutsch und Englisch und nach einer Ostasienreise, die den Erzkopenhagener auch zum Kosmopoliten machte, war er von 1924 bis 1963 Literaturkritiker bei *Politiken*, eine Treue, die er nur während der „*Hærværk*-Krise" 1927—31 nicht halten konnte. Bis dahin legte er in vier Gedichtsammlungen und zwei Romanen sein radikal zeitgenössisches, expressionistisch-experimentelles Frühwerk vor.

Seine ersten, formsprengenden Prosagedichte hat Kristensen schon verworfen, als er seinen Debutband *Fribytterdrømme* (1920; Freibeuterträume) zusammenstellte. Die Pose des zynischen Piraten verrät Selbstbewußtsein, Selbstkritik und Selbstbeherrschung. Trotz greller Farben, dynamischer Verben und kühner Metaphern zeigt auch die beherrschte Form an, wie bewußt ihm war, daß die Agitation Ästhetik, die Revolution ein Cafédiskurs blieb. Die malerische Utopie *Landet Atlantis* (Das Land Atlantis) mit dem Zusatz „Ein Symbol" (!) kann als poetisches Manifest des dänischen Expressionismus gelten. So lautet die dritte Strophe:

Skøn som en sønderskudt Banegaard er
vor Ungdom, vor Kraft, vore vilde Idéer,
skøn som Revolverens isgrønne Stjerne,
der fødes i Nuet med smældende Véer
paa Ruden i Revolutionens
skingrende Glasklangs-Caféer.

(Schön wie ein zerschossener Bahnhof sind
unsre Jugend und Kraft, unsre wilden Ideen,
schön wie der eisgrüne Stern des Revolvers,
geboren im Jetzt mit schmetternden Wehen
auf der Scheibe in scheppernden
Glasklangs-Cafés der Revolution.)

Und so, nach einer Vision revolutionärer Straßenszenen, die neunte und letzte:

Saadan er Længselens Land, Atlantis,
hvor alle harmoniske Fordomme svigter.
Farverne sprænges, og Formerne sprænges,
og Skønheden skabes af grelle Konflikter.
I Chaos jeg løfter min Bøsse,
mod Skønhedens Stjerne jeg sigter.

(So ist das Land der Sehnsucht, Atlantis,
wo jedes harmonische Vorurteil abfällt.
Die Farben gesprengt, und die Formen gesprengt,
die Schönheit geschaffen aus grellen Konflikten.
Im Chaos hebe ich meine Büchse,
und lege an auf den Stern der Schönheit.)

(B. Glienke)

Mirakler (1922; Wunder) nähert sich durch syntaktische Reduktion auf die „geladenen" Wörter dem angelsächsischen Imagismus. Entfremdung verraten sowohl die Verdinglichung von Personen wie der Mangel an Naturlyrik, nicht nur hier; er fällt auf, weil Naturthematik bis vor kurzem eine verbreitete Stärke/Schwäche der dänischen Lyrik war. Expressionistischer Exotismus, im Anschluß an Johannes V. Jensen, verbindet die dritte Sammlung, *Paafuglefjeren. Digte fra Kina* (1922; Die Pfauenfeder. Gedichte aus China). Auch das klassische Gedicht über die *Angst,* das Grundgefühl der Moderne (vgl. Inger Christensens *Det* → 255), die dänische Entsprechung zu Pär Lagerkvists *Ångest* (1916; → 306), stammt von Kristensen, doch plazierte er es erst in *Hærværk* (1930). Die seltene expressionistische Epik vertritt sein erster Roman, *Livets Arabesk* (1921; Die Arabeske des Lebens). Die wirbelnden Gruppen- und Massenszenen, stilistisch ein Feuerwerk, vermitteln ein Lebensbild der roaring twenties in Dänemark.

Eine ähnliche, wenngleich weniger gewalttätige, ideologische Debatte wie in der Weimarer Republik bestimmt die Literatur der späten 20er und der 30er Jahre in Dänemark, hier natürlich über 1933 hinaus. Sozialistische und faschistisch-nazistische Regimes stellen die gerade erst voll realisierte bürgerlich-parlamentarische Demokratie in Frage. Zahlreiche kurzlebige Zeitschriften versuchen, die Debatte zu kanalisieren. Unter ihnen spielt *Kritisk Revy* (1926—28; Kritische Revue) eine zentrale Rolle. Eigentlich ein „konkretes" Architekturorgan für Funktionalismus und Neue Sachlichkeit, bildete sie, z. B. im Kampf gegen kleinbürgerliche Tabus (Familie, Erziehung, Sexualität), den noch heute wirksamen, bis auf Georg Brandes rückbezogenen, dänischen „Kulturradikalismus" aus. Literarisch war sie entsprechend realistisch orientiert.

Obwohl sich Bertolt Brecht von 1933—39 in Dänemark aufhielt, fand sein Realismusstreit mit Georg Lukács dort kein Echo. Doch geradezu erzwungen von den umwälzenden Erkenntnissen der Psychoanalyse über Triebstruktur, Unterbewußtsein, Verdrängungs- und Kompensationsmechanismen, setzt sich allmählich ein „modernistischer" Realismus durch — weshalb man H. C. Branner und Martin A. Hansen auch noch zur Literatur der Zweiten Nachkriegszeit rechnen kann. Anders als Sigmund Freud wurde Wilhelm Reich, der über Dänemark nach Norwegen emigrierte, dort stärker wirksam.

1927 kündigte Tom Kristensen seine Stellung bei *Politiken*, zog von Kopenhagen aufs Land, stiftete einen Abstinenzverein und begann, die große Abrechnung mit sich selbst und seiner Zeit zu schreiben. *Hærværk* (1930; Verheerung) stieß, als vermeintlicher bloßer Schlüsselroman, zunächst auf Enttäuschung, und erst der Abstand, zeitlich und räumlich (z. B. ein begeisterter Brief Knut Hamsuns, → 278), ließ seine Bedeutung offenbar werden. Das Bedeutende an *Hærværk* ist Kristensens Fähigkeit, in der minuziösen Schilderung des über anderthalb Jahre fortschreitenden Verfalls eines Mannes die psychologische Analyse einer mid-life crisis mit der politischen Analyse eines Bürgers und Intellektuellen aus der lost generation und der existentiell-metaphysischen Analyse einer „Seele" so zu verbinden, daß jede

Replik, jede Handlung, jede Beobachtung diesen Beziehungsreichtum wiederholt. Die stilistische Wiederholungstechnik (Leitmotive, Anspielungen, Voraus- und Rückbezüge) wird mit Recht bewundert. Die Raffinesse liegt auch darin, daß eine solche formale Disziplin über Hunderte von Seiten sich gerade auf den chaotischen Wandel eines Trinkers und die Simultanität der Großstadt richtet.

Kristensens Parallelfigur und Gegenspieler ist JACOB PALUDAN (1896—1975). Beide waren literaturwissenschaftlich vorbelastet, Paludan als Sohn von Professor Julius P., der 1875 anstelle von Georg Brandes (→ 151) auf Oehlenschlägers (→ 93) und Hauchs (→ 98) Lehrstuhl für Ästhetik berufen wurde. Beide waren lyrische Talente, was dann ihrer Erzählprosa und anschließend ihrer Essayistik zugute kam. Beide schrieben mehrere kleine Romane als Vorstufen zum magnum opus, mit dem beide auf der Höhe ihrer Kunst das fiktionale Geschäft abschlossen: bei Kristensen noch ein wenig Lyrik, bei Paludan Epigramme und Naturskizzen neben der nun dominierenden Kulturkritik. Aber Paludan reagierte von Anfang an viel stärker gegen die Zeit, von der Kristensen sich gefährden ließ, und er verfaßte als Hauptwerk keinen Situationsroman, sondern einen der letzten großen Entwicklungsromane. Sein Held kann noch an einer mystischen Beziehung zur Natur gesunden, so wie Paludan selbst die Kraft zum Widerstand gegen seine Zeit aus Seele und Natur schöpfte, zwei Instanzen, von denen Ole Jastrau in *Hærværk* wie Tom Kristensen sich entfremdet hatten.

Dennoch behandeln alle sechs Romane Paludans seine Gegenwart, die Periode der bürgerlichen Wert- und Normkrise um den Ersten Weltkrieg. Während die drei ersten, eher skizzenhaft, nur das Ende von Entwicklungen zur Resignation darstellen und den Weg dorthin durch Rückblicke andeuten, schildern die beiden folgenden, breiteren, schon Phasen von Lebensläufen. *Fugle omkring Fyret* (1925; Vögel ums Feuer 1926) war der erste Publikumserfolg. Paludan wählte ein ähnliches Thema wie später Hans Kirk für den Doppelroman *Daglejerne* (1936; Die Tagelöhner 1938) und *De ny Tider* (1939; Die neuen Zeiten): die Wirkungen kapitalistischer Spekulation auf das Moralsystem einer Agrargemeinde; doch wo es Kirk um eben diese gesellschaftlichen Folgen geht, deutet Paludan seinen Fall — Hafenbau an der jütischen Westküste — mythisch. Der Klassenkampf ist eigentlich ein Kampf zwischen Natur und Zivilisation. — In *Markerne modnes* (1927; Die Felder reifen 1927) sind die beiden Helden zartere Pflanzen als das Korn. Materialismus, Amerikanismus und Feminismus führen sie ins Unglück. Das Buch leidet strukturell an seinen groben Parallelismen und Oppositionen, ideologisch an der subjektiven Bitterkeit seiner Vorurteile.

Nach solchen Vorläufern überraschen die objektivierende Breite, die analytische Fairness, der Humor und die Wärme des *Jørgen Stein* (2 Bde., urspr. *Torden i Syd* 1932; Gewitter von Süd 1940, und *Under Regnbuen* 1933; Unter dem Regenbogen 1956). Mit dem grüblerischen, charmanten, weichen, „dänischen" Titelhelden haben sich Generationen von jungen Lesern identifiziert. Gilt *Hærværk* wegen seiner avancierten Technik als dänischer *Ulysses*, so ist *Jørgen Stein* verglichen worden mit den *Buddenbrooks* („Verfall einer Familie", eine Familientafel als Eröffnungsteil), dem *Zauberberg* (der Held umringt von zeittypischen Ideenträgern, ein Vernichtungserlebnis im Schneesturm) und der *Recherche* (Erinnerung als mystische Zeitüberwindung, statt des Madeleinegebäcks Veilchenpastillen als Auslöser); „Auf der Suche nach der verlorenen Zeit" heißt sogar ein Kapitel. Deutlicher aber steht Jørgen in der Tradition des Helden im einheimischen Bildungs- und Entwicklungsroman. Wie Adam Homo (→ 111), Niels Lyhne (→ 157), Lykke-Per (→ 169) und andere ist er zu früh oder zu spät geboren, so daß der Verlust der alten Ordnung ihn im entscheidenden Pubertätsalter trifft. Ein Freund sagt — und man beachte die Naturmetaphorik —:

> Zutiefst in uns sitzt eine Erinnerung an die Zustände, die mit dem Krieg verebbten. Seitdem haben wir viele praktische Fortschritte erlebt — immerhin, wir konnten gerade noch einen letzten Sonnenscheinschnaps aus einer mehr geistigen Epoche schmecken ... Dann kam der Donner, und seitdem — Regenbogenwetter, unzuverlässig, wechselhaft ...

Das eigene Kind überwiegt alle Reden und Gedanken, von denen der Schlußabsatz sagt: „Er gab sie sehr gern auf, unsicher waren sie gewesen. Er war ja von einem Jahrgang, der am Start stolpern mußte" — das letzte eine Formulierung, die zum Schlagwort wurde wie Gertrude Steins lost generation.

Es scheint, als hätte HANS KIRK (1898–1962) die Krise des Individualismus besonders früh bewältigt. Schon bald wandte er sich gegen seine konservative Erziehung auf dem Eliteinternat Sorø Akademi, und zeitlebens fühlte er sich dem westjütischen Fischermilieu verbunden, aus dem sein Vater stammte und von dem sein Hauptwerk erzählt. Kirk ist der konsequenteste sozialistische Schriftsteller dieses Zeitraums, auch theoretisch gründlich belesen. Nach Jurastudium und kurzer Beamtentätigkeit wählte er die freie Journalistik für Zeitungen und Zeitschriften, darunter Nordahl Griegs *Veien frem* (→ 283). Die Deutschen internierten ihn 1941, er konnte fliehen und lebte bis Kriegsende im Untergrund. Nach der Befreiung schrieb er für das kommunistische Parteiblatt *Land og Folk*.

Alle späteren Romane (zwischen 1936 und 1952) stehen noch heute im Schatten des Debüts *Fiskerne* (1928; Die Fischer), des ersten und vielleicht besten nordischen Kollektivromans, dessen dänische Gesamtauflage eine Viertelmillion überschritten hat. Als Kollektive stoßen zwei religiös, psychisch und weltanschaulich konträre Bevölkerungsgruppen zusammen. Die einen: Seefischer von der kargen Nordseeküste, ziehen aus wirtschaftlicher Not in das Dorf der andern: Fjordfischer und Kleinbauern. Den pietistisch-puritanischen Überbau von Heiligen der Inneren Mission bringen sie mit sich in eine Gesellschaft diesseitiger Grundtvigianer (→ 96). Es kommt zum Machtkampf, der sich bis auf die Institutionen, Kirche, Schule und Gasthof ausdehnt. Nur das Gericht bleibt untätig, weil die Zugereisten ihre Fischgründe selbst, mit Gewalt, verteidigen, was ihr Eigenverständnis schwer erschüttert. Überhaupt interessieren die Spannungen innerhalb der Gruppe – fünf Familien und ein Junggeselle –, ausgetragen in dialektgefärbter, verhüllend-enthüllender Rede, den Autor am meisten. Solidarisch, in objektiver und wechselnd personaler Erzählweise legt er das falsche Bewußtsein der Erlösten bloß, in denen er eine proletarische Bewegung sah, deren Gesellschaftskritik in religiöser Richtung entgleist ist, so daß sie das Leben als vorgegebenes Leiden verstehen. Die stärkste Kraft ist die unterdrückte Sexualität.

Zur ideologischen und psychologischen Schilderung ganzer Gesellschaftsstrukturen trug auch ein Schriftsteller auf den fernen und doch verwandten Färöern bei. Der Thorshavner Kaufmanns- und Reedersohn WILLIAM HEINESEN (*1900) ist seit nunmehr einem halben Jahrhundert, dank einer umfangreichen, hochrangigen Produktion, die beherrschende Figur der Inselgruppe. Nach kaufmännischer Ausbildung in Kopenhagen, wo er die expressionistische und neusachliche Szene kennenlernte, kehrte er 1932 in die Heimat zurück und wirkt dort seither als führender kultureller Initiator. Sein internationales Ansehen als nationaler Repräsentant läßt sich mit dem des Isländers Halldór Laxness (⟶ 365) vergleichen. In den 20er Jahren veröffentlichte er vier Bände Lyrik, und weitere Sammlungen sind auch später erschienen, doch seine Hauptgattung ist seit *Blæsende Gry* (1934; Windiges Morgengrauen) und *Noatun* (1938; Noatun 1940) der breite Kollektiv- und Gesellschaftsroman mit Thorshavn als dem wimmelnden poetischen Mittelpunkt der Welt. Die fast exotische Frische seiner Figuren, oft große Phantasten und Fabulierer, rührt daher, daß er den Erzählstoff einer ganzen kleinen Nation in die Weltliteratur einführen konnte.

Einer Publikationspause im und nach dem Zweiten Weltkrieg folgten gleich drei neue Romane: *Den sorte Gryde* (1949; Der schwarze Kessel 1951), *De fortabte Spillemænd* (1950; Die verdammten Musikanten 1952) und *Moder Syvstjerne* (1952; Mutter Siebengestirn). „Gryden" ist ein Beiname von Thorshavn. Es war im Krieg ein Rekreations- und Reparaturort der Briten und erlebte einen wilden Boom als Fischumschlagplatz zwischen Island und England. Heinesen zeigt auf breitem Panorama die Auflösung einer genügsamen, bodenständigen Sozialordnung durch Spekulation und ideologische und religiöse Verirrung. — *Den sorte Gryde* ist im Zorn geschrieben, *De fortabte Spillemænd* dagegen mit einem Überschuß an Spielfreude und Humor. Es ist ein visionärer, kollektiver Schelmenroman. Technisch und thematisch scheint er zu musizieren: Er ist in vier „Sätze" eingeteilt, und die Kapitel tragen Rokokotitel wie diesen: „Entschwundene Tage, zerbrochene Glücksträume und kummervolle Sehnsucht samt mystischer Musik in einer Polterkammer und großer Seligkeit." Es ist das bekannteste und das persönlichste Buch des Autors, der selbst Musik studieren wollte, sich aber mit zwei Verwandten im Orchester des Königlichen Theaters begnügen mußte.

In seinem bisher letzten Roman *Det gode Håb* (1964; Die „Gute Hoffnung“ 1968) hat Heinesen die Handlung weit in die färöische Geschichte zurückverlegt. Außerdem problematisiert er hier die Erzählperspektive und politisiert das pittoreske Thema. Der Pfarrer von Thorshavn schreibt um 1670, der Zeit des frühen Absolutismus, etwa ein Jahr lang Briefe an einen Freund in Norwegen über die koloniale Ausbeutung und soziale Spannung unter dem dänischen Vogt. Die Figurenfülle sorgt wieder für ein barockes Element, verstärkt durch Pastiche. Der frühe Imperialismus als Thema ist neu, eine typische Aktualisierung in den 60er Jahren.

Damals mußte Heinesen gleichsam die Rolle des grand old man der dänischen Literatur übernehmen. Denn dem jungen Modernismus fehlte, anders als etwa in Schweden, weitgehend die Folie einer gewichtigen älteren Generation. Unter den Großvätern hatten sich Kristensen und Paludan längst zurückgezogen, unter den Vätern war Martin A. Hansen früh gestorben und H. C. Branner ans Ende seiner Produktivität gelangt.

Der junge HANS CHRISTIAN BRANNER (1903—66) erstrebte eine Schauspielerkarriere. Statt dessen führte er nach dem Abitur zehn Jahre lang die Geschäfte eines Verlages. Ab 1932 schrieb er dann für den neuen Rundfunk und die Sonntagsbeilagen von Tageszeitungen, Hörspiele dort, short stories hier. In beiden Subgattungen ist er in Dänemark der Pionier. Während sonst eine Erneuerung der Erzählkunst meist von der Lyrik ausgeht, ist es bei ihm das „Stimmenspiel“, mit dessen Stilmitteln er eine folgenreiche Auflösung tradierter epischer Linearität einleitete. Er war kein ursprünglicher storyteller wie Karen Blixen oder Martin A. Hansen, sondern ein Analytiker, Psychogrammatiker. In seinen Themen und Botschaften bewegte er sich zeittypisch von den Anliegen der 30er Jahre (Psychologie, Ideologie, die Schwachen der Gesellschaft — bei ihm das Kind) zu denen der 40er (Metaphysik, Mythologie, Humanismus und Existentialismus — bei ihm der Glaube an Erlösung durch caritas). Branner hat Kafka, Frisch und Dürrenmatt übersetzt. Seine eigene Prosa ist dagegen behutsam, einfühlsam, „offen“ und bevorzugt ein raffiniertes angelsächsisches understatement. Sie verschaffte ihm nach dem Krieg den Zulauf eines Seelenarztes, Seelsorgers, ja Evangelisten; gerade dies macht es heute schwer, ihn zu rezipieren.

Die Zeitungen wünschten Kurzgeschichten nach dem Modell „Der kleine Alltagsverlauf mit der großen Perspektive“ (J. Vosmar). Erst viel später erschienen strenge Auswahlsammlungen seiner Beiträge, *Om lidt er vi borte* (1939; Die blauen Wellensittiche 1950, wörtl. Bald sind wir fort), und *To Minutters Stilhed* (1944; Zwei Minuten Schweigen 1952). Beide enthalten je zehn Texte, darunter ungewöhnlich viele mit Kindheitsthematik. Wie gleichzeitig die Erzählungen des Norwegers Johan Borgen (→ 288) wirkten sie als literarische Entdeckung eines Lebensalters. Das Kind zwischen häuslicher Geborgenheit und Angst vor der Welt, zwischen Vater und Mutter, Geschwistern und Erwachsenen war ein Thema, das den Freudianer wie den Humanisten Branner anzog. Die soziale Problematik wich allmählich der ontologischen. Die Kinderstudien sind zugleich Eltern- und Ehestudien, Liebe und Tod vereinen oder trennen die Generationen.

Branners Buchdebüt war *Legetøj. En Roman om en Forretning* (1936; Ein Dutzend Menschen 1946, wörtl. Spielzeug. Ein Roman über ein Geschäftshaus). Entwickelt aus dem zeittypischen Büroroman, ist es zusätzlich ein politischer Schlüsselroman, ein Werk der antinazistischen „Bereitschafts-“ und Widerstandsdichtung (→ 237), indem es Deutschland vom Kaiserreich bis zum „Dritten Reich“ tiefenpsychologisch zu erklären versucht. Auch in dem als Drama konzipierten, 1950 aufgeführten Dialogroman *Rytteren* (1949; Der Reiter 1951) deutete Branner den Nazismus psychoanalytisch, dazu mythologisch: Sündenfallmythos, Kentaurensymbol und Christusnachfolge — eine Kombination, gegen die Karen Blixen, die sich hier auskannte, in ihrer einzigen Literaturkritik protestierte. Ansonsten löste das Buch Begeisterung und eine breite Grundsatzdebatte aus, wurden darin doch die Probleme der frühen Nachkriegszeit: Angst und Einsamkeit, Schuld und Verantwortung mustergültig, wie man meinte, expliziert und gelöst. Mit Martin A. Hansens *Løgneren* (1950) teilte es den Ruf, der zentrale literarische Ausdruck für die Lage des Menschen in der Mitte des 20. Jahrhunderts zu sein. — So schien Branner gerüstet, den großen Okkupationsroman zu schreiben. *Ingen kender Natten* (1955; Keiner kennt die Nacht) spielt in Kopenhagen gegen Kriegsende, entfernt sich aber in christlich-mythische Höhen, was wieder allein schon die sprechenden Namen verraten. Der erste, „dramatische“ Teil konfrontiert die Figuren in Dialogen, Partygesprächen und inneren Monologen, während im stärker epischen zweiten Teil eine klimaktische Handlung abläuft.

Akzeptiert man, daß Karen Blixen für die jungen dänischen Schriftsteller nach dem Kriege eine Art Großmutterrolle spielte, so muß man die Vaterrolle nicht Branner, sondern MARTIN A. HANSEN (1909—55) zuerkennen. Seine tonangebende Stellung im Kulturbetrieb, u.a. als Mitherausgeber der Zeitschrift *Heretica* 1949—51, bewirkte, daß sein früher Tod eine merkbare Lücke riß. Als Lehrerausbilder im Kopenhagener Arbeiterviertel Nørrebro 1933—45 hatte er in der Hochburg des Widerstandes gegen die deutsche Besatzungsmacht dessen Ethik gültig befragt und beeinflußt. Eine solche Solidarität über die Ideologien hinweg fand er auch in der noch agrarischen Provinz, der agrarischen Vergangenheit des einfachen Volkes (Almue) und im christlichen Evangelium. Bedrohungen der Humanität gingen für ihn nicht nur vom Faschismus aus, sondern von der ganzen modernen Großstadtzivilisation, künstlerisch vom materialistischen, biologischen Menschenbild des Naturalismus. Hansen, Sohn eines Kirchensängers und Häuslers von der seeländischen Halbinsel Stevns, bis 1926 selbst in der Landwirtschaft und dann erst als Pädagoge ausgebildet, sagte sich damit von der sozialistischen Gesellschaftskritik seiner eigenen Jugend los. An seinen Romanen und Erzählungen läßt sich am klarsten der Übergang von der sozialkritischen Kollektivdichtung der Vorkriegszeit zur symbolisch-mythischen Existenzdichtung der Nachkriegszeit zeigen, zu der er mit großer Sprach- und Suggestivkraft beigetragen hat.

Bei Martin A. Hansen scheitern Kollektiv und Kollektivroman. *Nu opgiver han* (1935; Jetzt gibt er auf) und *Kolonien* (1937; Die Kolonie) heißt das Romanpaar über ein landwirtschaftliches Experiment vor dem Hintergrund der Agrarkrise in den 30er Jahren: die Umwandlung eines Erbhofes in eine kommunistische Versuchsanstalt. Schon hier ist Hansen sehr stilsicher: Vermittelt der erste Band in 36 Kapiteln mit je drei bis sieben Episoden nervöse moderne Hast und Faszination, so der zweite durch Monotonie und Wiederholtechnik eine Atmosphäre von Skepsis und Resignation. — Der Wandel nach 1940 hat natürlich auch konkret politische, nämlich Zensurgründe. Wenig fördert Hermetik und Esoterik mehr als totalitäre Herrschaft. Das folgende Romanpaar besteht aus der anekdotischen, märchenhaften „Skrøne" (Lügengeschichte) *Jonatans Rejse* (1941, rev. 1950; Jonathans Reise) und der Pastiche-Quixotiade *Lykkelige Kristoffer* (1945; Glücklicher Christoph). Beide sind neusymbolistische Wanderromane, der eine als Pikareske, der andere als Aventiure-Chronik.

Hansens wichtigste Erzählsammlungen sind *Tornebusken* (1946; Die Osterglocke 1953, wörtl. Der Dornbusch) und *Agerhønen* (1947; Das Rebhuhn). Beide hat er streng komponiert. In *Tornebusken* umrahmen zwei kurze Texte über den äußeren und inneren Frühling bzw. Herbst, *Paaskeklokken* (Die Osterglocke) und *Septembertaagen* (Der Septembernebel), die große Zentralerzählung *Midsommerfesten* (Das Mittsommerfest). Die Evokation der Johannesfeier ist eine Demonstration des naturalistisch-impressionistischen Illusionsstils und dient zugleich als Absage: Hansen parodiert den Anfang von Jacobsens Programmnovelle *Mogens* (→ 155) und bricht dann die Illusion durch moderne Figurenspaltung, um einen Metatext zu schaffen. — *Agerhønen* gliedert sich in drei Teile zu je vier Erzählungen. *Legende* als „unmittelbarer" erster Schritt einer dialektischen Bewegung behandelt Kindheitserinnerungen bis zur Pubertät; *Erkendelse* (Erkenntnis) zeigt den gespaltenen Erwachsenen und die Sinnlosigkeit des Todes; *Myte* erreicht in Märchen und Parabeln einen naiven Freimut auf höherer Ebene: Der Tod als Aufhebung und Rückkehr wird sinnvoll.

Hansens letztes größeres Fiktionswerk, *Løgneren* (1950; Der Lügner 1952), das bald zum modernen Klassiker wurde (dänische Auflage fast eine halbe Million), weist über die Problematisierung des Schreibenden hinaus auf die Kierkegaardschen Existenzkategorien Ästhetik, Ethik und Religiosität (→ 111). Inspiriert von Hamsuns *Pan* (→ 205), gehört es doch zentral zu der sehr dänischen Subgattung Radioroman. In Hansens Version entspricht die Tagebuchform der Intimität, der Einstimmigkeit, den notwendigen Wiederholungen und gleich langen Episoden des Mediums schon so gut wie die Monologform in Rifbjergs *Anna (jeg) Anna* (→ 252). Johannes Vig der Verführer, ein 40jähriger einsamer Intellektueller, zugereister Küster und Lehrer auf der kleinen Insel Sandø, belügt in seinen Bekenntnissen an einen imaginären Vertrauten Natanael (biblisch der ohne „Arg", dänisch „Svig") zunächst sich selbst, dann zwei Frauen und natürlich den Leser. Er wendet sich schließlich der Topographie zu — wie Hansen selbst in diesen Jahren —, fängt also an, Sandø zu verstehen, Mitglied zu sein — eine typische Lebenslösung für die Phantastenfigur in der dänischen Dichtung.

Ebenso wichtig für den späteren Modernismus wie die Erzählkunst Branners und Hansens war das Drama der 30er Jahre: Kaj Munk, Kjeld Abell und CARL ERIK SOYA (*1896). Hier hatte Dänemark überdies ein Defizit auszugleichen. Kopenhagen war zwar als Theaterstadt maßgeblich am Modernen Durchbruch beteiligt gewesen, hatte aber den Werken Ibsens und Strindbergs nichts vergleichbares Eigenes an die Seite stellen können. Neben der naturalistischen Spieltradition gab es — und gibt es bis heute — eine Texttradition, die immer wieder die Komödie und das Singspiel (Musical, Revue) als eigentlichen dänischen Bühnenausdruck förderte. Es zeigte sich, daß die Aufnahme um so günstiger ausfiel, je enger die neuen Dramatiker sich dieser Tradition einfügten.

Am schwersten hatte es KAJ MUNK (1898—1944) — nicht weil er Pfarrer, Provinzler und im Medium zunächst Laie war, sondern weil er in Dänemark die großen Extreme, das große Pathos Schillers und Shakespeares einführen wollte, und das über hundert Jahre nach Oehlenschläger (→ 89). Schon der „deutsche" Expressionismus, von dem her Munk am ehesten zu verstehen ist, hatte sich nicht durchsetzen können, und nun sollte teutonischer Bombast über welthistorische Heroen von der Bühne Holbergs (→ 40), Heibergs (→ 102) und Hertz' (→ 104) dröhnen. Dazu kam des Verfassers Schwäche für den starken Mann, die ihn zeitweise zur Parteinahme für Mussolini und Hitler verleitete. Erst spät in den 30ern begann er, am Machtmenschen als Vorbild zu zweifeln, und erst nach der Besetzung zog er politische und poetische Konsequenzen. Sein Widerstandskampf richtete sich auch gegen die eigenen Jugendideale. Im Januar 1944 wurde er von den Deutschen ermordet.

Das Stück mit dem ironischen Titel *En Idealist. Nogle Indtryk fra en Konges Liv* (Druck 1928; Ein Idealist. Einige Eindrücke vom Leben eines Königs) und dem ironischen Kierkegaardmotto „Die Reinheit des Herzens ist, Eines zu wollen" entstand größtenteils in wenigen

Tagen während der theologischen Examensstudien 1923, fiel 1928 am Königlichen Theater durch und errang 1938 ebendort einen großen Erfolg. In diesem ersten gelungenen Jugendwerk scheint Munk nichts Geringeres zu erstreben als die Universalität von Shakespeares *Antony and Cleopatra.* Die Haltung zu seinem Helden schwankt zwischen Abscheu und Faszination. Die meisten der zehn Szenen aus dem legendarischen Leben des „Idealisten" Herodes spielen am Jerusalemer Hof, wo der König von Frauen umgeben ist — der intriganten buckligen Schwester Salome, deren Mutter Alexandra und der engelreinen Gattin Mariamne —, andere in Ägypten am Hofe Cleopatras, um die sich das bekannte Gegensatzpaar Antonius und Octavian bemüht.

Während Munk auf die Inszenierung des „Idealisten" wartete, schrieb er 1925 ein ernstes Stück im Bauernmilieu, als Abrechnung mit der gängigen ländlichen Posse und als Auseinandersetzung mit Bjørnsons *Over Ævne I* (→ 184): *I Begyndelsen var Ordet. En Nutidslegende* (Am Anfang war das Wort. Eine Gegenwartslegende), später kurz *Ordet* (1932); Carl Theodor Dreyer hat es 1954 in Munks westjütischer Gemeinde Vedersø verfilmt. Dem Publikum mutet er darin eine Totenerweckung auf offener Bühne zu, kaum abgeschwächt durch die Möglichkeit eines Scheintodes. Ein Kind und ein Irrer, früher Theologiestudent, jetzt ein selbsternannter Christus, verfügen als einzige unter den versammelten ideologischen und theologischen Repräsentanten über den echten Glauben, den Glauben an das Wunder durch das „Wort" — in einem Sinne, der für den Autor Kanzel und Bühne verband. Er nannte das Christentum „die Religion des Dramas": „Gegen das Christentum ist Shakespeare kommunales Leitungswasser."

Die überzeugendste Demonstration seines Wandels zum Demokraten lieferte er mit dem Einakter *Før Cannæ* (1943; Vor Cannae). Am Vorabend der berühmten Schlacht im Jahre 216 v. Chr. besucht der alte römische Feldherr Fabius Maximus, genannt Cunctator, als Vertreter Churchills und der „schwachen" bürgerlichen Demokratie Englands, den Diktator Hannibal als Vertreter Hitlers und des sich totsiegenden Deutschen Reiches. Fabius bietet Frieden an, Hannibal lehnt ab und nennt die Römer dekadent, worauf Fabius ihm zum morgigen Sieg kondoliert, da er weiß, daß die Niederlage Rom zur alten Tatkraft wecken wird.

Zu Hörspiel und Film als Impulsgebern des neuen Theaters kamen bei KJELD ABELL (1901—61), dem größten dänischen Dramatiker des 20. Jahrhunderts, die bildende Kunst und das Ballett. Sein Initialerlebnis war zwar ein Kopenhagener Gastspiel Max Reinhardts mit Strindbergs *Spöksonaten* (→ 213), aber seine Ausbildung verhalf ihm zu einem eigenen Multimediastil. Er besuchte zuerst die Kunstakademie, hielt sich dann 1927—32, abgesehen von einer Saison daheim mit Ballettmeister George Ballanchine 1930—31, als Bühnenbildner in London und Paris auf, arbeitete 1932—34 in der Werbebranche und debütierte 1934 am Königlichen Theater mit dem Ballett *Enken i Spejlet* (Die Witwe im Spiegel). Im nächsten Jahr folgte das erste von rund einem Dutzend Schauspielen, mit denen das dänische Theater sich wieder so identifizieren konnte wie einst mit den Werken der Heibergzeit (→ 102).

Die Premiere von *Melodien der blev væk. Larsens Komedie i 21 Billeder* (1935; Die Melodie, die verschwand. Larsens Komödie in 21 Bildern) mit Abells eigenen Dekorationen, Musik von Bernhard Christensen und Herman D. Koppel und Liedtexten des späteren Literaturprofessors Sven Møller Kristensen gilt als das Theaterereignis der Zwischenkriegszeit; die Inszenierung brachte es auf über fünfhundert Aufführungen. Ursprünglich als Ballettpantomime geplant, erneuerte *Melodien* das dänische Vaudeville in Richtung auf die Nummernrevue. Die Titelmelodie wurde ein Schlager, der Titel selbst zum oft variierten Slogan. Larsen ist der Kleine-Mann-was-nun-Typ der 30er Jahre, Büroangestellter und Kleinbürger, hier kritisiert von links. Allerdings ordnet sich die sozialistische Idee der poetisch-humanistischen unter, wie überhaupt der Gedanke dem Gag.

Ohne die „Revuekomödie" ganz aufzugeben, ging Abell nun zu „reinerer", politisch und psychologisch schärferer Dramatik über. *Anna Sophie Hedvig* (1939; dt. 1956) behandelt die Ethik des antinazistischen Widerstands in der kleinen wie der großen Welt. Im symbolischen Schlußbild steht die tapfere Provinzlehrerin bei einer Exekution neben dem Widerstandskämpfer als Heldin der individuellen politischen Aktion, die Abell selbst vertrat: Auf die Nachricht von Kaj Munks Ermordung unterbrach er im Königlichen Theater die Aufführung eines Stücks von Soya und hielt eine Gedenkrede — worauf er in den Untergrund gehen mußte; hier entstand das Besatzungsdrama *Silkeborg* (1946).

Abells Hauptwerk, *Den blå Pekingeser* (1954; Der blaue Pekinese) spielt auf vier Ebenen, einer realistischen (Caféhaus), einer vorgestellten gleichzeitigen (Krankenzimmer auf der Insel Iselø), einer erinnerten vorzeitigen (Ereignisse auf Iselø) und einer erinnerten symbolischen. Um den Nuancenreichtum einer Beziehung darstellen zu können, arbeitet Abell mit filmischen Überblendungen, Musik, Tanz und Symbolen. Die Regieanweisungen sind zu einer Licht-, Ton-, Bild- und Bewegungspartitur von gleicher Bedeutung wie der Dialog entwickelt. Das zentrale, vieldeutige Projektionssymbol ist ein Hund, lächerlich für den falschen, blau, d.h. romantisch-poetisch, für den rechten Betrachter. Die rechte „Melodie" finden bedeutet hier: Verantwortung tragen, Mitmenschlichkeit beweisen.

Der Modernismus: 1940—1980

Es fällt schwer, den dänischen Begriff „modernismen" in eine Darstellung aus deutscher Sicht zu übernehmen, teils aus sprachlichen Gründen — unser Begriff „die Moderne" würde allerdings irreführen —, teils aus historischen Gründen, impliziert er doch jene „kulturelle Verspätung (. . .) von fünfzig bis hundert Jahren" (H. M. Enzensberger), die mehr über die Unkenntnis des flüchtigen Komparatisten als über die Verhältnisse im Staate Dänemark aussagt. Eines allerdings fällt auf: Die formalen Konsequenzen aus der Erfahrung der Moderne seit dem Ersten Weltkrieg zogen Dänemarks Schriftsteller erst während und nach dem Zweiten Weltkrieg in einer explosionsartigen Nachholbewegung, einem „modernistischen Durchbruch". Sowohl die gewaltsame Einbeziehung in die Weltpolitik als auch die fünfjährige Aussperrung von der Weltkultur steigerten den Bedarf an internationaler Orientierung. Vom Ausland lernten die bürgerlichen Intellektuellen, ihre Isolation, ihr Irrealitätsbewußtsein und ihren Identitätsverlust in einer gottlosen, entfremdeten Welt ohne sprachliche Rückversicherung auszudrücken. Was in Frankreich und Deutschland schon lange, in Schweden seit Pär Lagerkvist (⟶ 306), den finnland-schwedischen Modernisten (→ 312) und vollends im fyrtiotal (→ 328) die Norm geworden war, wurde es plötzlich auch in Dänemark. Daher bedeutet Modernismus hier nicht mehr und nicht weniger als: Endgültiger und vollständiger Anschluß an die moderne Weltliteratur.

HANS-JØRGEN NIELSEN (*1941), Texter und Theoretiker, hat 1968 den dänischen Modernismus in drei Phasen gegliedert, deren dritte er selbst mitbewegt hat, und zwei andere führende Kritiker der Epoche, TORBEN BROSTRØM (*1927) und THOMAS BREDSDORFF (*1937), stimmten ihm weitgehend zu. Modifiziert werden auch im Folgenden unterschieden: 1. die spät- oder neusymbolistische *Heretica*-Phase, benannt nach der gleichnamigen Zeitschrift der Bewegung; 2. die eigentliche modernistische, realitäts-destruierende *Konfrontations*-Phase, benannt nach einer gleichnamigen Lyriksammlung von Klaus Rifbjerg; 3. die Auffächerung in eine konkretistische oder strukturalistische „Systemdichtung“ (S. Hejlskov Larsen 1967) und einen „neu-einfachen“ (→ 257), dokumentarischen oder neurealistischen Spät-oder Postmodernismus, der im Augenblick vorherrscht.

Heretica-Dichtung

Es überrascht nicht, daß der frühe Modernismus zuerst die Lyrik erfaßte, die persönlichste, zugleich spontanste und verfremdbarste Gattung. 1943 debutierten unter anderen Ole Sarvig (→ 244) und OLE WIVEL (*1921), eine zentrale Figur der 40er Generation. 1945—53 leitete er seinen eigenen Verlag (Wivels Forlag) für die Werke der Jungen, und 1954—63 verschaffte er als Direktor von Gyldendal diesem neben Bonniers in Stockholm bedeutendsten und traditionsreichsten belletristischen Verlag Skandinaviens wieder eine Führungsrolle wie zu Zeiten des Modernen Durchbruchs. 1948—53 gab Wivel zudem *Heretica* heraus. Diese literarische Existentialistenzeitschrift verwies ständig auf die Symbolistenzeitschrift *Taarnet* (→ 206). Symbolistisch war auch das Manifest der Bewegung im ersten Jahrgang, *Fragmenter af en Dagbog* (Buch 1948; Fragmente eines Tagebuchs 1953) von PAUL LA COUR (1902—56), praktisch-poetisch ein abstrakter

Klassizist, theoretisch ein Modernist. Er glaubte an die sinnstiftende Macht, das erlösende Mysterium der metaphorischen Poesie, deren Transzendenz er in Sätzen beschwor wie diesen: „Es ist der Wille des Gedichts, sich selbst zu vernichten, es ist der Wille des Wortes, sich selbst zu opfern. Ein Schritt noch, und alles ist Hingabe und Liebe."

Zunächst zwei Vorläufer und Bezugspersonen: Baronesse KAREN BLIXEN-Finecke, geb. Dinesen (engl. Isak Dinesen, dt. Tania Blixen, 1885—1962) betrat als fünfzigjährige exotische Gestalt erst 1934/35 die nordische Kulturszene. Der sensationelle Charakter ihres späten Buchdebüts hatte mehrere Gründe: Das Buch war eine Selbstübersetzung aus dem Englischen; es war in New York und London begeistert aufgenommen worden; es gab sich betont kosmopolitisch, d.h. es spielte räumlich in Afrika, Italien, Frankreich und Mitteleuropa, zeitlich in der romantischen, restaurativ-feudalen Hälfte des 19. Jahrhunderts und personell in den höchsten und seltsamsten Kreisen, und es bezog sich souverän auf Klassiker des Abend- und Morgenlandes. Technisch, thematisch und poetologisch tradierte es den dänischen Romantismus (→ 99) aus einer fast ungebrochenen fin-de-siècle-Sicht. All dies wiederum hatte biographische Gründe. Karen Blixen war 1913 mit ihrem Mann nach Britisch-Ostafrika (Kenia) ausgewandert, hatte dort zuerst mit ihm, dann allein eine Kaffeefarm betrieben und war erst 1931 bankrott nach Rungstedlund am Øresund, dem Hof ihrer Kindheit, zurückgekehrt. Englisch war ihre Literatursprache geworden, und die kulturelle Entwicklung Dänemarks in den vorangegangenen zwei Jahrzehnten war ihr fremd geblieben. Gegenüber der herrschenden Ästhetik des vorwiegend sozialrealistischen und psychoanalytischen Romans wirkte die exzentrische, manierierte und opernhafte, ständig symbolisierende und mythisierende Novellistik ihrer *Seven Gothic Tales* (1934)/ *Syv fantastiske Fortællinger* (1935; Die Sintflut von Norderney 1937, Sieben phantastische Erzählungen 1980) als paradoxe Innovation.

Auch die Autobiographie *Out of Africa / Den afrikanske Farm* (1937; Afrika, dunkel lockende Welt 1938, wörtl. Die afrikanische Farm) konstruiert eine Fiktion, eine Tragödie in fünf Teilen, wo das Glück am Ende des dritten am höchsten, die Katastrophe im fünften kalkuliert und kumuliert ist. In Afrika schien ihr feudaler Traum

Wirklichkeit: Karen Blixen herrschte über und wirkte für ein „Volk". Das Erlebnis der gewaltigen Natur stilisierte sie nachträglich zu einem bedrohten paradiesischen Zustand, nicht Idyll, sondern Frist, denn sie war, wie in der Dichtung, voll geschichtsbewußt. Hier wie dort suchte sie zu bannen, was verloren war. Als Karen Coffee Company zusammenbrach, begann sie zu dichten; die Kunst sollte die Existenz erklären und verklären. Überdichte und Extravaganz der ersten Erzählungen verraten die Verzweiflung und den schöpferischen Überdruck eines langen, reichen, bürgerlich gescheiterten Lebens.

Als Reaktion auf den Erfolg des Debüts, auf denjenigen Teil der Kritik, der ihr Perversität und Dekadenz, Schminke und Politur vorgeworfen hatte, und auf den Weltkrieg schrieb sie die *Winter's Tales/ Vinter-Eventyr* (1942; Die Träumer, Ausw. 1955; Kamingeschichten, Ausw. 1958; wörtl. Wintermärchen) – deren Titel auf den Lieblingsautor Shakespeare und die politische Lage anspielt – gelassener, schlichter und heimatnäher. Diese zweite Sammlung ist ebenso streng komponiert wie die erste und die späteren. Nach dem programmatischen Anschlag mit einer norwegischen Seemannsfabel legen sich um die acht eigentlichen Wintermärchen zwei poetologische Episoden als Rahmen.

Karen Blixen unterschied auch weiterhin zwischen ihren Subgattungen „phantastische" und „Winter"-Erzählung. In den 50er Jahren erschienen mehrere in Einzelausgaben; am populärsten wurde *Babette's Feast* (1950) / *Babettes Gæstebud* (1952; Babettes Gastmahl), die Parabel von der französischen Chefköchin im arktischen Berlevaag, der großen Künstlerin im kleinen Milieu. Zu dieser Zeit hatte ihr Einfluß im *Heretica*-Kreis den einer Priesterin oder Hexe erreicht. Lesungen und Reden im Rundfunk stärkten ihre Position als grand old lady der dänischen Literatur. Die kulturelle Entwicklung hatte sie gleichsam eingeholt. Kurz hintereinander erschienen *Last Tales / Sidste Fortællinger* (1957; Widerhall 1959, wörtl. Letzte Erzählungen) und, da sie nicht gestorben war, *Anecdotes of Destiny / Skæbne-Anekdoter* (1958; Schicksalsanekdoten 1960). Vom Nobelpreis war die Rede, und die Todkranke machte sich auf und eroberte live die Amerikaner, ihr ältestes Publikum. 1960 beteiligte sie sich an der Gründung der Dänischen Akademie als Neubelebung der zweihundertjährigen „Schmekkenden Gesellschaft" (gegründet 1759), und selbstverständlich wählte man sie zu einem der sechzehn unsterblichen Mitglieder; als Sitz der Akademie dient heute ihr Rungstedlund. Nach ihrem Tod, im Zeichen der „Konfrontation" und Politisierung, wurde es eine Weile stiller um ihre Kunst, doch in den 70er Jahren brachten die „Nostalgiewelle" und „Neue Innerlichkeit" auch eine Blixenrenaissance mit sich. Heute ist sie, wohl oder übel, ein Klassiker und nach Andersen Nexø der zweite dänische Name von literarischem Weltruf im 20. Jahrhundert.

Ebenso isoliert in den 30er Jahren wie Karen Blixen stand GUSTAF MUNCH-PETERSEN (1912—38), und ebensoviel wie sie für die Erzählkunst der 40er Jahre bedeutete er für die Lyrik. Bildete sie gleichsam eine Verbindungskette über alle Realismen hinweg bis zur Romantik, so er ein Verbindungsglied zwischen dem Modernismus und den 20er Jahren (Expressionismus, Futurismus, Surrealismus). Bezeichnend dafür ist, daß er unter seinen dänischen Kollegen nur dem führenden Surrealisten JENS AUGUST SCHADE (1903—79) Hochachtung zollte. Er lernte früher und direkter als alle von der internationalen, besonders der schwedischen Moderne, die hier zum ersten Mal nach außen wirkte. Neben einer englischen, *black god's stone,* schrieb er sogar eine schwedische Gedichtsammlung, *solen finns* (beide postum 1959; die sonne gibt es). Als Sohn des Professors Jon Julius Munch-Petersen und der Dozentin Valfrid Palmgren Munch-Petersen wuchs er in einem zweisprachigen akademischen Milieu auf. Das Studium der Philosophie und Tiefenpsychologie verwarf er bald, um sich, zwischen Grönland und Bornholm nomadisierend, der Malerei und Dichtung widmen zu können. Unter den vielen jungen ausländischen Intellektuellen, die auf republikanischer Seite im spanischen Bürgerkrieg fochten, ist Gustaf Munch-Petersen der prominenteste Däne. Er fiel 1938, knapp 26 Jahre alt.

Zuvor hatte er vier Sammlungen seiner dänischen Gedichte publizieren können: *det nøgne menneske* (1932; der nackte mensch), *det underste land* (1933; das unterste land), *mod jerusalem* (1934; gen jerusalem) und *nitten digte* (1937; neunzehn gedichte). Seine surrealistische Malkunst hat den sprachlichen Ansatz deutlich mitbestimmt. Wie die finnland-schwedischen Modernisten (→ 312) – und im Unterschied zu den späteren dänischen – bezog er sich weniger auf das französische fin de siècle als auf den Vitalismus, Dynamismus und Optimismus des Amerikaners Walt Whitman und seines dänischen Schülers Johannes V. Jensen (→ 217), auf deutsche „Menschheitsdämmerung" und russische Revolutionsdichtung. Zentrale Züge in der Struktur der modernen Lyrik, wie Freie Verse, Verfremdung von Orthographie und Interpunktion, syntaktische Auflösung, Perspektivenexperimente, Bindungen und Trennungen in prälogischen Wortfeldassoziationen, menschliche Verdinglichung und Einflüsse der surrealistischen Malerei, zeigt die folgende Behandlung eines südländischen Touristikthemas, *eftermiddag i taormina* (nachmittag in taormina), publiziert 1934 in der wichtigen Lyrikzeitschrift *Vild Hvede* (Wilder Weizen, heute: *Hvedekorn*, Weizenkorn). Der Innovationsgrad läßt sich ermessen, wenn man das Gedicht mit Bønnelyckes *Gaden* (→ 222) oder Gelsteds *Reklameskibet* (→ 223) vergleicht.

støvglitrende
en fod i solen –
(og mit firbens drægtige mave
kolde waggoner af firbeneyngel)
tæerne rejser sig
vridende sig i blasfemisk latter
gennem to øjenlaag,
som er ildrøde flagermusevinger,
kryber spiralsnoede sole
ind i mit hoved
(summende damp)
og flyder sammen der –
hver halve time skriger en paafugl
og i bunden af et stærkt rør
vaagner civilisationen
som en løsrevet taa –

sovende drukner jeg
mellem to bjerge af rødlakerede guldfisk
og en stanglorgnet siger til en anden:
how beautiful

(staubglitzernd
ein fuß in der sonne —
(und der trächtige bauch meiner eidechse
kalte waggons von eidechsenbrut)
die zehen heben sich
sich windend in blasphemischem gelächter
durch zwei augenlider,
die feuerrote fledermausflügel sind,
kriechen spiralgeschlängelte sonnen
in meinen kopf
(summender dampf)
und fließen dort zusammen —
jede halbe stunde schreit ein pfau
und auf dem grunde eines starken rohrs
erwacht die zivilisation
wie ein losgerissener zeh —

schlafend ertrinke ich
zwischen zwei bergen von rotlackierten goldfischen
und eine lorgnette sagt zur andern:
how beautiful)

(B. Glienke)

Ein Jahrzehnt später arbeitete eine ganze Gruppe von Avantgardisten daran, solche Neuerungen durchzusetzen. Am radikalsten und konsequentesten verfuhr OLE SARVIG (*1921), als Normsetzer und Theoretiker bald eine Autorität. Auch er profitierte von einer breiten Kenntnis der modernen Malerei, die er in Essays und Künstlermonographien zugänglich zu machen versuchte. 1950—53 war er Kunstkritiker der Zeitung *Information*, anschließend Kunstberater beim Fernsehen.

Bei Sarvig ist die metaphysische Haltung in der Lyrik der Kriegs- und frühen Nachkriegszeit am deutlichsten erkennbar, eine Haltung aus dem Bewußtsein der Existenz- und folglich Kulturkrise des Abendlandes, nicht aus konkreter politischer Einsicht. Sein Vermögen, Zusammenhänge zu sehen und darzustellen, ermöglichte es ihm, seine sechs ersten Lyriksammlungen zu einem „Gedichtkreis“ zu runden; eine Auswahl erschien später unter dem Titel *Den sene Dag* (1962; Der späte Tag 1964). Es ist „das zentrale poetische Werk der

40er Jahre und gleichzeitig die avancierteste Dichtung des Jahrzehnts, von einem ästhetischen, modernistischen Standpunkt aus gesehen" (T. Brostrøm).

Grønne Digte (1943; Grüne Gedichte), der erste Teil, stehen noch in der naturlyrischen Tradition des dänischen Symbolismus. Dann legen sich zwei Gruppen von Prosagedichten, *Mangfoldighed* (1945; Mannigfaltigkeit) und *Legende* (1946), um *Jeghuset* (1944; Das Ichhaus), mit dem der Aufbau einer typischen modernen Privatmythologie aus wenigen korrespondierenden, polysemen Dingbegriffen beginnt: Haus, Stein, Meer, Baum, Licht, Schatten, Gestirne (vgl. Paul Celan). „Stein" z.B. ist „Tod des Baumes", aus „Stein" wächst die „Steinrose". Raum und Zeit (Jahres- und Tageszeiten) fungieren als gegenseitige Metaphern, besetzt von Teilen des lyrischen Ich. Es grassiert die Genitivmetapher. Zu Esoterik und Hermetik paßt die raunende, eingeweihte Tonlage. Bezeichnend für die ja im Krieg geschriebenen Gedichte ist die traumhafte Ferne dieser Wirklichkeit. Sie sprechen von Einsamkeit und Angst, Endzeit und Advent und bewegen sich im Ganzen vom Ich zum Du, vom „Ichhaus" zu *Menneske* (1948; Mensch), dem fünften Teil, und *Min Kærlighed* (1952; Meine Liebe), dem späten Epilog. So unerhört und befremdend sie damals gewirkt haben müssen, so zugänglich sind sie heute einem strukturalen, nichtreferentiellen Verständnis. Die folgende Passage aus *Mangfoldighed* wählt die suggestive Frageform und die Du-Monologform des einsamen Sprechers:

> Gingst du durch den Wald der Furcht und das niedrige Gesträuch des Grauens? Alle Stellen, die aufzusuchen du so lange gezögert hattest.
> Entlang den öden Dachböden des Wahns, in den tiefen Kellern des Irrsinns. Fürchtest du, das Feuer werde auf diesen Gängen kommen? Hier im Schatten der Hirne, in der Zeit der Städte, in den Gezeiten, die uns bald wieder fortwälzen. Warst du selbst das Haus der Nerven, der bebende Turm der Flieger? Hörtest du die großen Ziegeldächer klirren vom tiefen Summen dieser Feinde, die außerhalb deiner Haut flogen?

Grob gesprochen, folgte der lyrischen eine essayistische und dieser eine noch anhaltende Romanphase in Sarvigs Entwicklung. In den Romanen hat er seine lyrische Mythologie erfolgreich auf „welthaltige" Epik übertragen, wobei er sich mehrmals auf die Kriminalintrige als narrative und auf städtische Milieuerforschung als deskriptive

Struktur gestützt hat. Das Interesse deutscher Leser verdient besonders *Stenrosen* (1955; Steinrosen [sic] 1962), da hier das zerbombte Berlin kurz nach der Kapitulation die Milieurolle spielt.

Gleichzeitig begründeten auch Peter Seeberg und Villy Sørensen den sogenannten Prosamodernismus. Beide haben die phantastische Erzählung zur absurden Erzählung weiterentwickelt. Gegenüber dem ästhetizistischen Kosmos als forcierter Überwindung des neuromantischen Nihilismus bei Karen Blixen liegt bei PETER SEEBERG (*1925) das „wüste Land" des existentialistischen Nihilismus, das auch Samuel Becketts Figuren bewohnen. Während des Krieges hatte sich Seeberg freiwillig zur Zwangsarbeit im feindlichen Deutschland gemeldet. Die unwirkliche Wirklichkeit eines international gemischten Arbeitertrupps, Barackenlagers und Ateliers für Propagandafilme in Berlin-Tempelhof lieferte den Stoff für sein Buchdebüt, den Zwangskollektivroman *Bipersonerne* (1956; Die Nebenpersonen). Die sechs Kapitel sind nach den Werktagen der einen Handlungswoche benannt und verlaufen überwiegend dialogisch und handlungslos. Der lakonische, behavioristische Stil, vergleichbar der deutschen „Kahlschlag"-Sprache nach 1945, vermittelt die Fremdheit der Figuren gegenüber den andern, der Arbeit, der Umwelt. Illusionsloser Hauptbeobachter ist der junge Däne Sim. Er trägt einen der Beckettschen, englisch-einsilbigen Namen, mit denen Seeberg auch sonst die Anonymität der Entfremdeten angibt. — Erst viel später kehrte er zu einer solchen kollektiven, rasch wechselnd personalen Erzählperspektive zurück: in dem registrierenden, im Präsens gehaltenen Roman *Ved havet* (1978; Am Meer) mit den digitalen, minuziösen Uhrzeiten eines Sommersonntags auf einer Badeinsel (Röm) als Marginalien und Kapiteltitel. Ein Namenverzeichnis führt rund vierzig „Nebenpersonen" auf. Ökologie, Massenwohlstand und die deutsche Touristeninvasion sind Themen der 70er Jahre, doch die Fremdheit ist dieselbe geblieben. Die Ziele des Ameisenstroms von Menschen und Automobilen, Strand und Meer, wachsen dann allerdings zu mythischen, überzeitlichen Größen, Instanzen des Wesentlichen.

Hauptpersonen, Ideenkonflikte und ein stärkeres stilistisches Engagement als in *Bipersonerne* kennzeichnen den Miniroman *Fugls føde* (1957; Der Wurf 1973, wörtl. etwa Spatzenkost), der sich nicht nur im

Titel auf Hamsuns *Sult* (→ 204) bezieht; Seeberg hat später am Drehbuch zu Henning Carlsens internordischer *Sult*-Verfilmung (1966) mitgearbeitet. Ein Künstlerroman, aber keine Geniekrise, ein Endspiel, das, wie bei Beckett, kein Ende nimmt. Der intellektuell und emotional reduzierte Schriftsteller Tom, auf dessen Perspektive und beklemmend normierte Sprache sich das Buch konsequent beschränkt, vermag nur noch drei Zeilen zu produzieren: „Meine Augen sind blind,/ meine Hände sind welk,/ mein Sinn ist von Vernichtung heimgesucht." — Von einer physischen Reduktion mit tieferer Bedeutung handelt *Hyrder* (1970; Der Traum vom guten Hirten 1973, wörtl. Hirten), ein Radioroman nach längerer Produktionspause. Die verinnerlichte Form mit Traumphantasien, wechselnden Icherzählern und resümierend-explizierenden Kapiteleröffnungen ist geprägt von der Rücksicht auf das Medium.

Seebergs frühe Kurzgeschichten, gesammelt in *Eftersøgningen* (1962; Die Nachforschung 1968), sind absurde Einzelstudien über abstrakte Figuren in abstrakten Landschaften, oft mit schwarzem Humor gezeichnet. *Spionen* (Der Spion), Seebergs Debüt 1954 in der Zeitschrift *Perspektiv,* ist ein Programmtext des Modernismus. Ein junger Mann versucht, in eine Radfahrergruppe aufgenommen zu werden, die jeden Sonntag Touren fährt. Die Gegensätze von outsider und insider, intellektuellem Voyeurismus und dumpfer Gruppenmentalität implizieren die Problematik des einsamen Künstlers in der Gesellschaft.

Bei VILLY SØRENSEN (*1929) liegt ein großer Teil seines öffentlichen Wirkens außerhalb dieser Darstellung, weil er zugleich Dichter und Denker ist, Dänemarks einflußreichster Kulturkritiker und Philosoph, z.B. Mitverfasser der international wirksamen egalitären Utopie *Oprør fra midten* (1978; Aufruhr der Mitte 1979). Seine Bedeutung für die Kunst- und Gesellschaftsdebatte seit den 50er Jahren läßt sich bis in die Begrifflichkeit nachweisen. 1959—63, auf der Höhe des Konfrontationsmodernismus, redigierte er zusammen mit Klaus Rifbjerg die *Heretica*-Nachfolgezeitschrift *Vindrosen* (1954—74; Die Windrose), „Gyldendals literarisches Magazin". Sørensen studierte Philosophie und Psychologie in Kopenhagen, 1952—53 als Stipendiat in Freiburg i. Br. Neben dem wieder aktuellen Kierkegaard waren es hauptsächlich deutsche Philosophen, mit denen er sich auseinandersetzte, als er seinen existentialistischen Humanismus des „Weder — noch" oder „Sowohl — als auch" entwickelte, ein interdisziplinäres monistisches Denken in Opposition zu den christlich-abendländischen „Spaltungen" (Geist und Fleisch, Intellekt und Instinkt). In seiner Literaturkritik beschäftigt ihn besonders die Darstellung von Lebensschwellen (z.B. in den mittelalterlichen Volksballaden), wo ein Wertsystem zusammenbrechen muß, bevor ein neues errichtet werden kann. Sein Weg vom tiefenpsychologischen Interesse in den 50ern zum soziologischen in den 60ern begleitet dabei die allgemeine Entwicklung.

Das fiktionale Werk ist schmal. Bisher hat Sørensen drei Sammlungen mit Kurzprosa veröffentlicht. Dem Titel der ersten, *Sære Historier* (1953; Seltsame Geschichten) entnahm Thomas Bredsdorff das Hauptattribut für seine grundlegende Klassifikation der Prosamodernisten, *Sære fortællere* (1967; Seltsame Erzähler), wo Sørensen, Seeberg und der später auch als Dramatiker erfolgreiche SVEN HOLM (*1940) die „phantastische Erzählung" vertreten. Sørensens Version ist eine absurde, philosophische Mythe voller literarischer Anspielungen und entlarvender Sprachspiele, naivistisch raffiniert wie Andersens Märchen (→ 108) und Kierkegaards Parabeln (→ 111). Siamesische Zwillinge oder Brüderpaare versinnbildlichen Spaltungen, d.h. Verdrängungen von Teilen des ganzen Menschen; das Abgespaltene taucht als Dämon (z.B. als Tiger in der Küche), d.h. als Trauma und Neurose wieder auf. Sørensens Vertrauen in das einheitstiftende Deutungsvermögen von Sprache und Kunst unterscheidet *Sære* von *Ufarlige historier* (1955; Ungefährliche Geschichten; Ausw. aus beiden : Tiger in der Küche 1959), wo er die Identitätsproblematik weniger als psychogen denn als soziogen wertete. Die Auswirkungen der Macht des Menschen über den Menschen untersuchte er dann in *Formynderfortællinger* (1964; Vormunderzählungen 1968). Die dem Titel entsprechenden Geschichten schildern Vormund und Mündel als unfreies Paar, da sich jeder seine Freiheit nur auf Kosten des andern nehmen kann, so die beiden zentralen Texte nach historischen Quellen, *Formynderens fortællinger* (Die Erzählungen des Vormunds) und *Et formynderskabs historie* (Die Geschichte einer Vormundschaft) über Friedrich III. von Habsburg.

Konfrontationsdichtung

Der Modernismus im engeren Sinne ist eine hauptsächlich lyrische Bewegung um 1960. Sie verschaffte sich Gehör durch Plötzlichkeit, Heftigkeit und einen provokativen Alleinanspruch. Ihren Durchbruch verdankt sie einer jungen Generation von Intellektuellen: Schriftstellern, Kritikern, Redakteuren und Verlegern, die stärker als üblich zusammenarbeiteten, um nach dem europäischen Symbolismus nun die Strömungen des 20. Jahrhunderts endgültig in Dänemark zu etablieren. Dies setzte dreierlei Öffnungen voraus: die politische Öffnung nach links als Folge der Entspannung nach dem Ende des Kalten Krieges, die phänomenologische Öffnung auf die gesamte konkrete, physische Welt (im Gegensatz zur metaphysischen Abstrahierung der Spätsymbolisten), die poetische Öffnung des gesamten Lexikons zur Herstellung solch breiter Referentialität: „Man schreibt lieber über Drüsenfunktionen und elementare körperliche Erlebnisse als über Gefühle“ (T. Brostrøm). Die Modernisten beklagen nicht mehr, sondern fördern den Zusammenbruch vertrauter Synthesen und Subjekt-Objekt-Beziehungen durch analytische, destruktive und klischee-denunziatorische Operationen. Das lyrische Ich (wo es ausdrücklich auftritt) wird mit sich selbst, einem Es oder Du ungedeckt „konfrontiert“ und „bombardiert“ sein fremdes Gegenüber mit einer experimentellen Sprache, deren Satzbau, Wortschatz und Verfremdungsarsenal wiederum den Leser befremden.

Diese Charakteristik legt es bewußt auf das Werk von KLAUS RIFBJERG (*1931) an, mit dem sich diese Phase gleichsam erfüllte. Als Theater-, Film- und Literaturrezensent der Tageszeitungen *Information* (1955—57) und *Politiken* (1959—64) und Korredakteur der Literaturzeitschrift *Vindrosen* (1959—63) mußte er sich weitgehend auf lyrische Gelegenheitsdichtung beschränken. Erst ein dreijähriges Staatsstipendium setzte seine enorme Produktivität frei. In den 25 Jahren seit seinem Debüt 1956 hat er rund 60 Bücher veröffentlicht, davon 13 Lyrikbände, 23 Romane, 6 Sammlungen von Kurzgeschichten und 11 dramatische Texte für Theater, Film, Fernsehen und Rundfunk. Der „neue Rifbjerg“ ist seit langem immer ein wichtiges, manchmal das wichtigste Ereignis der jeweiligen Buchsaison, unübersehbar schon durch das Aktualitätsgespür und Medienbewußtsein des Autors.

Rifbjergs modernistische lyrische Phase umfaßt vier Jahre, vier Bände, vier Stationen einer Expedition zu neuen Grenzen des Send- und Empfangbaren. *Konfrontation* (1960) setzte Programm und Maßstab. Die Operationen der z.T. filmischen Objektbesetzung (Schnitt, Fokussierung, Schwenk; Sprengung, Vergleich, Klangassoziation, Liturgie), die rudimentäre, aber dadurch flexible Syntax, das enthierarchisierte Lexikon und das Programm dieser Sammlung zeigt folgender Ausschnitt aus *Frihavnen* (Der Freihafen):

Billedskift og koncentrationsflytning
til fornemmelse af cirkulerende kaos
man antager danserform
for ikke at omringes.
Sirenehvæs, kran svinger
anker bevæger sig ud fra en skibsside
tretons fortøjningspæl
atomiseres ved balletskoens
berøring, fra en udfladet
mitrailleuse forlader brostenene
enkeltvis deres fatninger
mur af stenchampagnepropper
saglighed, salighed.

Tom, tom, tom — saligt tom
er verden for andet end ting
levende fald, du og jeg
styrt i det fortsatte revningsøjeblik
eneste levende at stå over for
at stå overfor.

(Bildwechsel und Konzentrationsverschiebung
zu Gefühl von zirkulierendem Chaos
man nimmt Tänzerform an
um nicht umringt zu werden.
Sirenenzischen, Kran schwingt
Anker bewegt sich aus einer Schiffsseite
dreitonniger Vertäupfahl

wird atomisiert durch die Berührung
des Ballettschuhs, aus einer abgeflachten
Mitrailleuse verlassen die Pflastersteine
einzeln ihre Fassungen
Mauer aus Steinsektkorken
Sachlichkeit, Seligkeit.

Leer, leer, leer — selig leer
ist die Welt an anderm als Dingen
lebendiger Fall, du und ich
Sturz im fortgesetzten Zerreißaugenblick
einzig lebendiges gegen über
zu stehn, gegenüberzustehn.)

(B. Glienke)

Heftige Reaktionen wegen seiner Unverständlichkeit rief das interpunktionslose 80-Seiten-Gedicht *Camouflage* (1961; Tarnung) hervor. Dabei war es gerade der Versuch, durch ein scheinbar vorbewußtes, quasi-automatisches Schreiben in Früh- und Tiefenschichten des Schreibers und der Menschheit zu dringen, zugleich Phylogenese und Ontogenese zu verfolgen. *Voliere. Et fuglekor på 25 stemmer* (1962; Volière. Ein Vogelchor von 25 Stimmen) dividiert menschliche Komplexität in einzelne Eigenschaften, die dann in Fabelmanier auf je ein Federtier projiziert werden. Doch nutzte Rifbjerg dies Muster als Ansatz für amüsante bis esoterische Rollentexte. Unverständlich aus anderm Grunde ist *Portræt* (1963; Portrait), Mosaikzeilen eines Frauenbildes. Hier sind einige Seiten nach konkretistischen, seriellen Prinzipien gefüllt, Vorboten der dänischen Systemdichtung, der Rifbjerg auch mit der Collage *Boi-i-ing 64* (1964) vorgriff, nur um daran zu erfahren, wie referentiell gebunden er eigentlich war. Mit seinem charakteristischen Zeitsinn nahm er denn auch einen anderen Impuls der 60er Jahre auf, die „Neue Einfachheit" im Gedicht, den „Neurealismus" im Roman. *Amagerdigte* (1965; Amager-Gedichte) über seine engere und frühere, sowie *Fædrelandssange* (1967; Vaterlandslieder) über seine weitere und gegenwärtige Heimat wurden fast volkstümliche Bücher in hohen Auflagen.

In seiner Erzählprosa bewegte sich Rifbjerg von Anfang an in amerikanisch-realistischer Richtung. Von den selbsterlebten Orten und

Zeiten ist er nie abgewichen, und als er sagte: „Ich schreibe am ehesten an einem Entwicklungsroman in Fortsetzungen", meinte er die eigene Entwicklung. Hauptgattung wurde der Roman erst Mitte der 60er Jahre. Älter ist nur *Den kroniske uskyld* (1958; Der schnelle Tag ist hin 1962, wörtl. Die chronische Unschuld), eine Schul- und Pubertätsgeschichte von beträchtlicher Generationswirkung. Der Begriff Pubertät umfaßt bei Rifbjerg alle kritischen Lebensschwellen, z.B. die mid-life crisis oder die Wechseljahre, Übergangsstadien von besonderer Offenheit, Empfindsamkeit und Schöpferkraft, denen er schon deshalb sein Hauptinteresse zugewandt hat, weil er selbst als Künstler in ständiger Pubertät zu leben versucht. Seine wichtigsten Romane beschreiben solche Schwellen; dabei scheitern die Helden und befreien sich die Heldinnen. Den Ausbruch von Frauen aus Erstarrung und Unterdrückung hat er besonders eindringlich und solidarisch erforscht.

Der erste Frauenroman, *Anna (jeg) Anna* (1969; Anna (ich) Anna), war eine Auftragsarbeit für den Dänischen Rundfunk, also ein Radioroman, Rifbjergs Beitrag zu dieser fast nationalen Subgattung, in deren Geschichte er einen Höhepunkt darstellt. Eine bekannte Schauspielerin verlas ihn in fünfzehn gleich langen Fortsetzungen (Kapiteln) und vertrat dabei die Stimme der neurotischen Heldin Anna Terlow, die in Handlungspausen „raisonniert", und zwar gemäß der Sendeweise in der intimen und assoziativen Ichform, gemäß ihrer Krankheit auch in einer abgespaltenen, identitätsverlustigen Sie-Form und, gemäß Krankheit und Informationstheorie, mit ständigen Wiederholungen des bisherigen Geschehens. — In *Vejen ad hvilken* (1975; Der Weg, welchen) verläßt die fünfzigjährige Misse ihren gehobenen Dienst als Haus- und Ehefrau eines Weingrossisten, um mit einem jüngeren Maler nach Süden davonzufahren. Im Gegensatz zu Anna hat sie ausgehalten bis zum Klimakterium, der letzten Pubertät, den letzten Wechseljahren vor Alter und Tod. Ihr Freund mißbraucht sie als Muse, Modell und Sexualobjekt, und mißbraucht und verraten wird sie von allen Männern auf dieser realen und mythischen Reise ans Meer, zum Ende und Anfang des Lebens. Alle Ausbrecherinnen bei Rifbjerg verweisen auf Ibsens Nora Helmer in *Et Dukkehjem* (→ 178) als ihren Prototyp, aber seine Misse-Figur stellt noch einen weiteren Anspruch. Sie ist sowohl eine Nora wie eine „Christa". Durch mehrere Jesusbezüge und das Schlußwort nach Johannes, „Vollbracht", gewinnt die Leidensgeschichte den Sinn einer Passionsgeschichte, eines stellvertretenden Leidensweges nicht für die Menschheit, sondern deren weibliche Hälfte.

Systemdichtung und andere

In der zweiten Hälfte der 60er Jahre, also recht rasch, wurde die jüngste Strömung der Moderne, die konkrete Poesie, in der dänischen Literatur kurz und heftig wirksam. Obwohl die dänische Schule sich sowohl auf die deutsche (Rühm, Achleitner, Gomringer, Bremer, Heissenbüttel, Jandl, Mon u. a.) als auch die schwedische im Gefolge von Öyvind Fahlströms Manifest 1953 berief, verstand sie ihre „Systemdichtung" als eigenständige Version. Auch sie ist schriftthematisch, schriftmateriell ausgerichtet, auch in ihr findet sich das Mittel als Zweck, aber stärker als mit der paradoxen Reduktion des sprachlichen Zeichens auf seine akustische oder visuelle Ausdrucksseite (Signifikantendichtung) oder die bildliche Verdoppelung der Inhaltsseite beschäftigten sich die Dänen mit seriellen, strukturalen, systemischen Verfahren der Textherstellung und -steuerung (Paradigmendichtung). Ideologisch motivierten sie dies mit der Aufgabe der bürgerlich-individualistischen Autorperson zugunsten der Autorrolle, Autorfunktion: Ab 1966 opponierte in der Identitätsdebatte der Begriff Attitüdenrelativismus gegen Humanismus, Existentialismus, Altmodernismus u. a. Damit konnte eine nur nach mehreren dialektischen Bewegungen als realistisch zu bezeichnende Strömung sich zu den neomarxistischen und kulturrevolutionären Tendenzen dieser Jahre zählen.

Mit seinen beiden frühesten Gedichtsammlungen, dem Debüt *Hesten og solen* (1949; Das Pferd und die Sonne) in Wivels Forlag (→239) und *Skrift på vind og vand* (1956; Schrift auf Wind und Wasser) gehört PER HØJHOLT (*1928) noch zum Kreis um *Heretica*, wo auch Beiträge von ihm erschienen. Erst das textmaterielle Interesse setzte die Produktivität dieses Provinzbibliothekars, Humoristen und Poetologen frei, was allein die Zahl seiner Produkte ab 1963 belegt. Unter ihnen ragen zwei gewichtige theoretische Schriften hervor. *Cézannes metode* (1969; Cézannes Methode) – wieder eine auf moderne Malerei gestützte Poetik – aktualisierte den Vorsokratiker Anaximander, auf den Højholt vielleicht über den Lyrikband *Fiskefärd* (1949) des Schweden Karl Vennberg (→329) gestoßen war. Dieser Philosoph unterschied „to apeiron", das Unbegrenzte, Unendliche, von „to peras", dem Ende, der Grenze. Das endliche Leben kommt aus dem Nichts und kehrt dorthin zurück. Ebenso, sagt Højholt (und sein Cézanne), das Kunstwerk. In dessen Struktur als dem Gegensatz zum Unterschiedlosen erkennen wir unsere Existenz, aber mehr nicht. Es verweigert sich der Referenz, der Aussage, dem Urteil; es ist eine nutz- und bedeutungslose „show". Dies Phänomen, wie es Roland Barthes in den Abschnitten über Striptease und Varieté seiner *Mythologies* (1957, dänisch 1969) gedeutet hatte, behandelte Højholt anschließend in *Intethedens grimasser* (1971; Die Grimassen der Nichtheit) in bezug auf seine Literaturtheorie. Was seine Praxis von traditioneller poésie pure trennt, ist die entmythologisierende, „demokratische" Demonstration der Griffe des Autormechanikers. Er läßt z.B. nicht nur Figuren auftreten und verschwinden, sondern auch Druckzeilen eine Buchseite von links betreten, überqueren und nach rechts verlassen.

Das Buch als Ganzes kann ebenfalls zum reinen Medium und konkreten Gegenstand reduziert werden, wie etwa *Punkter* (1971; Punkte). Wenn man die schmale, flache Pappschachtel öffnet, findet man 34 violett getönte, durchsichtige Plexiglasplättchen, deren jedes ganz oder teilweise mit weißen Majuskeln bedruckt ist. Zwei Metallringe, die sich auf- und zuschließen lassen, halten die Plättchen so zusammen, daß weder Anfang noch Ende eines Buches erkennbar wird; es wird möglich, die Plättchen nach Belieben zu ordnen. Der folgende Plattentext erschöpft sich nicht in einer komischen surrealistischen Szene mit dem/ohne den ehrwürdigen Dichter Johannes Ewald (→ 51), evoziert durch den Straßennamen, sondern beansprucht, daß der Leser die arithmetische Reihung der Wörter, die immer gleiche Zahl der Anschläge pro Zeile, den „Betrug" in Zeile vier (&), die literarische Selbstreflexion, das offene Ende, dazu die hier nicht reproduzierbare Materialität mitliest:

DEN (1) TÆNKSOMME LÆSER (2) VIL NU BØJE (3) SIG FREM OG NÆGTE (4) AT TRO SINE EGNE ØJNE (5) OG DET GØR HAN KLOGT I (6) FOR DEN MAND DÆR NEDE PÅ EWALDSVEJ (7) ER NETOP IKKE JOHANNES SOM TRÆKKER SINE SAMTLIGE (8) SKRIFTER EFTER SIG PÅ EN RULLESKØJTE & DEN TÆNKSOMME (9) LÆSER RYSTER PÅ HOVEDET OG BØJER SIG NED OVER BOGEN (10) „NÅ" SIGER HAN „JEG TROEDE KRAFTEDEME ET ØJEBLIK DET VAR JOHANNES" (11

DER (1) NACHDENKLICHE LESER (2) WIRD SICH JETZT (3) VORBEUGEN UND SEINEN EIGNEN (4) AUGEN NICHT TRAUEN UND DARAN (5) TUT ER KLUG DENN DIESER MANN (6) DA UNTEN IM EWALDWEG IST NÄMLICH GERADE (7) NICHT JOHANNES DER SEINE SÄMTLICHEN SCHRIFTEN AUF EINEM (8) ROLLSCHUH HINTER SICH HER ZIEHT & DER NACHDENKLICHE LESER (9) SCHÜTTELT DEN KOPF UND BEUGT SICH ÜBER SEIN BUCH „MENSCH" (10) SAGT ER „UND DA DACHTE ICH DOCH ERST ES WÄRE JOHANNES" (11

INGER CHRISTENSEN (*1935), Kunstlehrerin, lange mit dem Kollegen und fleißigen Lyriker POUL BORUM (*1934) verheiratet, debütierte zusammen mit ihm in Torben Brostrøms (→ 239) modernistischer Anthologie *Lytteposter* (1960; Horchposten), gehört also auch nicht zur Generation der „dritten Phase", fand aber, wie Højholt, erst in ihr gleichsam sich selbst. Bei ihr fungiert die Sprache weiterhin referentiell, ja: Referenz ist sogar oft das Thema, vor und nach ihrem systemischen Durchbruch. Bis dahin hatte sie zwei Gedichtsammlungen, zwei schmale Romane — von denen *Azorno* (1967; Azorno 1972) wegen seiner avancierten Erzähltechnik auch im Ausland auffiel — und einige Hörspiele verfaßt.

Der Durchbruch kam mit *Det* (1969; Das / Es), dem Hauptwerk der Systemdichtung. Das Buch wagt sich an ein universales Thema, hält es konsequent fest und beherrscht seine komplizierten Strukturgesetze über 240 Seiten hinweg. *Det* bedeutet nichts Geringeres als „das Ganze", d.h. die Welt der Dinge im Konflikt mit der Welt der Sprache. Diese gibt sich hier eine strenge Ordnung. Es beginnt mit einem *Prologos* aus 8 mal 66 Zeilen. Thematisch umfassen sie eine Art zweite Schöpfung durch Neuformulierung der ersten. *Logos*, der Mittelteil, gliedert sich in drei Abschnitte, überschrieben „Die Bühne", „Die Handlung" und „Der Text". Jeder Abschnitt teilt sich in acht Unterabschnitte, die jeweils aus acht Gedichten bestehen. Diese Unterabschnitte tragen in allen drei Abschnitten die gleichen Titel. Thematisch und formal sind die 192 Einzelgedichte sowohl mit ihren Nachbarn wie mit den entsprechenden Stellen der Parallelgruppe verbunden. „Die Bühne" beschreibt im Anschluß an den *Prologos* punkthaft Welt und Sprache, wobei alte Vorstellungen wiederkehren wie: die Welt als Bühne und die Menschen als Schauspieler, die Welt als Hospital oder Tollhaus und der Schriftsteller darin als Kranker oder Wahnsinniger. Dagegen enthält die „Handlung" konkrete politische Aussagen, und im „Text" glaubt man streckenweise, das Tagebuch eines Gefangenen und Anweisungen an die Protestbewegung der 60er Jahre zu lesen. Der *Epilogos* ist ein Langes Gedicht, das stärker Bekenntnischarakter trägt. Inger Christensen bekennt sich zur Angst als dem Grundgefühl, das uns rettet, weil es uns bewegt, weil es die Sprache, d.h. die Welt, erneuert.

In einer Reihe von teilweise umfangreichen Romanen hat SVEND ÅGE MADSEN (*1939) auf vielfältige und phantasievolle Weise Schriftthematik zu Fiktionsthematik spezifiziert. Sven Holm (→248) nannte sein Erzählwerk *Min elskede* (1968; Meine Geliebte) im Untertitel einen „Schablonenroman", ein Begriff, der auch für Madsen gilt. Die trivialen und affirmativen Schablonen von Porno, Krimi, Science-fiction und überhaupt von Groschen- und Fortsetzungsromanen setzte er im Jahrzehnt der Pop-art kritisch und selbstkritisch zur Demokratisierung von Literatur ein. Durch das Studium der Mathematik erwarb er professionelle Fertigkeiten in der Kalkulation und Konstruktion auch von „mechanischen" Texten.

Das „Lustspiel" *Liget og lysten* (1968; Lüste und Leichen 1970) versorgt den Leser mit sex & crime und Fiktionsspielen nach Stilregeln: Mit wechselnder Erzähltechnik ändert sich auch das Verhalten der Figuren. Der große pikareske und romantische Abenteuer- und Kriminalroman *Sæt verden er til* (1971; Angenommen, die Welt gibt es) steckt tief in der literarischen und philosophischen Tradition und verfügt doch über die neuesten Techniken: eine axiomatische Schriftschöpfung der Welt. Teilweise dieselbe Geschichte von fünf Personen erzählen zu lassen, hatte Madsen schon in *Tilføjelser* (1967; Hinzufügungen), einem Roman aus fünf Heften im Schuber, ausprobiert, und die dort beabsichtigte Isolation individueller Stimmen ist auch hier ein Thema. Neunmal wechseln die fünf einander ab in den fünfundvierzig Kapiteln; das ganze redigiert der Buchhändler und Philosoph der Stadt Vers (gleich Univers?). — Noch umfassender angelegt ist *Tugt og utugt i Mellemtiden* (2 Bde., 1976; Zucht und Unzucht in der

Zwischenzeit), ein pseudo-dokumentarischer, historischer Zukunftsroman. Ato Vari, ein Schriftsteller des 21. Jahrhunderts, analysiert die psychischen, sozialen und politischen Verhältnisse der dänischen Stadt Aarhus, Madsens Heimatort, im Jahre 1975, also in der späten Zwischenzeit (1500—2000 n.Chr.) — ein Verfremdungsgriff, der hier schon weniger zur Fiktionsexplizierung als zur Objektivierung beitragen soll. Dennoch bleibt Madsen die Fabel nicht schuldig. Ato Vari nämlich verrät, so der Historiker Komani in seiner „Vorschrift",

eine tiefgehende Kenntnis der vorherrschenden Romanformen jener Zeit: des Liebesromans (Individuum gegenüber Individuum) und des Haß- oder Kriminalitätsromans (Individuum gegenüber Gesellschaft). (. . .) Wir treffen auf amüsante Beispiele für die Liebesqualen der Menschen, die ihrer unsicheren Unterscheidung zwischen einer seelischen und einer körperlichen Liebe entsprangen, und wir stoßen auf erschütternde Beschreibungen der Unglücksfälle, die ihre veralteten Gerechtigkeitsbegriffe verursachten.

Zu Anfang der 70er Jahre schien das Spielfeld der Systemdichtung erforscht; auch mehrere Anthologien zeigten das wenigstens vorläufige Ende dieser Phase an. Während deren Bedeutung sank, stieg die des sogenannten Neurealismus, der trotzdem nicht als ihr Ablöser zu werten ist. Denn beide opponierten um die Mitte der 60er Jahre gegen den esoterischen Symbol- und Konfrontationsmodernismus. Dieser sah sich damals zusätzlich sowohl von innen, durch Selbstzweifel, als auch von außen in Frage gestellt: durch die von dem Lagerverwalter Poul Rindal angeführte Bürgerbewegung des „Rindalismus", die kritisierte, daß der Staat mit Steuergeldern (einem Kunstfonds) unverständliche und irrelevante Schriftstellerei unterstütze. Neue Einfachheit und materialistische Grundlage als Gemeinsamkeiten von Neurealismus und Modernismus dritter Phase sind fragwürdige Postulate, da bei letzterem die Einfachheit hochartifiziell und die Materialität medial ist.

Dagegen kann der Terminus Neurealismus als Treffpunkt anderer Tendenzen der 70er Jahre dienen, die unter scheinbar so verschiedenen Schlagworten firmieren wie: Bekenntnis-, Dokumentar-, Frauen-, Rapportliteratur und Neue Innerlichkeit. Die Jahre der Politisierung, Ideologisierung und „Publizierung" hatten einen Bedarf an Darstellungen des Einzelnen und Privaten, der Familien-, Verwandtschafts-

und Freundschaftsbeziehungen aufgebaut. Psychologie war wieder gefragt, und quasi-nichtfiktionale Methoden stillten einen Hunger nach mitmenschlicher Praxis und Faktizität, nachdem das Theorie- und Soziologiedefizit der 50er Jahre ausgeglichen war.

Der Dokumentarismus — später, aber viel stärker in Schweden wirksam (→ 335 ff.) — verdankt sein hohes Ansehen in Dänemark einem einzigen Mann, seinem skandinavischen Begründer THORKILD HANSEN (*1927). Nach dem Studium der Literaturwissenschaft ging er 1947 für fünf Jahre als Zeitungskorrespondent nach Paris, damals das Zentrum des ästhetischen Existentialismus, dessen stoisch-absurder Haltungstrotz und Niederlagenkult ihn entscheidend prägten. Seine ersten Bücher gehören zur Sach-, Sekundär- und Memoirenliteratur: eine Jacob-Paludan-Studie (→ 227), eine Essaysammlung mit französischer Literaturthematik und drei Reiseberichte, zwei davon erste Bearbeitungen eines weiteren prägenden Erlebnisses: der Teilnahme an einer archäologischen Expedition des dänischen „Reichsantiquars" zum Persischen Golf. Dokumentarische Literatur basiert auf Recherchen, also gleichsam selbst auf Expeditionen und Ausgrabungen, so daß das dominierende Expeditionsthema — mit dem scheiternd siegenden Forschungsreisenden als dem existentialistischen Helden — sowohl bei Hansen wie bei dem Schweden Per Olof Sundman (→ 336) nahe lag. Die Grenze zur Dokumentardichtung ist nicht erst überschritten, wo etwa Sundman in seinem *Andrée* ein Tagebuch und dessen Autor erfindet, sondern schon in Hansens *Det lykkelige Arabien* (1962; Reise nach Arabien 1965, wörtl. Das glückliche Arabien), der „Geschichte der königlich-dänischen Jemen-Expedition 1761—67", wo er einerseits allerlei Quellen über sämtliche sechs Teilnehmer ausschöpft und einmontiert, anderseits in personaler Erzählweise Sicht und Wertung des deutschen Landmessers Carsten Niebuhr übernimmt.

Im großen Format ging Hansen ein politisches, nationalhistorisches Thema mit mehreren Helden an, die dänische Kolonialwirtschaft. Seine „Sklaventrilogie" umfaßt *Slavernes kyst* (1967; Die Küste —) über den Menschenhandel in Dänisch-Guinea, *Slavernes skibe* (1968; Die Schiffe —) über den Transport nach Dänisch-Westindien und *Slavernes øer* (1970; Die Inseln der Sklaven) über die karibischen Idyllen heute und kolonialen Höllen damals. Forschungsziel war die Widerlegung der herrschenden Lehre, Dänemark habe als erster Staat der Welt den Sklavenhandel verboten. Hansen weist nach, daß das Verbot eine Weiterversorgung auf Jahrzehnte garantierte. Intensität und Schlagkraft verleiht den Bänden der moralische — antiimperialistische und bürgerrechtliche — Impetus, ganz im Sinne der 60er Jahre.

Wurden die Sklavenbücher als Meisterwerke gewürdigt, so führte das nächste große Unternehmen, *Processen mod Hamsun* (3 Bde., 1978; Der Hamsun-Prozeß 1979) zu einer der breitesten und heftigsten Debatten Skandinaviens in den letzten Jahrzehnten. Durch seine negative Neubewertung des öffentlichen Umgangs mit dem greisen Knut Hamsun (→284f.) nach 1945 rührte der Autor an eine noch immer offene Wunde. Den gängigen literarhistorischen Kompromiß „guter Dichter — schlechter Politiker" attackierte er mit einer seit langem unzeitgemäßen Kontrastierung von Genie (Helden) und Normalbürger. Der herausfordernd engagierte Stil verriet zudem das eigene Künstleranliegen. Progressive Intellektuelle, die Hansen bislang als einen der ihren angesehen hatten, warfen ihm vor, auch er fördere nun den Trend dieser Jahre zur Restauration.

NORWEGISCHE LITERATUR IM 20. JAHRHUNDERT

Von Alken Bruns

Die norwegische Literatur vom Anfang dieses Jahrhunderts macht im ganzen den Eindruck idyllischer Abgelegenheit, regionaler Begrenztheit und fester Bindung an die heimische Tradition. Gegen Ende des 19. Jahrhunderts rezipierten auch einzelne norwegische Autoren, wie beispielsweise Sigbjörn Obstfelder, die Lyrik des französischen Symbolismus, aber nach der Jahrhundertwende blieb Norwegen von den großen revolutionären Bewegungen in der europäischen Literatur zunächst weitgehend unberührt. Die literarische Sprache der internationalen Moderne wurde hier erst in den 30er Jahren und dann verstärkt nach dem Zweiten Weltkrieg erprobt — und selbst da noch gegen den massiven Widerstand konservativ eingestellter Leser und Kritiker.

Diese Verspätung in der literarischen Entwicklung Norwegens hängt sicher auch zusammen mit der relativ späten Industrialisierung des Landes. Die Zentren der modernen Poesie sind ja gleichzeitig Zentren der modernen Zivilisation (Hans Magnus Enzensberger); Norwegen war aber zu Anfang dieses Jahrhunderts vorwiegend Agrarland und als solches zunächst noch von Traditionen der bäuerlichen Gesellschaft geprägt, obwohl die Sozialformen der Agrargesellschaft um die Jahrhundertwende auch hier schon nicht mehr stabil waren. Seit Mitte des 19. Jahrhunderts erschütterte der beginnende Industriekapitalismus die norwegische Gesellschaft, aus der traditionellen Selbstversorgungs- wurde eine moderne Handelslandwirtschaft, der herkömmliche Naturalhaushalt wurde durch den Geldhaushalt, die personalintensive Produktion mit der billigen Arbeitskraft der Häusler durch die kapitalintensive, aber produktivere mit teuren Maschinen ersetzt. Die Technisierung der Landwirtschaft brachte ökonomischen Zuwachs und erhöhte Produktivität, sie brachte andererseits aber auch kulturelle und psychologische Verfallserscheinungen mit sich. Der Lebensstandard stieg, aber die traditionelle ländliche Kultur geriet in Auflösung, und mit ihr ging das Gefühl der Sicherheit und Geborgenheit in tradierten Moralvorstellungen verloren.

Nach der Jahrhundertwende, zwischen 1905 und 1916, stieg die industrielle Produktion in Norwegen um 80%. 1910 machten Bergbau und Industrie bereits 26% des Bruttonationalprodukts gegenüber 23,5 % Land-, Wald- und Fischereiwirtschaft aus. Entsprechend veränderte sich die Klassenstruktur. Bauern, Beamte, Industrieführer und Kaufleute standen einer an Zahl ständig wachsenden Arbeiterschaft gegenüber. Mit den legendären „rallare“, den Wanderarbeitern, die das Land mit Eisenbahnlinien, Kraftwerken und Industrieanlagen erschlossen, kamen in den Landgemeinden neue Widersprüche zwischen besitzenden Bauern und besitzlosen Arbeitern auf und überdeckten den traditionellen Gegensatz zwischen nationaldemokratisch gesinnten Bauern und akademisch gebildetem Beamtenstand. Stadt und Land, moderne urbane Zivilisation und traditionelle Bauernkultur gerieten in Widerspruch zueinander. Technisierung, Handel und Tourismus griffen tief in die provinzielle, patriarchalisch strukturierte ländliche Kultur ein und ließen das Gefühl der Verunsicherung, Entfremdung und Heimatlosigkeit aufkommen. Die Proletarisierung des unteren Bauernstandes zerstörte das Selbstwertgefühl der Betroffenen; als arme Bauern besaßen sie nur wenig, als Industrie- und Wanderarbeiter galten sie nun gar nichts mehr.

Trotzdem ist der Verlust an allgemeinverbindlichem Weltverständnis und menschlicher Identität — eine Voraussetzung für das Entstehen einer spezifisch modernen Poesie — in Norwegen um die Jahrhundertwende weniger weit fortgeschritten als in den größeren Industrieländern Europas, und modernistische Ansätze blieben vorläufig noch Ausnahmeerscheinungen in der norwegischen Literatur: SIGBJØRN OBSTFELDER (1866—1900), Norwegens erster Modernist, blieb zunächst ohne Nachfolger. Lange vor Hamsun schrieb Obstfelder ein gegen die gesellschaftskritische Literatur des Modernen Durchbruchs gerichtetes Manifest für eine Poesie des Unsagbaren, der „Gefühle, die nicht die Form des Gedankens haben“, der „Gesichte des Augenblicks und periodischen Geisteswanderungen“. Er ließ sich von J. P. Jacobsen (→ 154) und den französischen Symbolisten inspirieren und schrieb eine reimlose, metaphernreiche und musikalische Lyrik, in der das Gefühl der Entfremdung, Isolation und Angst in einer seelenlosen und mechanisierten Welt zum Ausdruck kommt *(Jeg ser)*:

Jeg ser på den hvide himmel,
jeg ser på de gråblå skyer,
jeg ser på den blodige sol.

. . . .

Dette er altså jorden.
Dette er altså menneskenes hjem.

De gråblå skyer samler sig.
Solen ble borte.

. . . .

Jeg ser, jeg ser . . .
Jeg er vist kommet pa en feil klode!
Her er så underligt . . . .

Ich sehe den weißen Himmel,
ich sehe die graublauen Wolken,
ich sehe die blutige Sonne.

. . . .

Dies ist also die Erde.
Dies ist also das Heim der Menschen.

Die graublauen Wolken sammeln sich.
Die Sonne verschwand.

. . . .

Ich sehe, ich sehe . . .
Ich bin wohl auf einen falschen Planeten gekommen!
Hier ist es so sonderbar ...

Im übrigen dominierten in der norwegischen Literatur der 1890er Jahre noch die großen Autoren des Modernen Durchbruchs, gegen die Knut Hamsun (→ 204) in polemischen Vorträgen und in seiner frühen Prosa opponierte. Auf seine Weise reagierte auch HANS ERNST KINCK (1865—1926) gegen die kritisch-realistische Tradition. In einer Reihe historischer Schauspiele entwickelte er eine eigene Form des lyrisch-impressionistischen, psychologischen Dramas: *Agilulf den vise* (1906; Agilulf der Weise), *Mot karneval* (1915; Gegen Karneval), *Driftekaren* (1908; Der Viehtreiber). In Kincks Prosa spielt noch der alte Gegensatz zwischen akademisch gebildetem Beamtentum und der traditionellen, volkstümlichen Kultur der Bauerngesellschaft seine Rolle; diese ist aber auch bei ihm schon durch industrielle Revolution, urbane Zivilisation, neuzeitliche Technik und Tourismus in Frage gestellt. In einem seiner Hauptwerke, dem 1923 erschienenen Roman *Herman Ek* (dt. 1927), sind die Widersprüche zwischen diesen gesellschaftlichen Kräften in die Psychologie der Titelfigur hineinverlegt, die zwischen einer akademisch-intellektuellen und einer romantisch-volkstümlichen Kulturauffassung schwankt. Herman Ek wendet der städtischen Bohème den Rücken, um mit den Bauern eine „nationale Mystik“ zu restaurieren. Als sich seine romantischen Vorstellungen nicht realisieren lassen, wird er dann doch Vorkämpfer der neuen Zeit, der Technik und Industrialisierung.

In seinen Novellen kritisierte Kinck satirisch die Auswüchse der neuen Zivilisation, aber die alte Bauerngesellschaft geriet ihm darüber nicht zum idyllischen und problemlosen Zufluchtsort. Schon in *Flaggermus-Vinger* (1895; Fledermaus-Flügel), der Novellensammlung, in der er die ihm eigentümliche, lyrisch-impressionistische, stimmungs- und symbolgeladene Sprache entfaltete, stehen die Figuren eher im Widerspruch zur sozialen und kulturellen Enge der Landgemeinde; sie träumen von einem Leben ohne Angst und Verdrängungen, das Phantasie und Erotik und Übereinstimmung mit der Natur einschließt und das frei ist von starren sozialen und moralischen Konventionen.

Nach Auflösung der schwedisch-norwegischen Union 1905 beginnt eine neue, von der Zeit des Modernen Durchbruchs und den von Hamsun und Kinck geprägten 1890er Jahren deutlich unterschiedene Periode in der norwegischen Literaturgeschichte. Die Unionsauflösung selbst ist eher ein politisches als ein literarisches Faktum; in die Literatur wirkt es nur insofern, als die Kämpfe um Norwegens endgültige Selbständigkeit das Nationalgefühl auch der Autoren stärkten und ihr Interesse für die nationale Geschichte vertieften. Am engagiertesten trat PER SIVLE (1857—1904) für die Beendigung der Union ein. Sivle schrieb patriotische Kampflyrik in traditioneller, leicht einprägsamer und wirkungsvoller Form; gleichzeitig ist er Norwegens erster radikaler Arbeiterdichter. Sein Roman *Streik* (1891), die parteilich engagierte Beschreibung eines militanten Holzarbeiterstreiks der 1880er Jahre, ist vor dem Hintergrund der Debatte um eine neuerliche Politisierung der Literatur am Ende der 1960er Jahre wieder aktuell geworden.

Das „Goldene Zeitalter“ der norwegischen Literatur ging zwischen 1906 und 1910 mit dem Tode von Ibsen (→172) und Bjørnson (→176),

Kielland (→ 188) und Lie (→ 185) zu Ende; Arne Garborg (→ 190) verstummte als Dichter. 1907 traten mit SIGRID UNDSET (1882—1949), OLAF DUUN (1876—1939) (auch → 268) und JOHAN FALKBERGET (1879—1967) (auch → 266) gleich drei neue Autoren auf den Plan, die die norwegische Literatur der nächsten Jahrzehnte maßgeblich mitbestimmen sollten. Als „Neorealisten“ leiteten sie allerdings durchaus keine künstlerische Revolution ein, sondern bewahrten überkommene ethische und moralische Wertvorstellungen und blieben im Referenzrahmen eines christlich-humanistischen Idealismus. Gemeinsam ist ihrem Werk ein durch die Unionsauflösung noch gesteigertes historisches Interesse, das sich unter anderem in einer Reihe umfangreicher historischer Romanwerke geltend macht, und das Interesse für die Bindung des Menschen an Heimat und Herkunft, Familie und Klasse. Stilistisch blieben sie in der Tradition des bürgerlichen Realismus auf der einen und der Literatur der 90er Jahre mit ihrer psychologischen und nationalen Orientierung auf der anderen Seite. Allerdings brachte der Neorealismus Sigrid Undsets, Falkbergets, Duuns und dann auch KRISTOFFER UPPDALS (1878—1961) (auch → 269) schon geographisch und soziologisch neue Bereiche Norwegens ins Blickfeld der Literatur, abgelegene ländliche Milieus mit den typischen Gegensätzen zwischen Beamten- und Bauernkultur, Bauern und Arbeitern, und mit ihrem Widerstand gegen die vordringende urbane und industrielle Zivilisation — „literarische Kartographie“ hat man die neorealistische Literatur daher auch genannt. Die vorherrschende Form ist der umfangreiche, psychologisch-realistische Roman.

Von SIGRID UNDSETS intimer Kenntnis der mittelalterlichen Geschichte Norwegens zeugen eine Reihe umfangreicher historischer Romane, die im 13. und 14. Jahrhundert spielen. Im mittelalterlichen Kolorit dieser historischen Prosa kommen allerdings sehr aktuelle Themen zur Sprache. Die Problematik von Liebe und Ehe aus der Sicht der Frau steht schon im Mittelpunkt von Undsets Debüt, dem 1907 erschienenen Tagebuchroman *Fru Marta Oulie* (Frau Marta Oulie). Der Glücksanspruch der Titelfigur wird hier konfrontiert mit ihren schlimmen Erfahrungen in einer trüben Alltagsehe; ein außereheliches Liebesverhältnis wird als Scheinlösung verworfen. Ähnliche Problemstellungen liegen der Reihe der bis 1918 folgenden

Romane und Novellen zugrunde: da ist immer eine Sehnsucht nach erfüllter Liebe spürbar, aber sie bleibt vergeblich, und wo sie in Konflikte gerät mit den Geboten des Gehorsams, geht die Tendenz — auch in dem Essayband *Et kvindesynspunkt* (1919; Gesichtspunkt einer Frau) — dahin, auf den eigenen Glücksanspruch fügsam zu verzichten. In ihren historischen Romanen verlegt Sigrid Undset diesen Konflikt zwischen eigenem Wunsch und Bedürfnis und gesellschaftlich Zugelassenem ins katholische Mittelalter zurück und erweitert ihn in den Bereich des Religiösen und zeitloser Allgemeingültigkeit hinein: Die Norm für soziales Verhalten setzt in der mittelalterlichen Gesellschaft die katholische Kirche, die Abweichung von der Norm erscheint als Abweichung des menschlichen vom Willen Gottes. Dem eigenen Willen zu folgen, wenn er vom kirchlich Zugelassenen abweicht, heißt in der Sprache dieser Mittelalterromane das Böse gegen das Gute, den niedrigen menschlichen gegen den hohen göttlichen Willen zu stellen. Die Trilogie *Kristin Lavransdatter* (1920—1922; Kristin Lavranstochter 1926—1927) spielt in der ersten Hälfte des 14. Jahrhunderts. *Kransen* (1920; Der Kranz) schildert die Jugend der Titelfigur bis zu ihrer den Eltern abgetrotzten Verheiratung, *Husfrue* (1921; Die Frau) berichtet von der Ehe, *Korset* (1922; Das Kreuz) von der Krise der Ehe, dem Tod des Mannes, dem Schicksal der Kinder und davon, wie Kristin schließlich Nonne wird und ihr Leben bei einer Pest zum Opfer bringt. Erst mit diesem Ende löst sich der Konflikt zwischen der eigenwilligen Titelfigur und der katholischen Ordnung, in die sie sich zu finden hat. In *Olav Audunssøn i Hestviken* (1925) und *Olav Audunssøn og hans barn* (1927; deutsch zusammen unter dem Titel Olav Audunsson 1928—29) spielen als Gegensatz zum katholischen Christentum noch alte heidnische Traditionen eine Rolle; Olav Audunssons Ideale sind Treue und Gerechtigkeit, und in ihrer Erfüllung liegt sein persönlicher Stolz begründet. Die alten, heidnischen Regeln befolgend, nimmt er an dem Verführer seiner Frau Rache, aber nach den neuen christlichen Maßstäben belädt er sich eben dadurch mit persönlicher Schuld, und dieser Konflikt zwischen der alten und der neuen Zeit bleibt bis zu seinem Ende ungelöst. Den Weg zum Katholizismus aus der Kritik an einer oberflächlichen und selbstzufriedenen Zivilisation, den sie auch selber ging, stellte Sigrid Undset am zeitgenössischen Stoff in den Romanen *Gymnadenia* (1929; dt. 1930) und *Den brænende busk* (1930; Der brennende Busch 1931) dar, und ihre vom Katholizismus geprägte Eheauffassung illustrieren die Romane *Ida Elisabeth* (1932; dt. 1934) und *Den trofaste hustru* (1936; Das getreue Weib 1938). Diese Texte sind bereits als ihr Beitrag zur kulturpolitischen Debatte der 30er Jahre zu verstehen, in der sie von konservativem Standpunkt aus in Vorträgen und Interviews gegen den gesellschaftskritischen und emanzipatorischen Kulturradikalismus Stellung bezog. Konsequent verfochtener christlicher Humanismus bewog sie dann — lange vor der Besetzung Norwegens durch deutsche Truppen —, den Nationalsozialismus kompromißlos zu bekämpfen. 1940 mußte sie Norwegen verlassen, sie flüchtete in die Vereinigten Staaten.

JOHAN FALKBERGET (1879—1967) ist durch Herkunft und auch in bezug auf die Thematik seines Werkes Arbeiterdichter. Er war der Sohn eines Bergmanns aus dem Industriemilieu von Røros, und mit einem naturalistischen Roman, der in diesem Milieu spielt, hatte er 1907 seinen literarischen Durchbruch: *Svarte Fjelde* (Schwarze Berge). Mit den eingestreuten lyrischen Naturschilderungen gibt dieser Roman auch das Muster für die folgenden, bis zum Ersten Weltkrieg erschienenen Bücher ab. Von ihnen zeigt *Fimbulvinter* (1911; Schlimmer Winter) am eindeutigsten des Autors Parteinahme für die Interessen von Bergleuten und Wanderarbeitern, die sich bei Falkberget auf eine christlich-humanistische Grundhaltung stützt. Aktuelle Gegensätze zwischen Landwirtschaft und Industrie, Stadt und Land, Bauern und Beamten bilden den realistischen Hintergund in einer Reihe sozial engagierter Romane, die während des Ersten Weltkriegs entstanden; zu nennen ist besonders *Brændoffer* (1917; Brandopfer 1929). Spekulanten, Profiteure und Emporkömmlinge, die die für Norwegen günstige Konjunktur während des Ersten Weltkriegs schamlos ausnutzen, werden in *Bør Børson jr.* (1920) kritisch aufs Korn genommen. Der historische Roman *Den fjerde nattevakt* (1923; Die vierte Nachtwache 1927), dessen Handlung in den Jahren vor 1814 spielt, geht von dem alten Gegensatz zwischen akademisch gebildetem Beamtentum und traditioneller Bauernkultur aus. In einer an die Prosa des Neuromantikers Trygve Andersen angelehnten Erzählweise wird in einer Art Läuterungsgeschichte dargestellt, wie sich ein ehrgeiziger Landpfarrer vom hochnäsigen Akademiker zum demütigen Diener seiner Gemeinde entwickelt. In die Zeit Karls XII. und des Nordischen Kriegs geht die Trilogie *Christianus Sextus* (1927—1935; Auszüge in: Im Zeichen des Hammers 1938) zurück, ein Bergarbeiterroman, der stofflich auf ausgedehnten historischen Studien beruht. Das große wirtschaftliche Elend der Zeit veranlaßt die norwegischen und schwedischen Arbeiter, die nationalen Gegensätze aus der Kriegszeit zu überwinden und solidarisch und kooperativ zu handeln. *Christianus Sextus* ist ein lose und episodisch komponierter Kollektivroman; im Zentrum des wiederum historischen, vierbändigen Romans *Nattens brød* (1940—59; Brot der Nacht 1953—62) steht dagegen eine echte Heldin, die Titelfigur des ersten Bandes *Ann-Magritt* (1940), die in ihrer Kraft, ihrem Stolz und ihrer Liebesfähigkeit ein idealisiertes Sinnbild für Güte und Lebenswillen des einfachen Volkes abgibt.

Mit Olav Duun und Kristoffer Uppdal bringt nach der Jahrhundertwende zum ersten Mal seit Arne Garborg (→ 190) auch das nynorsk-Milieu zwei große Prosaisten hervor. Die in „nynorsk" (neunorwegisch) geschriebene Literatur hat ihre besonderen historischen Voraussetzungen, ohne deren Kenntnis kein nynorsk schreibender Autor aus der ersten Hälfte dieses Jahrhunderts ganz zu verstehen ist; sie sind in der Geschichte des Sprachenstreits (→ 122) zu suchen und finden um die Jahrhundertwende ihren besonderen Ausdruck in der Ideologie der norwegischen Volkshochschulbewegung. Nachdem der Sprachenstreit 1885 mit einem Stortingbeschluß, durch den „die Volkssprache" nynorsk und „das allgemeine bokmål" (Buchsprache) offiziell einander gleichgestellt worden waren, seinen vorläufigen Abschluß gefunden hatte, konnte sich — unter Führung Arne Garborgs — ein eigenes literarisches Milieu nynorsk schreibender Autoren unangefochtener als zuvor bilden: Die Verleger Mons Litleré in Bergen und Olav Norli in Oslo gründeten in den 1880er Jahren Verlage, die zunehmend nynorsk schreibende Autoren wie Garborg, Sivle oder Jens Tvedt publizierten, auf dem Lande wuchs die nynorsk-Bewegung breit an, gestützt durch ausgedehnte, lokal dezentralisierte Zeitschriftenaktivitäten, Vereinigungen wie das 1896 gegründete Noregs Ungdomslag (Norwegens Jugendverband) und vor allem durch ländliche, von nynorsk-Verfechtern geleitete Volkshochschulen. Die Volkshochschule, der fast alle nynorsk schreibenden Autoren zu Anfang dieses Jahrhunderts in der einen oder anderen Weise verbunden gewesen sind, sollte als eine „neue Bauernschule“ (Christopher Bruun) die schlummernde Volksseele im Bauern, sein Nationalgefühl, seine Geschichtsbegeisterung und sein Interesse für die mittelalterliche und volkstümliche Literatur Norwegens wecken. Bei Herder fand man die Sprachtheorie, nach der das „echt national Norwegische“ nur in der ureigenen Nationalsprache, also nynorsk, zum Ausdruck kommen könne; in Julius Langbehns zivilisationsfeindlichem Bauernaristokratismus fand sich eine Autorität, mit der sich für eine Fortsetzung patriarchalischer Traditionen bäuerlichen Lebens und gegen urbanen Kultur- und Sittenverfall argumentieren ließ. Trotz so verstiegener romantischer und neuromantischer Theorien bewahrte sich die nynorsk-Literatur — auch wo sie als „heimstaddikting“ (nur aushilfsweise mit „Heimatdichtung“ zu übersetzen) auftrat — einen derben und vitalen, volkstümlichen Realismus.

Auch OLAV DUUN (1876—1939), der bedeutendste *nynorsk* schreibende Autor der ersten Hälfte dieses Jahrhunderts, zeigte sich vom Irrationalismus seines literarischen Milieus wenig beeinflußt. Duun blieb erzählerisch bei den bewährten Mustern des Realismus, und seine ethisch-moralischen, religiösen, „allgemein-menschlichen“ Problemstellungen wirken heute eher konventionell. Aber als Stilkünstler war er der Schöpfer einer neuen, dialektgefärbten, konkreten und alltäglichen, mündlich und mühelos wirkenden „neunorwegischen“ Kunstprosa, und im psychologischen Realismus seiner Prosa tun sich verborgene Krisen und Umwälzungen der im Wandel begriffenen bäuerlichen Gesellschaft auf. Er debütierte 1907 mit den Erzählungen *Løglege skruvar og anna folk* (Wunderliche Burschen und andere Leute). Schauplatz dieser Geschichten wie der bis 1917 in regelmäßiger Folge erschienenen kleineren Prosaarbeiten ist die Küstenlandschaft des nördlichen Tröndelag; ihr Grundthema ist die Frage, ob und wie sich ein authentisches individuelles Leben gegen Fremdbestimmung und Gleichrichtung durch gesellschaftliche Zwänge in den engen Landgemeinden realisieren läßt. Der psychologische Entwicklungsroman *På tvert* (1909; Erst recht) hat seine Aktualität als Geschichte eines Einzelgängers, der schon wegen eines körperlichen Handicaps außerhalb steht und sich seine Selbstachtung gegen das herablassende Mitleid seiner Umwelt erst einmal erkämpfen muß. Motive und Themen aus den frühen Prosaarbeiten erscheinen in dem monumentalen sechsbändigen Romanwerk *Juvikfolke* (1918—23; Die Juwikinger

1927) wieder. Zugrunde liegt auch hier Duuns Thema des Außenseiters und Einzelgängers, der komplexen und eigenwilligen Person, die sich den strikten Verhaltensnormen der bäuerlichen Gesellschaft nicht fraglos fügt, in ihrer Isolierung aber notwendig Minderwertigkeitsgefühle und Aggressionen entwickelt. Die Juwikinger sind historische Prosa, sie decken einen Zeitraum von 400 Jahren; die Haupthandlung spielt von 1814 bis zum Ersten Weltkrieg. Innerhalb des Gesamtrahmens der Veränderung der Landwirtschaft von mittelalterlicher Naturalwirtschaft und patriarchalischen Sozialformen zur modernen Handelslandwirtschaft wird die innere Familiengeschichte der Juwikinger ausgebreitet. Die Entwicklung Odins, der Hauptfigur der letzten drei Bände, beginnt im Zeichen der alten, patriarchalischen Geschlechtermoral, nach deren Maßstab Machtgier und rücksichtsloser Individualismus noch als Tugenden gelten, und führt zu ethisch begründeter, mitmenschlicher Verantwortlichkeit. In der Trilogie *Medmenneske* (1929; Mitmensch 1948), Ragnhild (1931; dt. 1948) und *Siste leveåre* (1933; Das letzte Jahr 1933) werden ethische und moralische Probleme zur Diskussion gestellt. Es geht um die Frage des Bösen im Menschen und der Gewalt im Dienste des Guten; Ragnhild tötet anstelle ihres Mannes, den sie damit vor der Gewalttat bewahrt, ihren boshaften Schwiegervater, wobei aber offenbleibt, ob „das Böse" durch eine solche, selber zweifelhafte Tat beseitigt werden kann. Ragnhild sühnt denn auch das Verbrechen und entwickelt ein Bewußtsein ethischer Verantwortlichkeit ihren Mitmenschen gegenüber. Duuns letzter Roman, *Menneske og maktene* (1938; Der Mensch und die Mächte 1941) ist vor dem Hintergrund seiner Entstehungszeit kurz vor dem Zweiten Weltkrieg als Allegorie zu verstehen: die Figuren des Textes, Bewohner einer Insel, die im Meer zu versinken droht, stehen wie die Zeitgenossen einer ungeheuren Katastrophe gegenüber. Bei Duun finden sie angesichts der Bedrohung zu solidarischem Handeln.

KRISTOFFER UPPDAL (1878–1961) stellte sein Hauptwerk, die zehnbändige Romanserie *Dansen gjennom skuggeheimen* (1911–24; Der Tanz durch die Schattenwelt) selber in eine Reihe mit Sigrid Undsets *Kristin Lavransdatter* und Olav Duuns *Juvikfolke;* an die Darstellung des norwegischen Adels bei Undset und der Geschichte der Bauern bei Duun reiht sich bei Uppdal die der Arbeiter. Dies ist sein ureigenes Thema: die Geschichte der norwegischen Arbeiterklasse, von ihrer Entstehung durch Proletarisierung armer Bauern in den 70er Jahren des vorigen Jahrhunderts bis hin zur gewerkschaftlichen Organisation und ersten Interessenvertretung im norwegischen Parlament. Uppdal kannte seinen Stoff aus eigener Lebenserfahrung. Als Sohn eines armen Bauern, der seinen Hof aufgeben mußte, wurde er Wanderarbeiter und aktiver Gewerkschaftler; ab 1913 lebte er dann als freier Schriftsteller in Asker bei Oslo.

Die ersten vier Bände der Romanserie (*Stigeren*, Der Steiger; *Trolldom i lufta*, Zauberei in der Luft; *Vandringa*, Die Wanderung; *Kongen*, Der König) stellen dar, wie sich aus Kleinbauern, die ihre Hofstelle aufgeben mußten, allmählich eine Arbeiterklasse bildet, die folgenden (*Dansen gjennom skuggeheimen*, Der Tanz durch die Schattenwelt; *Domkyrkjebyggjaren*, Der Dombauer; *I skiftet*, Auf der Schicht; *Røysingfolke*, Die Leute von Røysing; *Fjellskjeringa*, Die Sprengung des Berges) dokumentieren den Alltag der Wanderarbeiter und die Kämpfe innerhalb der jungen Gewerkschaftsbewegung. Uppdal ist Sozialrealist; die soziale Umwelt seiner Figuren hat einen höheren Stellenwert als ihre subjektive Innerlichkeit. Trotzdem haben sie ihre eigene, sehr komplexe Psychologie, die aber von ihrer sozialen Situation nicht abgetrennt ist. Den Titelband der Serie kann man lesen als Dokumentation des Alltags von Wanderarbeitern und der Gegensätze zwischen besitzlosen Arbeitern und reichen, traditionsbewußten Bauern. Er ist gleichzeitig, ähnlich wie *Herdsla* (1924; Die Härtung), der letzte Band der Serie, ein unbürgerlicher Künstler- und schließlich auch noch ein Liebesroman: die Darstellung des Verhältnisses zwischen dem Arbeiter Sjugur Rambern und der Großbauerntochter Innbranna mit all seinen sozialen und psychologischen Implikationen wirkt auch heute noch modern.

Innerhalb der Gruppe der Neorealisten hat Uppdal, nicht nur in bezug auf seine Themen, eine besondere Position. Undsets, Falkbergets und Duuns Prosa läßt sich als konservativ-idealistische Reaktion auf die großen gesellschaftlichen Veränderungen zu Anfang dieses Jahrhunderts verstehen; sie bewahrten eine christlich-humanistische Haltung. Dem Verlust alter Ideale setzten sie das Bild der starken, ethisch und moralisch verantwortlich handelnden, dem Wohl der Mitmenschen verpflichteten Persönlichkeit entgegen. Bei christlicher Grundsicht ist das Kernstück ihrer Ethik notwendig Entsagung: in der neuen Konkurrenzgesellschaft ist mitmenschlich verantwortliches Handeln kaum anders denn als Verzicht und Bescheidung denkbar. Sigrid Undsets Frauen entsagen ihrem individuellen Glücksanspruch, Duuns Odin, der Held des letzten Bandes der *Juwikinger*, verzichtet darauf, seinen Feind zu vernichten, und beweist seine Humanität, indem er freiwillig selber untergeht, Falkbergets Arbeiter fassen sich bei allem Elend in Geduld. In Entsagung und Untergang beweist sich erst echtes Menschentum: „Und wenn uns die Erde unter uns und der Himmel über uns genommen wird, (. . .), wir sind dennoch Menschen", heißt es bei Duun angesichts der Katastrophe *(Menneske og maktene)*. Bei Kristoffer Uppdal gibt es dieses Paradox des tragischen Humanismus nicht. Seine gigantischen Arbeitergestalten greifen nicht ins Leere; in ihrer imposanten Gestik repräsentieren sie die unverbrauchte Kraft ihrer gerade erst entstehenden Klasse. Sie leiden in der Gegenwart, aber sie glauben an die Zukunft, ihr Selbstbewußtsein ist intakt.

Später gab Uppdal seinen Gestalten eine religiöse Aura mit, und die Kunstauffassung des Sozialrealisten wurde hochtrabend kultisch und prophetisch. Sein gesunder Vitalismus schlug in anarchischen Individualismus und religiösen Persönlichkeitskult um. Möglich, daß bei diesem Vorgang der Erwartungsdruck des nynorsk-Milieus mitgespielt hat, das sich bis weit in dieses Jahrhundert hinein durch metaphysische Höhenwanderungen legitimieren zu müssen glaubte und romantisch und idealistisch infiziert blieb.

Als Lyriker gehörte Kristoffer Uppdal zunächst noch zu den wenigen Autoren seiner Generation, die zu einer eigenen, modernen und unkonventionellen Sprache fanden. Seine ersten Sammlungen wirken noch epigonenhaft und in ihrer Bildlichkeit höchstens dekorativ. In *Snø-rim* (1918; Schnee-Reime) und *Solbløding* (1918; Sonnenbluten, zum Teil umgearbeitet in *Altarelden* 1920, Das Altarfeuer) ging Uppdal dann von der Metrik und Metaphorik der traditionellen norwegischen Lyrik ab und entfaltete in freien, oft hymnischen Rhythmen, oft auch in lakonisch abgekürzter Redeweise eine kühne, expressionistische Bildlichkeit, deren besonderes Kennzeichen eine wechselseitige Beziehung von Naturbildern und Erotik ist. Thematisch steht auch in Uppdals Lyrik der rallar, der Wanderarbeiter, im Mittelpunkt. Allerdings fand Uppdal als Modernist wenig Resonanz bei Publikum und Kritik; dies und die Traditionen des literarischen Milieus, dem er sprachlich zugehörte, mögen dazu beigetragen haben, daß er sich auch als Lyriker mit der Zeit mehr und mehr ins Metaphysische und Spekulative verstieg. Der späte, mystisch-pompöse Zyklus *Kulten I-III* (1947) wird gewöhnlich unter religionsphilosophischer Perspektive gelesen und in Beziehung zu Nietzsches Zarathustra und der christlichen Leidensgeschichte gesetzt.

Für die „neunorwegische" Lyrik insgesamt gab zu Anfang dieses Jahrhunderts die nynorsk-Bewegung mit ihrem Ballast an oft in verengter und popularisierter Form tradiertem, idealistischem und nationalromantischem Erbe den sehr stabilen Bedingungsrahmen ab. Vor diesem Hintergrund ist die nationale, mystisch-religiöse Dichtung OLAV AUKRUSTS (1883—1929) zu verstehen, der sich in seiner Lyrik die Rolle eines Sehers und Propheten zulegte. Aukrust hing der Idee einer aristokratischen, auf bäuerlichen Traditionen beruhenden Geisteskultur an (*Hamar i Hellom*, 1926; Fels in Steinen); seine Autoritäten waren spiritualistische Philosophen, Spinoza, Rudolf Steiner, Julius Langbehn, die altnordische Mythologie und Volksdichtung und schließlich mittelalterliche Autoren von den Kirchenvätern bis zu den deutschen Mystikern, von denen er das dualistische Denken übernahm: Den Gedichten in *Himmelvarden* (1916; Himmelswarte) liegt die Vorstellung zugrunde, daß gute und böse Mächte in der menschlichen Seele miteinander im Streit liegen.

In der ästhetischen Debatte im nynorsk-Milieu spielte das *Draumkvæde* (Traumlied), ein visionäres mittelalterliches Gedicht Norwegens, eine besondere Rolle. Im neuromantischen Klima der 1890er Jahre von Moltke Moe restituiert, galt es als Exempel einer Volksdichtung, in der eine ursprüngliche Volksseele unmittelbar in Erscheinung trete. Auf dieses Gedicht spielt TORE ØRJASÆTERS (1886—1968) Lyriksammlung *Skiringsgangen. Eit draumkvede* (1925; Der Weg der Läuterung. Ein Traumlied) an, in der sich das lyrische Ich von allen irdischen Bindungen befreit. Ørjasæters Lyrik bezieht ihre Spannung aus dem Gegensatz zwischen heimatlicher Gebundenheit auf der einen und dem Wunsch nach freier individualistischer Lebensführung auf der anderen Seite. In der lyrisch-epischen Trilogie *Gudbrand Langleite* (1913), *Brumillom* (1920; Zwischen den Brücken) und *Skuggen* (1927; Der Schatten) verbindet sich Künstlerproblematik mit religiösen und mystischen Problemen.

Urbaner, weltzugewandter und nicht so mystisch-verstiegen wie die Gedichte der nynorsk schreibenden Autoren wirkt Norwegens bokmål-Lyrik zu Anfang dieses Jahrhunderts — mit ALF LARSEN (1885—1967) als Ausnahme, der von Aukrust abhängig und wie dieser von der deutschen Mystik und der Anthroposophie Rudolf Steiners beeinflußt war. Aus den Stimmungs-, Natur- und Liebesgeschichten in KNUT HAMSUNS (→ 204) einziger Gedichtsammlung, die 1904 unter dem Titel *Det vilde kor* erschien (Der wilde Chor, 1926) und am Anfang der *bokmål*-Lyrik dieses Jahrhunderts steht, spricht eine unbedenkliche Lebensfreude und gleichzeitig ein entschiedener, oft ironisch und voller Galgenhumor vorgetragener Verzicht auf alle „äußeren Güter". Das lyrische Ich gibt sich als poetischer Landstreicher, für den Freude und Traurigkeit allerdings dicht beieinanderliegen und dem es auch einmal schlecht gehen kann, wie die „Feberdigte" (Fiebergedichte) mit ihren Identitätszweifeln, ihrem Gefühl der Entfremdung und des Verlusts jeden Zusammenhangs mit der Welt zeigen: „Jeg finner meg rykket ut/ av sammenhengen med alt,/ med henne, jorden og Gud." (Ich finde mich herausgerückt/ aus dem Zusammenhang mit allem,/ mit ihr, der Erde und Gott.)

Nach dieser lebensfrohen, lyrisch-musikalischen Gedichtsammlung war die Zeit für HERMAN WILDENVEYS (1886—1959) lyrisches Debüt da: *Nyinger* (1907; Waldfeuer). Der respektlose, naseweise und nonchalante Tonfall, den Wildenvey auch in den folgenden Sammlungen beibehielt (*Galgenfugl*, 1908, Galgenvogel; *Prismer*, 1911, Prismen; *Aarets eventyr*, 1913, Das Märchen des Jahres; *Brændende hjerter*, 1915, Brennende Herzen; *Kjærtegn*, 1916, Liebkosungen), dazu sein virtuos-spielerischer Umgang mit den klassischen Versmustern trug ihm bei den Zeitgenossen und auch in der Literaturgeschichtsschreibung das Ansehen eines lyrischen Bruders Lustig ein — trotz dunklerer, philosophischer Töne, die sich unter dem Eindruck der Weltkriege bei ihm geltend machen. Während Wildenvey gekonnt mit der traditionellen lyrischen Sprache spielte, ging OLAF BULL (1883—1933) radikal neue Wege. Erlebnis- und Stimmungslyrik, ein unbedenkliches Besingen der Schönheiten des Lebens wie bei Hamsun und Wildenvey gibt es bei ihm nicht. Die Dissonanz herrscht vor. Das Dichten selbst ist problematisch geworden, und seine Problematik wird bei Bull Thema modernistischer, metapoetischer Gedichte. Bull machte sich Henri Bergsons Kritik des positivistischen und mechanistischen Weltbildes des 19. Jahrhunderts zu eigen, setzte sich aber auch ab von Dekadenz, Mystik und Antiintellektualismus der 1890er Jahre. Er ist der Moderne unter den norwegischen bokmål-Lyrikern zu Anfang dieses Jahrhunderts; Poul Borum hat ihn (in *Poetisk modernisme*, 1966) im Zusammenhang der modernen europäischen Lyrik interpretiert. Jedes metaphysisch begründete Weltverständnis ist bei Bull aufgegeben, und das Ich ist in Isolation geraten, die auch in der Liebe nicht aufzuheben ist. Er teilte das Schicksal mancher Moderner, blieb als Autor isoliert, fand wenig Leser und schrieb in dem Bewußtsein, in der Gesellschaft, in der er lebte, keine Funktion zu haben.

Die norwegische Literatur der 20er Jahre wurde von der neorealistischen Epik, einer insgesamt traditionellen bokmål- und einer oft im Mythischen und Religiösen verschwimmenden nynorsk-Lyrik dominiert. Die Debütanten der Vorkriegsjahre erreichten in dieser Zeit ihre größte Wirkung; sie hielt bis weit in die 30er Jahre an. Der Traditionsdruck, den die Vorkriegsgeneration ausübte, war so stark, daß jüngere Autoren mit ihren ersten Publikationen fast ausnahmslos als ihre Epigonen auftraten: Kinck und Hamsun haben Schule gemacht, Undset und Duun ebenfalls, Olaf Bull sei dabei, es zu tun, wie 1925 in der kulturradikalen Zeitschrift *Mot Dag* (Dem Tag entgegen) konstatiert wird. Derselbe Artikel nennt aber auch Namen, in denen sich Neues ankündigte: ARNULF ØVERLAND (1889—1968) als Beispiel für den Übergang von altmodischem Individualismus zu lebendiger, sozial geprägter Ideendichtung, RUDOLF NILSEN (1901—1929) als sozialistischen Großstadtdichter, der die Klassenkämpfe der 20er Jahre, die Fraktionskämpfe in der kommunistischen Partei und ihre Spaltung und das alltägliche Elend in den Arbeitervierteln des östlichen Oslo ins Blickfeld der Literatur brachte.

Bei der sich langsam abzeichnenden Erneuerung der norwegischen Literatur in den 20er Jahren spielte zweifellos das Erlebnis des Ersten Weltkriegs eine Rolle. Für Norwegen war ja der Weltkrieg eine Zeit der Hochkonjunktur, des Spekulantentums, der Emporkömmlinge (jobbetiden), man verdiente am Krieg, und das Kriegsende brachte für viele Norweger nicht Frieden, sondern Panik, Krise und Bankrott. Andererseits wurden angesichts von Krieg und Revolutionen in Europa auch die Intellektuellen im akademischen Milieu Oslos radikal. Hier entstand, unter Führung ERLING FALKS, die politisch unabhängige, radikale Organisation „Mot Dag" (Dem Tag entgegen), deren Zeitschrift gleichen Namens in der Zwischenkriegszeit zum Sprachrohr der kulturradikalen Intellektuellen wurde. Øverland, SIGURD HOEL (1890—1960) (auch → 277) und HELGE KROG (1889—1962) (auch → 276), die zusammen gerne als das „radikale Kleeblatt" der Zwischenkriegsliteratur bezeichnet werden, gehörten zu ihren Mitarbeitern. Das ideologische Gegenlager sammelte sich um den christlich-konservativen, humanistischen Romancier, Essayisten und Dramatiker RONALD FANGEN (1895—1946), von 1923—1929 Redakteur der Zeitschrift *Vor Verden* (Unsere Welt), einer konservativen Gegengründung zu *Mot Dag.* Kulturradikale Intellektuelle auf der einen, konservativ-religiöse Kräfte auf der anderen Seite mit dem dogmatischen Theologieprofessor OLE HALLESBY an der Spitze führten in den 20er und 30er Jahren einen endlosen Kleinkrieg um Fragen der Sittlichkeit, der Moralität, der Rechtgläubigkeit, um Fragen von Politik und Kultur — seit Mitte der 20er Jahre vor allem um die Lehre Sigmund Freuds, als deren Anhänger besonders Sigurd Hoel auftrat. Von kulturradikaler Seite wurde die Debatte als Generalabrechnung mit Pietismus, provinziellem Moralismus und scheinheiliger Sexualitätsfeindlichkeit geführt. Die Auseinandersetzungen gelangten nicht selten bis vor die Gerichte: so wurde Øverland 1933 anläßlich eines Vortrags über *Das Christentum - die zehnte Landplage* wegen Blasphemie angeklagt, allerdings freigesprochen. In den 30er Jahren schoben sich dann allmählich aktuellere, politische Ereignisse ins Zentrum der Debatte: der spanische Bürgerkrieg, die Bedrohung durch den Faschismus, die Säuberungen in Sowjetrußland.

ARNULF ØVERLAND (1889—1968) engagierte sich in allen großen und kleinen Fehden seiner Zeit: als Freidenker gegen das Christentum, als riksmål(Reichssprache)-Anhänger gegen die liberale staatliche Sprachpolitik, als Demokrat gegen politischen Totalitarismus und Faschismus und als ein der Tradition verpflichteter Lyriker schließlich auch noch gegen die „unverständliche" Sprache der modernen Poesie, als diese nach dem Zweiten Weltkrieg auch in die norwegische Literatur Eingang fand. Er begann mit melancholischen und egozentrischen Gedichten im Stil der 1890er Jahre; unter dem Eindruck des Ersten Weltkriegs und über den Kontakt mit Erling Falk wurde er dann Sozialist und engagierte sich seit 1922 als Mitarbeiter der Zeitschrift *Mot Dag.* Die Gedichtsammlung *Brød og vin* (Brot und Wein) zuerst 1919, dann, stark erweitert und bearbeitet, in neuer Ausgabe 1924 erschienen, spiegelt Øverlands Entwicklung vom introvertierten Bohèmien zum streitbaren Kämpfer für die Sache des Sozialismus wider. Bei allem politischen Engagement nimmt Øverland immer wieder auch zentrallyrische Motive — Leben, Liebe, Leid und Tod — auf, und Sprache und Bildlichkeit seiner Lyrik sind nicht radikal neu. In *Berget det blå* (1927; Der Berg, der blaue) stehen satirische und pathetische Kampfgedichte neben klassischer Stimmungslyrik. Die Metaphorik ist aus der Bibel bezogen, das gelobte Land ist aber ins Diesseits verlegt, und statt Gottergebenheit wird Solidarität und Kampf gepredigt. Die Sammlung *Hustavler* (1929; Haustafeln) gilt als Höhepunkt in Øverlands lyrischer Prduktion: in klassisch gebauten Versen, Denksprüchen und Maximen wird die Botschaft der Selbsterfüllung durch den Dienst an der Gemeinschaft verkündet. Der politische Lyriker dominiert in *Den røde front* (1937; Die rote Front). Die Sammlung enthält noch prosowjetische Kampfgedichte; nach den Moskauer Prozessen wandte Øverland sich dann ganz von Sowjetrußland ab. Nachdem er bereits 1935 unmißverständlich gegen den Faschismus Stellung bezogen hatte, wurde er nach der Besetzung Norwegens ins KZ verschleppt; seine antifaschistische Kampflyrik zirkulierte indessen illegal und brachte ihm höchste Popularität ein. Nach Kriegsende erschien sie unter dem Titel *Vi overlever alt* (1945; Wir überleben alles).

Dem radikalen Milieu um *Mot Dag* gehörte auch HELGE KROG an, ein gesellschaftskritischer Dramatiker in der Tradition Ibsens und

George Bernard Shaws. Krog analysierte in seinen Dramen die Problematik erotischer Verhältnisse unter den Bedingungen der bürgerlichen Gesellschaft. Seine Männergestalten fallen bei allem guten Willen immer wieder in patriarchalische Denkmuster zurück, die Frauen halten an ihrem Glücksanspruch im Protest gegen überkommene Verhaltensnormen fest. Die Hauptfigur in dem lyrisch-romantischen Schauspiel *Konkylien* (1929; Die Konchylie) versucht, der Normierung durch ein etabliertes und gesellschaftlich akzeptiertes Verhältnis zu entgehen und sich selber und ihrer eigenen Vorstellung von Liebe treu zu bleiben, in dem sie sich nicht bindet. Auch im radikalen akademischen Milieu ist man nach Krogs Analyse nicht frei von geschlechtsspezifischem, repressivem Rollenverhalten: In *Underveis* (1931; Unterwegs) erweisen sich die Männer aus diesem Milieu als scheinradikal, sobald Privilegien in Frage gestellt werden, die sie selber für naturgegeben halten. Männliche Egozentrik und eine irrationale Liebesauffassung stehen in Krogs letztem dramatischen Hauptwerk, dem Reflexionsdrama *Oppbrudd* (1936; Aufbruch) zur Debatte: eine auf Selbstbefreiung und Realisierung eigener Ansprüche bedachte Frau setzt sich mit ihrem Mann und gleichzeitig mit ihrem Liebhaber auseinander, und beide bleiben in patriarchalischen und egozentrischen Denkweisen befangen.

SIGURD HOEL (1890—1960) war von 1921 bis 1924 Redakteur von *Mot Dag*. In dieser Funktion, später als Literaturkritiker von *Arbeiderbladet* (Arbeiterblatt) (1922—1931) und *Dagbladet* (Tageblatt) (1932—1936) und ab 1924 als Verlagslektor bei Gyldendal brachte er durch seine Kenntnis des Marxismus und der Psychoanalyse, der Werke Kafkas und Strindbergs, Hemingways und Edith Södergrans (→ 312) europäische Perspektive in die kulturpolitische Debatte Norwegens. Ohne große Wirkung bei den Zeitgenossen machte Hoel in *Mot Dag* auf den deutschen Expressionismus aufmerksam, und sein erster, surrealistischer und satirischer Roman *Syvstjernen* (1924; Das Siebengestirn), der deutlich in der Nachfolge Kafkas steht, blieb ohne Echo. Seinen Durchbruch hatte Hoel dagegen mit dem Roman *Syndere i sommersol* (1927; Sünder am Meer 1932), der ironisch die scheinbare erotische Emanzipiertheit junger Leute aus dem akademischen Milieu Oslos entlarvt. In den Augen der kulturpolitischen Reaktion reihte sich Hoel mit diesem Roman unter die Moral- und Tugendlosen ein — ungeachtet der erzählerischen Ironie, mit der die scheinbare Freisinnigkeit der Figuren behandelt ist. Im Zentrum von Hoels Werk stehen individualpsychologische Probleme. Von Freud ließ er sich in der Überzeugung bestätigen, daß sich früh verdrängte Liebesbedürfnisse später in krankhafter Form wieder geltend machen können, und mit Wilhelm Reich, der in Norwegen im Exil lebte, stand er in direktem Kontakt. Eine Reihe seiner Texte sind vom Erklärungsmodell der Tiefenpsychologie her zu verstehen. Als psychoanalytisches Protokoll hat man den Roman *En dag i oktober* (1931; Ein Tag im Oktober 1932) verstanden, der — etwas mißverständlich — als erster norwegischer Kollektivroman bezeichnet wird und hinsichtlich der raffinierten perspektivischen Erzähltechnik als erster Höhepunkt in Hoels Werk anzusehen ist. Der Erzähler analysiert die Reaktionen der Bewohner eines Mietshauses auf den seelischen Zusammenbruch und Selbstmord einer jungen Frau und bringt dabei Selbstbetrug und Egoismus, Mangel an Wärme und Liebesfähigkeit in ihren eigenen intimen Verhältnissen zum Vorschein. An solchen Defiziten leidet auch die Hauptfigur in dem späten Roman *Trollringen* (1958; Der Zauberkreis), Håvard, der mit dem Tode für ein Verbrechen bestaft werden soll, das er nicht begangen hat, sich aber selber des Versagens in der Liebe und Verrats an den Mitmenschen für schuldig befindet und die Hinrichtung als gerechte Strafe für diese Vergehen akzeptiert.

Während der Jahrzehnte, in denen die voluminösen Romanwerke der Neorealisten und die endlosen Fehden der Kulturradikalen die literarische Szene beherrschten, war auch KNUT HAMSUN (1859—1952) noch produktiv — und nicht als später Vertreter einer älteren Generation, sondern als unangefochtene Größe der norwegischen Literatur. Die Umwandlung Norwegens von einer patriarchalisch strukturierten Bauern- und Fischergesellschaft in eine Industriegesellschaft bildet den weiten Rahmen seiner Epik, und er inszeniert diesen komplizierten Prozeß mit allen seinen Folgen bis ins Psychologische hinein humorvoll und ironisch als ein groteskes Welttheater, vorgeführt vor allem in der Gestalt von Originalen aus dem norwegischen Kleinstadtleben. Die neue Gesellschaft, wie er sie von seiner Zeit als Straßenbahnschaffner in Chikago her kannte und wie sie nun auch in

Norwegen entstand, hatte er bereits Anfang der 1890er Jahre in den Romanen *Redaktør Lynge* (1893; Redakteur Lynge 1898) und *Ny Jord* (1893; Neue Erde 1894) bloßgestellt und am Beispiel der Journalistik und des Künstlerlebens in Oslo ihre kulturellen und psychologischen Folgeerscheinungen, hohle Beflissenheit, Korruption und Karrierismus, Statusdenken und Aufsteigertum gegeißelt. Die zivilisationsfeindliche Haltung, die Hamsun in Vorträgen offen bekundete und die als Tendenz auch seiner Prosa zugeschrieben wird, ist aber selbst in diesen „polemischen" Romanen nicht ganz eindeutig, die Repräsentanten der neuen Gesellschaft sind nicht nur negativ, sondern meistens auch solidarisch geschildert als Leute, die auf ihre Art ihre Chance suchen — und nicht immer finden. Die Haltung des Erzählers ist auch hier durchgängig ironisch, die Intention des Autors allein vom Text her nicht eindeutig festzulegen.

Eine sehr gemütvolle Ausgabe eines Vertreters der neuen Zeit ist in *Sværmere* (1904; Schwärmer 1905) der Telegrafist Rolandsen, dessen Liebesangelegenheiten für Hamsun überraschend gut ausgehen. Anders in der sogenannten Wanderertrilogie, bestehend aus *Under Høststjernen* (1906; Unter Herbststernen 1908), *En Vandrer spiller med Sordin* (1909; Gedämpftes Saitenspiel 1910) und *Den siste Glæde* (1912; Die letzte Freude 1914). Im resigniert-wehmütigen, selbstironischen Tonfall des Erzählers Knut Pedersen (er trägt Hamsuns eigenen Namen) wird von einem unruhigen Wanderleben im norwegischen Nordland, von wechselnden Arbeitsverhältnissen, der vergeblichen Suche nach einer Bleibe und festen Funktion in der Gesellschaft und immer wieder von Liebesgeschichten erzählt, die nach einem gleichbleibenden Muster verlaufen: gesellschaftlich bedingte Erwartungen, Ansprüche auf Status und äußere Autorität, aber auch latente Widersprüche zwischen verinnerlichten Moralnormen und erotischen Bedürfnissen blockieren und zerstören die Beziehungen. So auch im letzten Band der Trilogie, dessen Handlung zum größeren Teil in einer Landpension spielt, in der sich alle möglichen Vertreter des neuen Geistes, Karrieristen und Emporkömmlinge, Touristen und Journalisten versammeln. In dieser Gesellschaft bleibt der Erzähler ein Fremder — ebenso wie die weibliche Hauptfigur, die sich nicht vorbehaltlos einfügt und nirgends recht hinpaßt.

Zwischen den beiden ersten Bänden der Wanderertrilogie erschien 1908 der Doppelroman *Benoni* und *Rosa* (dt. 1909). Die Handlung spielt im Nordland; Hintergrund bildet der Übergang der patriarchalischen, auf Naturalwirtschaft und Tauschhandel basierenden Gesellschaft von Bauern und Fischern zur kapitalistischen Gesellschaft mit Warenhandel und Geldverkehr. Es ist die tragikomische Geschichte vom vergeblichen Aufstand eines zu kurz Gekommenen, des Postschaffners Benoni; er scheitert, weil er die Maßstäbe der Gesellschaft, in der er ein Unterdrückter ist, verinnerlicht hat und selber nichts weiter will, als mächtig werden. Benoni sieht sich selber mit dem Blick der Mächtigen, und die Mächtigen — hier wieder, wie schon in *Pan* (1894, →205), von dem „großen Mack" repräsentiert — mit dem Blick von unten. Der Mechanismus bestimmt auch das Verhältnis zur Pfarrerstochter Rosa mit, der er naiv protzend mit teuren Geschenken und allen Requisiten eines hohen Status zu imponieren versucht; am Ende blickt sie doch von oben auf ihn herab. Benoni, der Emporkömmling und Streber, ist dabei durchaus mit sympathischen Zügen ausgestattet, naiv, ehrlich und allzu nachgiebig, ein treuherziger, ironisch und humorvoll gezeichneter Aufrührer. Eine widersprüchliche Figur ist auch Macks Tochter Edvarda. Als gut verheiratete Baronesse, als „gebildete und überlegene Frau" ist sie auf das System von Besitz und gesellschaftlichem Ansehen eingespielt und steht — „voller Unsinn und Künstelei" — doch immer im Widerspruch dazu. Von der Parteinahme des Autors für die alte, feudalistisch und autoritär strukturierte Gesellschaft ist in *Benoni* und *Rosa* weniger zu spüren als in dem Doppelroman *Børn av Tiden* (1913; Kinder ihrer Zeit 1914) und *Segelfoss By* (1915; Die Stadt Segelfoss 1916), die manchen Interpreten als Dokumentationen regressiver Hamsunscher Gesellschaftskritik gelten. Aber Tobias Holmengraa, der Gegenspieler des patriarchalischen Gutsbesitzers Willatz Holmsen, ist nicht nur Emporkömmling und Usurpator und Repräsentant von Stadtkultur und kapitalistischer Konkurrenzgesellschaft; er ist auch ein sympathischer Spieler, ein „Mirakelmann" von respektabler Phantasie und Tatkraft, und am Ende ist gerade er — ironischerweise — nicht einmal gerissen genug, das eigene Schäfchen ins Trockene zu bringen. Bissiger ist Hamsun in seiner konservativen Zeitkritik in *Konerne ved Vandpo-*

sten (1920; Die Weiber am Brunnen 1921), seiner epischen Groteske über die Impotenz und die hohe Kunst des Selbstbetrugs, und in *Siste Kapitel* (1923; Das letzte Kapitel 1924); und Regression dokumentiert sich für den heutigen Leser tatsächlich in *Markens Grøde* (1917; Segen der Erde 1918), Hamsuns Versuch, das Rad der Geschichte zumindest in der Fiktion der Erzählung zurückzudrehen. *Markens Grøde* ist das Evangelium der Landwirtschaft, ein Plädoyer für die selbstversorgende bäuerliche Naturalwirtschaft und entsprechend patriarchalisch-autoritäre Sozialformen, für das vertraute Verhältnis zur Scholle und die Reaktivierung der alten Tugenden Frömmigkeit und Genügsamkeit: ein Idyll, das nach dem Ersten Weltkrieg, als viele Bauern ihre Höfe aufgeben mußten und von Neulandbeackerung keine Rede sein konnte, keinerlei realistische Perspektive mehr hatte. Und dennoch hat auch dieses Buch noch heute seine Aktualität - vielleicht gerade wegen der Radikalität, in der hier ein einfaches, autarkes Dasein vergegenwärtigt wird, worin ja ein Kern berechtigter Zeitkritik liegt. Der Erfolg des Romans war enorm, er brachte Hamsun 1920 den Nobelpreis ein.

Im Zentrum des Landstreicherzyklus, bestehend aus *Landstrykere* (1927), *August* (1930) und *Men Livet lever* (1933; deutsch unter dem Gesamttitel Landstreicher, 1928—34) steht wieder ein Hamsunscher Außenseitertyp in neuer Variation: August Weltumsegler repräsentiert die neue Welt, als „eine Maschine, konstruiert für Äußerlichkeiten, für Industrie und Handel und Mechanik und Geld. Ein Leben, aber keine Seele" — und gleichzeitig ist auch er ein humorvoll und sympathisch gezeichnetes Original, ein Hans Dampf in allen Gassen, ruheloser Abenteurer und verantwortungsloser Vagabund, voller Tatendurst und genialer Einfälle, aber niemandem und nirgends wirklich zugehörig. Wie Tobias Holmengraa hat er am Ende das Glück nicht auf seiner Seite. — Hamsuns letzter Außenseiterroman ist *Ringen sluttet* (1936; Der Ring schließt sich 1936), die Geschichte von Abel Brodersen, der in seinem totalen Mangel an Ehrgeiz und Aufstiegswillen den Protest gegen die wohlgeordnete Statusgesellschaft personifiziert. Das Buch liest sich heute als aktuelle, gesellschaftskritische Aussteigergeschichte; aber Abel Brodersens Verzicht auf jede Art gesellschaftlichen Ansehens ist bei Hamsun nicht in deutlicher Kausalität auf die Struktur der Gesellschaft bezogen, der er sich verweigert. Aus der Sicht des Erzählers, der sich als Normalbürger gibt, erscheint Abels Verhalten als unverständliche Grille eines tiefsinnigen Clowns, der bei Gelegenheit auch einmal den Kapitän auf einem alten Milchdampfer spielt, eines „Ausnahmemenschen aus einem unzugänglichen Grenzland". Dies ist Hamsunsche Ironie — dahinter aber sind latente Schuldgefühle und unerfüllte Erotik als halb verdeckte Motivation für Abels Entschluß, clochard zu spielen, zu erkennen.

In den 30er Jahren wurde die literarische Situation in Norwegen außerordentlich komplex. Die Generation der Neorealisten war noch produktiv, Øverland, Krog und Hoel hatten ihre große Zeit und gleichzeitig drängte, unter anderem mit TARJEI VESAAS (1897—1970) (→286), JOHAN BORGEN (1902—1979) (→288) und AKSEL SANDEMOSE (1899—1965) (→290), eine Autorengeneration nach, die die literarische Szene der Nachkriegszeit beherrschen sollte. Hoel hatte mit *En dag i oktober* (1931) seine perspektivisch raffinierte, psychologische Erzählmethode voll entwickelt; mit der Kindheitsschilderung *Veien til verdens ende* (1933; Der Weg bis ans Ende der Welt 1957) erreichte seine Prosa einen ihrer Höhepunkte. Helge Krog schrieb Ende der 20er, Anfang der 30er Jahre seine dramatischen, Øverland seine lyrischen Hauptwerke. Im Gegensatz zu Krogs gesellschaftskritischen Emanzipationsdramen standen Sigrid Undsets konservative Frauenromane. Falkberget faßte in *Christianus Sextus* christlich-humanitäre Lösungen sozialer Probleme ins Auge und setzte sich damit ebenfalls gegen radikalere Autoren ab. Im nynorsk-Milieu dominierten noch Olav Duun und Kristoffer Uppdal.

Der Faschismus in Europa, der spanische Bürgerkrieg und die Moskauer Prozesse wurden in der literarischen Öffentlichkeit Norwegens in dieser Zeit kontrovers diskutiert. NORDAHL GRIEG (1902—1943) gehörte zu den wenigen, die die Innen- und Außenpolitik der Sowjetunion vorbehaltlos gegen die Kritik auch intellektueller und kulturradikaler Kreise verteidigten. (*Ung må verden ennu være,* 1938; Jung muß die Welt noch sein). Strittige Fragen der antifaschistischen Einheitsfront, besonders das Problem der revolutionären Gewalt, an dem Humanisten und Radikale sich schieden, stehen im Zentrum von Griegs Werk. Schon in seinem ersten, experimentell mit Mitteln des expressionsitischen Theaters arbeitenden Stück wird die Frage nach der Gewalt im Dienste des Guten gestellt (*Barrabas*, 1927; Barrabas 1968). 1932 bis 1934 hielt Grieg sich in der Sowjetunion auf. Er wurde Kommunist und lernte den sowjetischen Film und modernes sozialistisches Theater kennen. Techniken des Films nutzte er in dem mit seinem Titel ironisch auf ein Bjørnson-Gedicht anspielenden Stück *Vår ære og vår makt* (1935; Unsere Ehre und unsere Macht 1950). Ohne Akteinteilung, in loser Aufeinanderfolge dramatischer, krass gegensätzlicher Szenenbilder bringt es die Widersprüche zwischen norwegischen Reedern, die am Ersten Weltkrieg verdienen, und norwegischen Seeleuten, die dabei auf See umkommen, auf die Bühne. Das Stück hatte aktuellen Bezug auf die neuerliche Kriegsgefahr, und seine Wirkung war groß genug, daß man es zu stoppen versuchte. Modernes Theater im Sinne Brechts ist auch *Nederlaget* (1937; Die Niederlage 1947), Griegs bedeutendstes Drama, das ohne Rücksicht auf die Dramengesetze des Aristoteles mehr an das kritische Urteil als an das Einfühlungsvermögen des Zuschauers appelliert. Am historischen Beispiel der Pariser Kommune wird in rasch wechselnden, filmisch angelegten Szenenfolgen die Frage der Rechtfertigung revolutionärer Gewalt zur Diskussion gestellt. Angesichts der Widersprüche im antifaschistischen Lager zwischen pazifistischen Humanisten auf der einen und revolutionären Klassenkämpfern auf der anderen Seite war das Thema 1937 brennend aktuell. Journalistisch führte Grieg die Auseinandersetzung mit dem Humanismus in der von ihm selbst gegründeten Zeitschrift *Veien frem* (Der Weg voran) weiter, er blieb aber mit seiner militanten Haltung in Norwegen isoliert. Höchste Popularität erreichte er erst mit seiner antifaschistischen Kampflyrik aus der Zeit des Zweiten Weltkriegs (*Friheten*, 1943 in Island erschienen; Die Freiheit), während der er als Freiwilliger bei den norwegischen Truppen in England Dienst tat. Als patriotischer Lyriker, Kriegskorrespondent und mit Reden und Vorträgen wurde er zum Sprachrohr des norwegischen Widerstands. Grieg starb 1943 bei einem Bombereinsatz über Berlin.

Bei aller inneren Widersprüchlichkeit im antifaschistischen Lager und aller Unterschiedlichkeit in der Motivation: außer Knut Hamsun vertrat kein namhafter norwegischer Autor die Sache des Faschismus, und keiner machte sich mit den deutschen Besatzern und den norwegischen Quislings gemein. Bei der Belastung von Teilen der norwegischen Literatur mit irrationalem Gedankengut ist dies für sich genommen schon ein interessanter Befund, der jedem eingleisigen Kausalitätsdenken widerspricht, nach dem vom Irrationalismus der Jahrhundertwende ein schnurgerader Weg in faschistisches Denken führen soll. Die Position norwegischer Autoren gegen den Nationalsozialismus konturiert sich zum ersten Mal klar bei Knut Hamsuns perfidem Angriff auf den todkranken, im KZ gefangenen Pazifisten Carl von Ossietzky, als diesem 1935 der Nobelpreis zugesprochen wurde. Hamsun brachte eine Front empörter Autoren gegen sich, zu der Nordahl Grieg ebenso wie Sigrid Undset, Olav Duun ebenso wie Helge Krog gehörten. Tarjei Vesaas soll verlangt haben, daß die Einnahmen der deutschen Übersetzung seines Bauernromans *Det store spelet* (1934; Das große Spiel 1937) Carl von Ossietzky zufließen sollten. Nur Herman Wildenvey entschuldigte Hamsuns Schritt als Lapsus des Genies. Bei Kriegsausbruch bezogen dann alle namhaften norwegischen Autoren Front gegen Hitler-Deutschland. Sigrid Undset bekämpfte von ihrem christlichen Standpunkt aus besonders die faschistische Rassentheorie; 1940 mußte sie in die USA fliehen, wo sie eine breite propagandistische Aktivität gegen die Nazis und für ein freies Norwegen entfaltete. Falkberget war Antifaschist aus sozialdemokratischer und christlich-humanitärer Position. Duun warnte 1938 in *Menneske og maktene* allegorisch vor der Bararei. Sigurd Hoel analysierte den Weg zum Faschismus aus psychoanalytischer Sicht (*Møte ved milepelen,* 1947; Begegnung am Meilenstein 1970); 1943 hielt er in Stockholm die Totenrede für den über Berlin abgeschossenen Grieg. Helge Krog entlarvte die Rolle der norwegischen Wirtschaft, die sich den Nazis bereitwillig zur Verfügung gestellt hatte, 1946 in der Broschüre *6te kolonne-?* (6. Kolonne-?). Arnulf Øverland hatte schon vor der Besetzung in Gedichten mit starkem politischen Appell vor der faschistischen Gefahr gewarnt; er wurde arretiert und ins KZ Sachsenhausen verschleppt, während seine illegal zirkulierende politische Kampflyrik weiter ihre Wirkung tat.

Hamsun, der nach dem Krieg in eine Heilanstalt eingeliefert wurde und dem man zögernd und unsicher wegen seiner Parteinahme für die Nazis den Prozeß machte, reflektierte die Vorgänge in seinem letzten Buch *Paa gjengrodde Stier* (1949; Auf überwachsenen Pfaden 1950). Aber auch dieses Erinnerungsbuch löste das Rätsel nicht, vor das Norwegens vor und bis 1933 anerkannt größter Autor seine Leser mit seinem politischen Bekenntnis gestellt hatte. Man versuchte, es sich zu erklären, indem man den alten Hamsun für unzurechnungsfähig erklärte. Dagegen sprachen eindeutig seine letzten Bücher und auch seine Haltung während des Prozesses. Oder man dividierte ihn auseinander in das poetische Genie auf der einen und den politischen Dummkopf auf der anderen Seite — so, als sei das Genie politisch nicht verantwortlich zu machen. Von literaturwissenschaftlicher Seite aus wurde auch versucht, Hamsuns literarisches Werk von Anfang an auf faschistische Haltungen zu reduzieren. Über alledem hat sich eben dieses Werk dank seiner ästhetischen Potenz seine Aktualität — auch politische Aktualität! — und seinen weltliterarischen Rang bewahrt.

In den ersten Nachkriegsjahren wurde die Besatzungszeit in zahlreichen Veröffentlichungen literarisch aufgearbeitet, wobei insgesamt der Faschismus mehr als ethisches, moralisches und individualpsychologisches Problem und weniger als politisches Phänomen untersucht wird. So bei Sigurd Hoel, der in *Møte ved milepelen* der Frage nachgeht, wie ein Mensch Faschist werden kann, und der dabei tendenziell eine kollektive Mitschuld postuliert. Die meisten der zahllosen norwegischen Kriegsbücher sind literarisch allerdings bedeutungslos geblieben. Wichtiger in unserem Zusammenhang ist, daß in der norwegischen Literatur der Nachkriegsjahre nun die literarische Sprache der internationalen Moderne verstärkt rezipiert wurde. Während der Besatzungszeit hatte sich in Schweden um Johan Borgen, Aksel Sandemose, Helge Krog, Sigurd Hoel u.a. eine norwegische Exilliteratur konstituiert, und hier in Schweden lernten junge norwegische Autoren die literarische Moderne in der Ausprägung des schwedischen fyrtiotals (→328) kennen. Eine Generation junger Autoren — außer Tarjei Vesaas vor allem ROLF JACOBSEN (*1907), CLAES GILL (*1910) und EMIL BOYSON (*1897) — hatte die überfällige Aufarbeitung der literarischen Moderne in den 30er Jahren in Norwegen vorbereitet. Rolf Jacobsen brachte in *Jord og jern* (1933; Erde und Eisen) und *Vrimmel*

(1935; Gewimmel) die Welt der modernen Technik ins Blickfeld der Lyrik. Aus dem anfänglichen Dichter der Technik wurde dann später ihr resignierter Kritiker (*Stillheten efterpå*, 1965, Die Stille danach; *Pass fo dørene – dørene lukkes*, 1972, Vorsicht, die Türen schließen sich; einzelne Gedichte von Jacobsen in deutscher Übersetzung bei H. M. Enzensberger, Museum der modernen Poesie). Claes Gills Gedichtbände *Fragmenter av et magisk liv* (1939; Fragmente eines magischen Lebens) und *Ord i jern* (1942; Worte in Eisen) stehen deutlich in der Nachfolge Eliots und W. B. Yeats'. Emil Boyson versuchte vor allem als Übersetzer französischer Symbolisten, Ezra Pounds und T. S. Eliots moderne europäische Lyrik in Norwegen bekanntzumachen.

TARJEI VESAAS (1897–1970) rezipierte die lyrische Moderne in der Sprache Edith Södergrans (→ 312) und der schwedischen Lyrik der 40er Jahre, vor allem aber in der Ausprägung der spätsymbolistischen Ästhetik des Dänen Paul la Cour (*Fragmenter af en Dagbog*, 1948; Fragmente eines Tagebuchs 1953, → 239). 1946 veröffentlichte er die formal noch traditionelle Sammlung *Kjeldene* (Die Quellen); *Løynde eldars land* (1953; Land verborgener Feuer), *Ver ny vår draum* (1956; Sei neu, unser Traum) und *Liv ved straumen* (1970; Leben am Strom) sind dann in ihrer „Dunkelheit" und autonomen Bildlichkeit spätsymbolistisch zu nennen. Der unmittelbare Bezug auf eine vertraute, wiedererkennbare Realität, auf nachvollziehbare Erlebnisse oder Stimmungen ist aufgegeben, und die Gedichte konstituieren ihre eigene, autonome Realität.

Die erste Generation norwegischer Modernisten hatte es schwer, sich in einer literarischen Öffentlichkeit durchzusetzen, die vertraute Lesegewohnheiten nicht ablegen wollte und sich von einer verständnislosen Kritik gängeln ließ. Zu deren Sprachrohr machte sich Arnulf Øverland, der Anfang der 50er Jahre in Vorträgen über *Das Reden in Zungen auf dem Parnaß* schwedische „fyrtiotalisten" und norwegische Modernisten lächerlich zu machen versuchte, sekundiert unter anderem von ANDRÉ BJERKE (*1918). Entschiedenen Widerstand fand er bei ERLING CHRISTIE (*1928) und PAAL BREKKE (*1923). Orientiert an T. S. Eliot und W. H. Auden, an den schwedischen „fyrtiotalisten" und der dänischen *Heretica*-Gruppe (→ 239), trat Christie in den 50er

Jahren als Verfechter einer modernistischen norwegischen Lyrik auf. Sein „Tagebuch aus den fünfziger Jahren" *Mens vi venter* (1958; Während wir warten) erinnert stark an Poul la Cour. Christies bedeutendste Gedichtsammlungen sind *Minus* (1959) und *Tegnene slukner* (1960; Die Zeichen erlöschen), in denen Sprache als Instrument magischer Erkenntnis einer Welt eingesetzt wird, die dem gewohnten Blick verstellt bleibt. Paal Brekke hatte die Kriegsjahre als Emigrant in Schweden verbracht, und seine Gedichtsammlung *Skyggefektning* (1949; Schattenfechten) ist von den schwedischen Modernisten der 40er Jahre inspiriert. Mit der in Norwegen auch in den 50er Jahren noch herrschenden psychologisch-realistischen Tradition brach Brekke in den experimentellen Romanen *Aldrende Orfeus* (1951; Alternder Orpheus) und *Og hekken vokste kjempehøy* (1953; Die Hecke, die wuchs riesengroß).

Die wichtigsten Prosaisten der norwegischen Nachkriegsliteratur sind Tarjei Vesaas, Johan Borgen und Aksel Sandemose. Vesaas war in seinen Anfängen abhängig von den geistigen Traditionen des nynorsk-Milieus mit seinem Erbe an national-romantischem Gedankengut. Seine vitalistischen Bauernromane aus den 30er Jahren, *Det store spelet* (1934; Das große Spiel 1937) und *Kvinnor ropar heim* (1935; Eine Frau ruft heim 1937) sind Hamsuns *Markens Grøde* an die Seite zu stellen. Es geht um die Unterwerfung des Menschen unter die als naturgesetzlich notwendig dargestellten Gebote des bäuerlichen Lebens, unter den jahreszeitlichen Rhythmus der Landarbeit und die höheren Gesetze von Fruchtbarkeit und Fortpflanzung. Mensch und Natur werden ineins gesetzt, und das in Vesaas' Darstellung autarke, selbstgenügende bäuerliche Leben erscheint abgeschnitten von allen historischen und gesellschaftlichen Zusammenhängen. Dennoch: die Hauptfiguren der Romane fügen sich nicht ganz ohne Rest und völlig fraglos dem Gesetz des großen Spiels, das das Leben der Bauernfamilie festschreibt wie die steinernen Gesetzestafeln des Alten Testaments — eine Ambivalenz auch des Autors selbst, der als „odelsgutt" (Erstgeborener und Erbe) eigentlich verpflichtet gewesen wäre, den väterlichen Hof zu übernehmen. In *Båten om kvelden* (1968; Boot am Abend 1970), seinem späten, latent autobiographischen Erinnerungsbuch bestätigt Vesaas in dem Kapitel *Slik det står i minnet* (Wie es in der Erinnerung steht) bildhaft seine Absage an die Unterwerfung unter die bäuerlichen Traditionen. Der Primitivismus ländlichen Lebens, in den beiden Bauernromanen unkritisch-positiv vorgebracht, spielt in *Kimen* (1940; Nachtwache 1964, wörtl. Die Saat) als Zeichen für Brutal-Tierisches und moralische Minderwertigkeit eine eindeutig negative Rolle. Mit dieser in sich realistischen, wahrscheinlichen und stimmigen, in bezug zu den Zeitereignissen aber allegorisch zu verstehenden Studie einer Massenpsychose fand Vesaas eine Romanform, die er in *Bleikeplassen* (1946; Johan Tander 1960, wörtl. Der Bleichplatz), *Huset i mørkret* (1945; Das Haus im Dunkeln), *Tårnet* (1948; Der Turm) und *Signalet* (1950; Das Signal) wiederverwendete. Neben *Is-slottet* (1963; Das Eisschloß 1964) gilt als Vesaas' wichtigstes und schönstes Buch *Fuglane* (1957; Die Vögel 1961), dessen Hauptfigur Mattis vom Autor nachträglich „ein Selbstporträt mit Vorbehalt" genannt worden ist. Mattis, der „Dorftrottel", gibt ein Gegenbild ab zur konventionellen Normalität des Menschen in der Konkurrenz- und Leistungsgesellschaft, die Phantasie und Träume als ineffektiv diffamiert und das Erotische tabuisiert. Mattis denkt in einer Logik, die nicht dem Realitätsprinzip folgt, er spricht eine eigene, den anderen unverständliche Sprache, die Merkmale poetischer Redeweise zeigt. Er lebt im Einklang mit der Natur, aber er ist nicht in der Lage, sich den Gegebenheiten seiner gesellschaftlichen Umwelt zu fügen. Am Ende scheitert er und stirbt. Mattis verkörpert den Widerspruch zum durchprogrammierten Menschen in der Leistungsgesellschaft, den Traum von einem authentischen Leben, in dem Arbeit und Eros, Natur und Kultur, Phantasie und Produktivität nicht voneinander getrennt sind.

JOHAN BORGEN (1902—1979) debütierte 1925 mit der Novellensammlung *Mot mørket* (Zum Dunkel). In der Zeit zwischen den Weltkriegen trat er hervor als gesellschaftskritischer Dramatiker *(Mens vi venter*, 1938; Während wir warten) und als Verfasser munter-nachdenklicher und kritischer Feuilletons, die unter dem Pseudonym Mumle Gåsegg erschienen (*Betraktninger og anfektelser*, 1932, Betrachtungen und Anfechtungen; *Seksti Mumle Gåsegg*, 1936, Sechzig Mumle Gåsegg). Mit ironischen Angriffen auf die Besatzer während der Kriegszeit handelte er sich ein halbes Jahr Arrest in Grini ein —

geschildert in *Dager på Grini* (1945; Tage in Grini). Nach der Entlassung flüchtete er nach Schweden; der Roman *Ingen sommer*, 1944 in Schweden, 1946 in Norwegen erschienen (Kein Sommer), ist sein Beitrag zur umfangreichen Kriegsliteratur Norwegens. Nach dem Krieg entwickelte Borgen einen feinen, poetisch-ironischen, manchmal auch satirischen Prosastil in einer Reihe von Novellensammlungen (*Hvetebrødsdager*, 1948, Flitterwochen; *Noveller om Kjærlighet*, 1952, Novellen über Liebe; *Natt og dag*, 1954, Nacht und Tag; Auswahl auf deutsch: Alles war anders geworden 1970). Borgens Figuren sind keine auf einen Grundzug reduzierbaren, in sich gerundeten Charaktere, ihre Identitäten verfließen und sie finden den Kern ihres Ich auch in der Rückerinnerung an die Kindheit nicht. Identität ist, nach Ausweis von Borgens Texten, keine angeborene und unveränderliche Substanz der Person, sondern Resultat gesellschaftlich vermittelter Erwartungen, denen man sich „normalerweise" unterwirft, oder die man unterläuft — auf die Gefahr hin, in einem Niemandsland zu vereinsamen. So geht es Wilfred Sagen, dem „Helden" der dreibändigen Trilogie *Lillelord* (1955; dt. 1979), *De mørke kilder* (1956; Die dunklen Quellen 1980) und *Vi har ham nå* (1957; Wir haben ihn nun 1981), mit der Borgen seinen größten literarischen Erfolg erzielte. Die Lillelordtrilogie ist eine Studie in moderner Identitätsproblematik und zugleich eine Darstellung des kulturellen Verfalls des Großbürgertums aus dem Westen Oslos vom Anfang dieses Jahrhunderts bis zum Zweiten Weltkrieg. Lillelord spielt die Rolle eines scheinbar wohlgeratenen, sehr begabten Sprößlings einer Großbürgerfamilie mit Perfektion, aber distanziert; er ist nicht in der Lage, sich mit dem Bild zu identifizieren, das sich seine Familie von ihm machen will, und errichtet sich mit allerlei Manipulationen am Rande der Kriminalität eine eigene Welt, immer in der Angst, entdeckt, eingefangen, auf eine Rolle festgelegt zu werden, und mit der Unsicherheit dessen, der keinen Kern, kein Selbst in sich findet. Schließlich wird er doch eingefangen, wie ein wundes Tier. Im zweiten Band spielt sich Wilfred Sagen durch die zwielichtige Welt Kopenhagener Nachtclubs, im dritten, der während der Okkupationszeit spielt, unterstützt er die Nazis und hilft gleichzeitig norwegischen Flüchtlingen über die Grenze nach Schweden. Verfolgt von der norwegischen Bürgerwehr, erschießt er sich am

Ende selbst - wie ehedem sein Vater, der in Wilfreds Augen dem gesellschaftlichen Zwang zur einschätzbaren Identität widerstanden und sich einen geheimnisvollen Reichtum an Möglichkeiten bewahrt hatte. Borgen blieb auch in dem experimentellen Roman *Jeg* (1959; Ich) bei seinem Hauptthema. Die Spaltung der Identität ist hier in die Figur des erzählenden Ich hineinverlegt, so daß sich also keine einheitliche Perspektive, kein geradliniger Handlungsverlauf mehr ergeben kann. In seinen späten Prosaarbeiten schlug der alte, satirische Tonfall wieder durch. In dem unter Pseudonym erschienenen *Sorry boy* (1961) werden Modeerscheinungen des literarischen Marktes aufs Korn genommen. *Den store havfrue* (1973; Die große Meerfrau) ist eine humorvoll-phantastische Fabel über die Dialektik von Phantasie und Realität.

AKSEL SANDEMOSE (1899—1965) ist in Nykøbing in Jütland geboren, und seine ersten, realistischen Abenteuerromane aus dem Seefahrtsmilieu, das Sandemose aus eigener Erfahrung kannte, sind dänisch geschrieben. 1930 ging Sandemose nach Norwegen, und 1931 erschien sein erster norwegischer Roman *En sjømann går i land* (Ein Seemann geht an Land). Sandemose ist Individualpsychologe und Soziologe zugleich, er analysiert die Unterdrückung, der das Kind im engen und gefühlskalten Kleinstadtmilieu ausgesetzt ist, und seine psychologischen Folgen. Haßliebe und Eifersucht kehren als Motive immer wieder; Espen Arnakke, die Hauptfigur in *En sjømann går i land*, wird aus Eifersucht zum Mörder. Von seiner Kindheit, „der Kindheit eines Mörders“, wie es im Untertitel der ersten Ausgabe heißt, handelt *En flyktning krysser sitt spor* (1933; Ein Flüchtling kreuzt seine Spur 1973). Es ist eine Kindheit im konformistischen Milieu der Kleinstadt Jante, in dem Gefühlskälte, Neid und Mißgunst herrschen und in dem Minderwertigkeitsgefühle systematisch herangezüchtet werden; das oberste der hier herrschenden Gebote („janteloven“), heißt: „Du sollst nicht glauben, daß du etwas bist.“ Der Untertitel des Romans *Det svundne er en drøm* (schwed. Ausgabe 1944, norweg. 1946; Das Vergangene ist ein Traum): *En flyktning 14 år efter* (Ein Flüchtling 14 Jahre danach) deutet den thematischen Zusammenhang mit *En flyktning krysser sitt spor* an. Es ist wieder ein Kriminalroman und gleichzeitig eine tiefgehende individualpsychologische Analyse. John Torson, ein norwegischer Amerikaner, beschreibt in einem Brief an seinen Sohn einen eineinhalbjährigen Aufenthalt in Oslo zu Beginn der Okkupationszeit und die Aufklärung eines Eifersuchtsverbrechens, das sein Bruder begangen haben soll, dessen Indizien aber darauf hindeuten, daß er selber der Mörder gewesen ist. In der rücksichtlosen Selbstanalyse des erzählenden Ich kommt mehr und mehr das Böse in ihm selbst, seine Aggressivität und Gewalttätigkeit zum Vorschein.

Mit seinem ersten norwegischen Buch verließ Sandemose auch die traditionelle Technik des psychologisch-realistischen Romans, die er bis dahin benutzt hatte. Nach *En sjømann går i land* gibt es in Sandemoses Romanen keinen einheitlichen Handlungs- und Zeitablauf mehr. Die Handlung wird überdeckt von Digressionen, Kommentaren und Reflexionen des Erzählers, in denen sich die psychologische Analyse vollzieht. In *Varulven* (1958; Der Werwolf) und *Felicias bryllup* (1961; Felicias Hochzeit) ist es wieder das Problem der Eifersucht und des Minderwertigkeitsgefühls, das auf diese Weise erörtert wird.

In den 50er Jahren beherrschten Kalter Krieg, Natofrage und Antikommunismus die intellektuelle Diskussion in Norwegen; die Sprachenfrage wurde von bokmål-Seite her neu aufgerollt. Die Literatur dieser Zeit bringt das Gefühl der Isolation, des Kontaktmangels, der Angst und Ratlosigkeit zum Ausdruck. Gleichzeitig ging der alte Krieg zwischen Kulturradikalen und Konservativen weiter. AGNAR MYKLE (*1915) verursachte mit *Sangen om den røde rubin* (1956; Das Lied vom roten Rubin 1958) einen literarischen Skandal und handelte sich und seinem Verleger eine Anklage wegen Verbreitung unzüchtiger Schriften ein. Als Fortsetzung von *Lasso rundt fru Luna* (1954; Liebe ist eine einsame Sache 1957) handelt es von der Entwicklung des Komponisten Ask Burlefot und den Folgen der Erziehung in einem wohlanständigen, kleinbürgerlich-puritanischen Elternhaus. Die vorherrschende literarische Form der 50er Jahre war immer noch der realistische Roman, in FINN CARLINGS (*1925) späteren Romanen ebenso wie bei KÅRE HOLT (*1917), der seinen Stoff in der Geschichte der norwegischen Arbeiterbewegung fand und in der Trilogie *Kongen* (bestehend aus: *Mannen fra utskjæret,* 1965, Der Mann von der Außenklippe; *Fredløse menn,* 1967, Friedlose Männer und *Hersker og* *trell*, 1969, Herrscher und Knecht) eine eingehende psychologische Studie des Königs Sverre lieferte, in deren Mittelpunkt die Frage steht, wie der Gewinn äußerer Macht den Menschen beeinflußt. JENS BJØRNEBOE (1920—1976), als Dramatiker ein Brecht-Schüler, publizierte in den 50er Jahren eine Reihe psychologisch realistischer Romane. Als sein Hauptwerk gilt *Frihetens øyeblikk* (1966; Der Augenblick der Freiheit 1968), einem Gerichtsdiener in den Mund gelegte Protokolle aus der „Geschichte der Bestialität", an der die deutsche Geschichte auch in Bjørneboes Darstellung ihren besonderen Anteil hat.

Gegen die ästhetischen und ideologischen Prämissen dieser traditionellen psychologisch-realistischen Literatur, in deren Rahmen auch die ersten Bücher des Romanciers KNUT FALDBAKKEN (*1941) gehören, zog um die Mitte der 60er Jahre eine Gruppe junger Autoren aus dem akademischen Milieu Oslos in der literarischen Zeitschrift *profil* zu Felde: JAN ERIK VOLD (*1939), DAG SOLSTAD (*1941), EINAR ØKLAND (*1940), ESPEN HAAVARDSHOLM (*1945), TOR OBRESTAD (*1938) sind die wichtigsten Namen. Geschult an der modernen Psychologie und Sprachphilosophie, inspiriert von der literarischen Avantgarde der skandinavischen Nachbarländer, Europas und Amerikas, von ostasiatischer Poesie und moderner Jazz- und Popmusik schufen die *profil*-Autoren in kurzer Zeit eine neue, demokratisch-offene, dem Lebensgefühl der urbanisierten und technisierten Gesellschaft entsprechende Poesie. Die 50er Jahre erschienen aus ihrer Sicht „müde" und „verwirrt" (Jan Erik Vold). Die Autorenrolle wurde neu definiert, der Blick von den Problemen des Ich ab- und denen der Gesellschaft zugewandt, die Welt des modernen Alltags und der konkreten Dinge neu entdeckt und der Einfluß der Kulturindustrie auf das Bewußtsein der Zeitgenossen erforscht. In kurzer Zeit wurde die poetische Sprache radikal verändert. Diese neue Poesie entstand nicht aus dem Nichts heraus; außer auf europäische Vorbilder — Robbe-Grillet, Heissenbüttel, Gomringer wurden unter anderem in dieser Zeit in Norwegen bekanntgemacht — konnten sich die *profil*-Autoren auch auf heimische Vorgänger berufen: außer auf Tarjei Vesaas und Rolf Jacobsen besonders auf OLAV H. HAUGE (*1908) und GEORG JOHANNESEN (*1931).

OLAV H. HAUGE, Kleinbauer und Gärtner vom Hardangerfjord, erprobte nach seinem noch epigonalen Debüt mit der Gedichtsammlung *Glør i oska* (1946; Glut in der Asche) als Übersetzer und Dichter alle Formen der modernen Poesie. Die alte, romantisch-prophetische Autorenrolle macht bei ihm einer nüchtern und handwerklich definierten Platz, die klassische Thematik des tragischen Modernismus (Weltverlust, Identitätsverlust) gibt mehr und mehr dem selbstverständlichen Akzept der einfachen Dinge des täglichen Lebens Raum. Die romantische Spaltung zwischen Kunst und alltäglichem Erwerbsleben ist aufgehoben: „Etter strævet kan du steikja flesk/ og lesa kinesiske vers.“ (Nach der Arbeit kannst du Speck braten, und chinesische Verse lesen; *Dropar i austavind*, 1966; Tropfen im Ostwind). Hauges letzte Sammlungen, außer *Dropar i austavind: Spør vinden* (1971; Frag den Wind) enthalten schlichte, schöne Dinggedichte. Auch der inzwischen wieder aktuell gewordene Widerspruch zwischen gesellschaftlichem Engagement und zweckfreier Poesie ist bei Hauge aufgehoben in einer unaufdringlichen — aber durchaus nicht unangefochtenen — Lebensweisheit, nach der der Poet gesellschaftliches und privates Wesen zugleich sein darf.

Auf viel heftigere Weise, und seit seinem Debüt (*Dikt*, 1959; Gedichte) mit deutlichem politischen Akzent, ging GEORG JOHANNESEN (*1931) mit den metaphorischen Himmelfahrten der traditionellen norwegischen Lyrik ins Gericht. Die Metapher, privilegiertes Ausdrucksmittel der spätsymbolistischen Poesie, tendiert dazu, menschliche Verhältnisse mit natürlichen gleichzusetzen und Einheiten zu stiften, wo realiter keine sind. Bei Johannesen, besonders in seinem lyrischen Hauptwerk *Ars moriendi eller de syv dødsmåter* (1965; Ars moriendi oder die sieben Arten zu sterben) sind die Dinge nicht metaphorisch verschleiert, sondern auf ihre nüchterne Realität reduziert, auseinandergerückt, isoliert. Die Sprache ist lakonisch, die Metaphern, die man auch negativ genannt hat (Daniel Haakonsen), relativieren und destruieren sich gegenseitig. Das Gedicht schafft keinen schönen Schein. Durch die Konfrontation des poetischen Bildes mit der Realität — bei Johannesen immer politische Realität — entlarvt es den ideologischen Charakter gängiger Sprech- und Denkweisen.

Von Johannesens Härte ist in der Literatur der *profil*-Autoren wenig zu spüren, sie geben sich entspannter. Jan Erik Vold lag mit seinem Debütband *Mellom speil og speil* (1965; Zwischen Spiegel und Spiegel) noch ganz im Strom der lyrischen Tradition, wie er in dieser Zeit besonders von STEIN MEHREN (*1935) fortgesetzt wurde: Identitätsprobleme, Erkenntnisprobleme, Narzißmus. Gleichzeitig zeichnete sich dieses Debüt durch formale Experimentierfreude und einen wachen Blick für die Phänomene des Alltags aus. Das Ich wird sich zunehmend seiner Sozialität bewußt, Isolation und Identitätsprobleme werden als Problem der Perspektive, nicht der Person aufgedeckt. In *Fra rom til rom. SAD + CRAZY* (1967; Von Zimmer zu Zimmer. SAD + CRAZY 1968) verläßt ein Märchenprinz den geschlossenen Raum, in dem er sich gefangen glaubte, um sich auf die Suche nach Freunden zu machen — ein Bild, das für die ganze von den *profil*-Autoren initiierte Bewegung Geltung haben kann. Sie wandten sich entschlossen von der unzeitgemäßen Suche nach der autonomen, in sich geschlossenen Individualität ab. Das Ich ist für sie ein Rollenspektrum, die Persönlichkeit konstituiert sich durch ihr Verhalten zu anderen. Aus der alten Perspektive wäre das als Verfall erschienen, aus der neuen war es eine Befreiung. Dag Solstad und Einar Økland haben den Perspektivenwechsel in Essays, Solstad auch in seiner Prosa (*Svingstol*, 1967, Schaukelstuhl; *Irr! Grønt!*, 1969, Grünspan!) deutlich gemacht. Ebenso funktional wurde nun auch die Autorenrolle definiert: der Autor ist kein einsamer Prophet, sondern sozial integrierter Handwerker, Analytiker, Experimentator. Seine Tätigkeit hat ihre eigene Gesetzlichkeit, aber sonst nichts Besonderes, schon gar nicht „Hohes" oder „Tiefes". Der neuen Definition des Autors folgte eine neue des Lesers. Er ist kein Konsument ewiger Wahrheiten, sondern aktiver Mitschöpfer des Gedichts, das in seiner bei den *profil*-Autoren populären, lakonisch reduzierten Form auf seine produktive Phantasie angewiesen ist (Jan Erik Vold, *spor, snø*, 1970; Spuren, Schnee — Haiku-Übersetzungen von PAAL HELGE HAUGEN (*1945). Der neue Poesiebegriff der *profil*-Autoren beruht auf einem geschärften Bewußtsein für die Sprache, für die ihr immanenten Mechanismen und die Schönheit ihrer Materialität. Das Gedicht wurde Sprachspiel, Exemplum, Modell; mit Lügen- und Literaritätssignalen macht es darauf aufmerksam, daß es nicht materielle, sondern immer sprachliche Wirklichkeit ist. Oft genug spricht es von nichts anderem als sich selbst (Jan Erik Vold, *kykelipi*, 1969).

Einar Økland hat die *profil*-Zeit ein neues „Goldenes Zeitalter der norwegischen Literatur" genannt; es war — gegebenenfalls — eine Blütezeit, die als solche weder von der etablierten literarischen Kritik noch vom breiten Publikum wahrgenommen wurde. Die „sanfte Revolte" (Walter Baumgartner) der *profil*-Autoren schuf zwar den Raum, in dem etwa die gekonnte nonsens-Poesie eines ARILD NYQUIST (*1937) oder die volkstümlich-politische Lyrik STIG HOLMÅS' (*1946) aufblühen konnte. Praktisch aber blieb sie folgenlos. Sehr bald machte sich das resignierte Gefühl breit, nur Clown zu sein in einem Land, das man zumindest poetisch in Bewegung zu versetzen versucht hatte. Die Autoren mußten die Erfahrung machen, daß die Welt sich eben doch nicht ändert, wenn man sie an den Ecken nur anders anmalt — um Dag Solstad zu variieren. Die literarische Debatte, die sich fast ausschließlich unter den Autoren selbst abspielte, führte bald zu Fragen, die selbst den weiten Rahmen dieses liberalen Postmodernismus sprengen mußte. Die Eskalation des Vietnamkriegs, die Kulturrevolution in China, Streiks in Skandinavien, die Frage des norwegischen Beitritts zur EWG verlangten der Poesie politische Stellungnahmen ab. Die — bei Jan Erik Vold — locker geöffnete Hand sollte sich zur Faust ballen, es genügte nicht mehr, die Fiktionen der Kulturindustrie in den Köpfen der Zeitgenossen zu analysieren (Espen Haavardholm), das Bewußtsein mußte verändert werden. Die Debatte um die Funktion der Literatur in der Klassengesellschaft, um die Klassenzugehörigkeit und den Klassenstandpunkt des Autors, um die Parteilichkeit der Literatur, wie sie in den letzten Jahrgängen von *profil* zu verfolgen ist, führte seit 1970 vom „Modernismus der 3. Phase" (Hans-Jørgen Nielsen, → 239) weg zu sozialrealistischen Konzeptionen. Eine Reihe von Autoren organisierte sich politisch und erprobte die Muster des sozialistischen Realismus neu, unter ihnen Tor Obrestad, Espen Haavardsholm, Dag Solstad. Solstad stellte 1971 exemplarisch die Entwicklung vom kritischen, „freien" Schriftsteller, der der bürgerlichen Gesellschaft, wie heftig er sie auch angreift, doch immer nur als Beweis ihrer eigenen Freiheitlichkeit dient, zum organisierten Kommunisten dar: *Arild Asnes. 1970* (Arild Asnes. 1970). In der Folgezeit entwickelte sich eine sozialistisch-realistische Prosa, die sich bemühte, die gesellschaftliche Wirklichkeit getreu widerzuspiegeln, die epische Handlung wahrscheinlich und mit innerer Folgerichtigkeit zu gestalten, die Illusion nicht modernistisch zu brechen, die Schreibweise volkstümlich zu vereinfachen und dem Leser positive Helden zur Identifikation anzubieten — das alles bei mehr oder minder deutlicher didaktischer Tendenz und unverhohlener Parteinahme für die Unterdrückten. Am Beispiel von EDVARD HOEMS (*1949) *Kjærleikens ferjereiser* (1975; Fährfahrten der Liebe), TOR OBRESTADS *Sauda! Streik!* (1972), ESPEN HAAVARDSHOLMS *Historiens kraftlinjer* (1975; Kraftlinien der Geschichte), KJELL ASKILDSENS (*1929) *Hverdag* (1976; Alltag) und vor allem DAG SOLSTADS Romanen (*25. september-plassen*, 1974; Der Platz des 25. September) entzündete sich eine heftige Debatte um Modernismus oder Realismus, experimentelle Literatur oder Rückgriff auf realistische Traditionen, die gegenwärtig noch nicht abgeschlossen ist. Sie erinnert in vielem an die europäische Realismusdebatte der 30er Jahre. Eine junge, akademische Literaturkritik (HELGE RØNNING u.a.) sieht in der Aktualisierung und Variation alter Muster der realistischen Schreibweise einen literarischen Rückschritt; sie will die technischen und formalen Errungenschaften des Modernismus auch in der sozialistischen Literatur aufgehoben wissen, wie sie es am ehesten noch im postmodernistischen Naturalismus KJARTAN FLØGSTADS (*1944) realisiert sieht: *Fangliner* (1972; Fangleinen), *Rasmus* (1974), *Dalen Portland* (1977). Ein wenig im Schatten dieser Debatte arbeitet eine ganze Reihe junger Autoren mit den Stilmitteln der Avantgarde der 60er Jahre weiter, gleichzeitig hat sich aber auch eine aggressive emanzipatorische Frauenliteratur etabliert, für die stellvertretend BJØRG VIK (*1935) und LIV KØLTZOW (*1945) zu nennen sind. So gibt insgesamt gesehen die norwegische Buchproduktion heute das Bild einer zwar widersprüchlichen, aber vitalen, engagierten und experimentierfreudigen Literatur ab.

SCHWEDISCHE LITERATUR IM 20. JAHRHUNDERT

Von Wolfgang Butt

Die Geschichte der schwedischen Literatur in den ersten vier Jahrzehnten unseres Jahrhunderts steht im Zeichen einer Entwicklung, die L. Thorsell „die Demokratisierung des schwedischen Parnasses" genannt hat (in der Zeitschrift *Samlaren*, 1957). Bis zum Ausgang des 19. Jahrhunderts war die Literatur eine fast ausschließlich bürgerliche Domäne gewesen. Schriftsteller und Kritiker waren im allgemeinen den klassischen bürgerlichen Bildungsweg gegangen; das lesende Publikum rekrutierte sich überwiegend aus den privilegierten mittleren und gehobenen Schichten des Bürgertums. Vier Jahrzehnte später hatte sich dieses Bild grundlegend gewandelt. Tonangebend war nun eine Reihe von Schriftstellern, die, aus einfachsten Verhältnissen stammend, zwar nicht das Gymnasium und die Universität, dafür aber, wie in polemischen Auseinandersetzungen mit einer von Vorurteilen anfänglich nicht freien Kritik gern hervorgehoben wurde, „die harte Schule des Lebens" durchlaufen hatten. Dieser literarische Wandel ist die Begleiterscheinung des gesellschaftlichen Umbruchs, der sich seit der Jahrhundertwende mit dem Erstarken der Arbeiterbewegung angebahnt hatte, nach der Einführung des allgemeinen Wahlrechts im Jahre 1917 beschleunigt wurde und politisch mit der Installierung der ersten sozialdemokratisch geführten Mehrheitsregierung im Jahre 1932 vollzogen war.

Die Verdrängung des Bürgertums aus seiner politischen Vormachtstellung wird so begleitet von seiner Ablösung als kulturtragende Schicht, ein Umstand, der sicher beitrug zur Schärfung des Krisenbewußtseins bei den bürgerlichen Autoren der Zeit, nicht aber dessen eigentlicher Anlaß war. Denn die überwiegend resignierte Stimmung, die die bürgerliche Literatur in den Jahren zwischen den beiden Weltkriegen beherrscht, hat ihre Hauptursache neben der Erschütterung durch den Ersten Weltkrieg im als Zerfall verstandenen Wandel der bestehenden Gesellschaft, in der Auflösung überkommener Werte, Tugenden und Lebensformen durch die unwiderstehliche Macht des Geldes und des technischen und industriellen Fortschritts. Die meisten bürgerlichen Autoren verhalten sich alles andere als affirmativ zu ihrer eigenen Klasse, sie sind ihre unbarmherzigen Kritiker und sehen sich in dem

Dilemma, daß die geistigen und moralischen Ideale, die sie vertreten und verwirklicht sehen wollen, von keiner der gesellschaftlichen Gruppen geachtet werden. Sie sind Einzelgänger zwischen den Fronten, und nicht allen gelingt es, ihre Isolation in geistesaristokratischer Manier zu kultivieren. Oswald Spenglers *Der Untergang des Abendlandes* fand hier fruchtbaren Boden und trug bei zu einem Kulturpessimismus, der in der ersten Hälte der 30er Jahre seinen Höhepunkt erreichte.

Begleitet wird diese Entwicklung von einer Kultur- und Literaturdebatte, deren Frontlinien im wesentlichen zwischen den schon in der Strindbergfehde 1910—1912 (→214) deutlich markierten Positionen eines traditionalistischen und eines radikalen fortschrittlichen Lagers verlaufen. Die konservative Seite pochte auf die Bewahrung der Autonomie der Literatur; die Dichtung solle eine von der konflikterfüllten Realität abgesetzte Sphäre des freien Geistes und der reinen Schönheit bleiben und nur dem Allgemeinmenschlichen Stimme verleihen. Die Kulturradikalen befürworteten dagegen eine engagierte Literatur, deren Aufgabe es sein sollte, in Auseinandersetzung mit der bürgerlichen Gesellschaft die demokratische Entwicklung auch auf der kulturellen Ebene voranzutreiben.

Am Beginn des Jahrhunderts freilich zeigt die schwedische Literatur noch Züge eines von Zweifeln und Anfechtungen nur sporadisch getrübten Zukunftsglaubens. Die nationalromantische Hochstimmung der 1890er Jahre (→207) wirkte unvermindert weiter. Die Auflösung der Union mit Norwegen (1905) beeinträchtigte kaum das nationale Selbstvertrauen, wirkte möglicherweise sogar als Ansporn, nunmehr die drängenden politischen und sozialen Fragen im Inneren anzugehen. Bedeutenden Anteil am sozialen Optimismus der Zeit hatte ELLEN KEY (1849—1926), die in zahlreichen Schriften einen evolutionistischen „Lebensglauben" (livstro) verkündete und in ihrem bekanntesten Werk, *Barnets århundrade* (1900; Das Jahrhundert des Kindes 1905) die Überzeugung vertrat, daß Erziehung und Bildung über die Klassengrenzen hinweg der Grundstein für die Entstehung einer harmonischen Zukunftsgesellschaft seien. Abseits der allgemeinen Fortschrittsbegeisterung standen — von Strindberg, der ganz seinen eigenen Weg ging, abgesehen (→210) — zwei Autoren, die als typische Exponenten des schwedischen fin de siècle eine kultivierte Form von Dekadenz vertraten. HJALMAR SÖDERBERG und BO BERGMAN. Beide wurzelten in der rationalistischen, satirisch-kritischen

Tradition der 1880er Jahre, teilten aber von Anbeginn an auch schon die desillusionierte Sehweise, in die das aufklärerische Denken der Autoren des modernen Durchbruchs nach und nach übergegangen war. So spricht aus ihren Werken eine fatalistische, von gequälter, zuweilen zynisch scheinender Ironie getränkte Lebensanschauung. Der „Flaneur", der melancholische und handlungsschwache Müßiggänger, der am Cafétisch über die Sinnlosigkeit des Daseins und die Unmöglichkeit des freien Willens philosophiert, der die Ungereimtheiten der Gesellschaft zwar mit geschärftem Blick wahrnimmt, sich aber nicht ernsthaft zu engagieren vermag, wird zum vielfach kopierten, zeittypischen „Helden". Die Hauptgestalten in HJALMAR SÖDERBERGS (1869—1941) Romanen sind resignierte Außenseiter, die an ihrer Isolation leiden und sie zugleich durch eine intelligenzaristokratische Haltung selber vertiefen. *Martin Bircks ungdom* (1901; Martin Bircks Jugend 1904) ist ein Desillusionsroman, der inhaltlich und stilistisch den Einfluß Jacobsens (→ 154), Bangs (→ 162) und Garborgs (→ 190) verrät. Er ist zugleich, wie fast alle übrigen Arbeiten des Autors, eine Huldigung an die Schönheit der Hauptstadt Stockholm, deren Atmosphäre in impressionistischen Augenblicksbildern eingefangen ist. Wie seine oben genannten Vorbilder, arbeitet Söderberg mit einer raffinierten point-of-view-Technik, die den Leser das Geschehen stets aus der Perspektive der handelnden Personen miterleben läßt, so daß seinen Werken eine — für die Desillusionsliteratur der Jahrhundertwende typische — Bedeutungsoffenheit eigen ist. So setzte sich Söderberg mit dem Tagebuchroman *Doktor Glas* (1905; dt. 1907) dem Mißverständnis aus, er rechtfertige unter gewissen gegebenen Umständen einen Mord. Söderberg gelang in diesem „Gedankenbuch" eine meisterliche psychologische Studie, die Verwirrung nur stiften konnte, weil man die Auslassungen des tagebuchschreibenden, giftmordenden Arztes mit der Meinung des Autors identifizierte.

Söderbergs Romane sind Intimschilderungen mit eingeengter Perspektive, die durch die personale Erzählform und die klare, unprätentiöse Sprache eine besondere Eindringlichkeit gewinnen. Einer der meistzitierten Sätze Söderbergs, aus dem Schauspiel *Gertrud* (1906), bringt die Introvertiertheit seines bürgerlich-individualistischen Lebensgefühls auf die treffende Formel: „Ich glaube an die Lust des

Fleisches und an die unheilbare Einsamkeit der Seele." Die stilistische und formale Eleganz und der teils melancholisch gedämpfte, teils unbeschwert humorvolle Witz des Autors kommen am besten in seinen kurzen Erzählungen *Historietter* (1898; Historietten 1905) und Novellen zur Geltung. Söderberg war indessen nicht so weltabgewandt, daß er die politische Entwicklung Europas aus den Augen verlor. Sein Schauspiel *Ödestimmen* (1922; Die Schicksalsstunde) ist ein Angriff auf reaktionäre Machtbestrebungen in den besiegten Ländern Deutschland/Österreich. In den 30er Jahren bezog er in Zeitungsartikeln klare Frontstellung gegen den Nationalsozialismus.

BO BERGMANS (1869—1967) Werk — schon der Titel seines Debütbuchs *Marionetterna* (1903; Die Marionetten) gibt die deterministische Weltanschauung zu erkennen — zeigt die Position eines der gesellschaftlichen Wirklichkeit fernstehenden Autors. Vor den politischen Konflikten, den materialistischen Tendenzen und der geistigen Nivellierung der modernen Welt nahm er Zuflucht zu einem über die Sphäre des Profanen erhabenen Humanitätsideal, das er nicht ohne ein gewisses elitäres Erwähltheitspathos bedichtete. In seiner Gedankenlyrik erreichte er eine klassizistische Ausgewogenheit, in seiner Liebes- und Stimmungslyrik strebte er nach der volksliedhaften Einfachheit, die er bei Heine bewunderte. Sein Blick war vorwiegend rückwärtsgewandt, zu „alten Göttern" *(Gamla gudar)* — so lautet der Titel einer Gedichtsammlung aus dem Jahre 1939 —, und zu den großen Gestalten des Geistes, denen er sich verwandt fühlte. Aus seiner Verachtung für alles Rohe und Ungeistige und aus seinem — wenn auch zumeist in realitätsfernen Höhen beheimateten — Humanismus erwuchs die antitotalitäre Haltung, der er nach 1933 in scharfen Satiren gegen die faschistischen Regime Europas und gegen den Kommunismus Ausdruck gab.

Der endgültige Bruch mit fin-de-siècle-Müdigkeit und nationalromantischer Schwärmerei erfolgte durch eine Generation von Schriftstellern, die unter dem Einfluß der von JOHN LANDQUIST (1881—1978) nach Schweden vermittelten Philosophie des Franzosen Henri Bergson erneut auf die verändernde und gestaltende Kraft des Willens setzten. Für SIGFRID SIWERTZ (1882—1970), GUSTAF HELLSTRÖM (1882—1953), LUDVIG NORDSTRÖM (1882—1942), SVEN LID-

MAN (1882—1960) und ELIN WÄGNER (1882—1949) wird die aktuelle Gegenwart wieder zur maßgeblichen und verpflichtenden Inspirationsquelle. Ihr Verhältnis zur modernen Wirklichkeit ist von einer kritischen Konstruktivität bestimmt. Soziales und moralisches Verantwortungsbewußtsein verbindet sich in ihren Werken mit einem aktivistischen Fortschrittsglauben, dem allerdings der Erste Weltkrieg und die folgende Depression seine Überschwenglichkeit nehmen. SIGFRID SIWERTZ, in seinen frühen Jahren noch von der Weltmüdigkeit der Flaneurmentalität angesteckt, schrieb 1911 den von jugendlicher Abenteuerlust und erwachendem Verantwortungsgefühl handelnden Roman *Mälarpirater* (Die Mälarpiraten 1927), dem 1914 eine Abrechnung mit der deterministischen Philosophie folgte (*En flanör;* Ein Flaneur). Siwertz' Arbeiten sind stets stark aktualitätsbezogen, so auch sein bester Roman, *Selambs* (1920; dt. 1925). Das Spekulantentum und die Auswüchse des Kapitalismus sind die Hauptangriffspunkte dieser leidenschaftlich geschriebenen Satire auf verschiedene zeitgenössische Spielarten des Egoismus. Als skeptischer, aber insgesamt doch distanzierter Beobachter des Zeitgeschehens hatte Siwertz in den folgenden Jahren nie Mangel an Stoffen und Themen; so schildert er in *Det stora varuhuset* (1926; Das große Warenhaus 1928) das moderne Geschäftsleben, in *Jonas och draken* (1928; Jonas und der Drache 1929) das neuzeitliche Pressewesen, gewann aber kein klares Profil, was seiner Popularität bei einem breiten Publikum indessen keinen Abbruch tat. GUSTAF HELLSTRÖM war Journalist und verbrachte als Auslandskorrespondent verschiedener schwedischer Zeitungen lange Jahre außerhalb Schwedens. Seine ersten belletristischen Arbeiten sind im Stil sozialer und gesellschaftlicher Reportagen gehalten. Hellströms größter Erfolg wurde der Roman *Snörmakare Lekholm får en idé* (1927; Meister Lekholm hat eine Idee 1939), eine Stadt- und Familienchronik, in deren Zentrum die Geschicke der Kinder und Kindeskinder eines einfachen Handwerkers stehen, der im 19. Jahrhundert den ehrgeizigen Plan faßt, seine Söhne das Abitur machen zu lassen, um ihnen den Aufstieg ins Bürgertum zu ermöglichen. Die dritte Generation, die sich zur Feier des hundertsten Geburtstags des Alten versammelt und nunmehr einen fast repräsentativen Querschnitt durch die schwedische Gesellschaft darstellt, hat das

Ziel erreicht und die alten Klassengrenzen überwunden. Der humorvolle, aber auch tragische Aspekte des Scheiterns und der Enttäuschung einschließende Roman beleuchtet das Thema der sozialen Mobilität vom optimistischen Standpunkt eines Liberalen, der einen versöhnlichen Ausgleich zwischen den Klassen für möglich hält. Diese Zuversicht schwindet angesichts der Zeitereignisse. In *Carl Heribert Malmros* (1931) wird die Titelperson, der liberal gesinnte Polizeichef einer schwedischen Provinzstadt, zwischen den Fronten zerrieben. *Storm över Tjurö* (1935; Stürmisches Paradies 1945) steht ganz unter dem Eindruck der politischen Lage auf dem Kontinent und gibt eine eher mythische und von Hoffnung nicht mehr erhellte Deutung des Zeitgeschehens. LUDVIG NORDSTRÖM ist ein heute aus dem Bewußtsein der lesenden Öffentlichkeit fast ganz geschwundener Autor, hatte indessen in den 20er und 30er Jahren mit seinen Reportagebüchern, u.a. *Stor-Norrland* (1927; Groß-Norrland) und *Lort-Sverige* (1938; Dreck-Schweden), und mit seinem futuristisch beeinflußten sozialutopischen „Totalismus" ein ungewöhnlich starkes Echo. Diese merkwürdige Entwicklungstheorie, die er in zahlreichen Werken zu veranschaulichen und zu propagieren suchte, stellt eine Mischung aus Industrieromantik, ökonomischem Pragmatismus und christlich-humanistischer Ethik dar. *Petter Svensks historia* (1923—1927), eine Geschichte der wirtschaftlichen Entwicklung Schwedens und insbesondere Norrlands aus totalistischer Sicht, sollte u.a. dem Mangel an einer nationalen schwedischen Identifikationsfigur abhelfen. Ästhetische Kategorien waren für Nordström meistens zweitrangig, stets dominiert das pädagogische Engagement; aber er war ein glänzender, an Strindberg geschulter Stilist und formulierte mit Klarheit und — in seinen kritischen Reportagen — mit drastischer Schärfe. ELIN WÄGNERS Name ist vor allem mit der Frauenbewegung verknüpft, für die sie zeitlebens aktiv eintrat. Bereits in ihren ersten Romanen *Norrtullsligan* (1908; Die Liga der Kontorfräulein 1910) und *Pennskaftet* (1910; Schreibliesel 1914) ist dieses Engagement voll ausgebildet und steht noch ganz im Zeichen der Agitation für das zu diesem Zeitpunkt noch nicht durchgesetzte Frauenstimmrecht. Später gestaltete die Autorin die Probleme der Selbstfindung der Frau unter den Bedingungen der modernen Industriegesellschaft. Einen zweiten Motivbereich fand Elin Wägner im ländlichen Milieu der Provinz Småland, das den Hintergrund zu einer Reihe ihrer Frauenschicksale abgibt, z.B. zu ihrem bekanntesten Roman *Åsa-Hanna* (1918).

Die realistische Gesellschaftsschilderung der im Voraufgehenden behandelten Autoren erscheint — von einigen Einzelwerken abgesehen — eindimensional und handwerksmäßig bieder im Vergleich mit dem unerschöpflichen Phantasiereichtum, der erzähltechnischen Vielseitigkeit und psychologischen Gestaltungskraft des überragenden Erzählers seiner Generation, HJALMAR BERGMAN (1883—1931). Bergman entstammte einer wohlhabenden Familie der mittelschwedischen Stadt Örebro, die unter dem Namen Wadköping mit der umliegenden Landschaft Bergslagen den Schauplatz seiner bedeutendsten Romane abgibt. Der erste dieser Bergslagsromane war *Hans nåds testamente* (1910; Das Testament Sr. Gnaden 1912). Er erzählt von einem schrulligen Baron, von List und Tücke und komischen Verwicklungen, zeigt aber trotz der vordergründig humorvollen Handlung ein von Desillusion über die Unbeständigkeit, Falschheit und Habgier der Menschen gezeichnetes Weltbild. Bittere Ironie steckt hinter dem Titel *Komedier i Bergslagen* (1914; Komödien in Bergslagen), unter dem eine Reihe von Erzählungen zusammengefaßt sind, in denen die deterministische Lebensanschauung Bergmans voll zum Durchbruch kommt. Die Menschen sind willenlose Marionetten, das Leben eine Aneinanderreihung von Sinnlosigkeiten und Zufällen, die alle Pläne durchkreuzen und alle Ansätze zur Selbstbestimmung zunichte machen. In konsequenter Fortsetzung dieser düsteren Daseinsdeutung gestaltet Bergman in *En döds memoarer* (1918; Memoiren eines Toten) das Motiv des lebendigen Toten, das in seinen folgenden Werken mehrfach variiert und zum allgemeingültigen Symbol für die existentielle Situation des Menschen, zugleich aber auch zum Ausdruck für den Identitätsverlust des aus allen Bindungen gerissenen bürgerlichen Künstlers wird. Mit *Markurells i Wadköping* (1919; Markurell 1935, auch Skandal in Wadköping) vollzieht sich eine deutliche Veränderung in Bergmans Erzählhaltung. Hatte sich der Autor in früheren Werken mit seinen Personen identifiziert, ihre Enttäuschungen und ihre Verzweiflung mitfühlend und ohne Distanz geschildert, so steht er nun völlig außerhalb des Geschehens und tritt als souveräner und die Handlung unentwegt kommentierender Erzähler auf. Sein Witz und sein hintergründiger Humor kommen nun in ganz anderer Weise zur Geltung, seine Bücher werden unterhaltender und publikumsbezogener, doch die Leichtigkeit täuscht; unter ihrer Oberfläche breitet sich die gleiche abgründige Irritation über die Sinnleere des Lebens aus wie vorher. Bergman selber hat *Markurells i Wadköping* und die beiden folgenden Romane *Herr von Hancken* (1920) und *Farmor och vår Herre* (1921; Der Eindringling 1928; wörtl. Großmutter und unser Herrgott) als Abschiede bezeichnet, „in Markurells von Liebe und Familienleben, in Herr von Hancken von Ehrgeiz und allerlei Utopien, in Farmor von dem bürgerlichen Milieu, aus dem ich hervorgegangen bin". In allen drei Werken verbirgt sich unter einer Schicht von komischen Verwicklungs- und Enthüllungsmotiven und geistreicher Gesellschaftssatire ein zentrales tragisches Motiv, das dem des lebendigen Toten verwandt ist. Die Hauptpersonen, der skrupellose Emporkömmling Markurell, dessen einziger Lebensinhalt darin besteht, seinem Sohn eine Zukunft als geachteter Bürger und Geschäftsmann zu sichern, der närrische Phantast, Hochstapler und Selbstbetrüger Herr von Hancken, der den König zu Besuch erwartet, die herrschsüchtige Großmutter Agnes Borck, die in dem Wahn lebt, die Geschicke ihrer Angehörigen zum Besten aller gelenkt zu haben: sie alle werden auf grausame Weise aus ihrer Illusion gerissen und zur Besinnung gebracht auf das, was sie wirklich sind und erreicht haben. Markurell erfährt, daß ein anderer der Vater seines Sohns ist, Herr von Hancken wird beim Ausbleiben des Königs als armseliger Spinner entlarvt, Großmutter Borck muß sich vorhalten lassen, daß sie durch ihre Bevormundungshaltung, die sie Fürsorge nannte, das Familienleben vergiftet und das Selbstwertgefühl ihrer Kinder zerstört hat. Nichts bleibt nach diesen Erkenntnissen den Betroffenen noch übrig als Selbstaufgabe und Verzicht, d.h. ein Weiterleben als innerlich Toter. Bergmans ernste Botschaft an sein lachendes Publikum war, daß es gelte, dieser Situation, die sich ihm als allgemeingültig darstellte, mit Würde zu begegnen. Die eigene Künstlerrolle, die er in symbolischer Form bereits in *Herr von Hancken* und *En döds memoarer* problematisiert hatte, griff Bergman noch einmal in dem kurz vor seinem Tod beendeten Roman *Clownen Jac* (1930; Der

Clown Jac) auf. Es ist ein sehr persönliches Dokument, zugleich aber auch eine grundsätzliche Auseinandersetzung mit einer Welt, die den Künstler erst zur Kenntnis nimmt, wenn er „sein Herz verkauft", seine strengen Wahrheiten verborgen und sich hinter der Maske des Clowns unkenntlich gemacht hat. Auch als Dramatiker war Bergman, dessen Romane im szenischen Aufbau und in ihrem Dialogreichtum auffallend starke dramatische Elemente aufweisen, überaus produktiv. Seinen ersten großen Bühnenerfolg errang er allerdings erst 1923 mit der Komödie *Swedenhielms* (Der Nobelpreis 1940), nachdem er seine anspruchsvolle symbolische Dramatik zugunsten einer unterhaltsamen Intrigentechnik aufgegeben hatte, die er hier wie in *Patrasket* (1928; Das Gesindel) brillant handhabte.

Die Clownsproblematik, die mit der Künstleridentität Hjalmar Bergmans verbunden ist, begegnet uns, wenngleich in umgekehrter Reihenfolge der Stadien, so doch als Ausdruck des gleichen Dilemmas, im Werk BIRGER SJÖBERGS (1885—1929). Sjöberg begann und wurde unmittelbar populär als lustiger Unterhalter und endete unverstanden als disharmonischer Grübler. Zu Lebzeiten des Dichters erschienen nur drei Werke, deren erstes, *Fridas bok* (1922; Fridas Buch), offenbar einem Bedürfnis der Zeit nach konfliktfreier Idyllik entsprach. Lilla Paris (Klein Paris) ist der Schauplatz dieser „Kleinstadtlieder über Frida und die Natur, über den Tod und das Universum" (Untertitel), die von der Liebe eines Ladengehilfen zu der schönen Frida, vom Kleinstadtleben und von den hohen und hehren Gedanken des bildungsbeflissenen Provinzlers handeln. Der Ton ist naivistisch, die Texte sind sangbar und eingängig (Sjöberg komponierte und sang die Lieder selber zur Gitarre). *Kvartetten som sprängdes* (1924; Das gesprengte Quartett 1925), Sjöbergs einziger Roman, spielt ebenfalls im Milieu einer kleinen Provinzstadt, doch Ruhe und Frieden sind nicht mehr ungetrübt; die nach der Hochkonjunktur der Nachkriegszeit hereinbrechende Wirtschaftskrise stellt die Menschen vor schwierige Probleme. Aber die komischen und idyllischen Züge überwiegen noch und lassen keine bittere und disharmonische Stimmung aufkommen. Eine solche bricht sich indessen in *Kriser och kransar* (1926; Krisen und Kränze) gewaltsam Bahn, einem seinerzeit als absonderlich abgetanen Buch, in dem Sjöberg thematisch und sprachlich völlig neue Wege ging. Der heillose Zustand der Welt, die Verlogenheit der wohlfeilen Phrasen in Konferenzsälen und im gesellschaftlichen Umgang, religiöse Fragen und der Tod sind die zentralen Themen. Sjöberg artikuliert sein Entsetzen und seinen Ekel in einer von der herkömmlichen poetischen Diktion auf drastische Weise abweichenden Sprache. Besonders auffällig sind die aus ungewohnten Bildsphären gewählten Metaphern, Wortneuschöpfungen und -zusammensetzungen voller Dissonanzen und das Schwanken zwischen den Stilebenen des Erhabenen und Banalen. Mit dieser neuen lyrischen Sprache, die allgemeine Anerkennung erst in den 40er Jahren erlangte, beeinflußte Sjöberg nichtsdestoweniger fast alle nach ihm folgenden Lyriker seines Landes und gilt heute als Vorläufer des Modernismus. Aus seinem umfangreichen Nachlaß (ca. 3000 Gedichte) wurden bisher vier Bände zusammengestellt, *Fridas andra bok* (1929; Fridas zweites Buch), *Minnen från jorden* (1940; Erinnerungen von der Erde), *Syntaxupproret* (1955; Der Syntaxaufruhr) und *Fridas tredje bok* (1956; Fridas drittes Buch).

Schon ein Jahrzehnt vor *Kriser och kransar* war PÄR LAGERKVIST (1891—1974) mit der expressionistischen Gedichtsammlung *Ångest* (1916; Angst) hervorgetreten, die als der eigentliche Anfang der modernen Lyrik in Schweden angesehen wird. Lagerkvist hatte 1912 in Paris den Kubismus kennengelernt und 1913 eine Programmschrift über *Ordkonst och bildkonst* (Wortkunst und Bildkunst) veröffentlicht, in der er sich gegen das Individualisierende und Psychologisierende in der zeitgenössischen realistischen und impressionistischen Literatur wandte. Die Dichtung solle in architektonisch klaren Formen einfache Gedanken und einheitliche Gefühle angesichts der ewigen Mächte des Lebens gestalten. Damit sind die für Lagerkvists gesamtes Schaffen grundlegenden ästhetischen Prinzipien und — wenngleich in äußerster Verknappung — auch die Thematik seines Werks umrissen. Einfachheit des Stils, strenge, ausgewogene Komposition und die Konzentration auf ausdrucksstarke Symbole von mythischer Qualität sind die hervorstechenden formalen Merkmale seiner Kunst. Thematisch kreisen Lagerkvists Arbeiten stets um die zeitlosen Fragen der menschlichen Existenz und ihrer metaphysischen Begründung. Der Autor ist nicht immer den Gefahren entgangen, die in seiner auf rigorose Vereinfachung zielenden Ästhetik mit angelegt sind; zuweilen wirken die scharf herausgearbeiteten Kontraste überdeutlich, ersetzt das Monumentale das Nuancierte, verfestigt sich die Einfachheit des Ausdrucks zu schematischer Rhetorik.

Nach *Ångest* folgten dramatische Versuche, Lebensanschauungsstücke im Stil der Strindbergschen Kammerspiele und von der gleichen düsteren Grundstimmung wie diese. *Kaos* (1919; Chaos) lautet der Titel eines Bands mit dramatischen, lyrischen und Prosatexten, die der Erkenntnis Ausdruck geben, daß Gott sich von der Welt der Menschen zurückgezogen hat und gleichgültig ist gegenüber menschlichem Leiden und Streben. Von der daraus abgeleiteten Grundauffassung, daß die Welt keinem göttlichen Ordnungsprinzip unterworfen ist, das Leben des Menschen keinem vorgegebenen Telos folgt, weicht Lagerkvist bis zu seinem Ende nicht mehr ab. Er geht von nun an in immer neuen Ansätzen der Frage nach, wie der Mensch mit dieser Einsicht leben kann. Die Werke der frühen 20er Jahre verkünden eine Lebensbejahung, die ihre Zuversicht aus den elementaren Werten reiner Menschlichkeit, des Glücks der Gemeinschaft und der stillen Pflichterfüllung zieht. In *Det eviga leendet* (1920; Das ewige Lächeln) erkennen die Toten, die vor Gott getreten sind, um von ihm Rechenschaft darüber zu fordern, was er „mit alledem gemeint" habe, daß sie auf der Suche nach einem Höheren an dem Sinn, der im Leben selber liegt, vorbeigelebt haben. Die Gedichte in *Den lyckliges väg* (1921; Des Glücklichen Weg) und *Hjärtats sånger* (1926; Gesänge des Herzens) zeugen von Versöhnung mit dem Dasein durch die Liebe, insbesondere die Mutterliebe, und durch die Hoffnung auf den Menschengeist, der als Verkörperung alles menschlichen Strebens eine überindividuelle und überzeitliche Macht darstellt. In *Det besegrade livet* (1927; Das besiegte Leben) hat die Lebensverneinung erneut die Oberhand gewonnen; der Mensch, in dem das Ewige als Geist und Seele lebt, hat einen Sinn, das Leben als die materielle, triebbestimmte Seite des Daseins hat keinen Sinn, es steht dem Ewigen feindlich gegenüber, ist letztlich das Böse.

Mit der Machtergreifung der Nationalsozialisten in Deutschland trat dieses Böse für Lagerkvist in greifbarer und angreifbarer Gestalt auf den Plan. Mit der Satire *Bödeln* (1933; Der Henker 1935) nahm er unmittelbar Stellung und vertrat in den folgenden Jahren eine kompromißlose antifaschistische Haltung. In *Den knutna näven* (1934; Die geballte Faust), einer Sammlung von essayistischen Reiseskizzen mit zeitkritischen und kulturphilosophischen Akzenten, rief er zu einem „kämpfenden Humanismus" auf. Lagerkvists Mythisierung des Zeitgeschehens — z. B. der Henker als Symbol für das zeitlose Böse und damit nur indirekt auch Symbolfigur für den Faschismus — ist ein auffälliger Zug der humanistischen antifaschistischen Dichtung in den 30er Jahren. Nach politischen Satiren (*I den tiden*, 1935; In jener Zeit), von Hoffnungslosigkeit geprägter Lyrik (*Genius*, 1937) und Märtyrerdramen (*Mannen utan själ*, 1936; Der Mann ohne Seele; *Seger i mörker*, 1939; Sieg im Dunkeln) leistete Lagerkvist auch einen Beitrag zur patriotischen „beredskapslitteratur" (→ 311) der Kriegsjahre (*Hemmet och stjärnan*, 1942; Das Heim und der Stern). Der Roman *Dvärgen* (1944; Der Zwerg 1946), von vielen als Lagerkvists bedeutendstes Werk angesehen, ist eine meisterhafte Studie des Bösen, psychologisch nuanciert und durchgehend realistisch gestaltet, ohne die Vergröberung, die die überdimensionierten Symbolgestalten in anderen Werken des Autors kennzeichnet. Die besondere Wirkung des Romans beruht auf der Erzählperspektive: die Denkweise und emotionale Armut des Bösen entfalten sich ungehindert in den Aufzeichnungen des Icherzählers, eines Zwergs an einem italienischen Fürstenhof in der Zeit der Renaissance. Jedes auktoriale Moralisieren unterbleibt, die Selbstdarstellung des Unmenschen wirkt moralisierend kraft ihrer eigenen Widerwärtigkeit. In Lagerkvists Spätwerk treten die religiösen Probleme wieder beherrschend in den Vordergrund, die Hauptgestalten der letzten Romane, u. a. *Barrabas* (1950; dt. 1952), *Ahasverus död* (1960; Der Tod Ahasvers 1961) und *Pilgrim på havet* (1962; Pilger auf dem Meer 1963) sind Suchende, ruhelos umhergetrieben von unerfüllter Sehnsucht: nach Gott und dem Göttlichen, nach der Liebe und dem „heiligen Land" (*Det heliga landet*, 1964; dt. 1965). Lagerkvist steht mit diesen im Legendenstil geschriebenen Prosawerken der literarischen Entwicklung Schwedens in der Nachkriegszeit fern; sie weisen in mancher Hinsicht zurück auf das Herkunftsmilieu des Autors, dessen pietistische Innigkeit und von Zweifeln unberührte Glaubenszuversicht er in dem autobiographischen

Roman *Gäst hos verkligheten* (1925; Gast bei der Wirklichkeit 1952) beschrieben hat.

Die expressionistische Lyrik des jungen Lagerkvist blieb ein isoliertes Phänomen und übte keine nachhaltige Wirkung auf die übrige schwedische Dichtung aus. Lagerkvist selber kehrte bereits in den 20er Jahren zu einer klaren und einfachen, in Wortwahl und Bildlichkeit konventionellen lyrischen Diktion zurück. In der Gunst des Publikums nahm eine emotional gedämpfte, beschauliche Alltagslyrik den vordersten Rang ein. Zu diesen „lyrischen Intimisten" zählten neben ANDERS ÖSTERLING (*1884) v.a. GUNNAR MASCOLL SILVERSTOLPE (1893—1942), KARL ASPLUND (1890—1978) und STEN SELANDER (1891—1957). Aber auch frühe Arbeiterdichter wie ERIK LINDORM (1889—1941) und RAGNAR JÄNDEL (1895—1939) pflegten, wenngleich bei ihnen anfänglich ein anderes Milieu ins Blickfeld gerückt wurde als bei den genannten bürgerlich-akademischen Autoren, eine auf poetische Überhöhung der Wirklichkeit zielende Stimmungs- und Gedankenlyrik herkömmlichen Stils.

Kulturpessimismus, Distanzierung von der Gegenwart und ein an die Vorstellung vom Dichter als Verkünder einer höheren Wahrheit und zeitlos gültiger Ideale geknüpftes Sendungsbewußtsein sind auffallende Züge im Werk einer Reihe von bürgerlich-akademischen Lyrikern, die die traditionalistische Linie in den 20er und 30er Jahren weiterführten. BERTIL MALMBERG (1889—1967) vertrat als Symbolist eine ästhetizistische und ausgeprägt antiintellektuelle Richtung. Für seinen romantischen Schönheitskult fand er keine positive Inspiration in der Nüchternheit des industriellen Zeitalters und erreichte seinen größten Erfolg mit der von Untergangsstimmung und magischmythischen Visionen erfüllten Sammlung *Dikter vid gränsen* (1935; Gedichte an der Grenze). HJALMAR GULLBERG (1898—1961) und JOHANNES EDFELT (*1904) debütierten in den 20er Jahren mit einer von Weltschmerz und Außenseiterstimmung beherrschten, inhaltlich wie formal epigonalen Lyrik. Ihr von Skepsis und Desillusion geprägtes Weltbild verfinsterte sich in den politisch unruhigen Jahren nach 1930 und nahm seherische, eschatologische Züge an. Hoffnungslosigkeit und Daseinsangst spricht aus den Gedichten der frühen 30er Jahre, in denen ironische Stilbrüche und grelle Dissonanzen in krassem

Widerspruch stehen zur Ebenmäßigkeit der strengen äußeren Form. Die Welt stellte sich ihnen dar als ein grauenhafter Verbannungsort und als Schauplatz wüster Orgien, das Leben als sinnlose Qual, die Menschheit als von niederen Instinkten, Raubtiergelüsten und seichten Bedürfnissen beherrschte Masse. Sie reagierten darauf mit einer Weltfluchthaltung, die den Belangen des Geistes und der Seele den absoluten Vorrang gab vor allem Materiellen und Ungeistigen. Gullberg fand Zuflucht in einer mystisch gefärbten Religiosität, dem politischen Aktivismus der Zeit setzte er ein quietistisches Entsagungsideal entgegen. Aus dieser Grundeinstellung heraus wandte er sich gegen den Nationalsozialismus, aber auch gegen die Politik als solche. Edfelt fand in den 30er Jahren aus der Ichbezogenheit des an der Welt und an der eigenen Unerfülltheit leidenden Individuums zu einem von Mitleid mit den Verfolgten und Unterdrückten diktierten humanistischen Engagement.

Die am Anfang der 30er Jahre mit Vehemenz vorgetragene Kulturkritik der modernistischen — und vorübergehend primitivistisch beeinflußten — Autodidakten (→ 321) wirkte zusammen mit dem politischen Zeitgeschehen in Europa als Herausforderung für die traditionalistischen Autoren und trug zu ihrer Konzentration auf das bewährte Erbe bei. Es galt, die bestehende Kultur gegen den Ansturm der Barbarei zu verteidigen. So erlebt die traditionelle Dichtung noch einmal eine Blüte. Auf der Suche nach umfassenden und zeitlos gültigen Symbolen griffen die Autoren weit aus in die Geschichte Roms und der frühen Christenheit, ins Mittelalter und in die nordische Vorzeit und die altnordische Mythologie und deuteten die aktuelle Situation in suggestiven Bildern und Gleichnissen. In ihrer Berufung auf die humanen und freiheitlichen Werte knüpften sie mit Vorliebe an die große einheimische idealistische Tradition an, an Tegnér, Rydberg, Ibsen. Eine Dichtung, die sich in dieser Weise in den Dienst dessen stellte, was man als die Verteidigung der abendländischen Kultur schlechthin verstand, blieb zwangsläufig auch in formaler Hinsicht weitgehend konventionell, so daß eine Erneuerung mit der Blüte nicht verbunden war. Abgesehen davon, daß die der klassizistischen Ästhetik immanente Ewigkeitsperspektive dem Zeitgeschehen nicht gerecht wurde, sondern es mythisierte und lediglich als aktuelle

Variante in einem zyklischen Geschichtsverlauf erscheinen ließ, nahmen sich auch die in makelloser Metaphernpracht gestalteten Appelle an die Menschlichkeit nicht selten hohl und formelhaft, wenn nicht unwahrhaftig aus. In den Kriegsjahren, als die Nachbarländer Dänemark und Norwegen von deutschen Truppen besetzt waren, Finnland in den Krieg mit der Sowjetunion verwickelt war, leistete auch die Literatur ihren Beitrag zur geistigen Verteidigungsbereitschaft (andlig beredskap), verfiel dabei aber endgültig einem wohlfeilen Pathos und einer rhetorischen Simplizität, die den absoluten Tiefpunkt der traditionellen Dichtung in Schweden markieren.

Die Erneuerung der schwedischen Lyrik ging von Finnland aus, dessen schwedischsprachige Literatur seit Runeberg (→ 142) stets Impulse aus Schweden aufgenommen, nicht aber nach dort abgegeben hatte. So hatte sich KARL AUGUST TAVASTSTJERNA (1860—1898), der Bahnbrecher einer realistischen, problemgestaltenden Literatur, am schwedischen åttiotal (→ 194) orientiert. RUNAR SCHILDT (1888—1925), der bedeutendste Vertreter der finnlandschwedischen Flaneurliteratur in den Jahren um 1910, war stilistisch und in seiner Weltanschauung ganz bewußt in den Spuren seines Vorbilds Hjalmar Söderberg (→ 298) gefolgt. Seine knappe und zielsichere, zugleich elegante und pointenreiche Erzählkunst hat ihn zu einem Klassiker der modernen finnlandschwedischen Prosa gemacht. Von der Isolation, den Selbstzweifeln und dem Lebensüberdruß eines improduktiven Schriftstellers handelt seine beste Erzählung *Häxskogen* (1920; Der Hexenwald). Die Erfahrung des Ausgeschlossenseins, die Schildt auch in anderen Werken, so der ebenfalls 1920 erschienenen Novelle *Armas Fager*, gestaltet hat, ist — wiewohl teilweise sehr persönlich bedingt — kennzeichnend für eine Zeitstimmung, die vor dem Hintergrund der bewegten Geschichte Finnlands in den ersten zwei Jahrzehnten unseres Jahrhunderts, vor allem aber der Situation der schwedischsprachigen Bevölkerungsminorität gesehen werden muß.

Am Werk ARVID MÖRNES (1876—1946) ist beides ablesbar. Mörne trat zunächst als sozial engagierter Lyriker in Erscheinung (*Ny tid*, 1903; Neue Zeit), gehörte in den Jahren um 1900 zum aktiven Widerstand gegen die Russifizierungspolitik und vertrat in *Den svenska jorden* (Roman, 1915; Die schwedische Erde) die Interessen der finnlandschwedischen Kleinbauern gegen die kapitalistischen Praktiken der (ebenfalls finnlandschwedischen) Grundbesitzer. Nach der Oktoberrevolution, in deren Verlauf Finnland seine Unabhängigkeit erklärte, und nach der Enttäuschung über den Linksruck der Arbeiterbewegung in den Bürgerkriegsjahren 1917—1918, der er in Gedichten unter dem Titel *Offer och segrar* (1918; Opfer und Siege) resigniert Ausdruck gab, machte er sich zum Anwalt des Heimatrechts der schwedischen Sprache und Kultur in Finnland. Häufig geht das patriotische Anliegen ein in seine Schilderungen der finnlandschwedischen Volkskultur und der Naturschönheit der südfinnischen Küstenlandschaft. Vorübergehend verschwand der aktuelle Stoff ganz aus Mörnes Schaffen, er wandte sich zentrallyrischen Themen und Motiven zu und wurde zum einsamen Grübler über Leben und Tod und die Unergründlichkeit des Alls. Doch enthalten die Gedichte der späten Phase, vor allem *Över havet brann Mars* (1939; Über dem Meer brannte Mars) und *Sånger i världsskymning* (1941; Gesänge in der Weltdämmerung) auch zeitkritische Akzente, Angriffe auf die faschistische Lappobewegung und den Nationalsozialismus, angesichts deren Gewaltmentalität Mörne eine trotz düsterer Grundstimmung ungebrochene Hoffnung auf die guten Kräfte der Menschheit verkündet.

Die Wirren der Kriegs- und Bürgerkriegsjahre mit ihrer brutalisierenden Wirkung, ihrem menschlichen Elend und ihrer sozialen Unruhe brachten eine Welt zum Einsturz, die überkommenem Denken als festgefügte Wert- und Daseinsordnung gegolten hatte. Während die Autoren der älteren Generation wie Mörne darauf mit dem Rückzug in eine private Schönheits- und Ideenwelt reagierten und dabei von den gewohnten Bahnen des Denkens und Dichtens nicht abwichen, empfand die jüngere Generation die Diskrepanz zwischen dem harmonie- und ordnungsbetonten Gestaltungsprinzip der Dichtung und ihrem eigenen Wirklichkeitserlebnis und suchte nach neuen Ausdrucksformen. So findet der auf dem Kontinent unter ähnlichen Bedingungen entstandene Expressionismus bei den jungen finnlandschwedischen Lyrikern gelockerten und fruchtbaren Boden vor.

EDITH SÖDERGRAN (1892—1923) war als Kind finnlandschwedischer Eltern in St. Petersburg geboren und besuchte dort die deutsche

Schule. Sechzehnjährig erkrankte sie an Lungentuberkulose und verbrachte die nächsten Jahre in Sanatorien in Finnland und der Schweiz. Nach der Oktoberrevolution, die die Familie um ihre Existenzgrundlage brachte, lebte sie unter ärmlichsten Bedingungen in dem karelischen Dorf Raivola bis zu ihrem Tod. Edith Södergran stand also der finnlandschwedischen und schwedischen literarischen Tradition relativ fern, sie war kosmopolitisch orientiert und vertraut mit den neuesten kontinentalen Strömungen, dem französischen und deutschen Spätsymbolismus, dem Expressionismus und dem russischen Futurismus. Trotz dieser vielfältigen Einflüsse ist ihre erste Gedichtsammlung *Dikter* (1916) ein ganz und gar selbständiges Werk mit einem sehr persönlichen und in der schwedischen Lyrik bis dahin nicht vernommenen Klang. Eine bis zum Bersten aufgeladene Phantasie- und Gefühlswelt und ein unbändiger Ausdruckswille waren die Triebkräfte ihres lyrischen Temperaments. Unbekümmert um „edle Stile" (*Förhoppning*, 1918) und um logisch argumentativen Aufbau schrieb sie ihre Gedichte in freien, meist ungereimten Versen und in einer locker assoziierenden, kaleidoskopartigen Bildersprache. Das Ergebnis dieser Schreibweise sind sehr spontane, persönliche Texte, die nicht dem Bemühen um Objektivierung unterzogen sind und den Leser unvermittelt mit einer ganz ungewohnten, von waghalsigen Metaphern und überraschenden Einfällen belebten Vorstellungswelt konfrontieren:

> Jag är ingen kvinna. Jag är ett neutrum
> Jag är ett barn, en page och ett djärvt beslut,
> jag är en skrattande strimma av en scharlakanssol . . .
> Jag är ett nät för alla glupska fiskar,
> jag är en skål för alla kvinnors ära,
> jag är ett steg mot slumpen och fördärvet,
> jag är ett språng i friheten och självet . . .
> Jag är blodets viskning i mannens öra,
> jag är en själens frossa, köttets längtan och förvägran,
> jag är en ingångsskylt till nya paradis.
> Jag är en flamma, sökande och käck,
> jag är ett vatten, djupt men dristigt upp till knäna,
> jag är eld och vatten i ärligt sammanhang på fria villkor . . .

(Ich bin kein Weib. Ich bin ein Neutrum.
Ich bin ein Kind, ein Page und ein kühner Entschluß,
ich bin ein lachender Streifen einer Scharlachsonne . . .,
ich bin ein Netz für alle gierigen Fische,
ich bin eine Schale für aller Frauen Ehre,
ich bin ein Schritt zu Zufall und Verderben hin,
ich bin ein Sprung in die Freiheit und das Selbst . . .,
Ich bin das Flüstern des Blutes im Ohr des Mannes,
ich bin Fiebern der Seele, Sehnsucht und Verweigern des Fleisches,
ich bin ein Eingangsschild zu neuen Paradiesen.
Ich bin eine verwegene und suchende Flamme,
ich bin ein Wasser, tief, doch dreist bis zu den Knien,
ich bin Feuer und Wasser in ehrlicher Einheit zu freien Bedingungen . . .)

(Vierge moderne)

Das aus einem Text wie diesem sprechende intensive Ichgefühl der Södergran erfährt durch das Erlebnis Nietzsches eine Ausweitung ins Unermeßliche. Die Bände *Septemberlyran* (1918; Die Septemberlyra), *Rosenaltaret* (1919; Der Rosenaltar) und *Framtidens skugga* (1920; Schatten der Zukunft; alle dt. in E.S., Feindliche Sterne 1977) enthalten visionäre Schilderungen ekstatisch-rauschhafter Selbstentgrenzung, kosmischer Perspektiven und erotisch getönter Glückszustände, in denen die von Krankheit und Armut niedergedrückte junge Frau sich in zäher Selbstbehauptung — auch gegen das höhnische Urteil der Zeitgenossen — eine Traumwelt schuf, die doch am Ende nicht bestehen konnte vor der Wirklichkeit. *Framtidens skugga* beinhaltet neben visionären Höhenflügen das Eingeständnis der Unzulänglichkeit der Poesie *(Materialism)*:

Lekarnas lek, du smakar gott, du doftar underbart,
dock finnes ingen själ och har det aldrig funnits någon själ.
Det är sken, sken, sken och idel lek.

(Spiel der Spiele, du schmeckst gut, du duftest wunderbar,
doch es gibt keine Seele und hat sie nie gegeben.
Es ist Schein, Schein, Schein und eitel Spiel.)

(Materialism)

Edith Södergran hörte auf zu schreiben und wandte sich religiösen Studien zu.

Ihre engste Vertraute und die energischste Vorkämpferin für den Modernismus war die Kritikerin und Autorin HAGAR OLSSON (1893—1978), die 1922 mit der Zeitschrift *Ultra* ein allerdings kurzlebiges Organ für die Gruppe junger Autoren begründete, die sich der modernistischen Richtung anschlossen. Zur *Ultra*-Gruppe gehörte auch ELMER DIKTONIUS (1896—1961), der die von Edith Södergran begonnene Auflösung der gebundenen Vers- und Strophenform weiterführte. Thematisch gibt es zwischen beiden keine Berührungspunkte. Diktonius trat nicht als romantisch-seherischer Himmelsstürmer, sondern als Sozialrevolutionär auf, der seine aufrührerische Botschaft mit zorngeballter Faust ins Bewußtsein der Gegenwart hämmerte. Hatte Edith Södergran geträumt, aus dem „Teig des Gedichts" einst eine Kathedrale backen zu können *(Förhoppning)*, so heißt es bei Diktonius — in seinem wohl am stärksten von ihrer Diktion geprägten Gedicht *Jaguaren:*

Så är vi två, min dikt och jag: en klo
en vilja är vi två, ett gap en tand
tillsammans är vi: en maskin som slår.

(So sind wir zwei, mein Gedicht und ich: eine Klaue
ein Wille sind wir zwei, ein Schlund ein Zahn
zusammen sind wir: eine Maschine die schlägt.)
(*Hårda sånger,* 1922; Harte Gesänge)

Seine frühen Gedichtsammlungen sind, das lassen schon die weiteren Titel *Taggiga lågor* (1924; Gezackte Flammen), *Stenkol* (1927; Steinkohle) und *Stark men mörk* (1930; Stark aber dunkel) erkennen, kraftgenialisch derb und herausfordernd. So gilt Diktonius als der „harte Mann" der schwedischsprachigen Lyrik, aber seine Modernität hält sich in Grenzen. Mit seinen oft geradlinig erzählenden Texten provoziert er in der Sache und im Tonfall, nicht durch Dunkelheit und Sprachzertrümmerung. Dies sind dagegen die auffallendsten Merkmale der Lyrik GUNNAR BJÖRLINGS (1887—1960), der vom Dadaismus herkam. Björlings Lyrik liegt eine Philosophie der „Nicht-Begrenzung" zugrunde, die besagt, daß alles unabgeschlossen, unendlich und in ständigem Fließen begriffen ist. Diese Unabgeschlossenheit versuchte Björling dichterisch durch Reduzierung des sprachlichen Ausdrucks zu erfassen; die normale Syntax ist aufgehoben, alle Wörter — zwischen denen die Pausen ein wichtiges Ausdrucksmittel darstellen — sind gleichwertig, vor allem Konjunktionen wie „aber, daß, und“ etc. werden in prädikatlosen „Sätzen“ mit Bedeutung aufgeladen:

En sten	(Ein Stein
och	und
ord	Wörter
en sten, och löv	ein Stein, und Laub
och ibland gräsen	und zwischen den Gräsern
sten och	Steine und
ord	Wörter)

In Schweden wurden die modernistischen Impulse aus Finnland zuerst von einer Gruppe junger Autodidakten aufgenommen, die sich 1929 mit der Anthologie *5 unga* (Fünf Junge) vorstellte. Ebenso aufsehenerregend wie der avantgardistische Charakter der von formalen und sprachlichen Konventionen befreiten Lyrik und lyrischen Prosa der „Fünf Jungen“ war das revolutionäre Pathos, mit dem sie ihren vitalistischen „Lebensglauben“ propagierten. Der Theoretiker der Gruppe war ARTUR LUNDKVIST (*1906), dessen frühe Arbeiten romantisch-ekstatische Sinnenfreude predigen; Titel wie *Glöd* (1928; Glut), *Naket liv* (1929; Nacktes Leben) oder *Jordisk prosa* (1930; Irdische Prosa) sind programmatisch deutlich. Seinem Vorbild Diktonius folgend und beeinflußt von den Poeten der sog. Chikago-Gruppe wie Edgar Lee Masters und Carl Sandburg macht sich Lundkvist zum Verkünder eines Dynamismus, in dem Maschinen- und Großstadtkult vorübergehend mit der Betonung naturhaft elementarer Sinnlichkeit eine merkwürdige Verbindung eingingen. Nach surrealistischen Experimenten in *Sirensång* (1937; Sirenengesang) fand Lundkvist zu gedämpfteren Tönen und einer einfachen lyrischen Sprache (*Korsväg*, 1942; Kreuzweg), veröffentlichte aber in der Folgezeit überwiegend Prosa. Reiseschilderungen und essayistische Arbeiten über Kunst und Literatur haben ihn populärer gemacht als seine Dichtung. Als Vermittler internationaler literarischer Strömungen hat er seit dem Beginn der 30er Jahre den Horizont seiner schreibenden und lesenden Landsleute ausgeweitet wie kein anderer Autor in diesem Jahrhundert. Von den „Fünf Jungen“ hat sich neben Lundkvist nur

Harry Martinson (1904—1975) als Lyriker einen Namen gemacht. Dem Lebenskult der Gruppe gewann er eine ganz eigene Version ab, die utopische Vorstellung eines Weltnomadentums, das für ihn die Alternative zur „Maschinenzivilisation", zur Verselbständigung einer menschenfeindlichen Technik, und zu den Auswüchsen der Massengesellschaft darstellte. Von diesem Standpunkt aus bezeichnete er seinen Modernismus als kulturfeindlich, doch fehlt seinem Werk die Härte eines Diktonius. Seine frühe Lyrik *Nomad* (1931; Nomade) und *Natur* (1934) zeigt bereits eine weit entwickelte Sprachkunst, rhythmische Bewegtheit, eine enorme Assoziationsbreite, eine auf die Steigerung sinnlicher Eindrücke abzielende, zuweilen ausgeprägt impressionistische Bildhaftigkeit. *Resor utan mål* (1932; Reisen ohne Ziel) und *Kap Farväl* (1932; Kap Lebewohl) enthalten Prosatexte, Erinnerungen aus seiner Seemannszeit und lyrische Skizzen, die schon den starken meditativen Zug erkennen lassen, der das weitere Werk des Autors bestimmen sollte. Die autobiographischen Kindheitsromane *Nässlorna blommar* (1935; Die Nesseln blühen 1967) und *Vägen ut* (1936; Der Weg hinaus 1970) beschließen die Phase der Rückbesinnung des Autors auf seinen Werdegang. Sie enthalten Rückblicke des in seiner Kindheit von Hof zu Hof gereichten „Gemeindekinds", doch ohne Bitterkeit, sind weniger soziale Anklage als Versuche der Selbstbesinnung und Abklärung. In den folgenden Jahren schrieb Martinson Naturbetrachtungen, Prosaskizzen voller exakt beobachteter Details und angereichert mit philosophischen und kulturkritischen Passagen, in denen der Autor Einsicht zu gewinnen sucht in die Gesetzmäßigkeiten eines kosmischen „All-Lebens". In der Gedichtsammlung *Passad* (1945; Passat) vereinigte er taoistische Mystik und abendländischen Humanismus zur Verkündung einer Lebens- und Weltweisheit, die im Traum und in der Meditation, auf Fahrten „zu nomadischen Küsten im Innern" Erfüllung und Glück sucht. Die gleiche Botschaft vermittelt der volkstümlich einfache, episodisch erzählte Landstreicherroman *Vägen till Klockrike* (1948; Der Weg nach Glockenreich 1953). Es ist ein ganz und gar romantisches Buch, eine Absage an alle das Leben schematisierenden und den Menschen rigid verwaltenden Systeme; zugleich ist es mit seinem Konzept der Wirklichkeitsflucht, der ahnungsvollen Versenkung in die innere

Harmonie und die ruhende Ordnung des Kosmos, kraft deren sich der Landstreicher Bolle über die Konflikte und Widerwärtigkeiten des Lebens erhebt, ein typisches Produkt der unmittelbaren Nachkriegszeit, vergleichbar dem Neu-Idealismus des Hereticakreises in Dänemark (→ 239) und in seiner Art ein Beitrag zur trolöshets-Literatur (→ 329). Die indirekte Zeit- und Kulturkritik seines Landstreicherromans setzte Martinson direkter und engagierter fort in dem Versepos *Aniara* (1956; dt. 1961), einer „Revue vom Menschen in Zeit und Raum". Das Raumschiff Aniara, mit 6000 Emigranten von der strahlenverseuchten Erde an Bord, treibt manövrierunfähig in die Weite des Weltraums hinaus. Mit diesem Symbol für die der moralischen Kontrolle des Menschen entglittene technische Entwicklung hat Martinson den phantastischen Rahmen für eine in ihrer kritischen Dimension sehr realistische Darstellung der Situation der Menschheit in der Mitte des 20. Jahrhunderts entworfen. Das aus 103 Gesängen bestehende Werk spricht den Leser unmittelbar an durch die suggestive Gestaltung seiner Raumvisionen und die aus dem Flug des Raumschiffs ins endlose Ungewisse entspringende innere Dynamik der Handlung. *Aniara* ist ein pessimistisches Werk, ein Menetekel: Das Wunderwerk des Fortschritts, das Raumschiff, das die Menschheit zu neuen Lebensmöglichkeiten, zu einem neuen Paradies führen soll, nachdem sie das alte unbewohnbar gemacht haben, wird ihnen zum Sarg.

Eine gemeinsame Voraussetzung aller modernistischen Dichtung in Schweden am Beginn der 30er Jahre war — neben den literarischen Einflüssen aus Frankreich und den angelsächsischen Ländern — die Psychoanalyse. Sie bildete den Ausgangspunkt für den teilweise einseitig auf die freie Entfaltung des Sexualtriebs zielenden Lebenskult der Autodidakten um Artur Lundkvist. Sie lieferte aber auch Anknüpfungspunkte für die Theorie einer neuen poetischen Sprache. Karin Boye (1900—1940) veröffentlichte 1932 in der Avantgardezeitschrift *Spektrum* einen Aufsatz mit dem charakteristischen Titel *Språket bortom logiken* (Die Sprache jenseits der Logik), in dem sie unter Hinweis auf die Erkenntnisse der Psychoanalyse für eine Ablösung der logischen Struktur der Dichtung durch eine Symbolstruktur plädierte. Auch der surrealistische Ansatz, das Unbewußte mit den Mitteln der Kunst freizusetzen und die Grenzen der rationalen Vorstellungskraft zu sprengen, um irreale Erfahrungsräume zu erschließen, wirkte anregend auf die schwedischen Modernisten, ohne daß es indessen zu einer ausgeprägt surrealistischen Dichtung kam. Karin Boye gehörte der marxistischen Studentenorganisation Clarté an, die besonders in den 20er Jahren (gegr. 1922) für die Radikalisierung der politischen und kulturellen Debatte sorgte, und aus der zahlreiche führende „Kulturpersönlichkeiten" hervorgingen, u.a. der Philosoph und (modernistische) Lyriker ARNOLD LJUNGDAL (1901—1968), der Kunst- und Literaturkritiker und (traditionelle) Lyriker ERIK BLOMBERG (1894—1965), der Literatursoziologe VICTOR SVANBERG (*1896) und der Literaturwissenschaftler, Politiker und (traditionelle) Lyriker STELLAN ARVIDSON (*1902). Das Beispiel Blombergs und Arvidsons zeigt, daß radikales politisches Denken nicht notwendigerweise zum Bruch mit herkömmlichen Dichtmustern führte, wie auch Karin Boyes poetischer Neuerungswille keineswegs ein unmittelbarer Ausdruck ihrer politischen Überzeugung war. Ihre Dichtung spiegelt individuelle Konflikte, die inneren Spannungen einer zwischen religiöser Ergebung und teils heroisch-pathetischer, teils rationaler Selbstbehauptung hin- und hergerissenen Persönlichkeit. Ihre Gedichte sind Befreiungsakte, Versuche, die Grenzen des Selbst zu den Bereichen des mystisch Erfahrbaren hin auszudehnen. In der Sammlung *För trädets skull* (1935; Des Baumes wegen) erreicht die aus diesem Streben erwachsene symbolistische „Sprache jenseits der Logik" ihre reifste Ausformung. Von Karin Boyes Prosaarbeiten ist v.a. der Zukunftsroman *Kallocain* (1940; dt. 1947) zu nennen, die unter dem Eindruck der stalinistischen Säuberungsaktionen in der Sowjetunion und der faschistischen Gewaltherrschaft in Italien und Deutschland entstandene Vision eines technokratischen und militärisch organisierten Weltstaates, in der jedes individuelle Leben, selbst privateste Gefühle und Gedanken, der Kontrolle durch ein perfektes Überwachungssystem unterworfen sind.

GUNNAR EKELÖF (1907—1968) stand zeitlebens außerhalb aller Gruppierungen. Er interessierte sich früh für orientalische Dichtung und Philosophie, studierte u.a. Musik und bekam in Paris Kontakt mit den neuesten Richtungen der Malerei, Kubismus und Surrealismus, übersetzte surrealistische Lyrik aus dem Französischen und war Mitarbeiter in der modernistischen Zeitschrift *Spektrum* und in deren

Nachfolgerin *Karavan.* Sein Erstling *sent på jorden* (1932; spät auf der erde) weckte Aufsehen, aber kein positives Echo. Die Form- und Sprachzertrümmerung und die konsequente Verweigerung einer logisch nachvollziehbaren Sinngebung, die Ekelöf hier programmatisch betrieb — *krossa bokstävlarna mellan tänderna gäspa vokaler* / zermalmt die buchstäbler zwischen den Zähnen gähnt vokale (sonatform denaturerad prosa) — kamen drei Jahrzehnte zu früh, erst die konkrete Poesie der 60er Jahre nahm die hinter Ekelöfs Experimenten verborgene Idee von der Sprache als einem beliebig formbaren, von Bedeutung freien Rohmaterial wieder auf. Ekelöf selber strebte in seinen folgenden Gedichtsammlungen nach der Übertragung musikalischer Kompositionsprinzipien auf die Dichtung. In *Färjesång* (1941; Fährlied) und *Non serviam* (1945) entspricht der so disziplinierten Formgebung die Rückgewinnung der Sprache als Kommunikationsmittel und Träger eines logisch aufgebauten Sinngehalts. Die Gedichte in *Färjesång* sind hauptsächlich Variationen über das Thema der Selbstfindung des Ichs durch Überwindung des an die Realität gebundenen Lebens und seiner wohlfeilen Glaubenssätze. Beschritt der Autor hier den Weg indischer Mystik, um sich der sinnlosen Wirklichkeit zu entziehen und einem „Unbestimmten und Unbestimmbaren" zu nähern, so greift er in *Non serviam* und in *Strountes* (1955) zu Mitteln der Satire und der Parodie, um sich der Banalität der Welt — konkretisiert in der sterilen Ordnung des schwedischen „folkhems" (Volksheims) — zu erwehren. Nach der „Antipoesie" von *Strountes* kehrte Ekelöf in *En Mölna-elegi* (1960; Eine Mölnaelegie) zum musikalischen Aufbauprinzip und zur Assoziationsdichtung zurück. Es ist ein Buch der gelehrten und weitausgreifenden literarischen Anspielungen, der Rückschau auf Vergangenheit und Tradition und der persönlichen Erinnerungen. Ekelöfs Alterswerk und für viele der Höhepunkt seines Schaffens ist die Diwan-Trilogie, deren zwischen 1965 und 1967 erschienene Teile, *Dīwān över Fursten av Emgíon* (Diwan über den Fürsten von Emgíon), *Sagan om Fatumeh* (Das Märchen von Fatumeh) und *Vägvisare till underjorden* (Wegweiser zur Unterwelt) ein Triptychon darstellen. Das auf altorientalischen und spätantiken Motiven und Mythen aufbauende Werk birgt die Summe der Gelehrsamkeit, der in jahrzehntelanger Auseinandersetzung mit der

Sprache gewonnenen Sprachkraft und der mystischen Lebensweisheit des Autors, dessen Register breiter war als das irgend eines anderen schwedischen Lyrikers in unserem Jahrhundert. Es umfaßt das Magisch-Visionäre ebenso wie das Romantische, das Volkstümlich-Einfache und antiästhetische Unsinnspoesie. Es gibt daher kaum eine lyrische Strömung seit den 30er Jahren, die nicht auf Gunnar Ekelöf als Vorgänger sich berufen könnte: das fyrtiotal (→ 328), die hermetische Lyrik der 50er Jahre, die neueinfache (→ 341) ebenso wie die konkrete Poesie. Während der 30er Jahre allerdings war die modernistische Lyrik eine Randerscheinung der schwedischen Literatur. Die Parole der Zeit hieß Kulturverteidigung und schuf ein ungünstiges Klima für revolutionäre künstlerische und weltanschauliche Experimente.

Durchschlagender als die isolierten modernistischen Ansätze in der Lyrik war die Umwälzung auf dem Gebiet des Romans in den 30er Jahren, die sich allerdings, von wenigen Ausnahmen abgesehen, auf Inhaltliches beschränkte. Sie war ausschließlich das Werk der Arbeiter- oder Proletarierschriftsteller, die den in Pessimismus und melancholischer Selbstbespiegelung sowie in der Gebundenheit an das begrenzte eigene Milieu erstarrten bürgerlichen Roman in wenigen Jahren in den Hintergrund drängten. Die meisten dieser Autodidakten waren durch die Volksbildungsinstitutionen der Arbeiterbewegung, die schon früh besonderes Gewicht auf den kulturellen Sektor gelegt hatte, zur Literatur gekommen und hatten ihre ersten Schreibversuche in der sozialdemokratischen und gewerkschaftlichen Presse gemacht. Abgesehen von dem aufrührerischen Strindberg des åttiotal (→ 194) und der *Reden an die schwedische Nation* (→ 214) war die Tradition, an die sie hätten anknüpfen können, noch jung und wenig markant: eine erste, kurz vor dem Ersten Weltkrieg in Erscheinung getretene Generation von Arbeiterschriftstellern wie MARTIN KOCH, (1882—1940), FABIAN MÅNSSON (1872—1938), GUSTAV HEDENVIND-ERIKSSON (1880—1967) und DAN ANDERSSON (1888—1938), sowie die Lyriker Ragnar Jändel und Erik Lindorm (→ 309).

MARTIN KOCH schrieb den ersten schwedischen Arbeiterroman, *Arbetare. En historia om hat* (1912; Arbeiter. Eine Geschichte vom Haß); seine naturalistischen Schilderungen proletarischer Milieus sind jedoch nur anfänglich klassenkampfbetont, schon in seinem Hauptwerk *Guds vackra värld* (1916; Gottes schöne Welt), mit dem Untertitel „Eine Geschichte von Recht und Unrecht", behandelt er Klassengegensatz und soziales Elend unter dem Gesichtspunkt moralischer Verantwortung und religiösen Trostes. Eigene Erfahrungen als Wanderarbeiter und später als Bauer lagen dem literarischen Schaffen GUSTAV HEDENVIND-ERIKSSONS zugrunde. Die industrielle Erschließung des schwedischen Norrlands, der dadurch ausgelöste soziale, geistige und moralische Umbruchsprozeß und das Leben der rallare, der Wanderarbeiter aus jener Pionierzeit des Nordens, sind Gegenstand seiner Romane und Romanzyklen, in denen eine volkstümliche Erzählweise mit märchenhaften Zügen und biblischen Anklängen vorherrscht. Der früh verstorbene DAN ANDERSSON schrieb eine Reihe von Erzählungen über das harte Leben der Köhler in den einsamen Waldgebieten Mittelschwedens (*Kolarhistorier,* 1914), in denen eine romantisch verklärende Sicht des freien Lebens in der Wildnis zuweilen stärker hervortritt als eine soziale Problematik. Die Lyrik der Bände *Kolvaktarens visor* (1917; Die Lieder des Köhlers) und *Svarta ballader* (1917; Schwarze Balladen) ist uneinheitlich, sozialkritisch und romantisch schwärmerisch in der ersten, religiös grüblerisch in der zweiten Sammlung. Die zwei autobiographischen Romane *De tre hemlösa* (1918; Die drei Heimatlosen) und *David Ramms arv* (1919; David Ramms Erbe) spiegeln die inneren Konflikte eines Mannes, der um Befreiung vom düsteren Erbe eines strengen Pietismus rang. Dan Andersson war wie manche Autodidakten zu früh zu vielen literarischen Einflüssen ausgesetzt und fand bis zu seinem Tod durch einen Unglücksfall keine klare eigene Linie. Die bürgerliche Literaturkritik hat ihn hochstilisiert zu einer Symbolfigur: dem Suchenden, der aus der Tiefe des Volkes ans Licht drängt.

Auch die zweite Generation von Arbeiterschriftstellern hatte, als sie am Beginn der 30er Jahre mit ihrem primitivistischen Lebenskult das gebildete Publikum schockierte, eine Phase unruhigen Experimentierens hinter sich. Getragen vom Aufwind der politischen Emanzipation ihrer Klasse und frei von der akademischen Tradition, suchten sie literarische Anregungen und weltanschauliche Leitbilder außerhalb der sanktionierten Gefilde und verkündeten selbstbewußt und mit optimistischem Elan die radikalen Parolen der ihrer Ansicht nach heraufkommenden neuen Gesellschaft, als deren Vorkämpfer sie sich fühlten. Obwohl ihnen eine gemeinsame und klare ideologische Ausrichtung fehlte, waren sie einig in ihrer Opposition gegen die bürgerliche Gesellschaft und die etablierte bürgerliche Kultur. Nicht zuletzt die ökonomisch prekäre Situation, mit der sie am Beginn ihrer Laufbahn ausnahmslos zu kämpfen hatten, schärfte ihren Blick für die Klassenunterschiede und die erstarrten bürgerlichen Konventionen und machte sie empfänglich für Befreiungslehren, wie sie die popularisierte Psychoanalyse, der Elementarismus Walt Whitmans und Sherwood Andersons und die Sexualmystik des Engländers D. H. Lawrence bereitstellten. Gegen die Anpassungszwänge der modernen Zivilisation und die Unterdrückung der Sexualität durch die überkommene Moral forderte man die Rückkehr zu natürlichen Lebensformen, die dem Triebwesen des Menschen und seiner spontanen Kreativität ungehemmte Entfaltung ermöglichen sollten. So vermischen sich in ihren frühen Werken Gesellschaftskritik, Sexualromantik und Naturschwärmerei zu einem modernen Rousseauismus, der — als Primitivismus, Vitalismus oder Lebenskult bezeichnet — indessen eine rasch vorübergehende Erscheinung war. Vilhelm Mobergs *Mans kvinna* (1933; Weib eines Mannes 1936), Eyvind Johnsons *Bobinack* (1932) und *Regn i gryningen* (1933; Regen in der Morgendämmerung) und Rudolf Värnlunds *Det druckna kvarteret* (1929; Das versoffene Viertel) sind markante Beispiele für diese Phase. Weniger die heftige bürgerliche und orthodox kulturbeflissene sozialdemokratische Kritik, die den Primitivismus in die Nähe der nationalsozialistischen Blut-und-Boden-Literatur zu rücken versuchte, dürfte sein Abebben verursacht haben als der natürliche Reifeprozeß der Autoren, die sich nach der sicheren Installierung einer nichtbürgerlichen Partei in der Regierung des Landes einem Genre zuwandten, das ihnen die Möglichkeit gab, ihre eigene Enwicklung als symbolisch für die gesamtgesellschaftliche Entwicklung darzustellen: dem autobiographischen Roman. Denn die in diesen meist mehrbändigen Romanwerken geschilderte Entwicklung der Hauptpersonen ist immer eine Emanzipation, ein Ausbruch aus sowohl sozial wie intellektuell beschränkten Verhältnissen, der sie, so individuell verschieden ihre Lebenswege auch sein mögen, stets zu einem überindividuell gesellschaftlich orientierten Bewußtsein führt. Strindbergs *Tjänstekvinnans son* (→ 197 f.), Lagerkvists *Gäst hos verkligheten* (→ 309) und Dan Anderssons Romane gaben die Muster für die Selbstbiographien der 30er Jahre ab: unter anderem Lo-Johanssons *Godnatt jord* (1933; Gute Nacht, Erde 1966), Johnsons *Romanen om Olof* (1934—37; Hier hast du dein Leben 1967), Fridegårds *Lars Hård* (1935—36), Moa Martinsons *Mor gifter sig* (1936; Mutter heiratet 1957) und *Kyrkbröllop* (1938 Kirchliche Hochzeit), Harry Martinsons *Nässlorna blommar* und *Vägen ut* (→ 317) und Värnlunds *Hedningarna som icke hava lagen* (1936; Die Heiden, die kein Gesetz haben). Der grundlegende Unterschied dieser Werke zur gleichzeitigen bürgerlichen Literatur ist augenfällig. Dort herrschte die Desillusion über die Sinnlosigkeit des Daseins, Entfremdung und Identitätsverlust und hatte, vor allem in der Lyrik, zur Abkehr von der Wirklichkeit und zur Kultivierung eines teils geistesaristokratischen, teils religiös mystischen Individualismus geführt, zur Abkapselung von der Gemeinschaft und heroisch-pathetisch stilisiertem Außenseitertum. Demgegenüber entdecken die Helden der proletarischen Entwicklungsromane nicht nur ihren persönlichen Lebenssinn und damit zugleich ihre Identität, sondern auch ein Gemeinschaftsbewußtsein, eine durchaus nicht nur klassenbetonte Solidarität mit den Mitmenschen. Ihr Individualismus ist in diese Solidarität eingebunden, wie bei Olof, dem alter ego des Autors Eyvind Johnson in *Romanen om Olof*: „Es gibt nur einen einzigen Menschen, und das bist du — und außerdem gibt es alle anderen Menschen. Du gehörst zu ihnen. - - - Du bist du, aber du mußt mit den anderen, die nicht du sind, zusammenhalten — denn du bist du vielleicht nur durch sie."

So weist die Struktur dieser autobiographischen Romane eine auffallende Homologie zur gleichzeitigen gesellschaftlichen Situation in Schweden auf, in der das Volksheim Gestalt anzunehmen begann. Die kulturelle Identitätsfindung des Volksheims und das Entstehen eines egalitären Gemeinschaftsgedankens sind wesentlich von den Arbeiterschriftstellern gefördert worden. Ihre große Leistung ist vor allem in der thematischen und stofflichen Ausweitung der Gesellschaftsschilderung zu sehen. Sie erschlossen der Literatur bis dahin ungenutzte Erfahrungsbereiche und schufen Identifikationsmodelle, die dem Selbstverständnis der breiten Bevölkerungsmehrheit, die immer mehr auch zum lesenden Publikum wurde, in eben dem Maß entsprachen, wie zuvor die Werke bürgerlicher Autoren dem Selbstverständnis ihres spezifischen Publikums entsprochen hatten. So rückte VILHELM MOBERG (1898—1975) das karge Leben der Bauern seiner smäländischen Heimat in Vergangenheit und Gegenwart ins Blickfeld und schrieb in seinem bekanntesten Werk, dem vierteiligen *Romanen om utvandrarna* (1949—59; Der Roman von den Auswanderern, dt. nur die Teile *Utvandrarna*, Bauern ziehen übers Meer 1954 und *Invandrarna*, Neue Heimat im fernen Land 1955) die Geschichte der Auswanderung smäländischer Bauern nach Amerika in der zweiten Hälfte des 19. Jahrhunderts. Mit diesem auf umfassenden Studien und Nachforschungen beruhenden Werk wurde er nicht nur zum populärsten volkstümlichen Erzähler seines Landes, sondern auch zum Anreger für die bis dahin vernachlässigte wissenschaftliche Erforschung der Auswanderung. IVAR LO-JOHANNSSON (*1901), JAN FRIDEGÅRD (1897—1968) und MOA MARTINSON (1890—1964) bildeten die sogenannte Statarschule; sie behandelten die menschenunwürdigen Verhältnisse, in denen die „statare", auf den großen Gutshöfen „gehaltene", nur in Naturalien bezahlte Landarbeiter (Instleute), noch bis 1945 zu leben gezwungen waren. Lo-Johansson strebte eine kollektive Darstellung dieser statare und ihrer Lebensbedingungen an, doch ein echter Kollektivroman ist ihm nur mit *Traktorn* (1943; Der Traktor) gelungen. Er ist der konsequenteste Naturalist und der vehementeste Sozialagitator unter den Arbeiterschriftstellern; mehr soziologisch als psychologisch interessiert, breitet er eine solche Fülle von sachlichen Details, Massenszenen und Einzelgestalten vor dem Leser aus, daß die Orientierung in seinen umfangreichen Romanen nicht immer leicht fällt. Besser kommen seine Qualitäten in den Erzählungen *Statarna* (1936—37; Die Instleute) und *Jordproletärerna* (1941; Die Erdproletarier) zur Geltung. Zwischen 1951 und 1960 veröffentlichte er eine Autobiographie in acht Teilen. Seit 1968 erschienen bisher zehn Novellenbände, die meisten davon Teile eines großangelegten Zyklus über die menschlichen Passionen. JAN FRIDEGÅRD wurde populär durch die Wikingertrilogie *Trägudars land* (1940; Land der Holzgötter), *Gryningsfolket* (1944; Volk der Morgendämmerung) und *Offerrök*

(1949; Opferrauch), in der er im Gegensatz zu FRANS G. BENGTSSONS (1894–1954) humoristischem Pastiche *Röde Orm* (1941/45; Die Abenteuer des Röde Orm 1951) eine das Wikingertum entromantisierende Darstellung jener „heroischen Zeit des Nordens“ aus der Sicht eines der damals Unterdrückten, des Sklaven Holme, gibt.

Die Mehrzahl der Autodidakten stammte vom Lande und behandelte wohl die Probleme der in die Stadt verschlagenen und sozial und moralisch entwurzelten Landbevölkerung wie Lo-Johansson in *Kungsgatan* (1935; dt. 1966) und Moberg in seiner autobiographischen Knut-Toring-Trilogie (*Sänkt sedebetyg* 1935; Knut Torings Verwandlung 1936; *Sömnlös* 1937; Schlaflos 1938 und *Giv oss jorden!* 1939; Gib uns die Erde!), aber das städtische Proletariat und das Industriearbeitermilieu blieben außerhalb ihres Gesichtsfelds. Es waren die in Stockholm aufgewachsenen ERIK ASKLUND (*1908) und RUDOLF VÄRNLUND (1900–1945), die diese Seite der schwedischen Wirklichkeit in das literarische Spektrum der 30er Jahre einbrachten. Der eindrücklichste Roman aus dem Arbeitermilieu Stockholms aber ist JOSEF KJELLGRENS (1907–1948) *Människor kring en bro* (1935; Begegnungen an einer Brücke 1954), ein halbdokumentarischer Kollektivroman über den Bau von Västerbron. Kjellgren war lange zur See gefahren und schilderte in den ebenfalls dem kollektiven Muster folgenden Romanen *Smaragden* (1939; Der Smaragd) und *Guldkedjan* (1940; Die Goldkette) Solidarität und Kameradschaft unter den Seeleuten und den harten Alltag auf See mit einer Sachkenntnis und Nüchternheit, die in der schwedischen Literatur unübertroffen sind.

Erst in den 40er Jahren findet das ausweglos triste Dasein der Industriearbeiter Beachtung in den Romanen FOLKE FRIDELLS (*1904), z.B. *Död mans hand* (1946; Eines toten Mannes Hand 1949), aber der eigentliche Durchbruch einer Literatur der industriellen Arbeitswelt erfolgte erst in den späten 60er Jahren.

Ist die traditionell realistische Romanform mit einer episch breit und geradlinig sich entfaltenden Handlung bei den Arbeiterschriftstellern die Regel, so stellt das Werk EYVIND JOHNSONS (1900–1975) in dieser Hinsicht die Ausnahme dar. Schon in den 20er Jahren hatte Johnson während eines längeren Frankreichaufenthalts den modernen europäischen Roman (Gide, Proust, Joyce) kennengelernt und experimentierte mit avancierten Romantechniken. Er führte den inneren Monolog in die schwedische Literatur ein (*Kommentar till ett stjärnfall,* 1929; Kommentar zu einer Sternschnuppe), versuchte sich an symbolischen und allegorischen Gestaltungsweisen *(Bobinack, Regn i gryningen)* und erprobte verschiedene Formen des synthetischen Romans, in dem die illusionschaffende, kontinuierliche Handlungsführung aufgegeben und durch ein die Zeitebenen, Schauplätze und Identitäten der Handelnden wechselndes Konstruktionsprinzip ersetzt ist. Ziel dieser Technik ist es, dem falschen Eindruck der Überschaubarkeit der Realität entgegenzuwirken und die Komplexität und Vielschichtigkeit des scheinbar Einsichtigen aufzuzeigen. In diesem Zusammenhang ist auch die Problematisierung der Rolle des Erzählers zu sehen, die kein schwedischer Autor so weit getrieben hat wie Eyvind Johnson. Viele seiner späten Werke sind Vorläufer dessen, was man in den späten 60er Jahren als Metaroman bezeichnet hat, Romane also, die ihre eigene Entstehung, ihre Aussagefähigkeit und ihren „Wahrheitscharakter" selber kommentieren und relativieren. Seine überlegene Kompositionstechnik, die an Thomas Manns ironisch distanzierter Schreibweise geschulte stilistische Gestaltungskunst und ein ungewöhnlich breites historisches Wissen, dem nichts von trockener Stubengelehrsamkeit anhaftet, machen Johnsons historische Romane, zumal sie in ihren Themen keine spezifisch schwedische, sondern europäische Orientierung zeigen, zu Werken von internationalem Rang. In *Strändernas svall* (1946; Die Heimkehr des Odysseus 1948), deutete Johnson die Odyssee aus der existentialistischen Sicht der Nachkriegszeit, nicht ohne sich gegenüber seiner Vorlage zahlreiche Freiheiten und Frechheiten herauszunehmen. Johnson nannte *Strändernas svall* einen „Roman über das Gegenwärtige". Sein Odysseus ist ein Antiheld, des Kriegs müde und von der Erinnerung an Blutvergießen und eigene Schuld gepeinigt, der sich drücken möchte vor der Rückkehr nach Ithaka und der Übernahme politischer Verantwortung und möglichen neuen Kämpfen um der Staatserhaltung und Selbstbehauptung willen. *Drömmar om rosor och eld* (1949; Träume von Rosen und Feuer 1952), die Geschichte eines Hexenprozesses im Frankreich Richelieus nach Dokumenten aus dem 17. Jahrhundert, entstand vor dem Hintergrund der politischen Prozesse der Nachkriegszeit im kommunistischen Machtbereich. *Molnen över Metapontion* (1957; Wolken über Metapont 1964) schlägt eine Verbindung zwischen Menschenschicksalen in der Zeit der nationalsozialistischen Konzentrationslager und im 5. Jahrhundert vor Christus in der griechischen Kolonie Metapont in Süditalien. Johnsons Interesse gilt indessen weniger der Rekonstruktion historischer Verläufe, als einer Zeit und Raum überspannenden „Beschreibung des Menschen", die jedoch nicht zu einer konfliktverschleiernden Ewigkeitsperspektive führt, sondern gegenwärtiges Konfliktbewußtsein um die historische Dimension zu erweitern trachtet. In diesem Sinne sind auch der in der Zeit Karls des Großen spielende Roman *Hans nådes tid* (1960; Eine große Zeit 1966) und sein letztes Werk *Några steg mot tystnaden* (1973; Reise ins Schweigen 1975) „Romane über das Gegenwärtige".

In den Jahren vor und während des Zweiten Weltkriegs gehörte Eyvind Johnson zu den engagiertesten Antifaschisten seines Landes und leistete, wie er es selbst formuliert hat, seinen Wehrdienst als Autor mit aktivistischen Romanen wie *Nattövning* (1938; Nachtübung) und *Soldatens återkomst* (1940; Rückkehr des Soldaten). In den Kriegsjahren folgte der mächtige Roman über *Krilon* (3 Tle., 1941—43; gekürzt 1948), eine allegorische Zeitchronik voll ätzender Satire, u. a. über die vorsichtige Neutralitätspolitik der schwedischen Regierung. Erfolgreicher als dieser etwas überambitionierte Roman Johnsons war allerdings Vilhelm Mobergs volkstümlicher, von patriotischem Pathos erfüllter historischer Roman *Rid i natt!* (1941; Reit heute nacht 1946), dessen gewaltiger Erfolg in Schweden das Verbot sämtlicher, bis dahin unbeanstandeter, Bücher Mobergs in Deutschland zu Folge hatte.

Aus heutiger Sicht erscheint der endgültige Durchbruch des Modernismus bei den Autoren der 40er Jahre (fyrtiotal) nicht mehr als die scharfe Zäsur, die man — u. a. als Folge des schematischen Dezenniendenkens in der schwedischen Literaturgeschichte — lange in ihm gesehen hat. Es handelt sich weder formal-ästhetisch noch thematisch-inhaltlich um einen spektakulären Neuansatz, sondern um eine Zusammenfassung und Weiterführung der modernistischen Ansätze in den 20er und 30er Jahren. Der Begriff „fyrtiotal" als Perioden- und Stilbezeichnung meint zuallererst die Lyrik des Jahrzehnts mit ihrer schwer zugänglichen, extrem verdichteten Symbolsprache und ihrer pessimistischen, von Angst und Skepsis beherrschten Wirklichkeitsdeutung. Die Autoren des fyrtiotal erlebten den Weltkrieg als eine Kulturkrise von apokalyptischen Ausmaßen, als die Bankrotterklärung aller Weltanschauungen und Ideologien und als die Demaskierung der Phrasenhaftigkeit nationaler, humanistischer und religiöser Wertsetzungen. In der universalen Heillosigkeit sollte die Dichtung der Angst und Hoffnungslosigkeit Ausdruck geben und das Bewußtsein für die Widersinnigkeit alter und neuer Heilslehren und die absolute Relativität aller Werte und Überzeugungen schärfen. In dieser Tendenz zur Beunruhigung und Verunsicherung erweist sich die Lyrik der 40er Jahre als ausgesprochen engagiert und verantwortungsbewußt; aber ihre Botschaft ist keine positive, sondern eine negative, ihr Anliegen, ein neues Bewußtsein für die Lage des Menschen zu wekken, erreicht sie nur auf dem Wege der Destruktion des Vertrauens in bestehende Glaubenssysteme. „Trolöshet", Treulosigkeit und zugleich Ungläubigkeit meinend, wird zum Inbegriff des neuen Bewußtseins. Das Wort geht zurück auf KARL VENNBERG (* 1910), der 1944 mit *Halmfackla* (Strohfackel) sofort eine führende Position unter den Lyrikern seiner Generation einnahm und zu ihrem theoretischen Wortführer und maßgeblichen Kritiker wurde. Ironie, glasklare Einfachheit und Nüchternheit der Sprache sind die wichtigsten Stilmittel dieser Sammlung, denen Vennberg auch späterhin treu geblieben ist. Eins der berühmtesten Gedichte darin ist *Om det fanns telefon . . .* (Gäbe es ein Telefon . . .), das von der Unmöglichkeit handelt, einem Schwerverletzten Hilfe zu leisten, zumal der Fall „sowieso hoffnungslos" ist. Das Gedicht endet:

> Om liket ska vi emellertid slåss
> om rätten att begrava
> den västerländska kulturens
> stympade lemmar
>
> (Um die Leiche gedenken wir allerdings zu kämpfen
> und um das Recht die verstümmelten Glieder
> der abendländischen Kultur
> zu begraben)

Vennberg war — wie viele seiner Altersgenossen — vom Existentialismus beeinflußt, ohne im strengen Sinn Existentialist zu sein. Ein Echo davon vernimmt man an mehreren Stellen der Sammlung *Tideräkning* (1945; Zeitrechnung). *Att leva* ... ist der Titel eines Gedichts, dessen Anfangs- und Schlußstrophe lauten:

Att leva är att välja
och hur hänförande stort är inte valet
mellan betongmuren
och de sönderfläkta naglarna
. . .
Att leva är att välja
O saliga val
mellan det likgiltiga
och det omöjliga

(Leben heißt wählen
und wie hinreißend ist doch die Wahl
zwischen der Betonmauer
und den zerrissenen Fingernägeln
. . .
Leben heißt wählen
O herrliche Wahl
zwischen dem Gleichgültigen
und dem Unmöglichen)

Eine Auswahl der Gedichte Vennbergs in deutscher Übersetzung von Nelly Sachs und H. M. Enzensberger erschien 1965.

Das stilbildende Werk der 40er Jahre war indessen ERIK LINDEGRENS (1910—1968) bereits 1942 in kleiner Auflage im Privatdruck erschienene Sammlung *Mannen utan väg* (Der Mann ohne Weg, öffentl. Druck 1946). Lindegren gestaltet die Orientierungslosigkeit und das Ausgeliefertsein des Menschen in einer chaotischen Welt in 40 „zersprengten Sonetten“, deren Collagetechnik mit ihrem verwirrenden, scheinbar unkontrollierten und zusammenhanglosen Strom von Metaphern, Bildfetzen und Assoziationen doch einem ordnenden Gedankengang unterzogen ist. Nach Entsetzen und Hoffnungslosigkeit artikuliert sich gegen Ende ein trotziger, paradoxer Überlebenswille. Als Beispiel für die seinerzeit beispiellose Komprimierung des Bildmaterials, die Lindegrens synthetische Lyrik auszeichnet, möge Text XXVIII dienen:

Att skjuta en fiende och rulla en cigarrett
att flamma till och släckas som en fyr i storm

att sitta som en fluga i intressenters nät
att tro sig född med otur fast man bara är född

att vara en funktion av allt som inte fungerar
att vara något annat eller inte vara alls

att som den gråa stenen passas in i hatets mur
och ändå känna stenars samförstånd som ljungens glädje

att känna allt försummat i det rykande regnet
att njuta av spänningen vid det pyrande bålet

att tvivla på att detta måste vara sista gången
att bejaka allt bara det inte upprepas

att slå sig igenom och nå fram till en utsikt
där blixtar jagar för att hämnas mänskligheten

(Einen Feind erschießen und eine Zigarette rollen
aufflammen und verlöschen wie ein Leuchtturm im Sturm

wie eine Fliege im Netz der Interessenten sitzen
zu glauben mit Pech geboren zu sein obwohl man einfach geboren ist

eine Funktion sein von allem was nicht funktioniert
irgend etwas anderes sein oder überhaupt nichts

so wie der graue Stein in des Hasses Mauer passen
und doch der Steine Einvernehmen fühlen wie Heidekrautfreude

alles Versäumte fühlen im stäubenden Regen
die Spannung genießen am schwelenden Scheiterhaufen

bezweifeln daß dies das letzte Mal sei
alles bejahen, nur daß es sich nicht wiederholt

sich durchschlagen und eine Aussicht erreichen
wo Blitze jagen um die Menschheit zu rächen)

In *Sviter* (1947; Suiten) ist die gewaltsame Anspannung dieser lyrischen Kraftprobe einer gelösteren Stimmung gewichen. Thematische Vielfalt, ein dem Titel der Sammlung entsprechendes musikalisches Kompositionsprinzip und ein schon der Dichtung Edith Södergrans (→312) und Gunnar Ekelöfs (→319) eigentümlicher Hang zu mystischer Selbstentgrenzung zeigen eine fast romantische Neuorientierung des Dichters und zugleich in der Formstrenge ein klassizistisches Bemühen um Ausgewogenheit. Lindegren war auch als Übersetzer moderner, besonders angelsächsischer Literatur (Eliot, Greene, D. Thomas, Faulkner) wirksam und besorgte neben anderen Texten für das Musiktheater das Libretto zur Oper *Aniara* (1959) nach Martinsons Epos (Musik: K.-B. Blomdahl).

Die Auffassung vom fyrtiotal als einer literaturgeschichtlich klar konturierten Periode beruht vor allem auf dem Umstand, daß die modernistische Lyrik sich auf breiter Front durchsetzte und die Anerkennung der Kritik fand. Nach der Entspannung der Kriegssituation – nach Stalingrad und El Alamein schien die Niederlage Deutschlands absehbar – löste sich auch die verkrampfte beredskaps-Stimmung und machte einer größeren Aufgeschlossenheit für literarische Experimente Platz. Verstärkt wurden nun die während des Kriegs nicht durchgedrungenen internationalen Impulse aufgenommen und Anschluß an die moderne Weltliteratur gesucht. Insofern brachte das fyrtiotal mit seinen zahlreichen Debütanten, von denen WERNER ASPENSTRÖM (*1918), SVEN ALFONS (*1918), RAGNAR THOURSIE (*1919) und ELSA GRAVE (*1918) auch weiterhin einen führenden Platz behalten sollten, in der Tat einen durchgreifenden Klimawechsel in der schwedischen Literatur mit sich, dem sich auch ältere, traditionalistische Autoren wie Gullberg, Malmberg und Edfelt nicht ganz entzogen. Hjalmar Gullbergs *Dödsmask och lustgård* (1952; Todesmaske und Lustgarten) ist das deutlichste Beispiel für diese Annäherung der traditionellen Dichtung an die Stilrichtung der Nachkriegszeit.

In der Prosa ist die Stimmungslage der der Lyrik vergleichbar, und die Bekanntschaft mit Franz Kafkas Romanen, die Karl Vennberg 1944 in der Zeitschrift *Horisont* vorstellte, wirkte sich dementsprechend nachhaltig auf die jungen Prosaisten aus. Von ähnlich großer Bedeutung wie der Symbolismus Kafkas war der Einfluß der amerikanischen „hard-boiled school" der Zwischenkriegszeit, vor allem des lakonischen Erzählstils von Ernest Hemingway.

Der fyrtiotals-Autor par excellence war STIG DAGERMAN (1923–1954). Seine symbolischen Romane *Ormen* (1945; Die Schlange) und *De dömdas ö* (1946; Insel der Verurteilten) sind Schreckens-und Angstvisionen im Stil Kafkas, ebenso die meisten Erzählungen des Bandes *Nattens lekar* (1947; Spiele der Nacht 1961), der indessen auch einige realistische, z.T. autobiographische Texte enthält. Stig Dagerman bereiste 1946 das zerstörte Deutschland und veröffentlichte seine Eindrücke in dem scharfsinnigen und ungemein weitsichtigen Reportageband *Tysk höst* (1947; Deutscher Herbst 1979). SIVAR ARNÉR (*1909) behandelte in seinen ersten Prosawerken *Skon som krigaren bar* (1943; Der Schuh, den der Krieger trug) und *Plånbok borttappad* (1943; Brieftasche verloren) das Problem der moralischen Rechtfertigung von Gewalt, ein Thema, das sich der weitgehend pazifistischen Linken angesichts der Zeitereignisse seit dem Spanischen Bürgerkrieg aufgedrängt hatte und das besonders in Eyvind Johnsons beredskaps-Romanen intensiv diskutiert wurde. Später wandte sich Arnér psychologischen Analysen und Ehekonflikten zu und tritt seit Anfang der 60er Jahre als scharfer Kritiker des Wohlfahrtsstaates auf. Neben Arnérs *Egil* (1948), einer Art psychologischem Puzzlespiel, in dem der Leser sich aus Reflexionen und Erinnerungen das Bild der Hauptperson selber zusammensetzen muß, stellt der Roman *Om* (1946; Wenn) von LARS AHLIN (*1915), das eigenwilligste, wenn auch kaum geglückteste Romanexperiment der 40er Jahre dar. Ahlin ist ein erklärter Gegner des objektiven, illusionschaffenden Romans und entwickelte in zahlreichen theoretischen Schriften seine Vorstellungen von der demokratischen, d.h. kommunikativen Aufgabe der Kunst, die nicht dem Leser eine Wirklichkeit vorspiegeln, sondern ihn stimulieren, in die Mitarbeit am Werk einbeziehen und ihn herausfordern solle zur Reflexion über das Gelesene — dessen Fiktions-und Modellcharakter ihm mittels zahlreicher direkter Anreden durch den Autor bewußt gemacht wird. *Bark och löv* (1961; Rinde und Laub) setzt im Rahmen eines kulturkritischen Romans die theoretische Diskussion auf sprachphilosophischer Ebene fort. In der Zwischenzeit hat Ahlin lesbare und fesselnde Romane geschrieben; überzeugend in seiner intensiven Menschenschilderung und Problemgestaltung ist *Natt i marknadstältet* (1957; Nacht im Marktzelt).

Ein streng behaviouristisches Konzept kennzeichnet die Erzählhaltung des Hemingwayübersetzers und hervorragenden Kenners der modernen amerikanischen Literatur THORSTEN JONSSON (1910–1950). Seine Sammlung von Kriminalnovellen *Fly till vatten och morgon* (1941; Flieh zu Wasser und Morgen) besticht durch die jeden Kommentars und jeder Wertung bare Wiedergabe detaillierter Handlungsabläufe und Verhaltensweisen, eine Technik, die später von Per Olof Sundman (→ 336) zur Perfektion getrieben wird.

Es ist ein Indiz für die Homogenisierung der schwedischen Gesellschaft im Verlauf der 30er und 40er Jahre, daß weder die Kritik noch die Autoren selber eine Klassifizierung nach dem alten Schema bürgerlich — nichtbürgerlich (bzw. proletarisch) weiterführen. Zahlreiche Autoren der 40er Jahre stammen aus dem Arbeitermilieu, aber ihr Bildungsgang ist nicht mehr der der Autodidakten der vorigen Schriftstellergeneration, ihr Selbstverständnis nicht mehr das der Bannerträger einer aufstrebenden Klasse. Neben der Nivellierung der sozialen Verhältnisse und vor allem des Bildungswesens dürfte auch der Weltkrieg als gemeinsamer Erfahrungshintergrund aller Autoren, mit seiner kollektiv empfundenen Bedrohung und weltanschaulichen Verunsicherung, dazu beigetragen haben, daß die Literatur sich in der Nachkriegszeit nicht mehr nach dem Schema einer zweitrangig gewordenen — wenn nicht im Bewußtsein der meisten überwundenen — Polarität entwickelt, sondern sich im Rahmen eines im großen und ganzen unbefragten gesellschaftlichen Konsensus pluralistisch entfaltet. In den 50er Jahren entwickelt sich das Volksheim zum Wohlfahrtsstaat, und trotz Kalten Krieges und Atomangst tritt eine gewisse Entspannung der Atmosphäre ein, die sich in der Literatur in einer auffallenden Individualisierung und entsprechender Vielfalt an Formen, Themen und Tendenzen äußert. In Dezennien, d.h. stets nur an die jeweils neuen Autoren denkend, bezeichnen die Schweden die 50er Jahre gern als konturlos; sie betonen das Romantische und Verspielte, den Hang zum Ästhetizismus und zum Esoterischen oder den Rückzug ins Provinzielle. Eine solche Beurteilung geht von der Voraussetzung aus, daß jedes Jahrzehnt seine eigene, durch die Debütanten geschaffene, Kontur haben müsse. Das war in den 50er Jahren nicht der Fall. Bestimmend für das — allerdings nicht sehr einheitliche — Gesamtbild dieses Jahrzehnts waren vielmehr ältere Autoren, die die Linie ihres Schaffens weiterführten und sich anschickten, zu Klassikern zu werden: Moberg, Martinson, Johnson, in der Lyrik Gullberg und Ekelöf. Richtig ist, daß es keine Zeit der neuen Vorstöße, sondern der Sammlung ist — die Stille *nach* dem Sturm, der im übrigen, im Unterschied zu Dänemark und Norwegen, deren Literatur sich jahrelang mit der Okkupationszeit und ihrer Problematik auseinandersetzte (→ 258), das Land zwar bedroht und in Angst und Schrecken versetzt, letztlich aber verschont hatte. Man hatte den Krieg als moralische und geistige Krise von globalen Ausmaßen erlebt, und die Überprüfung alter und neuer Standpunkte, ideologischer, religiöser und ethischer, ist eine der zentralen Fragestellungen bei den genannten älteren Autoren und jüngeren wie Ahlin und Arnér. Vennberg war der Wortführer der jüngeren Autoren in der mit Heftigkeit geführten Debatte über den dritten Standpunkt *(tredje-ståndpunkts-debatten)* in den Jahren um 1950. Es ging dabei um die Frage, ob Schweden in der Konfrontation der Großmächte USA und UdSSR Stellung und Partei beziehen müsse, oder ob man sich einen dritten Standpunkt leisten könne. Die Treulosigkeitspartei Vennbergs hatte gegen eine übermächtige öffentliche Meinung, die in den USA den Beschützer der Demokratie sah, einen schweren Stand. Neben Vennberg hat kein Autor die Position des dritten Standpunkts so energisch verteidigt wie LARS GYLLENSTEN (*1921), dessen ganzes umfangreiches Werk unter dem Aspekt der kritischen Auseinandersetzung mit ideologisch fixierten oder gewohnheitsmäßig tradierten Haltungen zu sehen ist. Als intellektueller Skeptiker propagiert Gyllensten eine auf „provisorischen Überzeugungen" und der Bereitschaft zu deren ständiger Revidierung fußende Lebensanschauung. Für sein literarisches Werk bedeutet dies ein Rollenspiel, ein Experimentieren mit Standpunkten und Attitüden, die weniger innerhalb eines Textes als von Buch zu Buch dialektisch gegeneinander ausgespielt werden. Eins der wichtigsten Wirkungsmittel der artifiziellen Prosa Gyllenstens ist die Ironie, mittels derer der durch das Rollenspiel irregeführte Leser zur Distanzierung und zur Reflexion veranlaßt wird. In den frühen 60er Jahren gab Gyllensten den Anstoß zu einer neuen Debatte über trolöshet, zu der sich zahlreiche junge Autoren bekannten; in dem radikalisierten Klima der folgenden Jahre allerdings galt trolöshet nicht mehr als Tugend, und Gyllensten war scharfen Angriffen seitens der überwiegend marxistisch orientierten jungen Generation ausgesetzt.

In gewisser Weise ein Pendant zu Gyllenstens Attitüdenrelativismus ist die strikt behaviouristische Erzählhaltung PER OLOF SUNDMANS (*1922), die bereits in seinen frühen Arbeiten, den Erzählungen *Jägarna* (1957; Die Jäger) und den Romanen *Undersökningen* (1958; Die Untersuchung 1971) und *Expeditionen* (1962; Die Expedition 1965) voll entwickelt ist und sich im folgenden nicht mehr verändert. Sundman vermeidet jede Kommentierung, jede psychologisierende Spekulation über das Innenleben seiner Personen. Er registriert Fakten, beschreibt Gesten und Handlungen und läßt den Leser aus seinen vor allem vom Dialog lebenden Romanen und Erzählungen seine eigenen Schlüsse ziehen. Wie in diesen Dialogen das Unausgesprochene oder nur Angedeutete das Wesentliche zu sein scheint, so bleibt auch die Auffindung von Thematik und Problematik seiner Werke — und besonders der Meinung des Autors dazu — ganz dem Spürsinn des Lesers überlassen. Während *Expeditionen* und *Ingenjör Andrées luftfärd* (1967; Ingenieur Andrées Luftfahrt 1969) als ideologiekritische Auseinandersetzung mit der Hybris des abendländischen Denkens im Zeitalter des Imperialismus und Kolonialismus gelesen werden können, gibt *Berättelsen om Såm* (1977; Bericht über Samur 1978) — eine moderne Version der altisländischen *Hrafnkels saga* — Rätsel auf und scheint jenen Kritikern recht zu geben, die aus Sundmans früheren Büchern eine unterschwellige Tendenz zur Verherrlichung der starken, autoritären Persönlichkeiten herauslesen zu können meinten. Man kann Sundmans offene Bedeutungsstrukturen jedoch auch als Herausforderung des Lesers betrachten. Dieses kalkulierte Irritationsmoment und sein wortkarger, subtiler und hintergründiger Stil machen ihn zu einem der interessantesten Erzähler der jüngsten Zeit.

Die Schwierigkeiten der Wahrheitsfindung, die bei Sundman zur Reduzierung der Erzähleraktivität auf die Wiedergabe des Faktischen führen, werden bei PER OLOV ENQUIST (*1934) im Roman selbst thematisiert und reflektiert. Das Ergebnis dieser Methode sind dokumentarische Romane wie *Legionärerna* (1968; Die Ausgelieferten 1969) und *Sekonden* (1971; Der Sekundant 1979), in denen es um die Rekonstruktion und Neubewertung historischer Vorgänge durch einen Untersucher (bzw. Icherzähler) und zugleich um die politische Identitätssuche des Untersuchers in der Auseinandersetzung mit der Geschichte und im Prozeß der Wahrheitsfindung geht. Dadurch, daß der Untersucher (zumeist) mit offenen Karten spielt, wird der Leser einbezogen in die Recherche wie in die Standortsuche des Recherchierenden, ohne — wie von einem scheinbar objektiven Erzähler — bevormundet zu werden. Wie zahlreiche andere Autoren in den 70er Jahren hat sich Enquist mit *Musikanternas uttåg* (1978; Der Auszug der Musikanten 1981) einer besonderen Spielart des historischen Romans zugewandt, in dem die frühe Arbeiterbewegung ins Blickfeld gerückt wird. Es geht dabei um Erkenntnis der Voraussetzungen für die als Fehlentwicklung angesehene Volksheim-und Wohlfahrtstaatideologie und wohl auch darum, an eine durch diese Entwicklung verschüttet geglaubte, ursprüngliche Tradition wiederanzuknüpfen. Mehr noch als *Sekonden* ist *Musikanternas uttåg* zu sehen als ein Versuch, das abstrakte Menschenbild zu überwinden, das sich aus einer auf die sogenannten objektiven, sozio-ökonomischen Faktoren fixierten Betrachtungsweise ergibt. Welche Menschen „tatsächlich — also nicht theoretisch“ vorhanden sind, und wie sie verändert werden könnten, ist das unausgesprochene Erkenntnisinteresse auch hinter den Erzählungen des Bandes *Berättelser från de inställda upprorens tid* (1974; Nach den klassischen Höhepunkten 1976), in denen falsches Bewußtsein von Durchschnittsbürgern in den USA und Deutschland (der Dutschke-Attentäter Bachmann) nicht denunziatorisch angeprangert, sondern als das Ergebnis eines Betrugs der Herrschenden an den Beherrschten dargestellt wird.

Der Verdacht, daß auch die Bewohner des schwedischen Volksheims Betrogene seien, daß eine seelenlose Bürokratie das Land in eine Volksanstalt zu verwandeln im Begriff stand, war bereits in satirischen Gegenwartsschilderungen Arnérs (*Ett ett ett* 1964; Eins eins eins) und PER RÅDSTRÖMS (1925—1963) angeklungen. Er verdichtet sich zur Gewißheit in zahlreichen Werken des unermüdlich produzierenden, barock phantasievollen Erzählers SVEN DELBLANC (*1931) und den frühen Romanen PER CHRISTIAN JERSILDS (*1935). Jersilds spätere Romane sind repräsentativ für eine Richtung der Gegenwartsliteratur, die sich die Aufdeckung von Manipulationsmechanismen und der Bevormundung der Bürger durch den Verwaltungsapparat des Wohlfahrtsstaats zum Ziel gesetzt hat. *Grisjakten* (1968; Die Schweinejagd) ist die groteske Geschichte eines höheren Verwaltungsbeamten, der seine Pflicht erfüllt, ohne gegen einen absurden Auftrag aufzubegehren. *Vi ses i Song My* (1970; Wir sehen uns in Song My) handelt von dem vergeblichen Versuch eines fortschrittlichen Mannes, auf systemimmantem Weg in der Armee demokratische Reformen durchzusetzen. Der Reformwillige wird durch seine Zugehörigkeit zum System manipuliert und unbewußt selber zum Manipulator. Der Titel des Buchs spielt auf den Schauplatz eines von US-Soldaten unter der vietnamesischen Zivilbevölkerung angerichteten Massakers an und benennt die Richtung, in die nach Meinung des Autors die von ihm aufgezeigten Manipulationsmechanismen führen können. *Babels hus* (1978; Das Haus zu Babel 1980), schildert in der Form des Kollektivromans die Erfahrungen eines alten Menschen in einem Stockholmer Großkrankenhaus. Das Buch löste eine lang anhaltende Debatte über das moderne Gesundheitswesen aus und ist ein herausragenes Beispiel jener „Gebrauchsprosa", die kaum einen Sektor des öffentlichen Lebens in Schweden uninspiziert gelassen hat.

Stellvertretend für zahlreiche Berichte aus der Arbeitswelt sei ein Werk genannt, das nicht nur bei seinem Erscheinen erhebliches Aufsehen erregte, sondern stilbildend wurde und darüber hinaus zu gewissen Veränderungen der aufgezeigten Mißstände beigetragen haben dürfte. Im Jahre 1968 veröffentlichte SARA LIDMAN (*1923) das Ergebnis einer Anzahl von Interviews mit Grubenarbeitern aus dem nordschwedischen Kiruna/Svappavaara unter dem Titel *Gruva* (Grube). Es war ein Dokument, das durch seine Unmittelbarkeit betroffen machte und — wie seinerzeit in Deutschland Erika Runges *Bottroper Protokolle* — vielerorts die Zweifel an der Berechtigung oder zumindest an der Effektivität fiktionaler Literatur verstärkte. Zuvor hatte Sara Lidman, nachdem sie in den 50er Jahren menschlich ergreifende, aber unpolitische Romane über das Leben armer Waldarbeiter und Kleinbauern in ihrer nordschwedischen Heimat geschrieben hatte (u. a. *Tjärdalen,* 1953; Der Mensch ist so geschaffen 1955), das schwedische Publikum mit der Rassendiskriminierung im südlichen Afrika konfrontiert (*Jag och min son,* 1961; Ich und mein Sohn 1969). Während des Vietnamkrieges besuchte Sara Lidman Nordvietnam und berichtete darüber in dem Reportagebuch *Samtal i Hanoi* (1966; Gespräche in Hanoi 1968). Der Weg zu einem radikalen politischen Bewußtsein führte bei auffallend vielen schwedischen Autoren über die schockierende Erfahrung des Elends und der Unterdrückung in Asien, Afrika und Südamerika. Zurückgekehrt, stellten sie beunruhigende Fragen nach der Rolle Schwedens in dem weltweiten System von Ausbeutung und Imperialismus und engagierten sich für eine aufgeschlossenere Haltung ihrer Landsleute gegenüber den Ländern der sogenannten Dritten Welt. JAN MYRDAL (*1927) lieferte mit seinem Afghanistanbericht *Kulturers korsväg* (1960; Kreuzweg der Kulturen 1964) einen ersten Beitrag zur Überwindung der romantisierenden Exotikschwärmerei seiner Landsleute und gab mit *Rapport från kinesisk by* (1962; Bericht aus einem chinesischen Dorf 1966) den Anstoß zu einer weltweiten Welle von Rapportbüchern. Eins der wichtigsten Dokumente dieser Phase der Konfrontation mit der Dritten Welt ist SVEN LINDQVISTS (*1932) *Myten om Wu Tao-tzu* (1967; Der Mythos von Wu Tao-tzu), in dem der Autor das Dilemma des in seiner individualistischen Haut steckenden europäischen Intellektuellen angesichts der Begegnung mit der asiatischen Wirklichkeit formuliert und eine Überprüfung seiner ihm fragwürdig gewordenen ästhetischen Haltung vornimmt. In späteren reportageähnlichen Arbeiten behandelt Lindqvist die Situation lateinamerikanischer Kleinbauern, den ökonomischen Einfluß der USA und die Landverteilung in Südamerika.

Diese weltweite Orientierung hat spanischen Bauern, afrikanischen Freiheitskämpfern, südamerikanischen campesinos und nordamerikanischen Tankstellenwärtern eine Art selbstverständlichen Heimatrechts in der schwedischen Literatur gegeben. Sie erscheinen dort nicht als exotische Figuren, sondern als solidarisch gesehene Mitmenschen, als Opfer der prinzipiell gleichen Macht- und Unterdrückungsstrukturen, deren Auswirkungen man auch im schwedischen Wohlfahrtsstaat erkennt: der ökonomischen und technokratischen. Für dieses neue Problembewußtsein der schwedischen Gegenwartsautoren gibt es keine isolierten, spezifisch schwedischen Problemstellungen mehr, auch wenn es gerade bei einem der wichtigen Themen der letzten Jahre, dem glesbygds-Problem, der Entvölkerung und Verödung weiter Landstriche durch Abwanderung in die Industriezentren, ganz diesen Anschein hat. Den Zusammenhang beleuchtet das Zitat eines anderen schwedischen Asienreisenden, des inzwischen auf Gotland ansässigen CLAS ENGSTRÖM (*1927): „Indien betrifft mich, Indien geht alle Menschen in der Welt etwas an. Aber das, was ich für Indien tun kann, das kann ich nur in Schweden tun. Als ich da mit der Sonne nach Hause flog, durch einen langen Tag, beschloß ich (...), daß wir Västerås verlassen und wieder nach Fardume, Rute, ins gotländische *glesbygd* ziehen sollten." Kein Autor hat das Thema glesbygd und vor allem seine menschliche Seite so eindringlich und zugleich auch mit soviel — allerdings melancholischem — Humor behandelt wie STIG CLAESSON (*1928), dessen Roman *Vem älskar Yngve Frey?* (1968; Wer liebt Yngve Frey?) inzwischen zu einem Klassiker dieser Richtung geworden ist. Es ist kennzeichnend für das intellektuelle Klima in Schweden, daß der als politisch im Sinn des herkömmlichen Parteiendenkens längst nicht mehr zu bezeichnende Bewußtwerdungs- und Bewußtmachungsprozeß die Literatur in ihrer gesamten Breite erfaßt hat und prägt. So hat der lange Zeit als exzentrischer Esoteriker eingeschätzte LARS GUSTAFSSON (*1936) in der zwischen 1971 und 1978 erschienenen fünfteiligen Romanserie *Sprickorna i muren* (Die Risse in der Mauer 1972—78) eine Art modernen Enwicklungsroman geschaffen, in dem Identitätssuche als Rollenspiel in einer entfremdeten Welt gestaltet und die Dantesche Höllenvision auf die Realitätserfahrung des Menschen der Gegenwart übertragen ist. Die metaphysische Suche, die die Autoren früherer Generationen in die Mystik trieb, hat sich verkehrt in eine konkrete: nach Erkenntnis über die anonymen, doch sehr diesseitigen Mächte, die uns mit Mauern umgeben, und nach den Möglichkeiten, die Risse in der Mauer zu vertiefen. Auf der anderen Seite des literarischen Spektrums, in der Unterhaltungs- und Massenliteratur, zeigt sich die gleiche Tendenz. Mit der weltweit bekanntgewordenen Kriminalromanserie *Roman* *om ett brott* von MAJ SJÖWALL (*1935) und PER WAHLÖÖ (1926–1975) (10 Teile, 1965–75; dt. 1968–76) hat der schwedische Kriminalroman aufgehört, eine affirmative, nur unterhaltende — und wie manche meinen, verdummende — Gattung zu sein. Auch die Kinder- und Jugendbuchliteratur kennt keine heile Welt mehr, sie ist erfüllt von einer in jüngster Zeit selbst ernsthaften Schweden unheimlich werdenden Ernsthaftigkeit.

Der allgemeine Aktivismus hat auch die Lyrik nicht verschont. Es begann am Anfang der 60er Jahre mit dem Ruf nach einer neuen Einfachheit (nyenkelhet). GÖRAN PALM (*1931) wandte sich gegen den elitären, kommunikationsfeindlichen Charakter der hermetischen, in dunklen Metaphern sich ergehenden spätsymbolistischen Poesie, wie sie in der Nachfolge des fyrtiotal von weltvergessenen Ästhetizisten geschrieben worden sei. Realitätsbezug, Verständlichkeit und Entmystifizierung der Dichterrolle waren die Stichworte des Demokratisierungsrezepts für die Lyrik. Palms antiromantische Haltung kommt in einem „Naturgedicht" wie dem folgenden mit dem Titel *Havet*, in der Opposition zu einer kompakten Meeresdichtungs-Tradition, besonders klar zur Geltung:

Jag står framför havet.	(Ich stehe vor dem Meer.
Där är det.	Da ist es.
Där är havet.	Da ist das Meer.
Jag tittar på det.	Ich sehe es an.
Havet. Jaha.	Das Meer. Jaja.
Det är som på Louvren.	Es ist wie im Louvre.)

(*Världen ser dig*, 1964; Die Welt sieht dich)

Nach allen Regeln dieser neuen Einfachheit eroberte die Lyrik den Alltag — oder der Alltag die Lyrik. Die ganze Skala von aktuellen Themen, Problemen und Programmen füllt die Seiten der auch in den späten 60er und den 70er Jahren in Schweden großzügig herausgegebenen Gedichtsammlungen. Es gehört zu den zwangsläufigen Begleiterscheinungen einer solchen Umdefinierung der Funktion von Lyrik, daß die wohltuende Entrümpelung eines verstaubten Arsenals von Themen und Ausdrucksformen nicht nur Platz für Originales und Gewichtiges geschaffen hat. Trotz des Trends zur Gebrauchslyrik setzte sich auch in den politisierten 70er Jahren die Linie einer um metaphysische und „zentrallyrische" Themen kreisenden Dichtung in der symbolistisch-modernistischen Tradition fort. Ihre profilierteste Vertreter sind der bereits klassisch gewordene TOMAS TRANSTRÖMER (*1931) und der katholische Mystiker ÖSTEN SJÖSTRAND (*1925).

Neben der neueinfachen Richtung, von der sich auch ältere Autoren wie LARS FORSSELL (*1928), SANDRO KEY-ÅBERG (*1922) und STIG SJÖDIN (*1917) neu anregen ließen, hat sich seit Mitte der 60er Jahre eine neue intellektuelle, vom Strukturalismus und Marxismus inspirierte Lyrik herausgebildet, deren überragender Vertreter der 1939 geborene GÖRAN SONNEVI ist. Sonnevi arbeitet beharrlich und unter ständiger Bezugnahme auf sprachphilosophische und linguistische Strukturmodelle an einer Sprache, die zugleich Sinnbild einer möglichen Organisation der Menschen gegen Unterdrückung und Werkzeug in diesem Kampf sein soll. Das Aufbrechen der bestehenden und die Bildung neuer Strukturen von der sprachtheoretischen auf die politische Ebene im Gedicht zu übertragen, mit anderen Worten: zu einer Anschaulichkeit durchzudringen, ist ein langwieriger Prozeß, dessen Schwierigkeiten u.a. Titeln wie *Det oavslutade språket* (1972; Die unabgeschlossene Sprache), *Det måste gå* (1970; Es muß gehen) und *Det omöjliga* (1975; Das Unmögliche) zu entnehmen sind. Es ist ein offensichtliches Dilemma, daß gerade Sonnevi mit seiner im Grunde klaren Botschaft sich in seinen Gedichten in einem hoch speziellen Referenzrahmen bewegt, der die Kommunikation zumindest enorm erschwert. Am eindrucksvollsten sind deshalb seine weniger stark theoriebefrachteten, direkt politischen Texte wie das berühmt gewordene *Om kriget i Vietnam* aus dem Jahre 1965 (in *Ingrepp - Modeller;* Eingriffe — Modelle), das, zuerst gedruckt in *Dagens Nyheter,* die Diskussion über den Krieg in Vietnam einleitete, die den hier beschriebenen Umbruch in der schwedischen Literatur maßgeblich mit herbeigeführt hat.

ISLÄNDISCHE LITERATUR VOM 18. BIS ZUM 20. JAHRHUNDERT

Von Gert Kreutzer

Aufklärung

Das 18. Jahrhundert (16. und 17. Jahrhundert → 12ff. u. 36ff.) sieht das isländische Volk an einem Tiefpunkt seiner an Prüfungen nicht armen Geschichte: die jahrhundertelange politische und ökonomische Abhängigkeit hat das öffentliche Leben gelähmt, Seuchen, Klimaverschlechterungen und verheerende Vulkanausbrüche haben das Land an den Rand seiner physischen Existenz gebracht — am Ende des Jahrhunderts ist die Einwohnerzahl mit ca. 40 000 erheblich geringer als im Mittelalter.

Es spricht für den Stellenwert der Literatur in Island, daß sie unter diesen schweren Verhältnissen überhaupt noch in nennenswertem Umfang gepflegt wurde, wenn dies auch weniger für die Produktion bedeutenderer neuer Werke als für die Tradierung des Überkommenen gilt. Der Literatur sollte auch eine zentrale Rolle bei der künftigen Entwicklung zum Besseren zufallen.

Mitte des Jahrhunderts standen die Zeichen für Island dafür nicht mehr so schlecht: Die Aufklärung mit ihrem optimistischen Fortschrittsglauben und der Forderung nach allgemeinen Menschenrechten hatte sich inzwischen in Europa verbreitet und auch in Dänemark, zu dem Island ja weiterhin gehörte, zur Praxis einer aufgeklärten Monarchie geführt. Die dänische Regierung begann sich nun stärker für Island zu interessieren und stellte ein Entwicklungsprogramm auf, zu dem auch ein Forschungsauftrag an zwei junge isländische Wissenschaftler, Eggert Ólafsson und Bjarni Pálsson, gehörte, ihr Land auf mehrjährigen Reisen (zwischen 1752 und 1757) zu erforschen. Als Ergebnis der Studien, bei denen das erwachende Interesse an naturwissenschaftlichen Fragen im Mittelpunkt stand, erschien 1772 auf dänisch das Werk *Vice Lavmand Eggert Olafsens og Land-Physici Bjarne Povelsens Reise igiennem Island...* (Des Vize-Landrichters Eggert Ólafsson und des Land-Physicus Bjarni Pálsson Reise durch Island). Der Verfasser, EGGERT ÓLAFSSON (1726–1768), ist in Island als Bahnbrecher der Aufklärung wie als Dichter die zentrale Gestalt seiner Zeit. Als Sohn eines Bauern in Westisland geboren, geht er 1746 19jährig an die Universität Kopenhagen, wo er neben Naturwissenschaft und Philosophie im enzyklopädischen Geist der Epoche eine Vielzahl weiterer Fächer studiert. Nach Island zurückgekehrt, setzt er sich für einen kulturellen und wirtschaftlichen Aufschwung ein. Seine Dichtung steht zu einem guten Teil im Dienste der Verbreitung seiner Ideen und der Absicht, die herrschende Trägheit und Resignation zu überwinden. Dies gilt besonders für das bekannteste und beste seiner größeren Gedichte, den dreiteiligen *Búnaðarbálkr* (1756–64; Das Gedicht vom Landbau), der sich unmittelbar an die Bauern wendet und, als Lehrgedicht letztlich in der antiken Tradition stehend, das Idealbild des aktiven, aufgeschlossenen Bauern im Paradies der isländischen Landschaft gegen eine traurige Wirklichkeit setzt. Die Begeisterung für das Neue ist bei Eggert nicht zu trennen von seiner idealisierenden Rückwendung zum isländischen Altertum (hierin ist er ein Vorläufer der Romantik): so läßt er, im eddischen Versmaß des fornyrðislag, in den *Mánamál* (Mánis Reden) Männer der Landnahmezeit sich aus den Grabhügeln erheben und das Heldenzeitalter mit der verweichlichten Gegenwart kontrastieren. In seinen Äußerungen zur Poetik verbindet Eggert Gedanken des Horaz („Mischung des Nützlichen mit dem Angenehmen") mit den Lehren von Snorris *Edda* (skaldische Reim- und Versformen, Kenninggebrauch). Nur die wenigsten seiner Gedichte können freilich seinen Forderungen nach „Reimgewandtheit, Geist und Geschmack" ganz genügen, viele sind überfrachtet mit Ideen, steif und stark archaisierend. Nicht zu vergessen sind Eggerts Einsatz für eine Sprachreinigung und seine Arbeiten auf dem Gebiet der altnordischen Literatur (Übersetzungen, Editionen, Glossare).

Eine Sonderstellung kommt JÓN STEINGRÍMSSON (1728–1791) im 18. Jahrhundert als Prosaautor zu. Als Bauernsohn in Nordisland geboren, erhält er eine Schulausbildung in Hólar und wird später Geistlicher im Südosten — zuerst in Mýrdal, dann als Propst in Kirkjubæjarklaustur (ab 1778). Dort erlebte er (ab 8. 6. 1783) den furchtbaren Ausbruch der Lakispalte und seine schlimmen Folgen mit und verfaßte darüber einen detailgenauen Bericht *Eldrit* (Feuerschrift). In guten wie in schlechten Zeiten war er unermüdlich als Seelsorger, Arzt und Bauer tätig und fand daneben noch Zeit für eine umfangreiche schriftstellerische Produktion. Sein bedeutendstes Werk ist seine Autobiographie *Æfisaga*, ein aufrichtiger, etwas naiver Lebensbericht, eigentlich nur für seine Töchter und ihre Nachkommen bestimmt, von unschätzbarem historischem und kulturgeschichtlichem Wert. Literarisch steht er den zahlreichen pietistischen Autobiographien des Kontinents weit näher als der Sagatradition.

Der bedeutendste Lyriker der Zeit war der arme Dichterpriester JÓN ÞORLÁKSSON (1744—1819). Seine Gedichte, häufig Gelegenheitsgedichte satirischen Inhalts, wirken durch ihre einfache und lebendige Sprache erstaunlich modern, vor allem im Vergleich zu denen Eggert Ólafssons. Hier ist es nicht mehr weit zu den Romantikern. Seine Kraft der sprachlichen Erneuerung zeigt sich nicht zuletzt in seinen zahlreichen Übersetzungen, wohl seiner größten literarischen Leistung: er übertrug nicht nur Gedichte von Tullin (→ 58), Pope, Gellert, Wessel (→ 60), Baggesen (→ 54), Oehlenschläger (→ 89) u.a., sondern auch — im fornyrðislag — John Miltons *Paradise Lost* und Klopstocks *Messias*.

SIGURÐUR PÉTURSSON (1759—1827) hatte in seiner Studentenzeit in Dänemark auch Kontakt mit Johan Herman Wessel, von dessen spöttischem Ton seine eigenen Werke deutlich beeinflußt sind. Wichtig ist vor allem sein Einsatz als Komödiendichter: mit den Stücken *Hrólfur* (Erstdr. 1819) und *Narfi* (Erstdr. 1846), die Holberg als Vorbild erkennen lassen und kurz vor 1800 zum erstenmal aufgeführt wurden, gelang es ihm, aus der Tradition des Schuldramas die Anfänge des öffentlichen Theaters in Island zu schaffen. Nachfolger fand er allerdings erst gegen Ende des 19. Jahrhunderts.

Die beherrschende Gestalt in der Endphase der isländischen Aufklärung war MAGNÚS STEPHENSEN (1762—1833). Als oberster Richter des Landes (1789—1833) setzte er seine ganze Energie in den Versuch, sein Land nach den Prinzipien des Rationalismus zu reformieren und gründete 1794 „Hið íslenzka landsuppfræðingarfélag“ (Der isländische Landesaufklärungsverein). Als Kosmopolit und Rationalist fand er in der heimischen Literatur und Tradition wenig Sinn und geriet allmählich in heftigen Widerspruch zur beginnenden Nationalromantik. Seine eigenen Werke treten in ihrer Bedeutung gegen seine Rolle als Kulturpolitiker zurück. Andere gelehrte Gesellschaften, die nach ausländischem Muster in Island entstanden, waren 1779 „Hið íslenzka lærdómslistafélag“ (Der isländische Verein der gelehrten Künste) und 1816 „Hið íslenzka bókmenntafélag“ (Die isländische Literaturgesellschaft), die heute noch arbeitet (und u.a. die Zeitschrift *Skírnir* herausgibt).

Romantik

Haben Epocheneinteilungen immer etwas Künstliches, so gilt dies für Island in besonderem Maße. Seine Verkehrslage ließ geistesgeschichtliche Strömungen die Insel erst spät erreichen, wo sie entsprechend geschwächt auf eine ziemlich fest geprägte einheimische Tradition stießen. Hinzu kommt, daß in einem so kleinen Land die Zahl der Träger einer neuen Richtung natürlich meist sehr gering und der Erfolg stärker als sonst auch von persönlichen Dingen abhängig war. All dies gilt in beispielhafter Weise für die Anfänge der isländischen Romantik, deren erster und lange Zeit einziger Botschafter BJARNI THORARENSEN (1786—1841) war. Als er Anfang des Jahrhunderts in Kopenhagen (für Jahrhunderte fast das einzige Einfallstor neuer Ideen) Henrich Steffens' (→ 88) Vorlesungen über die Romantik hörte, sprang bei dem jungen Jurastudenten, der sich schon immer viel mit Literatur beschäftigt hatte, der Funke über, und er begann, in romantischem Geist zu dichten. Nach Island zurückgekehrt (1811), wurde er Richter an der Behörde seines entfernten Onkels Magnús Stephensen, der, wie erwähnt, über Jahrzehnte das Kulturleben (und das Druckwesen) beherrschte. Aus persönlichen und kulturpolitischen Gründen kam es bald zu heftigen Differenzen, bei denen es Stephensen gelang, Bjarnis Erfolg lange zu verhindern. Unter anderem ging es schon damals um den grundlegenden Gegensatz zwischen internationaler und nationaler Haltung: ist die Entwicklung nach internationalen Standards oder die Erhaltung nationaler Traditionen und Lebensformen vordringlicher? — Stilistisch und metrisch orientieren sich Bjarnis Gedichte an den kraftvoll kantigen Mustern der Vergangenheit, ein passendes Gewand für das feierliche Pathos seiner patriotischen Gedichte (*Eldgamla Ísafold* [Uraltes Eisland] wurde Islands erste Nationalhymne), aber auch für die Naturgedichte, die die heimatliche Landschaft fast durchweg in ihrer Rauheit als Herausforderung an den Menschen darstellen. Seine erotischen Gedichte haben nicht selten den morbiden Grundton der schwarzen Romantik, z.B. — unter Benutzung altnordischer Wiedergängermotive — im *Kvæði til Sigrúnar* (Gedicht an Sigrún). Zu seinen besten Werken gehören einige seiner Preisgedichte auf Verstorbene, die in einer uralten isländischen Tradition stehen. Hier zeigt er ein besonderes Einfühlungsvermögen, wenn es sich um verkannte Außenseiter handelt.

Der zweite große Romantiker, und neben Bjarni der bedeutendste Dichter seiner Jahrhunderthälfte, war JÓNAS HALLGRÍMSSON (1807–45). Er stammte aus bescheidenen Verhältnissen — sein Vater war Hilfsgeistlicher beim Dichter und Pfarrer Jón Þorláksson — und hat es zeitlebens, im Gegensatz zu Bjarni mit seiner erfolgreichen Beamtenkarriere, nie zu einer festen Anstellung gebracht. Nach einem abgebrochenen Studium der Naturwissenschaften sammelte er Material zu einer Islandbeschreibung, das aber zu seinen Lebzeiten unveröffentlicht blieb. Jónas war einer der vier Begründer der Zeitschrift *Fjölnir,* die 1835 zum erstenmal in Kopenhagen herauskam, und ihre dichterische Seele. Vom Konzept TÓMAS SÆMUNDSSONS (1807–1841), des politisch-philosophischen Theoretikers und organisatorischen Kopfes der Gruppe (es gehörten noch der Philologe Konráð Gíslason und der Jurist Brynjólfur Pétursson dazu) war das Organ eigentlich ganz der Aufklärung verpflichtet, dies schloß aber ausdrücklich die literarische Geschmacksbildung im Sinne der Romantik mit ein. So finden wir neben einer bunten Mischung politischer, ökonomischer, naturwissenschaftlicher u.a. Artikel auch zahlreiche poetische Beiträge, Originale und Übersetzungen, darunter viele von Jónas selbst. Die Bedeutung des *Fjölnir,* von dem in 13 Jahren insgesamt neun Bände herauskamen, liegt für die Literaturgeschichte vor allem darin, daß er der Romantik in Island zum Durchbruch verhalf, daneben aber auch in seiner Rolle für die nationale Wiedergeburt und in seiner Leistung für die Sprachreinigung.

Jónas Hallgrímsson ist der eigentliche Begründer der lyrischen Dichtung in der isländischen Literatur. Orientiert an Heinrich Heines Formbeherrschung (weniger an seinem ironischen Ton — hier erinnert er mehr an H. C. Andersen, seinen anderen ausländischen Lieblingsautor), hat er wie niemand vor ihm der isländischen Sprache Geschmeidigkeit und Klarheit abgewonnen. Er ist ein Dichter der helleren Seiten das Daseins, des Sommers, der sehnsuchtsvollen Liebe, der Schönheit der Natur — im Gegensatz zum schwereren Bjarni, mit dem er gern kontrastierend verglichen wird. Die Liebe zur Natur, zum Land und seiner Geschichte sind in vielen seiner Gedichte so untrennbar verschmolzen wie im programmatischen *Ísland, farsælda frón* (Island, glückseliges Land) im ersten *Fjölnir*-Band. Mit der idyllischen Erzählung *Grasaferð* (1848; Auf der Moossuche 1897) ist Jónas auch der Begründer der modernen isländischen Kurzprosa: Mit den Augen von zwei Kindern sehen wir die isländische Berglandschaft in ihrer Schönheit und als Heimat der Sagen und Märchen.

Endgültig durchsetzen konnte sich eine neue Prosakunst — in Konkurrenz zum verpflichtenden Erbe der Sagas, die noch immer ihre Rolle als Stilmuster spielten — erst mit den beiden Romanen JÓN THORODDSENS (1818—1868): *Piltur og stúlka* (Jüngling und Mädchen 1883) kam 1850 heraus, *Maður og kona* (Mann und Frau) blieb unvollendet und erschien erst 1876 nach Jóns Tod. Beide Werke erzählen romantisch gefärbte Liebesgeschichten vor dem Hintergrund realistisch-humorvoller Menschen- und Milieuschilderungen. Impulse empfing Jón vor allem von Scott und Dickens.

Im bekannten Zusammenhang mit Auffassungen der Romantik wurden in Island um die Mitte des 19. Jahrhunderts auch die uralten Gattungen der Sage und des Volksmärchens literaturfähig. Zahlreiche altnordische Quellen zeugen davon, daß es diese Gattungen in Island von Anfang an gegeben hat. Eine besondere Blüte erlebten märchenartige Sagas (die sogen. *Lygisögur*) im ausklingenden Mittelalter, in den späteren Jahrhunderten lebte das Genre fast ausschließlich in mündlicher Form weiter, aber schon im 17. Jahrhundert wurden in

Island Volkserzählungen aus wissenchaftlichem Interesse gesammelt, und zwar von dem berühmten Handschriftensammler und Gelehrten Árni Magnússon, der in seinem Verzicht auf stilistische Glättung und Überarbeitung seiner Zeit weit voraus war. Er blieb ohne direkte Nachfolge, zu erwähnen ist aber die ca. 1800 entstandene (noch unveröffentlichte) umfangreiche Kompilation des EIRÍKUR LAXDAL EIRÍKSSON, die freilich wegen ihrer poetischen Überformung wissenschaftlichen Ansprüchen nicht gerecht wird. Der entscheidende Anstoß zur Beschäftigung mit dieser Art Volksüberlieferung kam mit der Romantik, vor allem durch das Vorbild der Brüder Grimm. Erstes Ergebnis war 1852 die Sammlung *Íslenzk æfintýri* (Isländische Märchen) von JÓN ÁRNASON (1819—88) und MAGNÚS GRÍMSSON (1825—1860). Ein neuer Impuls kam von dem deutschen Professor Konrad Maurer, der 1858 Island besuchte und in kurzer Zeit reiches Material bei den besten Geschichtenerzählern zusammenbrachte. Er übersetzte die Geschichten ins Deutsche und gab 1860 das Werk *Isländische Volkssagen der Gegenwart* heraus. Die überaus positive Resonanz bereitete den Boden für die große Ausgabe *Íslenzkar þjóðsögur og æfintýri* (Isländische Volkssagen und Märchen) Jón Árnasons (2 Bde., Leipzig 1862 und 1864; auf demselben Material basiert eine kritische Edition in 6 Bdn., hrsg. von Árni Böðvarsson und Bjarni Vilhjálmsson, Reykj. 1954—61). Gegenüber vergleichbaren Sammlungen anderer Länder sind die eigentlichen Märchen in Island schwächer vertreten, sie bilden nur eine Gruppe unter den zahlreichen Typen der volkstümlichen isländischen Kurzprosa. Einen guten Überblick über den Stoff gibt die Gliederung Maurers: Mythische Sagen, Spuksagen, Zaubersagen, Natursagen, Legenden, historische Sagen, Märchen, Schwänke. Mitte des 19. Jahrhunderts erlebt auch eine ganz andere Art volkstümlicher Literatur einen letzten Höhepunkt: die eigentümliche, typisch isländische „rímur"-Dichtung, die sich metrisch und stilistisch vornehmlich aus der Skaldendichtung, inhaltlich oft aus der Sagaprosa herleitet und ein halbes Jahrtausend den Geschmack bestimmte. Die rímur-Zyklen haben episch-erzählenden Charakter und setzen sich aus einer unterschiedlichen Anzahl von Teilen (meist 10—20), den rímur, zusammen, die jeweils etwa 50—100 Strophen enthalten. Jede ríma unterscheidet sich von ihren Nachbarn durch ein besonderes Versmaß ihrer meist vierzeiligen Strophen. Wohl der beliebteste, jedenfalls der meistgedruckte Autor seiner Zeit war SIGURÐUR BREIÐFJÖRÐ (1798—1846), der neben zahlreichen Gedichten an die 30 rímur-Werke verfaßt hat. Er war Böttcher in armen Verhältnissen, hielt sich zeitweise in Dänemark und Grönland auf und mußte sich wegen Bigamie verurteilen lassen. Sein Hauptwerk sind die *Núma rímur* (1835) nach der Übersetzung eines französischen Romans über den frührömischen König Numa Pompilius; in die Literaturgeschichte eingegangen sind auch seine *Rímur af Tístran og Indíönu* (1831; Rímur von Tristan und Indiana) wegen der scharfen Polemik, die Jónas Hallgrímsson im *Fjölnir* gegen sie und ihre ganze Gattung gerichtet hat. In seinem Nachruf auf Sigurður Breiðfjörð schlug sich HJÁLMAR JÓNSSON, genannt Bólu-Hjálmar (1796—1875), auf dessen Seite und bekräftigte den Wert der Volksdichtung. Er wuchs vaterlos auf und wurde durch bittere Armut und schlimme Erfahrungen zum Menschenfeind. Seine Dichtung ist durchzogen von heftigen Leidenschaften, von schonungsloser Polemik, von Ironie und Sarkasmus. Spottverse, Gelegenheitsdichtungen, religiöse Lyrik und ríma-Zyklen (u. a. *Göngu-Hrólfsrímur*) waren die wichtigsten Gattungen dieses widerspruchsvollen Autors, den man in mancher Beziehung als einen Vorläufer der Realisten ansehen kann, der zugleich aber auch — als glühender Baggesenverehrer (→ 54ff.) — der Frühromantik nahestand.

GRÍMUR THOMSEN (1820—1896) fühlte sich den Männern des *Fjölnir* eng verbunden. Er studierte in Kopenhagen zunächst Jura, wandte sich dann aber der Literatur zu und wurde mit einer Abhandlung über Byron (1845) der erste isländische Magister und Doktor in moderner Literaturwissenschaft. Er war ein Weltbürger, selbstbewußt und schlagfertig, verkehrte mit Oehlenschläger (→ 89) und H. C. Andersen (→ 106), liebte Shelley und Byron und setzte sich für Bjarni Thorarensen und Runeberg (→ 142) ein. Als seine begonnene Diplomatenkarriere in einer Sackgasse endete, zog er sich mit 46 Jahren enttäuscht nach Island zurück. Für seine Dichtung begann aber nun die fruchtbarste Zeit. Seine Stoffe holte er sich gerne aus der nordischen Vergangenheit, pflegte besonders die heroische Ballade und verfaßte ein längeres Epos mit Sagamotiven, das er *Búarímur* (Rímur von Búi) nannte. In seinem dramatischen Gedicht *Á Sprengisandi* (Auf dem Sprengisander), das als Lied heute noch in aller Munde ist, verbinden sich Motive des Volksglaubens und das Bild einer feindlichen Natur zu einer bedrohlichen Atmosphäre. Grímurs Verskunst weckte zunächst wegen gewisser metrischer Unregelmäßigkeiten Anstoß, seine Dichtung wirkt auch bisweilen etwas steif und wenig unmittelbar, basiert aber immer auf einer soliden isländischen und europäischen Bildung.

Ein außerordentlich vielseitiger, freilich auch exzentrischer und ichbezogener Mann war BENEDIKT GRÖNDAL (1826—1907), der sich u.a. erfolgreich als Naturwissenschaftler, Lexikograph, Historiker, Zeichner und Philologe betätigte. Mehr als seine Lyrik lebte seine Prosa weiter, vor allem seine burleske Travestie *Sagan af Heljarslóðarorrustu* (1861; Die Schlacht auf dem Helfeld), in der die Schlacht von Solferino in der Art alter Rittersagas und mit grotesken Zeit- und Stilmischungen behandelt wird, und seine geistreiche und offenherzige Autobiographie *Dægradvöl* (Zeitvertreib). Sein Freund STEINGRÍMUR THORSTEINSSON (1831—1913) arbeitete nach seinem Studium in Kopenhagen in der Redaktion der von Jón Sigurðsson, dem bekannten Politiker, herausgegebenen Zeitschrift *Ný félagsrit*, dann als Lehrer und Rektor in Island. Besonders viele seiner Gedichte, von denen die besten die heiteren Seiten der isländischen Natur besingen, sind zu beliebten Liedern geworden, von seinen vielen Übersetzungen seien *King Lear*, *Tausend und eine Nacht* und zahlreiche Gedichte von Goethe und Petöfi genannt.

KRISTJÁN JÓNSSON (1842—1869) war ein begabter Lyriker in ärmlichen Verhältnissen, dessen Gedichte und Balladen erfüllt sind von Weltschmerz, Pessimismus und Schwermut. Seine Stoffe entnahm er häufig der Natur *(Dettifoss, Yfir kaldan eyðisand)* und den Sagas. Kristján war Alkoholiker und starb schon mit 27 Jahren.

Mit Gröndal und Steingrímur Thorsteinsson gehört MATTHIÁS JOCHUMSSON (1835—1920) zu den drei großen Dichtern der zweiten Hälfte des 19. Jahrhunderts. Er entstammte einer armen Bauernfamilie aus den Westfjorden und mußte schon früh als Hütejunge und Knecht, später im Handel seinen Unterhalt verdienen. Als man jedoch auf seine Begabung aufmerksam wurde, erhielt er die Gelegenheit, in Dänemark Sprachen und Literatur zu studieren und später eine Ausbildung zum Geistlichen abzuschließen. Er wirkte seit 1863 an verschiedenen Orten als Pfarrer (zuletzt in Akureyri), dazwischen arbeitete er einige Jahre als Redakteur des *Þjóðólfur* (1874—1880) und unternahm zahlreiche Auslandsreisen. Seit der Jahrhundertwende lebte er als poeta laureatus von einem Ehrensold des isländischen Parlaments.

Matthías war einer der vielseitigsten und produktivsten Dichter seines Landes. Seine Arbeitsweise war spontan und impulsiv, was manchmal Qualitätsschwankungen mit sich brachte. Bekannt wurde er mit dem romantischen Schauspiel *Útilegumennirnir* (1864; Die Geächteten), das in einer umgearbeiteten Fassung als *Skugga-Sveinn* noch heute populär ist. Matthías war ein tief religiöser Dichter, was nicht ausschließt, daß er wegen seiner Liberalität und Dogmenkritik zeitweise in heftige innere und äußere theologische Konflikte geriet. Im Mittelpunkt seiner religiösen (er war der bedeutendste Kirchenlieddichter seines Jahrhunderts) wie seiner weltlichen Dichtung steht der einzelne Mensch, besonders in seinen zahlreichen Nachrufgedichten auf Personen der Geschichte und der Gegenwart. Seine Liebe zu Versformen und Themen der isländischen Vergangenheit zeigt er im Gedichtzyklus *Grettisljóð* nach dem Stoff der *Grettis saga*. Seine vielen Briefe und die farbige Autobiographie *Sögukaflar af sjálfum mér* (Kapitel über mich selbst) geben uns einen Einblick in seine tiefe Persönlichkeit. Matthías war ein großer Übersetzer: neben zahlreichen Gedichten sind vor allem mehrere Dramen von Shakespeare, Byrons *Manfred*, Ibsens *Brand* (→ 173) und Tegnérs *Frithiofs saga* (→ 135) zu nennen.

Realismus

Die Bedeutung des dänischen Literaturhistorikers Georg Brandes (1842—1927) und seiner berühmten Kopenhagener Vorträge (1871 ff., → 147) über die *Hauptströmungen in der Literatur des 19. Jahrhunderts* für die Anfänge des sog. Modernen Durchbruchs ist hinreichend bekannt. Auch für Island hat Brandes den entscheidenden Anstoß gegeben, als sich vier junge isländische Studenten von ihm für die neue

Richtung begeistern ließen: die Prosaisten GESTUR PÁLSSON (1852–91) und EINAR H. KVARAN (1859–1938) und die Lyriker HANNES HAFSTEIN (1861–1922) und BERTEL Ó. ÞORLEIFSSON (1857–90). Sie gründeten die Zeitschrift *Verðandi* (Die Norne des Werdenden), die freilich über das erste Heft (1882) nicht hinauskam, aber u.a. in *Suðri* (1883–86) und *Heimdallur* (1884) Nachfolger fand. Die Reaktion in Island war zwiespältig und führte zu einer lebhaften literarischen Diskussion, die auch Fragen der Gesellschaftsform, der Frauenemanzipation und der Weltanschauung mit einschloß. Immerhin hat sich der Realismus (bzw. Naturalismus – eine Differenzierung ist hier nicht sinnvoll) auch in Island, wenigstens was die Prosa betrifft, für Jahrzehnte eine vorherrschende Stellung verschafft, obwohl die sozialen Voraussetzungen hier doch in vieler Hinsicht ganz andere als in seinen Ursprungsländern waren: einerseits gab es in Island praktisch keine Städte, kein Industrieproletariat und nur eine sehr dünne Bürgerschicht, andererseits war für das Land die nationale Frage noch so aktuell – der Kampf um die nationale Unabhängigkeit war in vollem Gange –, daß die internationalen gesellschaftlichen Probleme dagegen in den Hintergrund traten.

So unterschiedlich sich die isländischen Realisten auch darstellten, so war ihnen doch die Überzeugung von der sozialen Verantwortung der Literatur und der Glaube an ihre Wirkungsmöglichkeit gemeinsam. Einig waren sie sich auch in der Ablehnung der romantischen Rückwendung zum isländischen Mittelalter und im Antiklerikalismus.

Der wichtigste Vertreter der Richtung in Island war GESTUR PÁLSSON, der unter dem Einfluß vor allem von Kielland (⟶ 188) und Turgenjew ein soziologisch und psychologisch orientiertes literarisches Programm verkündete. Sein schmales, aber gewichtiges Werk umfaßt vor allem Erzählungen klassischer Qualität. Sie stellen die Schwachen und Unterdrückten in den Mittelpunkt und wenden sich mit beißendem Spott gegen soziales Unrecht und heuchlerische Selbstgerechtigkeit.

Auch HANNES HAFSTEIN, der einzige *Verðandi*-Gründer übrigens, der sein Studium abschloß und der persönlichen Kontakt mit Georg Brandes hatte, kämpfte für soziale Verbesserungen, freilich auf eher pragmatische Weise. Auch seine Dichtung — er schrieb fast ausschließlich Lyrik — trägt wenig Züge des orthodoxen Realismus. Sie spiegelt vielmehr die Lebensfreude des mit allen Gaben gesegneten Autors, der sich später fast ganz seinen politischen Aufgaben widmete und 1904 der erste isländische Minister wurde.

Auch bei EINAR HJÖRLEIFSSON KVARAN lassen sich nur wenige Werke finden, die ohne Einschränkung in den Rahmen des Realismus passen, da er sich schon bald anderen Richtungen zuwandte: zuerst der christlichen Lehre von Liebe und Vergebung, dann dem Spiritismus, dessen einflußreicher Vorkämpfer er in Island wurde. Durchgehende Züge in seinen Werken aber sind sein Mitgefühl mit den Hilflosen und Schwachen (er setzte sich u.a. für eine liberale Erziehung der Kinder ein), sein psychologisches Einfühlungsvermögen und seine realistische Darstellungsweise. Künstlerische Höhepunkte seiner überaus umfangreichen Produktion sind wohl seine Erzählungen, angefangen mit *Vonir* (1888; Hoffnungen). Mit dem Roman *Ofurefli* (1908; Übermacht) und seiner Fortsetzung *Gull* (1911; Gold) erobert Kvaran das städtische Milieu von Reykjavik für die Gattung. Zu seinen wichtigsten Romanen gehört *Sálin vaknar* (1916; Die Seele erwacht), der um die Frage nach der Unsterblichkeit der Seele kreist.

Wie groß um die Jahrhundertwende die Aufgeschlossenheit gegenüber den internationalen Strömungen selbst in abgelegenen Landgebieten sein konnte, beweist vor allem eine Gruppe von nordisländischen Autoren — Autodidakten, wie so viele ihrer Kollegen damals. Entscheidende Anregungen hatten sie beim Bibliothekar BENEDIKT AUF AUÐNIR (1846—1939) empfangen, der sie nicht nur mit den norwegischen Realisten und Strindberg, sondern auch mit Carlyle, Spencer, Darwin und Marx bekanntgemacht hatte. Der älteste von ihnen, JÓN STEFÁNSSON (1851—1915), der sich ÞORGILS GJALLANDI nannte, zeigt sich in seinen Erzählungen wie in seinem Roman *Upp við fossa* (1902; Oben bei den Wasserfällen) als scharfer Gesellschaftskritiker, antiklerikal und freimütig in der Darstellung sexueller Beziehungen. Auch GUÐMUNDUR FRIÐJÓNSSON (1869—1944) begann als Radikaler, wandte sich dann aber bald konservativen Idealen zu und spielte die traditionellen bäuerlichen Tugenden von Vorsicht, Genügsamkeit und Zähigkeit gegen die städtische Zivilisation und die alten Sagas gegen moderne Literatur aus. GUÐMUNDUR MAGNÚSSON (1873–1919), der sich das Pseudonym Jón Trausti zulegte, hatte als Frühwaise in seiner Kindheit besonders schwer unter den Hunger-und Eisjahren im äußersten Norden zu leiden gehabt – Erlebnisse, die die Thematik manches seiner Werke bestimmen sollten. Seine umfangreiche Produktion umfaßt praktisch alle Gattungen, vor allem aber Romane und Erzählungen. Nicht selten ist seine Darstellung allzu breit und ausufernd, zeichnet sich aber durch Anschaulichkeit aus. Als bedeutender Beitrag zum isländischen Roman sind vor allem seine frühen, thematisch zusammengehörigen Werke *Halla* (1906) und *Heiðarbýlið* (1908–11; Der Hochlandhof) anzusehen. Sie erzählen vom harten Leben am Rande der Existenzmöglichkeit auf einem einsamen Hof im Hochland. Später bezog Jón Trausti seine Themen auch aus der aktuellen gesellschaftlichen Diskussion (*Leysing*, 1907, Schneeschmelze; *Borgir*, 1909, Städte), der isländischen Geschichte (*Sögur frá Skaftáreldа* I–II, 1912–13, Geschichten vom Laki-Ausbruch) und der Volksüberlieferung (*Anna frá Stóruborg*, 1914). In mancher Beziehung ist er ein Vorläufer von Autoren wie Hagalín und Laxness.

Neben Einar Benediktsson war STEPHAN G. STEPHANSSON (1853–1927) der bedeutendste Lyriker seiner Zeit. Auch er konnte sich keinen Schulbesuch leisten, kompensierte dies jedoch durch desto intensiveres Selbststudium. Als er neunzehn war, wanderte seine Familie, wie so viele andere Isländer damals, nach Amerika aus, und er wurde Landwirt in Kanada. Seine Heimat hat er später nur noch einmal besucht, schrieb aber seine Gedichte, die durch Gedankenreichtum und stark überhöhten Stil charakterisiert sind, fast ausschließlich in seiner Muttersprache. Der Name seiner sechs Sammlungen: *Andvökur* (1909–1938; Durchwachte Nächte) weist darauf hin, daß er nur nachts Zeit zum Schreiben fand. Stephan war überzeugter Pazifist und stand dem Naturalismus und dem Sozialismus nahe. Er glaubte nicht an ein Jenseits, sondern verwies den Menschen auf seine persönliche Verantwortung, zu einer Humanisierung des Diesseits beizutragen.

Noch klarer gegen die bürgerliche Gesellschaftsordnung bezog ÞORSTEINN ERLINGSSON (1858–1914) Stellung, der mit seiner ersten Gedichtsammlung *Þyrnar* (1897; Dornen) die Phase der sozialistischen Lyrik der 30er Jahre in manchen Zügen bereits vorwegnahm (und mit anregte).

Neuromantik

Der Realismus (bzw. Naturalismus) hatte in Island ein ganz ähnliches Schicksal wie auf dem Kontinent: Spätestens um die Jahrhundertwende war die revolutionäre Stoßkraft erschöpft, die enge stilistische und thematische Festlegung wurde mannigfach durchbrochen, die idealistisch-subjektivisierenden Gegenströmungen gewannen die Oberhand und fanden ihre Anhänger auch unter den früheren Realisten (wie Hannes Hafstein und Einar H. Kvaran). Eine scharfe Epochengrenze läßt sich freilich hier noch weniger als sonst ziehen, denn einerseits hatten sich Dichter wie Matthías Jochumsson und Benedikt Gröndal dem Realismus nie angeschlossen, andererseits fehlen realistische Gestaltungsformen auch späterhin nicht. In Island hat sich für die neue Phase mit gutem Recht die Bezeichnung Neuromantik durchgesetzt, denn sie konnte zum Teil unmittelbar an Themen und Formen der Nationalromantik anknüpfen, erhielt aber auch wesentliche Impulse von außen, vor allem vom französischen Symbolismus.

Der erste und vielleicht bedeutendste Neuromantiker seines Landes war EINAR BENEDIKTSSON (1864—1940), der den Symbolismus schon 1897 propagierte. Er gehört zweifellos zu den interessantesten, zugleich — als Mensch wie als Dichter — auch zu den umstrittensten Persönlichkeiten der isländischen Literaturgeschichte. Seinen Beruf als Jurist und Verwaltungsbeamter übte er nur zeitweise und ohne großen Einsatz aus, wichtiger war ihm da schon seine Tätigkeit als Herausgeber und Journalist. Er hatte aber noch größere Pläne: wie Peer Gynt, den er — vielleicht im Gefühl einer gewissen Geistesverwandtschaft — übersetzt hat (*Pétur Gautur*, 1901), wurde ihm seine Heimat bald zu eng, und er hielt sich viele Jahre im Ausland auf, wo er sich für die wirtschaftliche und politische Entwicklung Islands einsetzte; vor allem suchte er Kapitalgeber für die Nutzbarmachung der Wasserkraft und für den Anschluß an die drahtlose Telegraphie. Die meisten seiner hochfliegenden, nur zum Teil auch unrealistischen Pläne scheiterten an äußeren Umständen und am fehlenden Rückhalt bei einen Landsleuten, die ihr Mißtrauen gegenüber einem Mann, der auf nicht ganz durchsichtige Weise schnell zu Geld gekommen war und sich zwischen Venedig und New York selbstbewußt als Dichterfürst und Vertreter einer künftigen industriellen und politischen Großmacht (mit Grönland als Kolonie) feiern ließ, nicht überwinden konnten. Als Autor brachte er es zwar zu höchster offizieller Anerkennung, aber einigermaßen populär waren nur die ersten beiden seiner fünf Lyriksammlungen: *Sögur og kvæði* (1897; Geschichten und Gedichte), *Hafblik* (1906; Meeresschimmer), *Hrannir* (1913; Wogen), *Vogar* (1921; Buchten) und *Hvammar* (1930; Talmulden). In der Tat kommen seine Gedichte den Forderungen nach lyrischer Leichtigkeit und Musikalität nur selten nach: metrisch sind sie ausgefeilt, in ihrem stichischen Aufbau aber ziemlich schwerfällig, ihre Sprache ist an Metaphern und Neubildungen reich, sentenzenhaft pointiert und häufig ziemlich dunkel — dies alles in Entsprechung zur schwierigen Thematik; denn Einars Lyrik ist vor allem Gedankenlyrik: auch wenn sie ihren Anlaß meist recht konkret in der Natur, Geschichte oder Aktualität nehmen, ist den meisten seiner Gedichte eine symbolistisch-philosophische Überhöhung im Geiste eines pantheistischen Mystizismus gemeinsam (mit dem Ziel einer vollkommenen Harmonie von Geist und Materie, von fernöstlicher, christlicher und heidnischer Weltanschauung).

Neben und zum Teil in unmittelbarer Auseinandersetzung mit der schwer zugänglichen, spekulativ-intellektuellen Lyrik Einar Benediktssons, die mit ihrer extensiven Metaphorik stilistisch noch stark dem 19. Jahrhundert verpflichtet ist, erscheint im ersten Jahrzehnt nach der Jahrhundertwende eine ganze Reihe von lyrischen Debütsammlungen, die sich in ihrer volksliedhaften Schlichtheit und vor allem ihrer eingängigen Musikalität unmittelbar an das Gefühl wenden. Wenigstens genannt seien hier GUÐMUNDUR GUÐMUNDSSON (1874—1919), der schon als Schüler mit seinen Gedichten Aufsehen erweckte und deshalb den Beinamen „skólaskáld“ (Schuldichter) erhielt (*Ljóðmæli* 1900, sechs weitere Sammlungen bis 1917), die hochgebildete UNNUR BJARKLIND, gen. Hulda (1881—1946), Tochter des bereits erwähnten Benedikt auf Auðnir, die sich stark von der volkstümlichen Lyrik anregen ließ, wie sie in Ólafur Davíðssons

Sammlung *Íslenzkar gátur, skemmtanir, vikivakar og þulur* (1887—1903, etwa: Isländische Rätsel, Scherzgedichte, Tanzlieder und Merkverse) gerade erschienen war (sieben Gedichtsammlungen von 1909—1951, daneben u. a. der Roman *Dalafólk*, 1936—39, Leute aus den Tälern) und SIGURÐUR SIGURÐSSON FRÁ ARNARHOLTI (1879—1939), der 1906 zusammen mit JÓNAS GUÐLAUGSSON (1887—1916) den Band *Tvístirnið* (Das Zweigestirn) herausgab.

Den wirklichen Durchbruch beim Publikum und zugleich den künstlerischen Höhepunkt dieser lyrisch-klangbetonten Neuromantik markieren jedoch die Erstlingsbücher *Söngvar förumannsins* (1908; Lieder des Vaganten) von STEFÁN SIGURÐSSON FRA HVÍTADAL (1887—1933) und vor allem *Svartar fjaðrir* (1919; Schwarze Federn) von DAVÍÐ STEFÁNSSON FRÁ FAGRASKÓGI (1885—1965).

In Stefáns Band, der kurze durchgeformte Stimmungsgedichte zwischen sonnig-heiteren und tief melancholischen Tönen enthält, klingen offensichtlich Erfahrungen aus einem dreijährigen Aufenthalt in Norwegen (1912—15) nach, wo er sich u. a. mit Vinje (→ 123), Sivle (→ 263) und Wergeland (→ 119) befaßte. Seine späteren Werke, nach seiner Niederlassung als Bauer und der Gründung einer großen Familie, sind künstlerisch vielleicht gleichwertig, haben aber nicht mehr diese frische Unmittelbarkeit und Schwerelosigkeit wie bei dem jungen Romantiker. Nun greift Stefán zunehmend im Sinne eines traditionellen Formalismus auf ältere Versmaße zurück und räumt (nach seiner Konversion zum Katholizismus 1923) religiösen Themen einen zentralen Platz ein.

Davíð Stefánsson frá Fagraskógi geht in seinem Streben nach einfachen Metren und einfacher Sprache noch einen Schritt weiter als seine neuromantischen Vorgänger. In vielen Gedichten trifft er in nahezu vollkommener Weise den Ton der Volkslieder und Balladen. Thematisch spielt die verbotene oder sonst unerfüllte Liebe in ihrer untrennbaren Verbindung mit Tod und Trauer eine große Rolle; häufig wird dabei die Handlung in eine reine Phantasiewelt verlegt. Auch wenn Davíð die allgemeine Rückkehr der Lyrik in den späten Zwanzigern zum Inhaltlichen mitvollzog, gab es doch bei ihm keinen so deutlichen stilistischen Bruch wie bei Stefán. Auf der Grundlage einer heiteren Volkssage, die erzählt, wie irdische Liebe die himmlische

Gerechtigkeit überlistet, schrieb Davíð später das Schauspiel *Gullna hliðið* (1941; Das goldene Tor), das in seinem ironisiert naiven Ton großen Anklang fand.

Mit den volkstümlichen Gedichten TÓMAS GUÐMUNDSSONS (*1901), vor allem mit seiner zweiten Sammlung *Fagra veröld* (1933; Schöne Welt), erlebt die isländische Neuromantik noch einmal einen späten Höhepunkt. Es ist eine stille, gefühlsbetonte Lyrik in eingängig-schlichtem Ton, die offen ist für die Schönheit der Welt und den in die Vergangenheit gerichteten Sehnsuchtsschmerz mit leichter Ironie auffängt. Tómas registriert, daß die „Romantik der dunklen Täler" nicht mehr dem Lebensgefühl der in die Hauptstadt strebenden Generation entspricht. Auch für ihn ist Reykjavík längst zur vertrauten Umwelt geworden, und die Art, in der er sich der jungen Stadt und ihrer Faszination thematisch annimmt, stellt seine eigentliche innovatorische Leistung dar.

Isländer schreiben in fremden Sprachen

Insgesamt hat das Drama in Island nie die Rolle gespielt wie traditionell zu allen Zeiten die Lyrik und in diesem Jahrhundert auch die Prosa. Dafür fehlte es lange Zeit einfach an den äußeren Voraussetzungen. Dennoch gab es immer wieder Versuche: erwähnt wurden Sigurður Pétursson und Matthías Jochumsson, nachzutragen wäre aber noch INDRIÐI EINARSSON (1851—1939) mit u.a. *Nýársnóttin* (1871; Die Sylvesternacht) und *Hellismenn* (1873; Höhlenmenschen), aber die ersten wirklichen Dramatiker waren doch erst Jóhann Sigurjónsson und Guðmundur Kamban, die sich bezeichnenderweise beide im Ausland ihr Arbeitsfeld suchten.

JÓHANN SIGURJÓNSSON wurde 1880 in Nordisland geboren, verließ mit 19 Jahren seine Heimat und ging nach Kopenhagen, wo er sich bis zu seinem frühen Tode 1919 hauptsächlich aufhielt. Das Studium der Tiermedizin brach er bald ab, um sich ausschließlich der Dichtung zu widmen. Zwar verfaßte er auch Lyrik (in freien Versen: aus heutiger Sicht der Beginn der isländischen Moderne!), sein Hauptinteresse aber galt dem Schauspiel. Er schrieb seine Stücke abwechselnd in Isländisch und Dänisch und übersetzte sie jeweils auch selbst. Nach dem Mißerfolg der nietzscheinspirierten ersten beiden Werke *Dr. Rung* (1905) und *Bóndinn á Hrauni* (1908; Der Bauer auf Hraun), konnte er mit *Bjærg-Eyvind og hans hustru* (1911; Berg Eyvind und sein Weib 1913) einen internationalen Durchbruch erleben. Das romantisch-psychologische Stück basiert wie das darauffolgende *Galdra-Loftur* (1915; Der zauberkundige Loftur) auf volkstümlicher Überlieferung und handelt von der heroischen Liebe der wohlhabenden Halla zu einem Vogelfreien, mit dem sie in der Einsamkeit des isländischen Hochlands bis zum tragischen Ende Hunger und Kälte teilt.

Dieser Erfolg ermutigte auch GUÐMUNDUR KAMBAN (1888—1945), sich dem Theater zu verschreiben. Auch er schrieb isländisch und dänisch und wohnte seit seiner Studienzeit hauptsächlich in Kopenhagen. Seinen Stücken kam zugute, daß er durch seine Ausbildung und seine Arbeit am Königlichen Theater auch die Bühnenpraxis beherrschte. Nach neuromantischem Beginn mit *Hadda Padda* (1914) und *Kongeglimen* (1915; Königsringkampf) wandte er sich sozialen Problemen zu und suchte seine Schauplätze in der Welt der westlichen Großstädte. Das Stück *Marmor* (1918) plädiert für die Abschaffung der herrschenden Strafpraxis, in *Vi mordere* (1920; Wir Mörder) geht es um das Schuldigwerden am Ehepartner, im Roman *Ragnar Finnsson* (1922; dt. 1925) — Kamban war auch ein fruchtbarer Prosaautor — wird ein Unschuldiger durch Strafverfolgung zum Verbrecher. Die Tetralogie *Skálholt* (1930—32; Die Jungfrau auf Skalholt. Der Herrscher auf Skalholt, 1934—38) um den unnachgiebigen Bischof Brynjólfur Sveinsson (1605—1675) und seine stolze Tochter Ragnheiður nimmt sich zwar historische Vorgänge zum Anlaß, interpretiert sie aber frei im Sinne einer modernen Psychologie. Kamban hatte in Deutschland beträchtlichen Erfolg und hielt sich auch einige Zeit in Berlin auf. Bei Kriegsende wurde er von einem fanatischen Dänen erschossen, der ihm zu Unrecht Kollaboration vorwarf.

Jóhann Sigurjónsson und G. Kamban waren nicht die einzigen isländischen Autoren, die in den ersten Jahrzehnten des Jahrhunderts (vor allem zwischen 1910 und 1930) versuchten, über eine verbreitetere

Sprache Zugang zu einem größeren Publikum zu gewinnen. Erfolge auf wirtschaftlichem und politischem Sektor hatten Fortschrittsoptimismus und Selbstvertrauen mit sich gebracht. In ihrer Folge setzt nun verstärkt eine Öffnung nach außen ein: im Sinne der Horizonterweiterung und Durchbrechung einer gewissen Isolation, vor allem aber auch zur Eroberung neuer Publikumsschichten für die eigene Literatur im Ausland (so wird immer wieder von „geistiger Landnahme" oder „neuer Wikingerzeit" gesprochen): Island tritt nun nachdrücklich in den Gesichtskreis der literarischen Öffentlichkeit Europas.

Der jüngste (und erfolgreichste) der dänisch-isländischen Autoren war GUNNAR GUNNARSSON (1889—1975), der, im Nordosten Islands aufgewachsen, schon mit 18 Jahren seine Heimat in Richtung Dänemark verließ — in der festen Absicht, Dichter zu werden. Mittellos, wie er war, schlug er sich mühsam durch, bis er schließlich 1912 mit dem Roman *Ormarr Ørlygsson* über Nacht in Skandinavien berühmt wurde. Erst im Frühjahr 1939 kehrte er wieder nach Island zurück. Sein Werk umfaßt nicht weniger als etwa vierzig Bände, hauptsächlich Romane, aber auch Gedichte, Erzählungen (die bekannteste: *Advent,* 1937; Advent im Hochgebirge 1936!), Dramen, Reden, Übersetzungen (u.a. von Isländersagas ins Dänische), außerdem zahlreiche Zeitschriftenbeiträge. Die erste Phase seines Romanschaffens bildet die isländische Familiensaga *Af Borgslægtens historie* mit den vier Teilen *Ormarr Ørlygsson* (1912), *Den danske Frue paa Hof* (1913), *Gæst den enøjede* (1913) und *Den unge Ørn* (1914; Gesamtausg. 1914; Die Leute auf Borg 1927), sein insgesamt erfolgreichstes Werk. Gewisse Schwächen, die in romantischen Übertreibungen und einer Tendenz zur Schwarzweißmalerei liegen, werden durch die Kunst der dramatischen Handlungsführung und die lebendige Darstellung kompensiert. Sicher mit ausgelöst durch den Eindruck des Ersten Weltkriegs schließt sich eine Phase mit pessimistischen Problemromanen an, in denen angesichts eines offenbar blinden Schicksals die Möglichkeit des Glaubens an Gott, Humanität und Sinn des Lebens in Frage gestellt wird. Hierzu gehören *Livets Strand* (1915; Strand des Lebens 1929), *Varg i Veum* (1916; Der Geächtete 1928) und das streng komponierte *Salige er de enfoldige* (1920; Selig sind die Armen im Geiste):

Vor dem Hintergrund der Heimsuchung der Stadt Reykjavík im Herbst 1918 durch einen Vulkanausbruch und eine tödliche Seuche spielt sich auf der psychisch-ethischen Ebene ein Kampf ab, bei dem ein humanitätsgläubiger Arzt durch seinen zynischen Gegenspieler zum Wahnsinn getrieben wird. (Unter dem Titel *Der Haß des Pall Einarsson* leitete dieser Roman 1921 den beispiellosen Erfolg des Autors in Deutschland ein.) Mit seinem fünfbändigen autobiographischen Roman *Kirken paa Bjerget* findet Gunnarsson zu helleren Farben zurück: *Leg med Straa* (1923; Spiel mit Halmen 1928) und *Skibe paa Himlen* (1925; Schiffe am Himmel 1928) schildern die frühe Kindheit und den Tod der Mutter, *Natten og Drömmen* (1926; Nacht und Traum 1929) erzählt, wie der Heranwachsende durch Liebeskummer zum Dichter wird, *Den uerfarne Rejsende* (1927; Der unerfahrene Reisende 1931) von seinen ernüchternden Erlebnissen in einer neuen Welt, *Hugleik den Haardtsejlende* (1928; Hugleik, der kühne Segler 1931) schließlich, wie der junge Autor in Kopenhagen zu Reife, Erfolg und privatem Glück gelangt. — Die letzte Schaffensperiode, beginnend bereits 1918 mit *Edbrødre: Roman fra Islands Landnamstid* (Die Eidbrüder: Roman der ersten Islandsiedler 1934), deckt mit einem runden Dutzend historischer Romane fast alle Epochen der isländischen Geschichte ab und umfaßt u.a. die Werke *Svartfugl* (1929; Schwarze Schwingen 1930) über einen Doppelmord im Jahre 1802, *Jón Arason* (1930; dt. 1932), die Geschichte des 1550 enthaupteten letzten katholischen Bischofs, und *Graamand* (1936; Der graue Mann 1937), nach einem Stoff der mittelalterlichen *Sturlunga saga.* In seinen letzten Jahren widmete sich Gunnar Gunnarsson vor allem der Übersetzung eigener Werke ins Isländische.

Mit ebenso großem Erfolg (Übersetzungen in über dreißig Sprachen), bediente sich dagegen KRISTMANN GUÐMUNDSSON (*1902) in der Zeit seines Aufenthaltes in Norwegen und Dänemark (1924—38) der norwegischen Sprache als seines wichtigsten Mediums. In fast allen seinen Werken — zahlreichen Erzählungen und einigen Gedichten sowie 15 Bänden Romane — steht die Schilderung des Gefühlslebens im Vordergrund. Hier sind u.a. zu nennen: *Brudekjolen,* 1927 (Das Brautkleid 1930), *Armann og Vildis,* 1928, *Livets morgen,* 1929 (Morgen des Lebens 1934) und *Hvite netter,* 1934 (Helle Nächte

1948). Seine Personen befinden sich ständig im Konflikt mit ihren Leidenschaften, denen sie meist unterliegen. So vermitteln sie ein pessimistisches, von Freuds Erkenntnissen mit beeinflußtes Menschenbild, wobei aber auch die Sehnsucht nach dem Guten (der reinen Liebe, dem einfachen Leben) allgegenwärtig ist. Soziale und philosophische Tendenzen sind den romantisch-dramatischen Liebes- und Haßgeschichten Kristmanns fremd, man kann freilich aus ihnen die Forderung ablesen, das Leben und die Liebe nach Kräften zu genießen.

Eine Erwähnung verdient in diesem Zusammenhang auch der Jesuit JÓN SVE(I)NSSON (1857—1944), der seine charmanten, auf eigenen Erlebnissen beruhenden Kinderbücher unter dem Namen Nonni in deutscher Sprache veröffentlichte (*Nonni*, 1913; *Nonni und Manni* 1915; *Sonnentage* 1915 usw.).

Zwischenkriegszeit und Moderne

Der Erste Weltkrieg bedeutete für die überlebenden Autoren der beteiligten Länder einen Schock, der zu einer radikalen Neuorientierung veranlaßte: Der Expressionismus wurde politisch und befruchtete seinerseits wieder den Surrealismus, der augenfällig die Suche nach neuen Formen in einer chaotischen Zeit dokumentiert. Island hatte den Krieg kaum als unmittelbar Beteiligter erlebt, es bekam seine Nachwirkungen aber später in aller Härte zu spüren, als es 1930 mit in den Strudel der Weltwirtschaftskrise gezogen wurde, nachdem der kriegsbedingte Wirtschaftsboom zu einer völligen Abhängigkeit vom Außenhandel geführt hatte. Vor dem Hintergrund einer drückenden Arbeitslosigkeit und klassenkampfartigen Entwicklungen vertraten nun viele der besten Autoren des Landes die Forderungen der 1930 gegründeten Kommunistischen Partei. Mit dieser Politisierung der Literatur gingen zum Teil durchgreifende formale Neuerungen einher, vor allem in der Lyrik. Ihr eigenes Sprachrohr schuf sich die neue Richtung mit der 1935 gegründeten Zeitschrift *Rauðir pennar* (Rote Federn), die nur in vier Jahrgängen erschien, aber mit dem *Tímarit Máls og menningar* (Zeitschrift [des Verlags] „Sprache und Kultur") eine Art Fortsetzung fand.

Einer der Wegbereiter sozialistischer Ideen in Island war ÞÓRBERGUR ÞÓRÐARSON (1889—1974), zugleich einer der originellsten Köpfe und glänzendsten Stilisten der isländischen Literatur dieses Jahrhunderts. Seine Bedeutung für die Prosa seines Landes ist unumstritten, im Ausland aber hat man von ihm praktisch keine Notiz genommen. (Ins Deutsche ist nur eine seiner Erzählungen übersetzt, sieht man einmal von der Verballhornung des Romans *Íslenzkur aðall* unter dem Titel Unterwegs zu meiner Geliebten, 1960, ab.)

Aufgewachsen im entlegenen Winkel Südostislands, ging er mit 16 Jahren völlig mittellos nach Reykjavík, wo sich der genialische junge Mann durchhungerte und mit autodidaktischer Besessenheit seine Studien auf den unterschiedlichsten Gebieten betrieb. Ein staatlicher Forschungsauftrag und eine Lehrerstelle (1919—35) sicherten ihn am Ende finanziell ab. Þórbergur fand den Kontakt zu führenden Autoren seiner Zeit und brachte bald drei Bände Lyrik heraus, die Anerkennung fanden: *Hálfir skósólar* (1915; Halbe Schuhsohlen), *Spaks manns spjarir* (1916; Eines klugen Mannes Kleidung) und *Hvítir hrafnar* (1922; Weiße Raben — in Anlehnung an Davíð Stefanssons *Svartar fjaðrir*). Sein erstes Prosawerk aber, *Bréf til Láru* (1924; Brief an Laura), wirkte bahnbrechend und rief sogleich heftige Kontroversen hervor. Der Form nach ist es ein langer Brief (in 36 durchgezählten Abschnitten) an eine Freundin in Nordisland. Diesen Rahmen füllt der Autor nun in völliger Freiheit mit der Summe seiner Erfahrungen und Erkenntnisse der letzten zwei Jahrzehnte aus: locker assoziierend reihen sich erzählende, lyrische, essayistische, parodistische und polemische Stücke aneinander, sogar Statistiken und seitenlange Zitate. Auch in der Sprache löst sich der Autor von allen Konventionen: Souverän handhabt er die unterschiedlichsten Stilebenen, er ist spontan und unpuristisch, durchgehend in ironischer Distanz zu seinen Mitteln. Zu großen Teilen ist der Brief eine heftig engagierte Auseinandersetzung mit Strömungen seiner Zeit, vor allem mit dem Christentum und dem Kapitalismus. Þórbergurs Begeisterung galt dem Sozialismus, daneben aber auch zeitlebens dem Spiritismus und dem Esperanto. In seinen autobiographischen Romanen *Íslenzkur aðall* (1938; Isländischer Adel) und *Ofvitinn* (1940—41; Der Überkluge) schildert er in humorvoll-selbstironischer, manchmal tragikomischer

Weise seine Jahre als angehender Dichter, später in vier Bänden die Zeit seiner Kindheit (gesammelt in *Í Suðursveit*, 1975). Weitere Hauptwerke sind seine Niederschrift der Erinnerungen des Propstes Árni Þorarinsson, des „letzten Zeugen der isländischen Erzählkunst", in sechs Bänden (1945—1950), und der reizende *Sálmurinn um blómið* (1954—55; Der Psalm von der Blume), geschrieben aus der Perspektive und in der Sprache eines kleinen Mädchens.

HALLDÓR (KILJAN GUÐJÓNSSON) LAXNESS (*1902) gelang das fast Unmögliche: weltberühmt zu werden — und dies nicht erst seit 1955, als ihm der Nobelpreis für Literatur verliehen wurde —, obwohl er in einer so „kleinen" Sprache wie dem Isländischen schrieb. Geboren in Reykjavík, verlebte er die prägenden Jahre der Kindheit im anregenden bäuerlichen Milieu des kleinen Hofes Laxnes, nach dem er sich später nannte. Schon 17jährig debütiert er mit einer romantischen Erzählung *Barn náttúrunnar* (1919; Das Naturkind). Die folgenden Jahre nutzt er, um sich zu Hause und auf zahlreichen Reisen umfassende Kenntnisse der isländischen und der Weltliteratur anzueignen. Es ist eine Phase der angespannten Suche nach einer Orientierung im Labyrinth der Weltanschauungen, bei der er u.a. starke Eindrücke vom Taoismus empfängt und sich dann dem Katholizismus anschließt (Konversion 1923), den er in der Schrift *Kaþólsk viðhorf* (1925; Katholische Standpunkte) gegen Þórbergurs Kritik verteidigt. 1927 erscheint sein wilder Ichroman *Vefarinn mikli frá Kasmir* (Der große Weber von Kaschmir); in seiner bekenntnishaften Subjektivität ist er ein Abbild seiner inneren Kämpfe und verleugnet mit seiner revolutionären Form nicht den Einfluß von Expressionismus, Surrealismus und Dadaismus. Ein mehrjähriger USA-Aufenthalt bringt für Laxness eine entscheidende Wende: das Erlebnis der Klassenunterschiede und die Begegnung mit Upton Sinclair führen ihn zum Sozialismus und bestimmen seine Haltung für die nächsten Jahrzehnte. Die Essaysammlung *Alþýðubókin* (1929; Das Volkbuch) ist so etwas wie sein sozialistisches Manifest, und die Werke der 30er Jahre zeigen, daß er nun auch künstlerisch seinen Weg gefunden hat: in drei episch breit angelegten Romanwerken, die fraglos Höhepunkte der isländischen Romankunst überhaupt darstellen, schildert er die repräsentativen Schicksale eines Fischermädchens, eines Bauern und eines Dichters im kritisch gesehenen Kontext der isländischen Gesellschaft: *Salka Valka* (1931—32; dt. 1951 und 1957) berichtet vom Einbruch marxistischer Ideen in ein kleines Fischerdorf und von seinen schicksalhaften Folgen für das einfache Mädchen Salka Valka. *Sjálfstætt fólk* (I-II 1943—45; Sein eigener Herr 1968) demonstriert am tragischen Schicksal des zähen Bjartur í Sumarhúsum die tausendjährige Geschichte des isländischen Kleinbauern und zielt provokant auf die Ideologie vom selbständigen Bauern im kapitalistischen System allgemein. Auch die Geschichte des armen Dichtergenies Olafur Ljósvíkingur in der Tetralogie *Heimsljós* (1937—40; Weltlicht 1955) weist über isländische Verhältnisse hinaus, in denen sie doch wiederum so konkret angesiedelt ist: es ist die ewige Problematik des Künstlers als Außenseiter der Gesellschaft.

In den 40er Jahren wendet sich Laxness historischen Themen zu: die Trilogie *Íslandsklukkan* (1943—46; Islandglocke, 1952) spielt um 1700, in einer Zeit größter Not und politischer Abhängigkeit. Um die symbolisch überhöhten Zentralfiguren des unbeugsamen Kleinbauern Jón Hreggviðsson, des idealisierten Mädchens Snæfríður Íslandssól und des Handschriftensammlers Arnas Arnæus (Árni Magnússon) entfaltet sich der Kampf für die Erhaltung der isländischen Identität. Dasselbe Thema wird in aktualisierter Form im Roman *Atómstöðin* (1948; Atomstation 1955) aufgegriffen, diesmal vor dem Hintergrund der Auseinandersetzungen um die Errichtung amerikanischer Militärbasen im Lande. Die Verwirrung der Icherzählerin, des einfachen Landmädchens Ugla, über Ereignisse und Zustände im Nachkriegs-Reykjavík gewinnt formalen Ausdruck in der gerafft-sprunghaften Darstellung und einer Vermischung der Realitätsebenen. Gegen unkritische Macht- und Heldenverehrung richtet sich die *Gerpla* (1952; Gerpla. Eine Heldensage 1977), eine parodistische Replik auf die mittelalterliche *Fóstbræðra saga.*

Seit Mitte der 50er Jahre etwa läßt sich bei Laxness in seinen Reden und Werken eine deutliche Neuorientierung beobachten. War er für fast drei Jahrzehnte ein Exponent des linken Flügels gewesen, macht er sich nun zunehmend von einer einseitigen Parteibindung unabhängig, mißtrauisch geworden gegen jede Erscheinungsform des Dogmatismus, sei er politischer, religiöser, künstlerischer oder wissenschaftlicher Natur. Diese Entwicklung dürfte durch die Nobelpreisverleihung nicht ganz unbeeinflußt sein, die ihn fast zwangsläufig in eine Rolle als halboffiziellen Kulturbotschafter seines Landes drängte. Der Roman *Brekkukotsannáll* (1957; Fischkonzert 1961, wörtl. Annalen von Brekkukot) drückt vielleicht diese neue Tendenz am klarsten aus: Das erzählende Ich Álfgrímur erinnert sich aus der Distanz an seine Kindheit in einem alten Torfhaus der Jahrhundertwende — mit seinen einzigartigen Bewohnern und der grenzenlosen Gastfreundschaft das Idealbild einer unwiederbringlichen Vergangenheit. Björn auf Brekkukot, den Álfgrímur seinen Großvater nennt, verkörpert in vollkommener Weise die taoistischen Tugenden von Güte, Demut und Toleranz, aber in Garðar Hólm, der von sich glauben macht, er sei ein weltberühmter Opernsänger, finden bereits die Verlockungen einer neuen Zeit ihren Kristallisationspunkt. *Paradísarheimt* (1960; Das wiedergefundene Paradies 1972) handelt von einem isländischen Bauern, der in das gelobte Land der Mormonen auswandert und nach bitterer Enttäuschung zu den Ruinen seines Hofes zurückkehrt. Den Dokumentarromanen nahe stehen *Kristnihald undir jökli* (1968; Christentum an Gletscher 1974), in dem die praktisch zugreifende Nächstenliebe des Geistlichen Primus einer überspannt-kosmischen Mystik entgegengehalten wird, *Innansveitarkrónika* (1970; Kirchspielchronik 1976) über Figuren und Ereignisse um die Kirche in Mosfell und *Guðsgjafaþula* (1972; Die Gaben Gottes), eine ironische Schilderung des isländischen Wirtschaftslebens seit 1920. Obwohl seine Hauptbegabung sicher auf epischem Gebiet liegt, hat sich Laxness immer wieder auch um das Drama bemüht. Abgesehen von Dramatisierungen einer Anzahl seiner Romane sind hier u.a. die Gesellschaftssatiren *Strompleikurinn* (1961; Das Schornsteinspiel), *Prjónastofan Sólin* (1962; Die Strickstube „Sonne") und *Dúfnaveislan* (1966; Das Taubenbankett) zu nennen. Zahlreiche Sammelbände mit Erzählungen, Essays und Erinnerungen zeugen von der ungewöhnlichen Vielseitigkeit dieses Autors. Als Teile seiner Autobiographie sind bislang erschienen: *Heiman ég fór* (1952, aus dem Jahre 1924; Von Hause ging ich), *Skáldatími* (1963; Zeit zu schreiben 1976 — über seinen Werdegang als junger Dichter in den zwanziger und dreißiger Jahren), *Í túninu heima* (1975; Auf der Hauswiese 1978), *Ungur ég var* (1976;

Jung war ich) und *Sjömeistarasagan* (1978; Die Geschichte von den sieben Meistern).

Als Exponent der Opposition gegen die marxistische Literaturauffassung engagierte sich vor allem in den vierziger Jahren der volkstümliche GUÐMUNDUR G. HAGALÍN (*1898), mit bisher ca. 50 Bänden, von seinen journalistischen Arbeiten ganz abgesehen, der produktivste isländische Autor überhaupt. Sein Hauptthema ist das Leben der Fischer in den westisländischen Fjorden, aus denen er selbst stammt. Durchgehend verraten seine Werke auch durch ihr Sprachkolorit ihre Herkunft aus diesem Milieu.

Hagalíns Romane, Erzählungen und Biographien schildern immer wieder mit großer Sympathie den heroisch-unbeugsamen Individualisten; von dieser Statur ist auch der Titelheld in dem voluminösen *Sturla í Vogum* (1938; Sturla auf Vogar), das als Gegenstück zu Laxness' *Sjálfstætt fólk* heftig diskutiert wurde, aber der Kritik letztlich nicht standhielt. Als Hagalíns bester Roman gilt *Kristrún í Hamravík* (1933; Kristrún auf Hamravík), der nicht ohne Humor erzählt, wie die bitterarme, aber selbstbewußte Witwe Kristrún das Leben auf ihrem abgelegenen Fjordhof meistert.

Zu den wichtigsten Autoren der Zwischenkriegsgeneration gehört zweifellos ÓLAFUR JÓHANN SIGURÐSSON (*1918). Schon mit 14 verließ er die Geborgenheit der bäuerlichen Umgebung, um in der Hauptstadt Dichter zu werden. In den entbehrungsreichen Jahren, die dort auf ihn warteten, empfand er wohl intensiver als andere den Umbruch zwischen alter und neuer Zeit: Er registrierte schmerzhaft eine Entwicklung, die über Profitstreben und Billigkulturimport das kostbare Erbe der nationalen Kultur zu vernichten drohte. Die Darstellung und Verteidigung dieser Volkskultur, wurzelnd in altnordischer Lebensweisheit und christlicher Lehre und verankert in der klassischen isländischen Sprache, ist im Grunde sein gesamtes Werk gewidmet: am Beginn stehen zwei Kinderbücher, mir 18 Jahren schreibt er seinen ersten Roman, noch ganz von Laxness abhängig: *Skuggarnir af bænum* (1936; Die Schatten des Gehöfts). Der ambitionierte Durchbruchsroman *Fjallið og draumurinn* (1944; Der Berg und der Traum) und seine Fortsetzung *Vorköld jörð* (1951; Frühlingskalte Erde), die zu Beginn des Jahrhunderts vor dem Hintergrund des

Kampfes der Kleinbauern gegen Krankheit, Naturgewalten und wirtschaftliche Pression spielen, erzählen die Geschichte der jungen Herdís Hermannsdóttir, die in idealer Weise die moralischen Werte der alten Gesellschaft verkörpert. *Gangvirkið* (1955; Das Uhrwerk) und *Seiður og hélog* (1977; Zauber und Irrlicht) schildern in satirischem Ton aus der Sicht eines jungen Journalisten die Jahre des Zweiten Weltkriegs, die durch wirtschaftlichen Aufschwung wie durch geistigen Niedergang gleichermaßen gekennzeichnet sind. Der von der Erzählperspektive her sehr anspruchsvolle Roman *Hreiðrið* (1972; Das Nest) thematisiert die Rolle des Schriftstellers in unserer Zeit atomarer Bedrohung und enthält eine bitter-sarkastische Abrechnung mit dem gegenwärtigen Zustand der Gesellschaft. Zu Ólafur Jóhanns besten Werken gehören seine Erzählungen, unter denen sich viele Stücke von kompositorischer und sprachlicher Meisterschaft finden. Genannt seien hier stellvertretend *Litbrigði jarðarinnar* (1947; Farbenspiel der Erde 1978) und *Bréf séra Böðvars* (1965; Pastor Bödvars Brief 1978), die sich bei ganz unterschiedlicher Thematik — einmal geht es um einen Sechzehnjährigen, der an seiner ersten Liebesenttäuschung reift, das andere Mal um das tragische Ende eines alten Mannes — in der einfühlsamen Wiedergabe seelischer Vorgänge gleichen. Schon der Prosa offenbarte sich das lyrische Talent des Autors (u. a. in detailgenauen Naturbeobachtungen und nuancierten Stimmungsbildern), zur vollen Entfaltung kam es in den Gedichten der 70er Jahre: *Að laufferjum* (1972; An Laubfähren), *Að brunnum* (1974; An Quellen) und *Virki og vötn* (1978; Befestigungen und Gewässer). Formal stehen sie in der alten klang- und reimbetonten Tradition, thematisch kreisen sie um die Einbindung des Menschen in Entstehen und Vergehen in der Natur.

In der Lyrik der 30er Jahre spiegeln sich die gegenläufigen Tendenzen dieser Zeit des Umbruchs mit besonderer Deutlichkeit. Einen Wendepunkt markiert hier das Jahr 1930, in dem einerseits der Neuromantiker Einar Benediktsson noch einmal mit einer Gedichtsammlung an die Öffentlichkeit tritt und auch, zusammen mit Davíð Stefánsson, den Preis für das Festgedicht zur 1000-Jahr-Feier der Gründung des isländischen Freistaats gewinnt, andererseits aber auch die dezidiert sozialistische Lyriksammlung *Hamar og sigð* (Hammer und

Sichel) von SIGURÐUR EINARSSON (1898—1967) erscheint. Auch *Kvæðakver* von Halldór Laxness aus demselben Jahre enthält zum Teil (neben expressionistisch-burlesken) sozialistische Gedichte. Ihre Form suchte sich die engagierte, auf Wirkung und Veränderung zielende Dichtung naturgemäß zunächst einmal in Anlehnung an die Maximen des sozialistischen Realismus. Waren in der hier geforderten Einfachheit und Allgemeinverständlichkeit durchaus Anknüpfungen an Autoren des Realismus und der Neuromantik gegeben, vollzog sich die Einbürgerung der „freien Verse“ des Modernismus weit zögernder — von Vorläufern abgesehen, erst nach dem Zweiten Weltkrieg. In einem regelrechten Kampf gegen die Hörgewohnheiten des Publikums mußten reimlose Formen durchgesetzt werden, vor allem Gedichte ohne Alliteration wurden erst nach heftigem Widerstand („Alliterationskrieg“) akzeptiert. Das besondere Traditionsbewußtsein in Island hat bis heute Formelelementen ein Weiterleben gestattet, die bis ins Mittelalter zurückzuverfolgen sind, häufig genug in unmittelbarer Nachbarschaft mit modernen Formen.

Die wichtigsten Lyriker der Generation, die entscheidend durch die Krisenjahre geprägt wurde, sind JÓHANNES ÚR KÖTLUM (1899—1972), AÐALSTEINN KRISTMUNDSSON (1908—1974), der sich STEINN STEINARR nannte, GUÐMUNDUR BÖÐVARSSON (1904—1974) und SNORRI HJARTARSON (*1906).

An den 16 Gedichtsammlungen des JÓHANNES ÚR KÖTLUM, eines der Gründer der *Roten Federn* lassen sich die Phasen und Probleme dieser Übergangszeit besonders deutlich ablesen. Er beginnt ganz im Geiste der Tradition mit Erinnerungen an seine naturnahe Kindheit (*Bí bí og blaka*, 1926, etwa: Schlaf, Kindchen, schlaf). Die Bände von *Samt mun ég vaka* (1935; Dennoch bin ich wach) bis *Sól tér sortna* (1945; Die Sonne verfinstert sich) zeigen ihn als radikalen Dichter der Revolution und des idealisierten Stalinismus. In den späteren Werken erscheint seine politische Überzeugung differenzierter und stärker in die allgemeine Zeit- und Kulturkritik eingebettet, die Religiosität spielt wieder eine Rolle, in starkem Maße auch die Reflexion über das dichterische Erbe Islands. Des Autors Einsicht in die Notwendigkeit eines Aufbrechens der alten Formtraditionen, zugleich aber auch sein Bedauern über die Abkehr von einer fast tausendjährigen Kontinuität, resultieren in einer ambivalenten und spannungsreichen Haltung, die Altes mit Neuem teils konfrontierend, teils vermittelnd vereint. Reichstes und vielschichtigstes Ergebnis seiner Suche nach neuen Formen ist *Sjödægra* (1955; Eine Strecke von sieben Tagen), eines der bahnbrechenden Werke des isländischen Modernismus, bei dem thematisch eine starke Verankerung in der Volkstradition auffällt. *Óljóð* (1962; Ungedichte) sind formal eher noch radikaler und stellen die Möglichkeit des Dichtens „í þessari rímlausu skeggöld" (in dieser ungereimten Wirrnis) überhaupt in Frage. Eine letzte Summe seiner Erfahrungen, Ängste und Hoffnungen zieht Jóhannes in den ruhigen Gedichten des Bandes *Ný og nið* (1970; Zunehmender und abnehmender Mond), der sicher zu seinen besten zählt.

STEINN STEINARR, einer der einflußreichsten Formkünstler dieses Jahrhunderts, beginnt mit *Rauður loginn brann* (1934; Rot brannte die Flamme) als überzeugter Revolutionär, wandelt sich aber mit seinen nächsten Bänden *Ljóð* (1937; Gedichte), *Spor í sandinu* (1940; Spuren im Sand) und *Ferð án fyrirheits* (1942; Reise ohne Verheißung) zum Nihilisten, der sich furchtlos der Leere und Sinnlosigkeit des Daseins stellt. Das wachsende Gefühl der Entfremdung resultiert schließlich in einer weitgehenden Abkehr vom realistischen Stil. Der schmale, aber gewichtige Band *Tíminn og vatnið* (1948; Die Zeit und das Wasser) steht am Beginn einer Epoche und enthält schon in seinem Motto ein Bekenntnis zum Modernismus: „A poem should not mean but be". Er besteht aus einem Zyklus von 21 Gedichten, die in abstrakter Metaphorik von der Isolation des Menschen in einer bedrohlichen Umwelt handeln.

Daß die Krise keineswegs auf die Stadt beschränkt war, zeigt in aller Deutlichkeit die dritte Lyriksammlung von JÓN ÚR VÖR (*1917): *Þorpið* (1946; Das Dorf), zugleich seine beste. Jón schildert hier in einfacher Sprache seine Kinder- und Jugendzeit in der bitterarmen Welt eines westisländischen Fischernestes. Trotz der realistischen Darstellung der Verhältnisse enthält das Buch keine revolutionäre Botschaft, wirft vielmehr ein fast romantisches Licht auf den Alltag in einer aufrichtigen und unverfälschten Umwelt. Revolutionär wirkte freilich die Form der Gedichte, die auf Reim und Metrum verzichteten und der Prosalyrik zum Durchbruch verhalfen.

SNORRI HJARTARSON (*1906) ist ein Beispiel dafür, daß zumindest in Island die Grenze zwischen Epigonen und Erneuerern nicht einfach an formalen Kriterien abgelesen werden kann, denn er gewinnt all den überkommenen Mitteln, wie Stabreim, Binnenreim, Endreim, festen Vers- und Strophenformen, ganz neue ästhetische Wirkungen ab. Auch inhaltlich sind seine Gedichte durch Zitate und Anspielungen in den Bezugsrahmen des tausendjährigen Literaturerbes eingebettet. Snorri hatte mit seinen Sammlungen *Kvæði* (1944; Gedichte), *Á Gnitaheiði* (1952; Auf der Gnitaheide) und *Lauf og stjörnur* (1966; Blätter und Sterne) großen Einfluß auf die Lyriker wie Þorsteinn frá Hamri und Hannes Pétursson, die gleich ihm ihren Standort in unmittelbarer Auseinandersetzung mit der formalen, geistesgeschichtlichen und historischen Tradition suchen.

So ging Steinn Steinarr sicher zu weit, als er 1950 behauptete, nun sei die traditionelle Gedichtform endgültig tot. Immerhin schiebt sich aber in diesem ersten Nachkriegsjahrzehnt eine Gruppe von jungen Lyrikern in den Vordergrund, denen die Formen des Modernismus die adäquaten Ausdrucksmittel in dieser Welt des kalten Krieges unter dem Zeichen der Atombombe schienen. Ein früher Höhepunkt dieser „Atomdichtung", wie sie bald spöttisch genannt wurde, ist der Zyklus *Dymbilvaka* (1949; etwa: Karwache) von HANNES SIGFÚSSON (*1922). Er steht deutlich unter dem Eindruck von T. S. Eliot und dem schwedischen 40-tal (→ 328), ohne deshalb unselbständig zu sein. Die hermetische Symbolsprache, die düstere Stimmung und die sehr persönliche Perspektive machen das Werk schwer zugänglich. Dies gilt auch für *Imbrudagar* (1951; Quatembertage), während die späteren Bände *Sprek á eldinn* (1961; Scheite aufs Feuer), *Jarteikn* (1966; Wahrzeichen) und *Örvamælir* (1978; Köcher) weniger introvertiert sind und sich der Umwelt optimistischer zuwenden. Die wichtigsten der übrigen Mitglieder dieser Modernistengeneration sind SIGFÚSS DAÐASON (*1928) mit *Ljóð* (1947—51; Gedichte) und *Hendur og orð* (1959; Hände und Worte), der besonders von der französischen Lyrik inspirierte JÓN ÓSKAR (*1921), der neben musikalisch-stimmungsvollen Gedichten (*Nóttin á herðum okkar*, 1958; Die Nacht auf unseren Schultern) eine Reihe von Prosabüchern verfaßte, und STEFÁN HÖRÐUR GRÍMSSON (*1919), der mit *Gluggin snýr í norður*

(1946; Das Fenster geht nach Norden), *Svartálfadans* (1951; Schwarzelfentanz) und *Hlidin á sléttunni* (1970; Die Tore auf der Ebene) am spürbarsten in der Nachfolge Steinn Steinarrs steht.

Wie lebendig neben diesen Strömungen eine stärker an der Tradition orientierte Lyrik noch sein konnte, bewiesen schon die ersten Gedichte des jungen Literaturwissenschaftlers HANNES PÉTURSSON (*1931), die 1954 in einer Anthologie großes Aufsehen erweckten. Entstanden waren sie während eines Studienaufenthaltes in Köln und Heidelberg (1952/54), und deutsche Dichter wie Mörike, Rilke und Hesse waren es auch, die den Autor am meisten beeinflußt hatten. Diese Einflüsse machte Hannes Pétursson auf fruchtbare Weise experimentell nutzbar im Dienste der Weiterentwicklung des regelmäßigen isländischen Alliterationsverses. Sein flexibler, unpathetisch-diskursiver Stil ist für ihn ebenso charakteristisch wie der enge Bezug zur einheimischen Literaturtradition, Geschichte, Sagenwelt und Natur. Der Inhalt dieser Dichtung ist großenteils eine Reflexion der kulturellen Lage Islands in einer Periode radikaler Umwertungen, „zuweilen durch einen indirekten Protest gegen ihre Verwirrung, zuweilen durch einen Zweifel an der Gültigkeit mancher neuzeitlicher Erscheinungen gekennzeichnet", wie er selbst einmal sagt. Die wichtigsten Sammlungen des Autors sind *Kvæðabók* (1955; Gedichtbuch), *Í sumardölum* (1959; In Sommertälern) *Stund og staðir* (1962; Zeit und Orte), *Innlönd* (1968; Innere Bereiche) und *Óður um Ísland* (1974; Gedicht über Island), in der das Land im alten Versmaß der *Edda* eindringlich zur Besinnung auf seine kulturelle und moralische Tradition gemahnt wird.

In der Prosa nach dem Zweiten Weltkrieg stellen die dramatischen politischen Ereignisse der 40er Jahre (1940 englische, 1941 amerikanische Besetzung, 1949 Natobeitritt mit Stationierungsabkommen), die Island trotz der 1944 erlangten Souveränität um seine Unabhängigkeit fürchten ließen, und die wirtschaftlichen, sozialen und kulturellen Auswirkungen *das* zentrale Thema dar, nicht nur in den bereits genannten Werken eines Halldór Laxness oder Ólafur Jóhann Sigurðsson. So kritisiert ELÍAS MAR (*1924) mit *Vögguvísa* (1950; Chibaba, chibaba 1958, wörtl. Wiegenlied) die Haltlosigkeit der isländischen Jugend infolge der Besatzerkonjunktur und greift in seiner zweibändigen *Sóleyjarsaga* (1954 und 1959; Die Geschichte der Soley) das Problem der moralisch geächteten Mädchen auf, die sich mit amerikanischen Soldaten eingelassen haben. Dieses Thema spielt auch in INDRIÐI G. ÞORSTEINSSONS (*1926) Durchbruchsroman *Sjötíu og níu af stöðinni* (1955; Nummer 79 abfahren) eine wichtige Rolle. Vor allem aber geht es hier um die Schwierigkeiten der jungen Leute, die vom Land in die Stadt gezogen sind, dort Fuß zu fassen. In den Romanen *Land og synir* (1963; Herbst über Island 1966, wörtl. Land und Söhne) und *Þjófur i paradís* (1967; Ein Dieb im Paradies) geht es ebenfalls um die Entwurzelung durch die Landflucht und um die Auflösung traditioneller Lebensformen. Die verheerenden Auswirkungen der Kriegsereignisse auf die Gesellschaftsstruktur Islands schildert das Buch *Norðan við stríð* (1971; Nördlich des Krieges). JAKOBÍNA SIGURÐARDÓTTIRS (*1918) erster Roman, *Dægurvísa* (1965; Das Lied eines Tages) ist ein Kollektivroman, der das Leben der Bewohner eines Hauses in Reykjavík während eines Tages nachzeichnet. *Snaran* (1968; Die Schlinge) behandelt die Probleme eines Arbeiters in einem ausländischen Großbetrieb in der Form eines „halben" Gespräches, bei dem man nur die Stimme des einen hört. *Lifandi vatnið* (1974; Das lebendige Wasser) handelt von der Entfremdung eines Arbeiters im modernen Großstadtmilieu und von seinem Versuch, in das einfache Leben seiner Kindheit zurückzufliehen.

Neben den realistischen Prosaautoren haben sich zwei Modernisten besondere Anerkennung verschafft, die deutlich vom nouveau roman beeinflußt sind: GUÐBERGUR BERGSSON (*1932) verläßt nach seinem epischen Entwicklungsroman *Músin sem læðist* (1961; Die Maus, die schleicht) über ein sensibles Kind, das sich immer mehr vor der grausamen Welt der Erwachsenen in sich selbst zurückzieht, mit *Tómas Jónsson, metsölubók* (1966; T. J., Bestseller) die geradlinige Erzählweise zugunsten einer eher filmischen Schnittechnik mit vielfach gebrochener Perspektive. Da die weiteren, in kurzen Abständen folgenden Romane — *Ástir samlyndra hjóna* (1967; Liebe einträchtiger Eheleute), *Anna* (1969), *Það sefur í djúpinu* (1973; Es ruht in der Tiefe), *Hermann og Dídí* (1974) — im wesentlichen dasselbe Personeninventar haben, kommt allmählich etwas Klarheit in das Verwirrspiel. Alle diese Bücher, deren Grundton von radikaler Zeitkritik bestimmt ist, erzählen in detailgenauen, häufig abstoßenden oder grotesk-satirischen Bildern vom Leben und Sterben zwischen Militärbasis und Fischmehlfabrik.

THOR VILHJÁLMSSON (*1925), der in den 50er Jahren mit existentialistisch geprägten Erzählungen seine Erfahrungen im Nachkriegseuropa verarbeitete, veröffentlichte mit *Fljótt, fljótt, sagði fuglinn* (1968; Schnell, schnell, sagte der Vogel) und *Óp bjöllunnar* (1970; Der Ruf der Glocke) zwei Romane vor dem Hintergrund der Studentenunruhen Ende der 60er Jahre, in denen er noch konsequenter als Guðbergur mit der Auflösung der epischen Regeln experimentiert.

Einen wichtigen Anteil an der Erneuerung der Prosa hat auch die Autorin SVAVA JAKOBSDÓTTIR (*1930), die sich in ihren Werken wie in ihrer Arbeit als Journalistin und Abgeordnete besonders für die Frauenfrage einsetzt. Sie begann mit Erzählungen, die — von Kafka und Villy Sørensen (→ 247) beeinflußt — isländische Gegenwartsprobleme behandeln, und zwar meist vom Standpunkt der Frau aus: *Tólf konur* (1965; Zwölf Frauen) und *Veizla undir grjótvegg* (1967; Fest an der Steinwand). Der Roman *Leigjandinn* (1969; Der Mieter) setzt die amerikanische Stationierung symbolhaft in Beziehung zur Stellung der Frau, eine thematische Konstellation, die auf anderer Ebene in dem Drama *Æskuvinir* (1976; Jugendfreunde) weiterverfolgt wird.

Island ist heute ein modernes Land, das mit anderen westlichen Industriestaaten nicht nur den hohen Lebensstandard, sondern auch die sozialen und kulturellen Probleme teilt. Diese Situation spiegelt sich auch in der Literatur der jüngsten Generation wider, die die eigenen Probleme ganz im internationalen Zusammenhang sieht. Themen wie Gesellschaftskritik, Frauenemanzipation, Umweltschutz, Antimilitarismus, Erhaltung der nationalen Identität angesichts einer Überschwemmung mit Waren, Meinungen und Technologien stehen auch in Island im Brennpunkt. Dennoch hat das literarische Milieu in Island auch heute noch seine Besonderheiten, von denen die folgenden vielleicht die auffälligsten sind: Die Literaturdichte ist größer als irgendwo sonst in der Welt, die Lyrik überwiegt in der Zahl der Veröffentlichungen gegenüber der Prosa, die literarische Kontinuität von Formen und Themen ist noch sehr lebendig, Moden und Schulen spielen kaum eine Rolle, und der Kontakt zum Publikum ist vergleichsweise eng. Die unbestrittene Stellung der mittelalterlichen

Literatur als kostbarstes Erbe der Vergangenheit trägt noch heute ihren Teil zur ungewöhnlichen Wertschätzung der Literatur im öffentlichen Leben Islands bei.

AUSWAHLBIBLIOGRAPHIE

Skandinavien allgemein

Gesamtdarstellungen

Barüske, H.: Die nordischen Literaturen. Bd. 1 [m. n. e]. Berlin 1974.

Borelius, H.: Die nordischen Literaturen. Potsdam 1931 (=Handbuch d. Literaturwissenschaft. Hg. O. Walzel).

Bredsdorff, E., u. a.: An introduction to Scandinavian literature from the earliest time to our day. Kopenhagen, Cambridge 1951. Nachdruck 1970.

Frenzel, H. A.: Die skandinavischen Literaturen. In: Kindlers Literatur Lexikon, Bd. VII. Zürich 1972, S. 241—250 (Essays, getr. Paginierung).

Gabrieli, M.: Le letterature della Scandinavia, danese, norvegese, svedese, islandese. Florenz, Mailand. Neuaufl. 1969.

Nordens litteratur, 2 Bde. Red. M. Brøndsted. Kopenhagen 1972.

Nordisk litteratur før 1914. Hg. H. Fonsmark. Kopenhagen 1975.

Sammelbände, Anthologien, Gattungsgeschichte, übergreifende Themen

Rencontres et courants littéraires franco-scandinaves. Actes du 7e Congrès International d'Histoire des Littératures Scandinaves (Paris 7-12 juillet 1968). Paris 1972 (=Bibliothèque Nordique 4).

Studien zur dänischen und schwedischen Literatur des 19. Jahrhunderts. Hg. O. Bandle u. a. Basel, Stuttgart 1976 (=Beiträge zur nordischen Philologie 4).

Friese, W.: Skandinavische Literaturen (Einfluß auf die deutsche). In Reallexikon der deutschen Literaturgeschichte. Bd. III. Berlin ²1977. S. 841—873.

Bibliographische Hilfsmittel. Nachschlagewerke

Fallenstein, R., u. C. Hennig: Rezeption skandinavischer Literatur in Deutschland 1870—1914. Quellenbibliographie. Neumünster 1977 (= Skandinavistische Studien 7).

Gentikow, B.: Skandinavische und deutsche Literatur. Bibliographie der Schriften zu den literarischen, historischen und kulturgeschichtlichen Wechselbeziehungen. Neumünster 1975 (= Skandinavistische Studien 3).

Nordeuropäische Literaturen. Ges. Red. H. Bien. Leipzig 1978 (= Meyers Taschenlexikon).

Einzelgebiete

Reformation und Barock

Arte et Marte. Studien zur Adelskultur des Barockzeitalters in Schweden, Dänemark und Schleswig-Holstein. Hg. v. D. Lohmeier. Neumünster 1978 (= Kieler Studien zur deutschen Literaturgeschichte 13).

Friese, W.: Nordische Barockdichtung. München 1968.

Reformationen i Norden. Kontinuitet och förnyelse. Red. C.-G. Andrén. Lund 1973.

Aufklärung, Klassizismus und Rokoko

Blanck, A.: Den nordiska renässansen i 1700-talets litteratur. En undersökning av den „götiska" poesiens allmänna och inhemska förutsättningar. Stockholm 1911.

Hinck, W., u. a.: Europäische Aufklärung. I—III. Frankfurt a. M. 1974 ff.

Staatsdienst und Menschlichkeit. Studien zur Adelskultur des späten 18. Jahrhunderts in Schleswig-Holstein und Dänemark. Hg. C. Degn u. D. Lohmeyer. Neumünster 1980 (= Kieler Studien zur deutschen Literaturgeschichte 14).

Romantik und Realismus

Brøndsted, M.: Der skandinavische Beitrag zum europäischen Realismus. In: Europäischer Realismus. Hg. R. Lauer. Wiesbaden 1980, S. 185—210. (= Neues Handbuch der Literaturwiss. Bd. 17).

Fauteck, H.: Die skandinavische Romantik. In: Die europäische Romantik. Frankfurt 1972, S. 406—478.

Gjesing, K. B.: Den romantiske bevægelse. Odense 1974 (=Odense University Studies in Scandinavian languages and literatures 4).
Mitchell, P. M.: Scandinavia/Romantisk-Romantik-Romantiker. In: Romantic and Its Cognates. The European History of a Word. Ed. H. Eichner. Toronto 1972, S. 373—417.
Mjöberg, J.: Drömmen om sagatiden. Del 1: Återblick på den nordiska romantiken från 1700-talets mitt till nygöticismen (omkring 1865). Stockholm 1967.
Møller, P. S.: Erotismen. Den romantiske bevægelse i Vesteuropa 1790—1860. Kopenhagen 1973.
Springer, O.: Die nordische Renaissance in Skandinavien. Stuttgart 1936.

Moderner Durchbruch und 20. Jahrhundert

Ahlström, G.: Det moderna genombrottet i nordens litteratur. Stockholm ²1974.
Aspekte der skandinavischen Gegenwartsliteratur. Hg. D. Brennecke. Heidelberg 1978 (=Skandinavistische Arbeiten 4).
Baumgartner, W.: Triumph des Irrealismus. Rezeption skandinavischer Literatur im ästhetischen Kontext Deutschlands 1860—1910. Neumünster 1979 (=Skandinavistische Studien 10).
Beyer, H.: Nietzsche og Norden. 2 Bde. Bergen 1958—1959.
Brandell, G.: Die skandinavischen Literaturen 1870—1900. In: Jahrhundertende — Jahrhundertwende I. Hg. H. Kreuzer. Wiesbaden 1976, S. 103—152 (=Neues Handbuch der Literaturwiss. Bd. 18).
Bredsdorff, E.: Den store nordiske krig om seksualmoralen. En dokumentarisk fremstilling af sædelighedsdebatten i nordisk litteratur i 1880'erne. Kopenhagen 1973.
Bruns, A.: Übersetzung als Rezeption. Deutsche Übersetzer skandinavischer Literatur von 1860 bis 1900. Neumünster 1977 (=Skandinavistische Studien 8).
Carlsson, A.: Ibsen, Strindberg, Hamsun. Essays zur skandinavischen Literatur. Kronberg/Ts. 1978.
Friese, W.: Nordische Literaturen im 20. Jahrhundert. Stuttgart 1971.
Gentikow, B.: Skandinavien als präkapitalistische Idylle. Rezeption gesellschaftskritischer Literatur in deutschen Zeitschriften 1870 bis 1914. Neumünster 1978 (=Skandinavistische Studien 9).
Ideas and Ideologies in Scandinavian Literature since the First World War. Hg. Sveinn Skorri Höskuldsson. Reykjavík 1975.

Koskimies, R.: Der nordische Dekadent. Eine vergleichende Literaturstudie. Helsinki 1968.

Literature and Reality. Creatio versus Mimesis. Problems of Realism in Modern Nordic Literature. Hg. A. Bolckmans. Gent 1977.

Mawby, J.: Writers & Politics in Modern Scandinavia. London, Sydney, Auckland, Toronto 1978.

Mjöberg, J.: Drömmen om sagatiden. Del 2: De senaste hundra åren — idealbildning och avidealisering. Stockholm 1968.

—: De sökte sanningen. En studie i fem romaner 1879 — 1886. Stockholm 1977.

Den moderne roman og romanforskning i Norden. Innlegg ved den 8. studiekonferanse over skandinavisk litteratur, 10.—14. august 1970, Bergen. Bergen 1971.

Oberholzer, O.: Die skandinavische Literatur 1900—1918. In: Jahrhundertende — Jahrhundertwende II. Hg. H. Hinterhäuser. Wiesbaden 1976, S. 307—326 (= Neues Handbuch der Literaturwiss. Bd. 19).

Rossel, S. H.: Skandinavische Literatur 1870—1970. Stuttgart 1973.

Runnquist, Å.: Moderna nordiska författare. Stockholm 1966.

Skandinavische Lyrik der Gegenwart. Hg. O. Oberholzer. Glückstadt 1973.

Stenström, Th.: Den ensamme. En motivstudie i det moderna genombrottets litteratur. Stockholm 1961.

20th Century Drama in Scandinavia. Hg. J. Wrede u. a. Helsinki 1979.

Dänische Literatur

Gesamtdarstellungen

Brix, H.: Danmarks digtere. Kopenhagen [4]1962.

Brøndsted, M., u. S. Møller Kristensen: Danmarks litteratur. Kopenhagen [3]1975.

Dansk Litteratur Historie. Red. P. H. Traustedt. 4 Bde. Kopenhagen 1964—1966; erw. Neuausgabe 1976—1977. 6 Bde.

Friis, O.: Den danske Litteraturs Historie. Bd. 1 [m. n. e.] Kopenhagen [2]1975 ([1]1945).

Jansen, F. J. Billeskov: Danmarks digtekunst. 3 Bde. Kopenhagen [2]1964.

Kabell, A.: Faser af dansk digtning. Kopenhagen 1959.

Mitchell, P. M.: A history of Danish literature. Kopenhagen [2]1971.

Petersen, C. S., u. V. Andersen: Illustreret dansk Litteraturhistorie. 4 Bde. Kopenhagen 1924—1934.

Svendsen, H. M., u. W. Svendsen: Geschichte der dänischen Literatur (dt. Übersetzung) Neumünster, Kopenhagen 1964.

Sammelbände, Anthologien, Gattungsgeschichte, übergreifende Themen

Anthologie der dänischen Literatur. Zweispr. Ausg. Hg. F. J. Billeskov Jansen u. H. Grössel. Kopenhagen 1978.

Bibliographische Hilfsmittel. Nachschlagewerke

Bruun, C. V.: Bibliotheca danica. Systematisk Fortegnelse over den danske Litteratur fra 1482 til 1830. 5 Bde. Kopenhagen 1877—1914. Neuausg. 1961—63.
Dahl, S., u. P. Engelstoft: Dansk skønlitterært forfatterleksikon 1900—1950. 3 Bde. Kopenhagen 1959—64.
Dansk biografisk Leksikon. Red. P. Engelstoft. 27 Bde. Kopenhagen 1933—44. Neuausg. Red. S. Cedergreen Bech. Bd. 1 ff. Kopenhagen 1979 ff.
Ehrencron-Müller, H.: Forfatterlexikon omfattende Danmark, Norge og Island indtil 1814. 12 Bde. + Suppl.-Bd. Kopenhagen 1924—39.
Erslew, Th. H.: Almindeligt Forfatter-Lexicon for Kongeriget Danmark. 6 Bde. Kopenhagen 1843—68. Nachdruck 1962—65.
Gyldendals Litteraturleksikon. Red. H. Harmer og Th. Jørgensen. 4 Bde. Kopenhagen 1974.
Jørgensen, Aa.: Dansk litteraturhistorisk bibliografi 1967—74. 7 Bde. Århus 1968—75.
Vor tids hvem skrev hvad. 2 Bde. Kopenhagen [4]1977 + Referatbd. Kopenhagen 1971.
Woel, C. M.: Dansk Forfatterleksikon. Fredericia 1945.

Einzelgebiete

Reformation und Barock

Hørby, K.: Reformationens indførelse i Danmark. Kopenhagen 1968.
Paludan, J.: Fremmed Indflydelse paa den danske Nationalliteratur i det 17. og 18. Aarhundrede. Bd.I: Renaissancebevægelsen i Danmarks Literatur, især i det 17. Aarhundrede. Kopenhagen 1887.

Paludan, J.: Danmarks Literatur mellem Reformationen og Holberg. Kopenhagen 1896.
Stybe, S. E.: Fra folkevækkelse til enevælde af Guds nåde. Den danske reformations idéhistorie. Kopenhagen 1975.
Thomsen, E.: Barokken i dansk digtning. Kopenhagen 1971.

Aufklärung, Klassizismus und Rokoko

Eaton, J. W.: The German influence in Danish literature in the eighteenth century. Cambridge 1929.
Holm, S.: Oplysningstiden. Tanker og Livssyn. Kopenhagen 1959.
Jansen, F. J. Billeskov: Holberg og hans tid. Kopenhagen 1980 (Periodeserien).
Jensen, A. E.: Studier over europæisk drama i Danmark. 1722—1770. 2 Bde. Kopenhagen 1968.
Magon, L.: Ein Jahrhundert geistiger und literarischer Beziehungen zwischen Deutschland und Skandinavien 1750—1850. Bd. 1: Die Klopstockzeit in Dänemark. Johannes Ewald. Dortmund 1926 [m.n.e.].
Rossel, S.: Mellem Holberg og Ewald 1730—1766. Kopenhagen 1975 (Periodeserien).
Stangerup, H.: Romanen i Danmark i det 18. Aarhundrede. Kopenhagen 1936.

Romantik und Realismus

Albertsen, L. L.: Auf der Schwelle zum goldenen Zeitalter. Dänemark um 1800. Kopenhagen 1979.
Andersen, V.: Guldhornene. Et Bidrag til den danske Romantiks Historie. Kopenhagen 1896.
Andreasen, U.: Romantismen 1824—1840. Kopenhagen 1974 (Periodeserien).
Christensen, E. M.: Guldalderen som idéhistorisk periode: H. C. Ørsteds optimistiske dualisme. In: Guldalderstudier. Festskrift til Gustav Albeck. Århus 1966, S. 11—45.
Hauberg Mortensen, F.: Litteraturfunktion og symbolnorm 1800—1870. Kunstsynet fra romantik til naturalisme belyst ud fra opfattelsen af symbol- og billedsprog i samtidens danske litteraturkritik. 2 Bde. Kopenhagen 1973.
Henriksen, Aa., u.a.: Organismetænkningen i dansk litteratur 1770—1870. Kopenhagen 1975 (=Ideologihistorie, Bd. 1).

Holm, S.: Romantiken. Kopenhagen 1972.
Møller Kristensen, S.: Den dobbelte Eros. Studier i den danske romantik. Kopenhagen 1966.
—: Digteren og samfundet i Danmark i det 19. århundrede. I. Guldaldertiden. Kopenhagen ^{2}1965.
Rubow, P. V.: Dansk litterær kritik i det 19. århundrede indtil 1870. Kopenhagen ^{2}1970.
Schmitz, V. A.: Dänische Dichter in ihrer Begegnung mit deutscher Klassik und Romantik. Frankfurt 1974.
Vedel, V.: Studier over Guldalderen i dansk Digtning. Kopenhagen 1890 (^{3}1967).

Moderner Durchbruch und 20. Jahrhundert

Arild, L., u. a.: Videnskab, idé-debat, elite- og massekultur i Danmark 1870—1970. Kopenhagen 1975 (= Ideologihistorie, Bd. 2).
Bredsdorff, T.: Sære fortællere. Hovedtræk af den ny danske prosakunst i tiåret omkring 1960. Kopenhagen ^{2}1968.
Danske digtere i det 20. århundrede. Hg. F. Nielsen u. O. Restrup. [Rev. Ausg.] 2 Bde. Kopenhagen 1965—1966.
Danske digtere i det 20. århundrede. Red. T. Brostrøm og M. Winge. 5 Bde. Kopenhagen 1980 ff.
Fjord Jensen, J.: Turgenjev i dansk åndsliv. Studier i dansk romankunst 1870—1900. Kopenhagen ^{2}1966.
Franzén, L.-O.: Punktnedslag i dansk litteratur 1880—1970. Kopenhagen. 1971.
Friese, W.: Die dänische Literatur. In: Moderne Weltliteratur. Stuttgart 1972, S. 525—541.
Gleerup, J.: Den borgerlige Katastrofe og romanen i det 19. århundrede. Odense 1976 (= Dansk kulturhistorie og bevidsthedsdannelse 1880—1920, Bd. 2.).
Hejlskov Larsen, S.: Systemdigtningen. Modernismens tredje fase. Kopenhagen 1971.
Holst, L., u. a.: Fortællende digtning i Danmark 1870—1970. Kopenhagen 1976 (= Ideologihistorie, Bd. 4).
Jørgensen, B. H.: Århundredskiftet. 1896—1918. Kopenhagen 1975 (Periodeserien).
Karlsen, H. H.: Skriften, spejlet og hammeren. En kritisk analyse af en række nyere, eksperimentelle danske forfatterskaber. Kopenhagen 1973.

Kjaergaard, H.: Die dänische Literatur der neuesten Zeit (1871—1933). Kopenhagen 1934.
Klysner, F.: Den danske kollektivroman 1928—1944. Kopenhagen 1976.
Lindtner, H. C., u. M. Winge: 1930erne. En antologi. Kopenhagen 1977 (Periodeserien).
Linjer i nordisk prosa. Danmark 1965—1975. Hg. P. Madsen. Lund 1977.
Modernismen i dansk litteratur. Hg. J. Vosmar. Kopenhagen ²1969.
Mølbjerg, H.: 20erne. Kopenhagen 1974 (Periodeserien).
Møller Kristensen, S.: Impressionismen i dansk prosa 1870—1900. Kopenhagen ²1955.
—: Digteren og samfundet i Danmark i det 19. århundrede. II. Naturalismen 1870—1914. Kopenhagen ²1965.
Mortensen, K. P., u. K. Zeruneith: Frigørelsen fra fortiden. Tekster: 1870—1890. Kopenhagen 1977 (Periodeserien).
Nielsen, E. A.: Modernismen i dansk lyrik 1870—1970. Kopenhagen 1976 (= Ideologihistorie, Bd. 3).
Opgøret med modernismen. Hg. T. Brostrøm. Kopenhagen 1974.
Ravn, O.: Besættelsestiden. 9. april 1940—5. maj 1945. Kopenhagen 1980 (Periodeserien).
—: Dansk litteratur. 1. 1920—1945. 2. 1945—1975. Kopenhagen 1976.
Schou, S.: Dansk realisme 1960—1975. Kopenhagen 1976.
Stangerup, H.: Kulturkampen. 2 Bde. Kopenhagen 1946.
Thomsen, E.: Dansk litteratur efter 1870. Kopenhagen 1935. Neudruck 1962.
Tilbageblik på 30'erne. Litteratur, teater, kulturdebat 1930—39. Hg. H. Hertel. 2 Bde. Kopenhagen 1967.
Winge, M.: Dansk børnelitteratur 1900—1945. Kopenhagen 1976.
Woel, C. M.: Dansk litteraturhistorie 1900—1950. 2 Bde. Odense 1956.

Neuere Darstellungen in deutscher Sprache zu einzelnen Autoren

Abelein, W.: Henrik Steffens' politische Schriften. Tübingen 1977.
Brandt, F.: Sören Kierkegaard 1813—1855. Sein Leben — seine Werke. Kopenhagen 1963.
Bredsdorff, E.: Hans Christian Andersen. Des Märchendichters Leben und Werk. München 1980.
Diem, H.: Sören Kierkegaard. Eine Einführung. Göttingen ²1964.
Engster, H.: Der Januskopf des Bürgers. Eine gesellschaftsgeschichtliche Analyse von Ludvig Holbergs Komödie „Jeppe paa Bierget". Frankfurt a. M. 1978.

Fahrenbach, H.: Kierkegaards existenzdialektische Ethik. Frankfurt a. M. 1968.
Fischer, F. C.: Existenz und Innerlichkeit. Eine Einführung in die Gedankenwelt Sören Kierkegaards. München 1969.
Glienke, B.: Jens Peter Jacobsens lyrische Dichtung. Ein Beitrag zur Geschichte der modernen Poesie. Neumünster 1975 (= Skandinavistische Studien, Bd. 4).
Guarda, V.: Kierkegaardstudien. Mit besonderer Berücksichtigung des Verhältnisses Kierkegaards zu Hegel. Meisenheim am Glan 1975.
Heinel, N.: Der Begriff der Wiederholung bei Sören Kierkegaard. Wien 1975.
Henningsen, B.: Poul Martin Møller oder Die dänische Erziehung des Søren Kierkegaard. Frankfurt a. M. 1973.
—: Die Politik des Einzelnen. Studien zur Genese der skandinavischen Ziviltheologie. Ludvig Holberg, Søren Kierkegaard, N. F. S. Grundtvig. Göttingen 1977.
Hirsch, E.: Wege zu Kierkegaard. Berlin 1968.
Höger, A.: Form und Gehalt der Romane und kleineren Erzählungen Harald Kiddes. Diss. München 1969.
Hofe, G. vom: Die Romantik-Kritik Sören Kierkegaards. Frankfurt a. M. 1972.
Martin Andersen Nexö als Dichter und Mensch. Hg. H. Bien. Greifswald 1966.
Nägele, H.: Der deutsche Idealismus in der existentiellen Kategorie des Humors. Eine Studie zu Jens Baggesens ideolinguistisch orientiertem Epos „Adam und Eva“. Neumünster 1971 (=Skandinavistische Studien 1).
—: J. P. Jacobsen. Stuttgart 1973.
Nielsen, E.: Hans Christian Andersen in Selbstzeugnissen und Bilddokumenten. Hamburg 1958 (=Rowohlts Monographien, Bd. 5).
Paul, F.: Henrich Steffens. Naturphilosophie und Universalromantik. München 1973.
Pieper, A. M.: Geschichte und Ewigkeit bei Søren Kierkegaard. Das Leitproblem der pseudonymen Schriften. Meisenheim am Glan 1969.
Rohde, P. P.: Sören Kierkegaard in Selbstzeugnissen und Bilddokumenten. Hamburg 1959 (= Rowohlts Monographien, Bd. 28).
Schäfer, K.: Hermeneutische Ontologie in den Climacus-Schriften Søren Kierkegaards. München 1968.
Schwede, A. O.: Verankert im Unsichtbaren. Das Leben Kaj Munks. Berlin 1970.
Sløk, J.: Die Anthropologie Kierkegaards. Kopenhagen 1954.

Thaning, K.: N.F.S. Grundtvig. Kopenhagen 1972 (dt. Ausg.).
Thulstrup, N.: Kierkegaards Verhältnis zu Hegel. Forschungsgeschichte. Stuttgart 1969.
Törne, B. v.: Zwischen Loyalität und Servilität. Steen Steensen Blichers politische Publizistik und ihre Voraussetzungen. Neumünster 1980 (= Skandinavistische Studien 12).
Wilde, F.-E.: Kierkegaards Verständnis der Existenz. Kopenhagen 1969.
Wittenberg, M.: Thomas Kingos historisch-topographische Dichtung. Eine Untersuchung von Inhalt, Stil und Sprache in ausgewählten Beispielen. Phil. Diss. Bonn 1972.

Norwegische Literatur

Gesamtdarstellungen

Beyer, H.: Norwegische Literatur. Breslau 1927.
- u. E. Beyer: Norsk litteraturhistorie. Oslo ^{3}1970.
Bull, F., u.a.: Norsk litteraturhistorie. 6 Bde. Oslo Neuausg. 1957—63.
Christiansen, H.: Norwegische Literaturgeschichte. Berlin 1953.
Norges litteraturhistorie. Red. E. Beyer. 6 Bde. Oslo 1974—75.
Schneider, H.: Geschichte der norwegischen und isländischen Literatur. Bonn 1948.

Bibliographische Hilfsmittel. Nachschlagewerke

Dahl, W.: Nytt norsk forfatterleksikon. Oslo 1971.
Ehrencron-Müller, H.: Forfatterlexikon omfattende Danmark, Norge og Island indtil 1814. 12 Bde. + Suppl.-Bd. Kopenhagen 1924—39.
Halvorsen, J. B., u. H. Koht: Norsk Forfatter-Lexicon 1814—1880. 6 Bde. Kristiania 1885—1908.
Meyen, F.: Die deutschen Übersetzungen norwegischer Schönliteratur 1730—1941. Oslo 1942.
Næss, H.: Norsk litteraturhistorisk bibliografi 1956—1970. Oslo 1975.
Norsk biografisk leksikon. Bd. 1ff. Kristiania bzw. Oslo 1923ff.
Øksnevad, R.: Norsk litteraturhistorisk bibliografi 1900—1955. 2 Bde. Oslo 1951—58.
Petersen, H.: Bibliotheca Norvegica. 4 Bde. Kristiania 1899—1924.

Einzelgebiete

Reformation und Barock

Siehe unter „Dänische Literatur".

Aufklärung, Klassizismus und Rokoko

Bull, F.: Fra Holberg til Nordahl Brun. Studier til norsk aandshistorie. Kristiania 1916.

Heggelund, K.: Fornuft og følsomhet. In: Skartveit, A.: Fra skald til modernist. Oslo 1967.

Steen, S.: Det norske folks liv og historie. Bd. 5—6. Oslo 1930—32.

Romantik und Realismus

Aarnes, S. A.: „Æsthetisk Lutheraner" og andre studier i norsk senromantikk. Oslo 1968.

Christensen, H.: Det nittende aarhundredes kulturkamp i Norge. Bergen 1905.

Gran, G.: Norges Dæmring. En litteraturhistorisk indledning. Bergen 1899.

Midbøe, H.: Romantikkens balladedikting. Oslo 1946.

Moe, M.: Det nationale gjennembrud og dets mænd. In: Nordmænd i det nittende aarhundrede. Bd. 2. Kristiania 1914, S. 144—326.

Moderner Durchbruch und 20. Jahrhundert

Dahl, W.: Fra 40-tall til 70-tall. Norsk prosa gjennom et kvart århundres etterkrigstid. Oslo [2]1973.

—: Stil og struktur. Utviklingslinjer i norsk prosa gjennom 150 år. Oslo [2]1969.

Dale, J. A.: Nynorsk dramatikk i hundre år. Oslo 1964.

Friese, W.: Die norwegische Literatur. In: Moderne Weltliteratur. Stuttgart 1972, S. 468—485.

Gravier, M.: D'Ibsen à Sigrid Undset. Le féminisme et l'amour dans la littérature norvégienne, 1850—1950. Paris 1968.

Linjer i nordisk prosa. Norge 1965—1975. Red. H. Rønning. Lund 1977.

Mæhle, L.: Frå bygda til verda. Studiar i nynorsk 1900-talsdiktning. Oslo 1967.
Nazismen og norsk litteratur. Red. B. Birkeland und S. Ugelvik Larsen. Bergen, Oslo, Tromsø 1975.

Neuere Darstellungen in deutscher Sprache zu einzelnen Autoren

Baldus, A.: Sigrid Undset. Leben und Werk. Speyer 1951.
Baumgartner, W.: Tarjei Vesaas. Eine ästhetische Biographie. Neumünster 1976.
Beheim-Schwarzbach, M.: Knut Hamsun in Selbstzeugnissen und Bilddokumenten. Hamburg 1958 (= Rowohlts Monographien, Bd. 3).
Bien, H.: Henrik Ibsens Realismus. Zur Genesis und Methode des klassischen kritisch-realistischen Dramas. Berlin 1970.
Fechter, P.: Knut Hamsun. Gütersloh 1952.
George, D.E.R.: Henrik Ibsen in Deutschland. Rezeption und Revision. Göttingen 1968.
Henrik Ibsen. Hg. F. Paul. Darmstadt 1977 (= Wege der Forschung 487).
Meyer, H. G.: Henrik Ibsen. Velber ²1970.
Paul, F.: Symbol und Mythos. Studien zum Spätwerk Henrik Ibsens. München 1969.
Rieger, G. E.: Henrik Ibsen. In Selbstzeugnissen und Bilddokumenten. Reinbek 1981 (=Rowohlts Monographien, Bd. 295).
Thiess, F.: Das Menschenbild bei Knut Hamsun. München 1956.

Schwedische und finnlandschwedische Literatur

Gesamtdarstellungen

Boor, H. de: Schwedische Literatur. Breslau 1924.
Finlands svenska litteratur. Hg. L. Huldén u. a. 2 Bde. Stockholm 1968—69.
Författarnas litteraturhistoria. Red. L. Ardelius u. G. Rydström. 3 Bde. Stockholm 1977—78.
Gustafson, A.: A history of Swedish literature. Minneapolis (Minn.) 1961.
Hedvall, R.: Finlands svenska litteratur. Stockholm 1918.
Ny illustrerad svensk litteraturhistoria. Red. E. N. Tigerstedt. 5 in 6 Bden. Stockholm ²⁻⁴1965—67.
Schück, H., u. K. Warburg: Illustrerad svensk litteraturhistoria. 8 Bde. Stockholm ³1926—49.

Svenska litteraturens historia. Red. O. Sylwan. 3 Bde. Stockholm ²1929.
Tigerstedt, E. N.: Svensk litteraturhistoria. Stockholm ⁴1971.

Sammelbände, Anthologien, Gattungsgeschichte, übergreifende Themen

Sylwan, O.: Den svenska versen från 1600-talets början. En litteraturhistorisk översikt. 3 Bde. Göteborg 1925—1934.

Bibliographische Hilfsmittel. Nachschlagewerke

Dahlbäck, L., u. K. Dahlbäck: Bibliografisk vägledning i svensk litteraturvetenskap. Stockholm 1971.
Hagström, T.: Svensk litteraturhistorisk bibliografi intill år 1900. Uppsala 1964ff.
Kunze, E.: Die deutschen Übersetzungen finnischer Schönliteratur. Helsinki 1950. [Einschließlich finnlandschwedischer Literatur.]
Palmqvist, A., u. O. Grandin: Svenska författare. Bibliografisk handbok. Stockholm 1967.
Runnquist, Å.: Moderna svenska författare. Stockholm ²1967.
Svensk litteraturhistorisk bibliografi 1900—1935. Uppsala 1939—50.
Svensk litteraturhistorisk bibliografi 1951—1960. Monografier. Lund 1965.
Svenskt biografiskt lexikon. Red. B. Boethius u.a. Bd. 1ff. Stockholm 1918ff.
Svenskt författarlexikon 1900ff. Bearb. B. Åhlén. Bd. 1ff. Stockholm 1942ff.
Svenskt litteraturlexikon. Lund 2. erw. Aufl. 1970.

Einzelgebiete

Reformation und Barock

Belfrage, E.: 1600-talspsalm. Lund 1968.
Castrén, G.: Stormaktstidens diktning. Helsingfors 1907.
Dahlgrehn, St., u.a.: Kultur och samhälle i stormaktstidens Sverige. Stockholm 1967.
Ellenius, A.: De Arte Pingendi. Latin Art Literature in seventeenth Century Sweden and its International Background. Uppsala 1960.
Johannesson, K.: I polstjärnans tecken. Studier i svensk barock. Stockholm 1968.

Lindroth, St.: Svensk lärdomshistoria. 2 Bde. Stockholm 1975.
Nordström, J.: Johannes Magnus och den götiska romantiken. Stockholm 1975.
Olsson, B.: Den svenska skaldekonstens fader och andra Stiernhielmsstudier. Lund 1974.
Ståhle, C. I.: Vers och språk i Vasatidens och Stormaktstidens svenska diktning. Stockholm 1975.

Aufklärung, Klassizismus und Rokoko

Bergh, G.: Litterär kritik i Sverige under 1600- och 1700-talen. Uppsala 1916.
Böök, F.: Romanens och prosaberättelsens historia i Sverige intill 1809. Stockholm 1907.
Breitholtz, L.: Studier i frihetstidens litteratur. Uppsala 1956.
Delblanc, S.: Ära och minne. Stockholm 1965.
Fehr, I.: Studier i frihetstidens vitterhet. Uppsala 1883.
Fehrman, C.: Kyrkogårdsromantik. Studier i engelsk och svensk 1700-talsdiktning. Lund 1954.
Lamm, M.: Upplysningstidens romantik. 2 Bde. Stockholm 1918—1920.

Romantik und Realismus

Benson, A. B.: The Old Norse Element in Swedish Romanticism. New York 1914. Repr. 1966.
Eriksson, G.: Romantikens världsbild speglad i 1800-talets svenska vetenskap. Stockholm 1969.
Fehrman, C.: Ruinernas romantik. Stockholm 1956.
Hasselberg, G.: Realistisk lyrik. Studier i svensk versdiktning från Bellman till Talis Qualis. Lund 1923.
Hedin, G.: Manhemsförbundet. Ett bidrag till göticismens och den yngre romantikens historia. Göteborg 1928.
Holmberg, O.: Kärlek, ensamhet och dödens trädgård. Tre sentimentala kapitel från svensk romantik. Stockholm 1972.
Magnusson, S.: Det romantiska genombrottet i Aurora-Förbundet ur idéhistorisk synpunkt. Stockholm 1936.
Mortensen, J.: Från Aftonbladet till Röda rummet. Strömningar i svensk litteratur 1830—1879. Stockholm [2]1913.

Nilsson, A.: Svensk romantik. Den platonska strömningen. Lund 1916. Neuaufl. 1964.
Söderhjelm, W.: Åboromantiken och dess samband med utländska idéströmningar. Stockholm 1916.
Stenroth, I.: Göthiska förbundet. I. Göteborg 1972.
Svanberg, V.: Medelklassrealism. In: Samlaren N.F. 24 (1943), S. 111—173; 25 (1944), S. 1—99; 27 (1946), S. 102—139. Neuausg. 1980.
—: Romantikens samhälle. Stockholm 1980.
Sylwan, N.: Svensk realistisk roman 1795—1830. Stockholm 1942.
Vedel, V.: Svensk romantik. Kopenhagen 1894.
Vinge, L.: Morgonrodnadens stridsmän. Epokbildningen som motiv i svensk romantik 1807—21. Lund 1978.
Wallén, E.: Nordisk mytologi i svensk romantik. Stockholm 1918.
—: Studier över romantisk mytologi i svensk litteratur. Lund 1922.
Wieselgren, A. M.: Carl-Johans-tidens prosa. Lund 1971.
Willers, U.: E. M. Arndt och hans svenska förbindelser. Stockholm 1945.

Moderner Durchbruch und 20. Jahrhundert

Ahlenius, H.: Georg Brandes i svensk litteratur till och med 1890. Stockholm 1932.
Algulin, I.: Den orfiska reträtten. Studier i svensk 40-talslyrik och dess litterära bakgrund. Stockholm 1977.
Björck, S.: Heidenstam och sekelskiftets Sverige. Stockholm 1946.
Björck, S., u. a.: Litteraturhistoria i fickformat. Svensk diktning från 80-tal till 70-tal. Stockholm [3]1977.
Brandell, G., u. J. Stenkvist: Svensk litteratur 1870—1970. 3 Bde. Stockholm 1974—75.
Brandl, H.: Persönlichkeitsidealismus und Willenskult. Aspekte der Nietzsche-Rezeption in Schweden. Heidelberg 1977.
Brostrøm, T.: Moderne svensk litteratur 1940—1972. Kopenhagen 1973.
Butt, W.: Mobilmachung des Elfenbeinturms. Reaktionen auf den Faschismus in der schwedischen Literatur 1933—1939. Neumünster 1977 (= Skandinavistische Studien 6).
Henriques, A.: Svensk litteratur efter 1900. Stockholm 1944.
Holmqvist, B.: Modern finlandssvensk litteratur. Stockholm 1951.
Laitinen, K.: Finnlands moderne Literatur. Hamburg 1969.
Landgren, B.: Hjalmar Gullberg och beredskapslitteraturen. Studier i svensk dikt och politisk debatt 1933—1942. Uppsala 1975.

Landquist, J.: Modern svensk litteratur i Finland. Stockholm, Helsinki 1929.

Linjer i nordisk prosa. Sverige 1965—75. Red. K. Norén. Lund 1977.

Lundevall, K.-E.: Från åttital till nittital. Stockholm 1953.

Modernism in Finland-Swedish literature. Hg. J. Wrede. London 1976.

Schoolfield, G.: Die schwedische Literatur. In: Moderne Weltliteratur. Stuttgart 1972, S. 486—524.

Warburton, Th.: Finlandssvensk litteratur 1898—1948. Stockholm 1951.

Neuere Darstellungen in deutscher Sprache zu einzelnen Autoren

Berendsohn, W. A.: August Strindberg. Der Mensch und seine Umwelt — Das Werk — Der schöpferische Künstler. Amsterdam 1974.

Börge, V. A.: Strindberg, Prometheus des Theaters. Wien, München 1974.

Brennecke, D.: Tégner in Deutschland. Eine Studie zu den Übersetzungen Amalie von Helvigs und Gottlieb Mohnikes. Heidelberg 1975 (=Skandinavistische Arbeiten 1).

Carsten Montén, K.: Zur Rezeptionsgeschichte Fredrika Bremers in Deutschland. Verlag, Übersetzung, Publikum. Lund 1976.

—: Fredrika Bremer in Deutschland. Aufnahme und Kritik. Neumünster 1981 (=Skandinavistische Studien 14).

Lagercrantz, O.: Strindberg. Frankfurt 1980.

Lunin, H.: Strindbergs Dramen. Emsdetten 1962.

Müssener, H.: August Strindberg, Ein Traumspiel. Meisenheim am Glan 1965.

Oberholzer, O.: Pär Lagerkvist. Studien zu seiner Prosa und seinen Dramen. Heidelberg 1958.

Paul, F.: August Strindberg. Stuttgart 1979.

Perner, C.: Gunnar Ekelöfs Nacht am Horizont. Basel, Stuttgart 1974 (=Beitr. z. nord. Phil. 2).

Strindberg und die deutschsprachigen Länder. Hg. W. Friese. Basel, Stuttgart 1979 (=Beitr. z. nord. Phil. 8).

Gesamtdarstellungen (auch einzelner Zeiträume)

Andrésson, Kristinn E.: Íslenzkar nútímabókmenntir 1918—1948. Reykjavík 1949. Schwed. u.d.T.: Det moderna Islands litteratur 1918—1948 mot bakgrunden av den ekonomiska, sociala och politiska utvecklingen. Übers. von R. und P. Hallberg. Stockholm 1955.
—: Enginn er eyland. Tímar rauðra penna. Reykjavík 1971.
—: Ný augu. Tímar Fjölnismanna. Reykjavík 1973.
Einarsson, Stefán: A History of Icelandic Literature. Baltimore 1957.
—: Íslenzk bókmenntasaga 874—1960. Reykjavík [1961].
Gislason, Bjarni M.: Islands litteratur efter sagatiden, ca. 1400—1948. Kopenhagen 1949.
Jónsson, Erlendur: Íslenzk bókmenntasaga 1550—1950. Reykjavík 1960.
—: Die isländische Literatur. In: Moderne Weltliteratur. Stuttgart 1972, S. 461—467.
Nordal, Sigurður: Utsikt over Islands litteratur i det 19. og 20. århundrede. Oslo 1927.
Pálsson, Heimir: Straumar og stefnur í íslenskum bókmenntum frá 1550. Reykjavík 1978.
Poestion, J. C.: Isländische Dichter der Neuzeit in Charakteristiken und übersetzten Proben ihrer Dichtung. Leipzig 1897.
Schier, K.: Die neuisländische Literatur. In: Kindlers Literaturlexikon. Band VII. Zürich 1972, S. 235—240 (Essays, getr. Paginierung).
Þorkelsson, Jón: Om Digtningen på Island i det 15. og 16. Århundrede. Diss. Kopenhagen 1888.

Bibliographische Hilfsmittel. Nachschlagewerke

Bókaskrá Bóksalafélags Íslands. Reykjavík 1950 ff.
Bókmenntaskrá Skírnis. Skrif um íslenskar bókmenntir síðari tíma. Einar Sigurðsson tók saman. 1 ff. Reykjavík 1967 ff.
Ehrencron-Müller, H.: Forfatterlexikon omfattende Danmark, Norge og Island indtil 1814. 12 Bde. + Suppl.-Bd. Kopenhagen 1924—39.
Erslew, Th. H.: Almindeligt Forfatter-Lexicon for Kongeriget Danmark. 6 Bde. Kopenhagen 1843—68. Nachdruck 1962—65.
Guðnason, Jón, u. Pétur Haraldsson: Íslenzkir samtíðarmenn. 2 Bde. Reykjavík 1965 u. 1967.

Hermannsson, Halldór: Icelandic Authors of to-day. Ithaca, N.Y. 1913 (= Islandica VI).
—: Icelandic Books of the Sixteenth Century (1534-1600). Ithaca, N.Y. 1916 (= Islandica IX).
—: Icelandic Books of the Seventeenth Century 1601—1700. Ithaca, N.Y. 1922 (= Islandica XIV).
Íslenzk bókaskrá. The Icelandic National Bibliography 1974ff. Reykjavík 1975ff.
Landsbókasafn Íslands: Árbók 1944ff. Reykjavík 1945ff.
Mitchell, P. M., u. K. H. Ober: Bibliography of Modern Icelandic Literature in Translation. Ithaca and London 1975 (= Islandica XL).
Ólason, Páll Eggert: Íslenzkar æviskrár frá landnámstímum til ársloka 1940. Bd. I—V. Reykjavík 1948—1952.
Pétursson, Einar G.: Íslensk bókfræði. Reykjavík 1976.
Pétursson, Hannes, u. Helgi Sæmundsson: Íslenzkt skáldatal. 2 Bde. Reykjavík 1973 u. 1976.

Einzelgebiete

Einzelne Gattungen

Beck, R.: History of Icelandic Poets 1800—1940. Ithaca, N.Y. 1950 (= Islandica XXXIV).
Carleton, P.: Tradition and Innovation in Twentieth Century Icelandic Poetry. Diss. Berkeley, Calif. 1967.
Craigie, W. A.: The Art of Poetry in Iceland. The Taylorian lecture, 1937. Oxford 1937.
Dzulko, R.: Studien zur isländischen Lyrik der Gegenwart. Breslau 1941 (= Sprache und Kultur der germ. und rom. Völker. B. Germanistische Reihe. Bd. XXXIII).
Einarsson, Stefán: History of Icelandic Prose Writers 1800—1940. Ithaca, N.Y. 1948 (= Islandica XXXII u. XXXIII).
Friese, W.: Der isländische Roman der Gegenwart. Diss. Greifswald 1955 (Masch.).
Hjálmarsson, Jóhann: Íslenzk nútímaljóðlist. Reykjavík 1971.
Höskuldsson, Sveinn Skorri: Að yrkja á atómöld. Reykjavík 1970.
Jónsson, Erlendur: Íslenzk skáldsagnaritun 1940—1970. Reykjavík 1971.
Küchler, C.: Geschichte der Isländischen Dichtung der Neuzeit (1800—1900). Heft I. Novellistik. Leipzig 1896. Heft II. Dramatik. Leipzig 1902.

Poestion, J. C.: Zur Geschichte des isländischen Dramas und Theaterwesens. Wien 1903.
Þorsteinsson, Steingrímur J.: Upphaf leikritunnar á Íslandi. Reykjavík 1943.

Deutsch-isländische literarische Beziehungen

Dymke, B.: Heinrich Heine in der isländischen Literatur. Diss. München 1972.
Gislason, Kjartan Rúnar: Schillers Wirkung auf das isländische Geistesleben. Nürnberg 1964.
Senner, W. M.: German Literature in Iceland and the Fabric of Modern Icelandic Literature: 1795 to 1847. Diss. Urbana-Champaign, Ill. 1971.

Neuere Darstellungen in deutscher Sprache zu einzelnen Autoren

Kötz, G.: Das Problem Dichter und Gesellschaft im Werke von Halldór Kiljan Laxness. Ein Beitrag zur modernen isländischen Literatur. Gießen 1966.
Rumbke, E.: Hjálmar Jónsson í Bólu. Ein isländischer Dichter des 19. Jahrhunderts. Diss. Göttingen 1968.

Zeitschriften — Jahrbücher

Skandinavien allgemein

Scandinavian Studies. Menasha/Wisc. 1940/41 ff. ab 1961 Lawrence/Kansas, (zuvor unter den Titeln „Publications of the Society for the advancement of Scandinavian study“ [1911—1916] und „Scandinavian studies and notes“ [1917—1939]).
Edda. Kristiania/Oslo 1914 ff.
Orbis litterarum. Kopenhagen 1954 ff.
Scandinavica. London (später Norwich), 1962 ff.
Nerthus. Düsseldorf, Köln 1964 ff.
Nordeuropa. Greifswald 1966 ff.
Skandinavistik. Glückstadt 1970 ff.

Dänemark

Tilskueren. Kopenhagen 1884—1939.
Danske Studier. Kopenhagen 1904 ff.
Heretica. Kopenhagen 1948—1953.
Perspektiv. Kopenhagen 1953—1969.
Vindrosen. Kopenhagen 1954—1973.
Kritik. Kopenhagen 1967 ff.
Poetik. Kopenhagen 1967—1976 (seit 1977 u.d.T. „Kultur og Klasse").
Chancen. Kopenhagen 1979—80.

Norwegen

Samtiden. Kristiania/Oslo 1890 ff.
Profil. Oslo 1946 ff.
Vinduet. Oslo 1947 ff.
Norsk litterær årbok. Oslo 1966 ff.
Basar. Norsk litterært tidsskrift. Oslo 1976 ff.

Schweden

Samlaren. Uppsala 1880 ff.
Ord och bild. Stockholm 1892 ff.
Nysvenska studier. Uppsala 1921 ff. (Fortsetzung von „Språk och stil" [1901—1920]).
Modersmålslärarnas förening. Årsskrift. Lund 1926 ff.
Bonniers litterära magasin. Stockholm 1932 ff.
Svensk litteraturtidskrift. Lund 1938 ff.
Tidskrift för litteraturvetenskap. Lund 1971 ff.

Island

Skírnir. Reykjavík 1827 ff.
Andvari. Reykjavík 1874 ff.
Studia Islandica. Íslenzk fræði. Reykjavík 1937 ff.
Tímarit Máls og menningar. Reykjavík 1940 ff.
Mímir. Reykjavík 1961 ff.

PERSONENREGISTER

Neuisländische Namen wurden unter dem Patronymikon aufgenommen. Die skandinavischen Sonderzeichen sind wie folgt ins deutsche Alphabet eingegliedert: å = a; æ/ä = ae; ø/ö = oe; þ = th; ð = d; Namen aus Vorwort, bibliographischem Hinweis und Auswahlbibliographie wurden nicht aufgenommen. Die Hauptstelle(n) für die jeweiligen Autoren ist (sind) durch *Kursivierung* hervorgehoben.